大连理工大学学校办公室 编

大连理工大学年鉴

THE YEARBOOK OF DALIAN UNIVERSITY OF TECHNOLOGY

2008

大连理工大学出版社

图书在版编目(CIP)数据

大连理工大学年鉴(2008)/大连理工大学学校办公室编
大连：大连理工大学出版社，2009.10
ISBN 978-7-5611-5216-7

Ⅰ.大… Ⅱ.大… Ⅲ.①大连理工大学—2008—年鉴
Ⅳ.①G649.283.13-54

中国版本图书馆 CIP 数据核字(2009)第 216582 号

大连理工大学出版社出版

地址：大连市软件园路 80 号 邮政编码：116023
发行：0411-84708842 邮购：0411-84703636 传真：0411-84701466
E-mail:dutp@dutp.cn URL:http://www.dutp.cn

大连金华光彩色印刷有限公司印刷 大连理工大学出版社发行

幅面尺寸：210mm×285mm 印张：20 字数：537 千字 插页：8
印数：1～1000
2009 年 10 月第 1 版 2009 年 10 月第 1 次印刷

责任编辑：水 舟 责任校对：君 伟
装帧设计：张智波 版式设计：孙慜德

ISBN 978-7-5611-5216-7 定 价：70.00 元

3月27日，英特尔确定在大连建立12寸晶圆厂后，大连市、大连理工大学携手英特尔签署协议，共同创建半导体技术学院。

5月19日，大连理工大学汽车工程学院成立暨软件捐赠仪式隆重举行，这也是辽宁省高校举办的首个汽车工程学院。

5月24日至26日，中国大连高级经理学院举办2007年首期专题研讨班，65家中央企业负责人参加学习研讨，中组部副部长王东明同志在结业式上讲话。

6月16日，电影《一个人的奥林匹克》在我校开机，这部影片表现了以刘长春为代表的中国人，为实现奥运梦想所付出的赤诚情感和艰辛努力，全片洋溢着浓烈的爱国主义情怀，自强不息和奋力拼搏的奥运精神。

6月16日，我校与日本东北大学签署校际协议，近年来，我校与日本东北大学合作交流日趋活跃，先后联合建立了大连理工大学材料科学与工程学院－日本东北大学金属材料研究所联合研究中心（DUT－IMR）、大连理工大学－日本东北大学催化科学联合研究中心。

7月22日，运载工程与力学学部揭牌成立，这是我校打破院系界限、积极推进学科组织与机制创新迈出的重要一步，是学校实施‘十一五’发展规划的一项重大举措，对于构建相互支撑、相互促进的学科群体优势具有重要意义。

8月8日，我校与大连市旅顺口区人民政府签署全面合作协议，旅顺口区与我校技术转移中心共建大连理工科技城签约仪式同时举行。

8月19日，学校在刘长春体育馆召开恢复高考三十周年纪念大会，700多位77级校友返回母校，见证发展，畅叙别情。

9月7日，英特尔公司董事会主席克瑞格·贝瑞特博士被聘为大连理工大学名誉教授。

9月14日，学校在国际会议中心召开全校干部大会，宣布中共中央决定，任命张德祥同志为大连理工大学党委书记（副部长级），林安西同志因年龄原因不再担任大连理工大学党委书记职务。周济、夏崇源、吴德刚、骆琳、张成寅等领导出席大会。

9月18日，校长欧进萍院士与乌克兰第聂伯彼得罗夫斯克国立大学校长巴里亚科夫院士、乌克兰国立冶金学院校长维利奇科院士、乌克兰第聂伯彼得罗夫斯克国立铁路运输工业大学校长普申科院士、乌克兰第聂伯彼得罗夫斯克国立农业大学代表布里亚院士共同签署了我校与上述四所大学的校际合作框架协议。

9月22日，国家科技部党组书记、副部长李学勇同志一行就产学研合作、技术转移及孵化器建设等来我校进行专题调研，对我校在推动产学研结合、致力服务地方经济发展等方面取得的成绩给予高度评价。

9月22日，西区新征土地的化工实验楼和化工综合楼正式动工，标志着我校西区大规模建设拉开了序幕。

10月24日下午，校党委以"深入学习党的十七大精神，努力推进高水平研究型大学建设"为主题，召开党委学习中心组（扩大）学习会议，传达十七大精神，对全校学习宣传贯彻十七大精神作出部署。

在全国科技奖励大会上，我校程耿东院士获国家自然科学二等奖 ，彭孝军教授获国家科技发明二等奖。

中国第22次南极科考队员、我校博士研究生雷瑞波参加南极海冰观测的科考任务。

大连理工大学年鉴

(2008)

主　　编　李成恩

副 主 编　姚化成　常　俐　屈丽虹

参编人员　高　超　陈延龄　姜红梅　柳欣欣

郭淑媛　苏克治　赵美森　张　石

周伟科

大连理工大学年鉴

(2008)

撰稿单位审稿人员

（以姓氏笔画为序）

于泽涛	马建荣	王连焕	刘　斌	刘立清
姚　山	郭金明	冯振业	毕明树	纪大海
李文刚	李英壮	李宏男	房志明	周福战
娄　颖	赵胜川	胡祥培	张言军	周秀华
唐志宏	尉洪光	程家旗	韩贵秋	翟钢军

目 录

* 特载 …… 1

中央任命张德祥同志为我校党委书记 …… 1

* 大连理工大学概况 …… 4

* 重要文件和讲话 …… 6

大连理工大学 2007 年工作要点 …… 6

教育部党组书记、部长周济同志在全校干部大会上的讲话 …… 10

林安西同志在全校干部大会上的讲话 …… 12

张德祥同志在全校干部大会上的讲话 …… 13

中共大连理工大学委员会关于认真学习贯彻党的十七大精神的决定 …… 15

以改革创新精神开创学校事业新局面 …… 17

* 机构与干部 …… 24

校级领导干部 …… 24

党委委员和纪委委员 …… 24

校监察委员会 …… 24

校机关各部门各直(附)属单位负责人 …… 24

各学部、学院、系(部)负责人 …… 26

中国大连高级经理学院 …… 28

挂职干部 …… 29

学术机构 …… 29

指导机构 …… 29

领导小组 …… 30

各级人大代表、政协委员 …… 31

民主党派大连理工大学基层组织负责人 …… 31

大连理工大学归国华侨联合会负责人 …… 31

* 学部、院、系介绍 …… 32

运载工程与力学学部 …… 32

土木水利学院 …… 34

化工学院 …… 34

环境与生命学院 …… 35

机械工程学院 …… 35

能源与动力学院 …… 36

材料科学与工程学院 …… 37
电子与信息工程学院 …… 37
电气工程与应用电子技术系 …… 38
软件学院 …… 38
建筑与艺术学院 …… 39
应用数学系 …… 39
物理与光电工程学院 …… 40
管理学院 …… 40
经济系 …… 41
人文社会科学学院 …… 41
外国语学院 …… 42
创新实验学院 …… 42

* 学部、院、系设置与调整 …… 43

* 学科建设与专业设置 …… 44

学科建设情况综述 …… 44
国家重点实验室 …… 45
国家级工程研究中心 …… 45
依托于我校的教育部重点实验室 …… 45
依托于我校的辽宁省重点实验室 …… 45
依托于我校的教育部工程(技术)研究中心 …… 45
依托于我校的辽宁省工程(技术)研究中心 …… 45
辽宁省省级高校重点实验室 …… 45
世界银行贷款、高等教育发展项目建设的教学实验中心 …… 46
学科点数 …… 46
有权授予学士学位的本专科专业 …… 46
有权授予博士、硕士学位的学科名称 …… 49
博士生导师名单 …… 53
博士后科研流动站一览 …… 55
硕士生导师名单 …… 56
校内研究机构 …… 59

* 本科生教育与教学 …… 61

2007 年本科生教学工作综述 …… 61
2007 年各本科专业在校学生人数 …… 65
2007 届毕业生数据 …… 68
2007 年师资队伍建设情况 …… 70
2007 年学校优秀教学成果奖获奖项目 …… 71
2007 年课程建设情况 …… 71
2007 年各学院(系、部)出版教材目录 …… 72
2007 年教学实验中心(实验室)名录 …… 75

教学实践基地 …… 76
2007 届毕业生各学院(系)推荐及报考研究生情况 …… 79

* 研究生教育 …… 80
研究生培养总体情况 …… 80
研究生教学管理工作 …… 80
研究生教育管理工作 …… 83
研究生招生工作 …… 86
研究生学位授予与管理工作 …… 87
专业学位研究生教育工作 …… 91
2007 年在校硕士研究生情况统计表 …… 93
2007 年在校博士研究生情况统计表 …… 98

* 成人高等教育及独立学院 …… 101
成人高等教育综述 …… 101
2007 年成人高等教育招生及专业开设情况统计 …… 101
网络高等教育综述 …… 102
2007 年网络高等教育招生及专业开设情况统计 …… 102
城市学院概况 …… 103

* 外国留学生教育 …… 107
国际文化交流学院概况 …… 107
在校外国留学生数统计 …… 107
在校外国留学生院系分布 …… 107
在校外国留学生国别分布 …… 108

* 科技工作 …… 109
2007 年科技工作综述 …… 109
2007 年全校科研经费情况统计 …… 112
各院系科研进款情况统计 …… 112
2000～2006 年 SCI、EI、ISTP 收录数及在全国高校排名 …… 113
2007 年各院系发表论文情况统计 …… 113
2007 年各院系科技获奖情况汇总 …… 114
2007 年科技成果主要获奖情况 …… 114
2007 年专利申请和授权情况汇总 …… 119
各院系获得专利授权情况一览 …… 120
2007 年学校承办的国际国内学术会议简况 …… 130
2007 年各类纵向科研项目申请、批准情况汇总表 …… 131
2007 年科技部资助项目一览 …… 132
2007 年教育部资助项目一览 …… 134
2007 年国际合作合同项目 …… 138
2007 年 100 万元以上横向项目 …… 138
2007 年新批科研基地及团队 …… 140

2007 年新签署全面合作单位、校企合作单位一览 …… 142
我校历年人才基金项目 …… 142
我校历年获国家奖成果名录 …… 146

* 校办产业 …… 151

* 国际交流合作与港澳台工作 …… 154
国际交流合作与港澳台工作综述 …… 154
2007 年聘请的国外和港澳台地区客座教授 …… 155
2007 年聘请的国外名誉教授 …… 157
2007 年大连理工大学聘请的海外学术大师 …… 157
2007 年接待临时来访来宾情况统计 …… 157
2007 年度因公临时出国(境)情况统计 …… 158
2007 年签订校际合作协议大学 …… 158
2007 年我校承办的国际会议 …… 159
2007 年长期国家公派、单位公派出国(境)留学人员情况统计 …… 159
2007 年大连理工大学聘请的海天学者 …… 159

* 人事工作 …… 161
人事工作综述 …… 161
2007 年退休人员 …… 164
2007 年进校人员 …… 164
2007 年离校人员 …… 165
2007 年逝世的在职教职工 …… 165

* 两院院士和教授副教授 …… 166
中国科学院　中国工程院院士简历 …… 166
历届部分担任全国性重要学术职务的我校教师名单 …… 170
“何梁何利”科学与技术进步奖获得者 …… 170
陈嘉庚技术科学奖获得者 …… 170
辽宁省功勋教师 …… 170
全国高等学校百名教学名师奖获奖者 …… 170
辽宁省高等学校教学名师奖获得者 …… 171
国家级有突出贡献的中青年专家 …… 171
历届“长江学者奖励计划”特聘教授名单 …… 171
历届“长江学者奖励计划”讲座教授名单 …… 171
“百千万人才工程”国家级入选人员名单 …… 172
全国优秀博士学位论文作者专项资金 …… 172
霍英东教育基金会高等院校青年教师基金资助项目及青年教师奖 …… 172
正高职人员名单 …… 173
副高职人员名单 …… 174

* 学生工作 …… 179
学生工作综述 …… 179

在全国 30 个省市自治区录取新生情况统计表 …… 184
2007 年录取分数(文科) …… 188
2007 年录取分数(艺术类理科) …… 188
2007 年录取分数(艺术类文科) …… 188
2007 年录取分数(预科) …… 188
2007 年入学新生(理科)各省市自治区第一名 …… 189
2007 年入学新生(文科)各省市自治区第一名 …… 190
2007 年入学新生(艺术类理科)各省市自治区第一名 …… 190
2007 年入学新生(艺术类文科)各省市自治区第一名 …… 190
2007 年入学新生各省市和特别行政区保送生 …… 191
就业工作综述 …… 191
2007 届本科毕业生流向 …… 194
2007 届毕业研究生流向 …… 194

* 国有资产管理 …… 195

* 档案馆·计算中心·图书馆·体育馆 …… 198
档案馆工作综述 …… 198
计算中心工作综述 …… 199
图书馆工作综述 …… 203
刘长春体育馆工作综述 …… 205

* 审计工作 …… 207

* 基本建设 …… 211

* 后勤、市内校区及住宅工作 …… 212
后勤工作综述 …… 212
市内校区管理工作综述 …… 214
住宅管理工作 …… 216

* 保卫工作 …… 218

* 离退休工作 …… 220

* 党的干部与组织工作 …… 221
党的干部与组织工作综述 …… 221
2007 年党员基本情况统计 …… 224

* 宣传和思想政治工作 …… 225
宣传和思想政治工作综述 …… 225
2007 年新闻媒体对大连理工大学的部分报道一览表 …… 226

* 统一战线工作 …… 243

* 纪检监察工作 …… 247

* 工会与教代会工作 …… 249

* 共青团工作与学生会工作 …… 252

* 校友联谊工作 …… 255

* 2007 年学校文件一览 …… 257

2007 年委发文件目录 …… 257
2007 年校发文件目录 …… 258
2007 年校任文件目录 …… 259
2007 年办发文件目录 …… 260

* 表彰与奖励 …… 263

先进集体 …… 263
先进个人 …… 264

* 毕业生名单 …… 268

大连理工大学第八届学位评定委员会第 5 次会议授予硕士、博士学位名单(2007-01-07) …… 268
大连理工大学第八届学位评定委员会第 6 次会议授予硕士、博士学位名单(2007-04-07) …… 277
大连理工大学第八届学位评定委员会第 7 次会议授予硕士、博士学位名单(2007-07-02) …… 278
大连理工大学第八届学位评定委员会第 8 次会议授予硕士、博士学位名单(2007-10-19) …… 288
2007 届本科毕业生名单 …… 289

* 2007 年大事记 …… 301

特　　载

中央任命张德祥同志为我校党委书记

9月14日下午，学校在国际会议中心召开全校干部大会，宣布中共中央决定，任命张德祥同志为大连理工大学党委书记（副部长级），免去林安西同志大连理工大学党委书记职务。教育部党组书记、部长周济，中央组织部干部三局巡视员、副局长夏崇源，教育部人事司司长吴德刚，辽宁省委副书记骆琳，省委常委、大连市委书记张成寅等领导出席大会，会议由校长欧进萍主持。

中央组织部干部三局巡视员、副局长夏崇源宣布了中央任命张德祥同志为大连理工大学党委书记和免去林安西同志大连理工大学党委书记的决定并讲话。他说，林安西同志长期在学校从事教学科研和管理工作，他始终按照社会主义政治家、教育家的标准要求自己，坚决贯彻党的教育方针，坚持社会主义办学方向，他熟悉高等教育规律和学校情况，组织领导能力强，治校治教经验丰富，善于团结领导大家工作，待人诚恳，作风正派，要求自己严格，为大连理工大学的发展建设做出了突出贡献。他说，张德祥同志长期在高校和教育行政部门工作，熟悉教育方针政策和教育管理，组织领导能力较强，工作思路清晰，党务工作经验丰富，对高等教育学和高等教育管理有比较深入的研究，为人谦和，作风正派，要求自己严格。中央认为，张德祥同志担任大连理工大学党委书记是合适的，相信张德祥同志任职后，一定会与欧进萍同志一道，团结带领全校教职员工，高举中国特色社会主义伟大旗帜，以邓小平理论和“三个代表”重要思想为指导，深入贯彻落实科学发展观，不断提高教学质量、科研水平和办学效益，相信班子成员和全校广大师生员工，一定会支持张德祥同志的工作，齐心协力共同推进学校事业的发展，以优异的成绩迎接党的十七大胜利召开。

教育部党组书记、部长周济在讲话中表示，教育部党组完全拥护中央的决定。他说，大连理工大学是一所有着光荣传统的全国重点大学。长期以来学校党委始终坚持党的教育方针，秉承优良校风，抢抓机遇，锐意进取，学校的人才培养、科学研究、师资队伍、办学条件都得到了明显的改善和稳步的提升，综合实力不断增强，社会声誉不断提高。特别是近年来，经过“211工程”和“985工程”建设，奠定了国际知名的高水平研究型大学的基础，为提升我国高等教育的整体水平，增强我国高等教育的竞争力和国家自主创新能力，做出了突出的贡献。他代表教育部党组对林安西同志多年来的辛勤工作，以及为大连理工大学的改革发展所做出的重要贡献表示衷心感谢和崇高敬意。他表示，相信张德祥同志一定能够不负重望，和欧进萍同志一道，团结带领班子全体成员，紧紧依靠全校师生员工，锐意进取，继往开来，为把大连理工大学建设成为国际知名的高水平研究型大学而奋斗。周济在讲话中对学校工作提出了三点希望和要求：一是要认真学习贯彻胡锦涛总书记重要讲话精神，加快高水平研究型大学建设步伐。二是要聚精会神搞建设，一心一意谋发展，要把创新人才的培养作为学校的根本任务，要主动融入国家创新体系和社会主义现代化建设中去，要大力推进人才强校战略，狠抓人才队伍建设，推动教育事业又好又快发展。三是要大力加强领导班子的思想政治建设，努力增强驾驭学校改革发展的能力。

省委副书记骆琳受省委书记李克强、省长张文岳的委托，代表省委省政府对大连理工大学长期以来为辽宁经济社会发展所做出的重要贡献表示感谢，对林安西同志长期以来为辽宁省、为大连理工大学所做出的重要贡献表示衷心感谢和敬意。他说,中央决定任命张德祥同志为大连理工大学党委书记,体现了对大连理工大学领导班子长远建设的高度重视。他表示,省委省政府将一如既往全力支持大连理工大学的发展。

省委常委、市委书记张成寅在讲话中表示,市委市政府坚决拥护中央决定,对张德祥同志担任大连理工大学党委书记表示祝贺,对张德祥同志到大连来工作表示欢迎。他对大连理工大学和林安西同志为大连的经济社会发展做出的重要贡献表示感谢。他说,近年来,大连理工大学始终坚持自身的办学特色,充分发挥学科优势,在人才培养,科学研究,社会服务等方面做出了重大贡献,已经成为振兴东北老工业基地的重要生力军之一,有效地服务了东北老工业基地的振兴,促进了大连经济社会又好又快地发展。他表示,大连市将一如既往支持大连理工大学的建设和发展。

林安西在讲话中表示,坚决拥护中央的决定,热烈欢迎张德祥同志来校担任党委书记,将积极支持张德祥同志为班长的校领导班子开创学校工作的新局面。他对在担任校党委书记期间各级领导、全校师生员工对他本人和学校工作的关心和支持表示衷心感谢,并深情回顾了在大连理工大学学习工作的经历。他说,在担任大连理工大学党委书记的12年间,中国高等教育改革波澜壮阔,作为学校领导班子的班长深感责任重大,不敢有丝毫懈怠,始终以"不辱使命、不负重托"为鞭策,与学校荣辱与共,并以为学校的发展做了一些力所能及的工作而感到十分充实和幸福。他表示,将继续认真做好中国大连高级经理学院的建设工作,为建设一流的国家级经理学院奠定坚实的基础。今后将一如既往,以对学校的一草一木的深爱之情,做一名忠实的"义工",为大工的发展尽心、尽力,为学校的进步和发展欢呼。他说,大连理工大学近年来取得的成绩离不开教育部和辽宁省、大连市的大力支持和帮助,同时也是全校各级党政领导和全校师生员工同心同德、团结一致、辛勤努力工作的结果,衷心希望张德祥和欧进萍同志团结带领全校师生员工为实现学校发展目标做出更大贡献。林安西同志充满深情的讲话,多次被全场热烈的掌声打断。

新任校党委书记张德祥同志在讲话中表示,一定按照中央提出的高等学校领导要努力成为社会主义政治家、教育家的标准严格要求自己,在政治上始终与中央保持一致,认真贯彻科学发展观,认真贯彻党的教育方针,认真贯彻党和国家关于教育发展的一系列重大部署和要求。努力以理论为指导,以战略的思维、世界的眼光,和全校的师生员工一道,认真思考学校的发展,脚踏实地、扎扎实实地做好每一件事。他说,大连理工大学有一支高素质的教师队伍和管理队伍,这里大师云集、人才济济,广大的教师辛勤耕耘,涵英哺华;这里有一批学识渊博、德高望重的院士、学者、专家;有一批生机勃勃、才华横溢的中青年教师;有一批辛勤工作、爱岗如家的员工。正是因为有了好的领导、好的教师、好的管理队伍,大连理工大学才创造了一个又一个的辉煌,实现了一个又一个的光荣与梦想。他表示,将认真履行职责,坚持和完善党委领导下的校长负责制,虚心向同志们学习,与欧进萍校长密切配合,切实加强领导班子的建设,解放思想,开拓进取,奋发有为,坚持科学办学、民主办学、依法办学,不断提高办学水平和质量,加快国际知名的高水平研究型大学建设,努力开创大连理工大学更加辉煌的明天。

欧进萍校长对中组部、教育部、辽宁省及大连市对大连理工大学的重视和支持表示衷心感谢,代表全校师生员工对林安西同志付出的艰辛和努力以及发挥的重要作用表示崇高敬意和衷心感谢,对张德祥同志出任我校党委书记表示热烈欢迎。他说,在中央及部省市的领导和支持下,学校党政领导班子有信心开创大连理工大学工作的新局面。他说,目前学校正处于发展的关键时期,国家将以更大的决心和更大的力量支持这项事业,辽宁老工业基地全面振兴,大连正努力率先实现老工业基地振兴,这些都为学校发展创造了前所未有的机遇,同时也提出了新的课题,我们绝不辜负中央省市对我们的期望,团结进取,开拓创新,为把大连理工大学建设成为国际知名的高水平研究型大学努力奋斗。

中组部干部三局五处副处长潘超,教育部党组秘书吴国凯,人事司高校干部一处处长彭实,辽宁省委组织部副部长郭平,辽宁省高校工委副书记、教育厅副厅长李树森，辽宁省高校工委专职委员车儒文，省委组织部干部五处处长王东秀，省教育厅有关部门负责人于洪江、张建华、翟文豹，大连市市委常委、大连市委组织部部长宋善云，市委组织部副部长王玉华，我校党政领导班子成员及校长助理，校党委委员、纪委委员，校民主管理委员会委员、校务委员会委员，两院院士，教授，各民主党派负责人，离退休教师代表，各部处(办)、直附属单位副处级以上干部，各院系(部)、各分党委(党总支、直属党支部)领导班子成员，学生代表等400多人参加了会议。

全校干部大会结束后，周济、吴德刚、李树森等领导和学校党政领导班子成员进行了座谈。

大连理工大学概况

大连理工大学1949年4月建校，时为大连大学工学院；1950年7月大连大学建制撤销，大连大学工学院独立为大连工学院；1960年被确定为教育部直属全国重点大学；1986年设研究生院；1988年更名为大连理工大学；1996～2000年实施"九五""211工程"建设，教育部、辽宁省、大连市共建大连理工大学；2001～2003年，教育部、辽宁省、大连市重点共建大连理工大学，实施"985工程"一期建设；2003～2005年实施"十五""211工程"建设；2003年12月被中央确定为中管干部学校；2004年开始实施"985工程"二期建设，教育部、辽宁省、大连市继续重点共建大连理工大学。

学校现有教职工3370人，其中专任教师1802人，包括中国科学院和中国工程院院士10人，双聘院士13人，国务院学位委员会学科评议组成员10人，长江学者奖励计划特聘教授11人，讲座教授4人，陈嘉庚技术科学奖获得者2人，何梁何利奖获得者3人，国家杰出青年基金获得者30人，百千万人才工程国家级人选8人，教育部跨世纪优秀人才基金获得者18人，教育部"新世纪优秀人才支持计划"入选者54人，高等学校青年教师教学科研奖励基金获得者3人，全国高等学校百名教学名师奖获得者2人，辽宁省高等学校教学名师奖获得者7人，博士生导师364人，兼职博士生导师90人，正高职人员409人，副高职人员877人。

2007年10月，在校学生34920人(博士生3114人，硕士生7556人，专业学位教育研究生4897人，本科生18950人，预科生60人，外国留学生343人)。另有独立二级学院(城市学院)学生7625人，继续教育学院学生20303人，研究生进修班学生1191人。

学校以人才培养与科学研究为中心，本科生教育与研究生教育并重，已形成以理工为主，经、管、文、法等学科协调发展的多学科体系。学校设有研究生院和19个学院，33个系部。有一级学科国家重点学科4个(力学、水利工程、化学工程与技术、管理科学与工程)，涵盖二级学科15个，有二级学科国家重点学科6个(计算数学、等离子体物理、机械制造及自动化、结构工程、船舶与海洋结构物设计制造、环境工程)，13个"985工程"二期建设项目，18个一级学科博士点，107个二级学科博士点，147个硕士点，20个博士后科研流动站，还有工商管理硕士(MBA，含EMBA)、公共管理硕士(MPA)、建筑学、工程硕士4个专业学位授予权以及高校教师在职攻读硕士学位授予权。有55个本科专业，4个第二学士学位专业。

学校科研工作具有较强实力，有4个国家重点实验室(海岸及近海工程国家重点实验室、三束材料改性国家重点实验室、精细化工国家重点实验室、工业装备结构分析国家重点实验室)，1个国家工程研究中心(船舶制造国家工程研究中心)，1个国家大学科技园(大连理工大学—七贤岭国家大学科技园)，1个国家级技术转移中心(大连理工大学技术转移中心)，1个国家级技术中心(国家振动与强度测试中心)，2个教育部重点实验室(精密与特种加工实验室、工业生态与环境工程实验室)，5个省级重点实验室(辽宁省微纳米技术及系统重点实验室、辽宁省内燃机重点实验室、辽宁省工业设备先进控制系统重点实验室、辽宁省生物基化学品重点实验室、制造管理信息化重点实验室)，3个教育部工程(技术)研究中心(教育部模塑制品工程研究中心、教育部制造管理技术工程研究中心、教育部动物性食品安全保障技术工程研究中心)，6个辽宁省工程(技术)研究中心(辽宁省精细化工工程研究中心、辽宁省先进装备设计与CAE软件工程研究中心、辽宁省电子政务工程研究中心、辽宁省先进船舶技术工程技术研究中心、辽宁省高性能树脂工程技术研究中心、辽宁省工业生态与环境工程技术研究中心），7个国家级企业技术中心大连理工大学分中心，2个国家培训中心（中国微电子技术应用开发培训中心、大连ITU互联网培训中心），3个国家级教育、教学基地（国家工科化学教学基地、国家大学生文化素质教育基地、国家集成电路人才培养基地），2个国家级实验教学示范中心（基础化学实验中心、工程训练中心），7个省级实验教学示范中心（基础化学实验中心、基础物理实验中心、电工电子实验中心、工程训练中心、生物与环境实验中心、信息技术实验中心、水力学实验中心），6个辽宁省示范性专业，4个辽宁省骨干教师培训基地，2个研究基地（辽宁省“三个代表”重要思想研究基地、辽宁省高校“科技伦理与科技管理”研究基地），13个省级高校重点实验室，3个省级高校工程研究中心（先进船舶工程技术研究中心、先进装备设计与CAE软件工程研究中心、工业生态与环境工程技术研究中心），2个大连市社会科学重点研究基地，3个市级研发机构，2个校企合作研究院（沈鼓一大工研究院、辽油一大工研究院），4个世界银行贷款、高等教育发展项目建设的教学实验中心（工程训练中心、基础物理实验中心、电工电子实验中心、基础力学实验中心），69个独立的研究中心、研究院（室），73个研究所。2001年以来，学校共获国家级教学、科技奖励27项，省部级科技奖励151项。

2006年1月揭牌的中国大连高级经理学院，是经中共中央批准成立的国家级干部培训基地，是中央组织部所属的事业单位，由中央组织部主管，日常管理工作委托教育部负责，依托大连理工大学、相对独立办学。它是落实国家“三支人才队伍（党政干部队伍、企业经营管理队伍和专业技术人员队伍）一起抓”的人才强国战略的重要载体之一。它与中央党校、国家行政学院、中国浦东干部学院、中国井冈山干部学院、中国延安干部学院共同构成“一校五院”国家级培训体系。学院主要承担面向国有骨干企业和金融机构高级经营管理者的教育培训任务。

学校总占地面积300.7万平方米（4511亩），其中校本部211.4万平方米（3171亩），市内校区10.6万平方米（159亩），开发区校区78.7万平方米（1181亩）。学校建筑面积136.6万平方米，图书馆面积4.6万平方米，馆藏图书238.9万余册，中外文电子期刊35 000种，49个平台、169个各类中外文数据库。体育馆面积2.8万平方米，由中心比赛馆、游泳馆和开发区校区体育馆等组成。

学校广泛开展对外交流与合作，现与25个国家和地区的近110所大学和研究机构建立了稳定的交流与合作关系，聘请名誉教授、客座教授、顾问教授255人。

目前，学校正以“985工程”和“211工程”建设为龙头，以创新为灵魂，抓住国家振兴东北地区等老工业基地的历史性机遇，实施人才强校战略，努力把大连理工大学建设成为国际知名的高水平研究型大学。

重要文件和讲话

大连理工大学2007年工作要点

2007年学校工作的总体要求是:坚持用科学发展观统领学校发展全局,围绕提升质量和突出特色,加速实施人才强校战略,推进学科、院系结构调整,深化教学改革,提高自主创新能力,努力建设和谐校园,以优异的成绩迎接党的十七大召开。

一、继续深化教育教学改革,全面加强教学质量建设

认真落实教育部《关于实施高等学校本科教学质量与教学改革工程的意见》(教高[2007]1号)、《关于进一步深化本科教学改革全面提高教学质量的若干意见》(教高[2007]2号)和学校《关于进一步加强本科教学工作的若干意见》精神,大力推进教学改革与建设,全面提升教学质量。建设一批特色鲜明、优势明显的国家级、省级和校级高水平专业,通过学科交叉、渗透和融合,改造传统专业,增设生物医学工程、交通工程和哲学等专业;加强国家、省和学校三级精品课程建设,建设百门高水平双语教学课程,争取若干门进入国家级双语教学示范课程;建设若干个国家级、省级和校级高水平教学团队,评选教学名师,提高教师教学水平;以国家"十一五"规划教材建设为契机,加强高水平教材建设;以国家实验教学示范中心为目标,加强实验室建设与改革,提高实验教学质量;建设高水平的数字化学习中心,丰富网络教学资源,构建网络教育资源共享平台;积极开展研究型学习和创新实验,办好创新实验班,加强大学生科技训练和竞赛活动,强化创新教育。加大教学投入,大力推动教授上讲台;采取切实措施,充分调动广大教师从事教学工作的积极性。

大力推进招生、培养模式改革,逐步实行按大类招生、低年级大类培养、高年级实施专业训练。修订培养方案,改革教学模式,全面实行学分制;推进大学外语改革,构建通识教育课程体系,逐步完善研究型大学本科人才培养体系。

召开第十四次本科教育教学工作研讨会。开展教育思想大讨论,转变教育教学观念;针对本科教育教学中的重大问题,以及建设与改革的热点问题进行研讨,进一步提高认识,统一思想,达成共识。

继续完善研究生培养质量保证体系,修订学位授予工作细则,完成各院系硕士论文外审制度和博士学位论文答辩标准。从提高研究生生源质量入手,完善政策和措施扩大接受优秀推免的硕士研究生。加大研究生的复试权重,改进复试办法,提高录取质量。

结合2007年入学新生的各类奖学金的名额分配与评定,做好研究生培养机制改革试点工作;设立导师基金,以研究生奖学金的形式立项支持人文学科、基础学科和跨学科指导研究生的导师。进一步开辟研究生三助岗位,把助管与助教纳入学校流动编制规范管理。

组织各学科修订研究生培养方案,确定新形势下的研究生培养目标、课程设置和要求等;完善"以课题为牵引"的团队培养模式和弹性学制;建设百门研究生双语课程,创建研究生精品课程,建设好研究生创新中心。以培育全国百篇优秀博士论文为引导,鼓励研究生和导师多出高水平研究成果,最大限度地激发博士研究生创造性工作的热情。

加大非学历研究生教育的宏观管理力度,合理确定发展规模,加强专业学位研究生教材建设和课程教学的监控,把专业学位研究生教育纳入学校常规教育管理体系,保证其规范、有序发展。

继续发展多种形式办学。加大高水平教师引进力度，加强学科建设、特别是教师科技创新能力建设，进一步提高软件学院人才培养的质量；加强管理，规范办学，进一步提高城市学院和继续教育学院的培养质量和办学水平。

加强学风建设，形成全员、全过程、全方位育人的氛围。强化学生心理健康教育和心理咨询工作，塑造学生自尊自信、理性平和、积极向上的社会心态。要下大力气做好毕业生的就业工作，切实落实就业工作的"一把手工程"，形成全校教职工关心、支持并积极主动为就业工作献计出力的氛围，确保毕业生充分合理就业，努力提高毕业生就业层次，为毕业生未来发展奠定良好基础。深入开展学习贯彻胡锦涛总书记给孟二冬教授女儿回信的活动，大力开展师德建设。

依托学校的优势继续办好中国大连高级经理学院，在中组部、教育部领导下，办好今年的四期专题研讨班，尤其是第一期以中管企业主要领导为学员的研讨班；努力做好学院基础设施建设的前期准备，争取年内动工。

二、全面提升创新能力，实现科技工作新的跨越

科技工作要贯彻落实国家中长期科技发展规划精神，紧紧抓住国家"十一五"科技计划和东北老工业基地振兴的重大机遇，坚持自由探索科学前沿、服务国家战略需求、推动地方经济发展三者相结合，以重大项目、团队建设、基地建设为抓手，通过政策导向和环境创造，全面提升创新能力，实现学校科技工作新的跨越。

加强学校科技管理体制和机制创新建设，构建更加适合科技创新和承担重大研究计划的条件和氛围。集中优势力量筹划、组织申报并承担国家、地方"十一五"各类重大科技计划项目，重视推动和引领国家战略和社会需求的创新研究。

加强已有的国家及省重点实验室、工程中心建设，做好 2008 年国家重点实验室评估的准备工作；依托地方政府和大型企业，筹划和联合组建若干国家工程实验室、产业技术研发基地、新模式校企合作研究院；做好"沈鼓—大工"、"辽油—大工"两个研究院新的重大项目的启动与实施；启动深海工程研究中心、能源研究院等平台建设，筹划微系统微电子研究基地建设；加强省市人文社科研究基地申报及建设工作，设立学校人文社会科学基金，以支持人文社科研究工作。

调整知识产权管理制度，完善知识产权保护工作，落实《大连理工大学知识产权保护暂行规定》和《大连理工大学关于促进科技成果产业化的暂行规定》，允许和支持教师开展技术转移工作和以现代企业制度创办高科技企业。以国家大学科技园和国家技术转移中心为平台，建立多元化投融资渠道，重点培育以我校技术为核心技术的企业，并拓展园区空间。推动科技园和技术转移中心的国际化发展。

产业工作要继续推进现代企业制度建设，重点抓好近年来出台的"规范与完善控股企业法人治理结构以及企业财务预算控制、资金管理"等九项制度的贯彻落实，迎接教育部今年 5 月进行的高校产业规范化建设检查和验收。进一步建立科学、规范、完善的产业管理体制和运行机制，实现国有资产的保值增值和效益最大化。继续发挥我校学科优势，整合资源，做强做大高新技术、工程设计与建设、现代出版三大产业链。

三、做好重点学科申评工作，扎实推进学科建设与调整

要抓住机遇，精心准备，力争通过新一轮国家重点学科申报和考评、"十一五""211 工程"建设立项等工作，在学科建设方面取得新的突破，推动我校学科水平的提高和结构布局的优化。

加速"985 工程"二期学科建设项目的实施进程，做好"十一五""211 工程"的立项工作和"985 工程"三期的建设规划，争取得到国家及地方政府的更多支持。

做好国家重点学科的申报和考评工作，力争在国家一级重点学科和二级重点学科方面取得好成绩。规划拟组织申报全国第十一批增列的学科点、特别是博士学位授予学科点。

探索和完善保障学科建设创新平台和基地建设的组织机制，按"985 工程"科技创新平台建设的要求，跨院系组织研究队伍，为充分发挥多学科优势提供组织和制度保证。筹划建立全新体制的"运载工程与力学学部"和"微电子学院"等。

四、优化队伍结构，推进人事管理体制改革

坚持培养和引进并重，扩大师资队伍规模，改善队伍结构。加强引进人才工作队伍建设，充分调动院系的积极性，充分调动广大教职工的积极性，超常规、大力度引进高层次人才。重点面向海外引进拔尖人才和优秀青年人才。

继续加强教职工培训。加强教师外语培训，将有计划培训和个人努力相结合，全面提高中青年教师的外语水平，逐步要求大多数中青年教师具备出国进修的外语资格，争取更多国家留学基金和国家留学合作基金项目。积极鼓励并有计划安排工科专业青年教师到大中型企业对口进行工程实践锻炼，2009 年开始，工科专业青年教师申报副高职需具备半年以上的工程实践经历。制定实施管理工作人员、实验技术人员和教学辅助人员培训计划。

讨论通过新一轮全员编制核定方案，在此基础上进一步推进人事管理体制改革。

根据人事部和教育部即将出台的岗位设置指导意见，制定学校岗位设置实施办法。统筹考虑教学、科研、学科建设等各方面因素，构建有助于提高人才培养质量，提升科研实力和水平的核岗定编办法，实现分类和分层次管理。以工资改革为契机，完善教师聘任和履职考评制度，按照“按需设岗、公开招聘、以岗定薪、岗变薪变”的原则，建立一套有利于提高管理和服务水平与效率的运行机制。本着“固定编制和流动编制相结合”的原则，探索更加灵活的用工制度；适度增加科研为主的优秀人才编制，形成以创新群体、科研团队为核心的人才队伍；建立起一套有利于建设一流学科、有利于出一流人才和有利于产生一流成果的内部管理机制和运行机制。

把在站博士后纳入教学科研(流动)编制，加强管理，改善生活与工作条件。加大博士后招收宣传力度，努力增加在站博士后人员数量，尤其是外籍博士后和留学回国人员博士后数量。

五、拓展渠道，加大力度，加强国际合作与交流

抓好国际合作基金的管理与落实。起草并完善国际化基金管理办法与相关实施细则、跟踪并考核基金落实效果；组织申报“111”引智计划和选聘海天学者项目；协助办理并资助/审批教师出国参加国际会议及来校讲学。

拓宽国际合作范围、提升合作质量。年内将组织由校领导带队的 7 个访问团到国外或境外学习、访问及签订合作协议，包括管理干部香港培训团、台湾访问团、俄罗斯访问团、欧洲访问团和北美访问团等。走访参观 30 余所国际著名大学，进行交流与沟通，为提升我校国际合作质量搭建平台、为发展和建立国际合作网拓宽渠道。

扩大和加强学生交流项目。选派 50～60 名本科生到国外公司或学校实习/学习；选派 100 名公派出国研究生到国外攻读博士学位或联合培养博士；进一步加大留学生招生宣传工作力度，扩大招生规模、提升学位生比例，争取招收软件学位班。

六、强化支撑和保障，推进和谐校园建设

拓宽筹资渠道，加大筹资力度，以“985 工程”、“211 工程”建设为契机，争取国家各项专项资金支持，同时拓展自筹资金的渠道，特别是注重加大争取捐赠款的力度。

制定大型仪器设备等优质资源共享管理办法，探讨统管共用、专管共用和托管共用等资源开放式共享管理模式，合理配置资源，提高利用率。制定公房分配与使用管理办法，做到有限资源的合理、有效使用。

继续改造学校供水、供电基础设施和西山学生宿舍、山上礼堂等建筑，分期做好校园绿化美化工程，加强校园内治安、消防、交通等方面的管理工作，协调有关部门做好周边环境的综合整治，保障学校的安全可靠运行。

做好校本部、市内校区、开发区校区的后勤保障工作，加强住宅的管理和清理工作。做好后勤集团 ISO9001 质量管理体系标准认证和实施工作，进一步提升后勤集团的服务水平。

加强图书馆和校园网的建设，提升其硬件条件和水平。完善图书文献体系建设工作，减少印刷型期刊的订购，引进新数据库，提高图书文献资源的利用效率。进一步提升校园网运行质量，

提供快捷方便服务，年内全面开通并接入到中国下一代互联网中(CNGI CERNET2)。加强档案管理工作，以最好的成绩迎接中组部对干部人事档案的检查。

抓紧做好西部校区的拆迁和基础设施前期工作，尽快开工建设化工综合楼、化工实验楼、图书信息资源中心(西部校区图书馆)、综合实验四号楼、中国大连高级经理学院教学楼和学员宿舍、人才公寓等。按期保质完成西山续建学生宿舍、食堂，以及软件学院学生宿舍建设。

在西部校区建设的同时积极筹划市内校区土地置换工作，以便集中资金加快学校建设步伐。

启动校庆60周年的筹备工作。

在加强学校硬件条件建设的同时，更要注重以构建和谐校园为目标，推进学校软环境建设。

全面实施健康工程，在教职工中积极倡导健康的生活方式和高雅的情趣爱好，丰富教职工的业余文化、体育生活，提高教职工的健康水平。与教职工工作生活直接相关的各项制度要更加科学化和人性化，彰显人文关怀，努力形成以人为本、尊重人、理解人、关心人，把学校发展与人的发展紧密结合的良好环境。

关心离退休教职工的生活和健康。开发离退休教职工的人力资源。今年开始设立专项基金，鼓励离退休教师在力所能及的前提下，继续参与高水平的研究工作，申报科技奖项，出版高水平专著、教材和学术论文。

关心困难学生和职工的生活，帮助他们解决实际困难。继续完善经济困难学生资助体系，保证困难学生在校期间的正常学习和生活。

继续办好幼教中心、附属学校和高中，让教职工的子女受到良好的基础教育，解决教职工后顾之忧。

七、加强党的建设和干部队伍建设，为学校事业发展提供有力保证

深入学习、贯彻党的十六届六中全会和第十五次全国高校党建工作会议精神，加强学校党建工作，努力建设社会主义和谐校园，为党的十七大胜利召开营造良好的思想舆论氛围。

巩固和发展共产党员先进性教育成果，继续抓好《关于党员先进性教育的意见》等四个长效机制文件的落实，进一步加强和改进党的基层组织建设和党员队伍建设。

按照“科学执政，民主执政，依法执政”的精神，积极探索以“党政联席会议制度”、“三服务”机制为核心的发挥基层党组织作用的有效途径和方法，改进工作方法、创新工作机制和运行机制，积极、稳妥地推进院系“民主管理委员会”、“教授会”建设，形成科学、民主、规范的决策和管理体制。

以处级干部为重点，继续抓好大规模培训干部、大幅度提高干部素质任务的落实，着力提高干部的思想理论素养、着力提升干部贯彻落实科学发展观的能力、着力改进干部的工作作风。教育全校各级干部牢记“两个务必”，带头发扬艰苦奋斗、勤俭节约的精神。

以社会主义核心价值体系为根本，以党委中心组学习、“两组”学习和“两课”教学为主线，加强主题宣传教育，坚持用中国化的马克思主义武装头脑，推进和谐校园建设。深入贯彻中央16号文件精神，加强学生管理队伍的专业化建设，健全研究生专职管理队伍，进一步把学生思想政治教育引向深入，并开展“回头看”工作，认真组织自查和调研，积极探索新思路、新办法，保证各项任务和措施落到实处。

大力推进以打造学校品牌、提高社会影响力为战略的对外宣传工作，推进以新媒体为代表的校内媒体建设。充分发挥统战工作在争取人心、凝聚力量、扩大学校影响方面的重要作用，加强学校党外干部的培养和选拔工作，认真做好各级人大代表、政协委员的推荐工作。

以加强领导干部作风建设、严格执行“三重一大”制度、严肃财经纪律为主要内容，抓好党风廉政教育。对重点领域加大监督力度；继续开展治理商业贿赂专项工作。为防范经济运行风险、规范管理，进一步加大事前、事中审计和效益审计力度。

教育部党组书记、部长周济同志在全校干部大会上的讲话

（2007 年 9 月 14 日）

刚才中共中央组织部夏崇源同志宣布了中央关于张德祥、林安西同志职务任免的决定，教育部党组完全拥护中央的决定。

大连理工大学是一所有着光荣传统的全国重点大学。长期以来学校党委始终坚持党的教育方针，秉承求实、创新的校风，抢抓机遇，锐意进取，学校的人才培养、科学研究、师资队伍、办学条件都得到了明显的改善和稳步的提升，综合实力不断增强，社会声誉不断提高。特别是近年来，经过“211 工程”和“985 工程”建设，学校培养、凝聚了一支创新队伍，集聚了一批高层次人才，并且产生了一批具有重大影响的标志性的成果，初步形成了具有中国特色的高水平研究型的大学，为提升我国高等教育的整体水平，增强我国高等教育的竞争力和国家自主创新能力，做出了突出的贡献。这些成绩的取得是党中央国务院正确领导的结果，是历届领导班子不懈努力的结果，是社会各界关心支持的结果，是全校师生员工团结奋斗的结果。在这当中也凝聚了林安西同志大量的心血、智慧。

林安西同志在大连理工大学，学习工作了近 50 年，见证了学校半个世纪的发展历程，对学校的事业充满了感情。他长期担任学校的领导职务，先后担任校长、党委书记长达 16 年，积累了丰富的领导工作经验。特别是他 1995 年担任党委书记以来，高举邓小平理论伟大旗帜，贯彻落实科学发展观，始终坚持社会主义办学方向，坚持党委领导下的校长负责制，党政密切配合，表现出很强的驾驭全局的能力。他认真抓好学校领导班子和干部队伍建设，正确处理学校改革发展和稳定的关系，积极探索新形势下高校党建和思想政治工作的新途径、新方法。他事业心、责任心强，作风深入，工作细致，待人诚恳，要求自己非常严格，在广大教职工中享有较高的威信，在全国高等教育战线赢得了大家的普遍尊重。由于年龄原因，林安西同志多次负责任地向上级组织提出，尽早退出领导岗位，让年富力强的同志接班，表现出了一位老同志、老党员对党的教育事业对大连理工大学高度负责的精神。在林安西同志即将离任之际，我仅代表教育部党组对他多年来的辛勤工作，以及为大连理工大学的改革发展作出的重要贡献，表示衷心的感谢和崇高的敬意！

中央决定张德祥同志任大连理工大学党委书记体现了党中央对大连理工大学的高度重视，德祥同志长期在高校和教育部门工作，对高等学校的情况很熟悉，是高校管理方面的专家，工作经验丰富，组织领导能力强。相信张德祥同志，一定能够不负重望，尽快地熟悉学校的情况，和欧进萍同志一道团结和带领班子的全体成员紧紧依靠全校的师生员工，锐意进取，继往开来，为把大连理工大学建设成为世界知名的高水平研究型大学而奋斗。

借此机会我就学校工作讲三点建议。

一、认真学习贯彻胡锦涛总书记重要讲话精神，加快高水平研究型大学建设步伐

胡锦涛总书记 6 月 25 日在中央党校发表了重要讲话，是对中国特色社会主义事业发展规律新的认识，为党的十七大胜利召开了奠定了重要的政治、思想和理论基础。8 月 31 日，胡锦涛总书记在全国优秀教师代表座谈会上发表了重要讲话，再次强调，新世纪新阶段必须坚持教育优先发展的战略地位，大力倡导尊师重教，大力发展教育事业，大力提高全民族素质。充分体现了党中央大力实施科技兴国、人才强国战略的坚强决心，也充分体现了党中央对教育事业的高度重视，充分体现了党中央对广大教师和教育工作者的深切关怀和殷切希望。胡锦涛总书记的重要讲话，对于推进新时期教育改革和发展具有极其

重要的意义，为我们的教育事业的发展指明了方向，是新时期纲领性文件。我们要深入学习，认真贯彻落实，要结合学校发展实际，围绕高水平研究型大学的建设目标，进行再学习，再思考，再规划。再学习就是继续认真学习，深刻领会胡锦涛同志讲话精神，确实把思想统一到讲话上来，统一到中央要求上来；再思考，是希望全校师生员工，坚持以科学发展观为指导，对建设一个什么样的大连理工大学和如何建设好这样的大连理工大学，这两个根本性问题，进行再思考；再规划就是要进一步精心谋划教学发展战略规划，学科建设和队伍建设规划以及项目建设规划，进一步实施好"985 工程"和"211 工程"，加快创建世界知名高水平研究型大学的建设步伐。

二、聚精会神搞建设，一心一意谋发展

一是要把创新人才的培养作为学校的根本任务。胡锦涛总书记指出，全面实施素质教育，核心是解决好培养什么人，怎样培养人的重大问题。这应该成为教育工作的主体，要坚持把社会主义核心价值体系融合教育的全部，引导和教育学生以马克思主义为指导，树立中国特色社会主义共同理想，弘扬以爱国主义为核心的民族精神和以改革创新为核心的时代精神，倡导践行社会主义荣辱观。要进一步调整学科布局和专业设置，更加突出大连理工大学办学特色，坚持以学术为本及以培养高素质人才为目标，深化教育教学改革，注重培养学生的社会责任感、实践能力和创新精神，切实提高创新人才培养质量和水平，培养大批有理想、有道德，有文化，有纪律的高素质的创造型人才。

二是要主动融入国家创新体系和社会主义现代化建设中去。要进一步发挥学校优势，立足于国家创新体系要求，积极参与国家重大课题研究，多出原创性的成果，努力为国民经济和社会事业的又好又快地发展做出贡献。要坚持以服务为宗旨，在贡献中发展，继续为振兴东北地区的老工业基地贡献智慧和力量。多年来，辽宁省委省政府和大连市委市政府对大连理工大学给予了极大的关怀和支持，为大连理工大学的发展做出了积极的重要的贡献，在这里我代表教育部也代表我们大家，对他们表示衷心的感谢。中国特色社会主义事业的快速发展对我们的教育事业提出了强烈的需求，需求是最强大的动力，发展的动力。所以我们高等学校的发展一定要深切地认识到中国特色社会主义事业的发展是我们高等教育发展的最大的动力，最大的优势，最大的发展空间，所以我们一定要把学校的发展紧紧地结合到国家的创新体系建设当中去，要把我们学校的发展，紧紧地深入地融入到社会主义现代化建设伟大事业中去。这一点大连理工大学在这几年做出了很大努力，做出了很大的成绩。比如，中央决定在大连理工大学设立中国大连高级经理学院，我认为这是一个伟大的创造，这是我们学校为国家的经济社会的发展、为社会主义现代化建设做出更好贡献而采取的一个重要举措。所以我想经过一段时间，我们要继续努力办好中国大连高级经理学院，林安西同志还是我们中国大连高级经理学院院长，我们要继续培养大批的高水平的现代企业管理人才，真正实现我们的学校以服务为宗旨，在贡献中发展。

三是要大力推进人才强校战略，狠抓人才队伍建设，推动教育事业又好又快发展。培养高素质人才，教师是关键。这一次中央领导同志在中南海怀仁堂举行全国优秀教师代表座谈会，是新中国建立以来第一次，胡锦涛发表重要讲话，这是在我们教育发展到一个关键时期的重要讲话，因为我们整个教育发展到新的时期，在这个时期提高质量成为我们的重点，而要想提高教育，关键在于老师，关键在于教师队伍建设，所以大家注意到这一次胡锦涛总书记讲话中明确地提出来要加强教师队伍建设，使教师成为全社会最受人尊敬的职业。而且要求我们教师要进一步地自立自强，要以人民教师特有的学识魅力、人格魅力和所有从教的工作，赢得全社会的尊重。所以，在下一个阶段对于高校来说，人才队伍建设是最关键的工作，我们一定要大力推进人才强校战略，把教师工作做得更好。要努力营造高级创造型人才健康成长和充分发挥作用的良好氛围，着力造就一批具有创新能力的学科带头人、学术骨干和一大批创新团队。

三、大力加强领导班子的思想政治建设，努力增强驾驭学校改革发展的能力

当前高等教育改革发展使命艰巨，任务繁重，希望学校领导班子要按照胡锦涛总书记的要求，努力做到思想始终清醒，政治上始终坚定，作风上始终务实，把学校领导班子建设成为坚强有力的领导核心。一是要始终把思想政治建设放在首位。小平同志指出，办好中国的事情，关键在党，关键在人，领导班子成员要按照社会主义政治家、教育家的要求不断地提高文化发展和改革创新的能力，提高工作的预见性和研究、解决新情况新问题的能力，妥善应对各种可能遇到的风险和挑战。二是要提高管理水平，提高管理能力。高等学校要办出水平，办出特色，成为一流的大学，必须高度重视管理工作，把管理放在学校的突出位置，必须坚持严格管理，民主管理和科学管理，领导班子成员要努力成为管理专家。三是要继续坚持民主集中制和党委领导下的校长负责制。民主集中制是我们党的根本制度和领导制度。党委领导下的校长负责制是高校贯彻民主集中制的具体体现。四是要大力加强作风建设，要认真学习贯彻胡锦涛总书记在中央纪委七次全会上的讲话精神。加强领导干部的作风建设，自觉地加强思想作风、学术作风、工作作风、领导作风、生活作风的建设，更加自觉地坚持党的群众路线。

我们相信在党中央国务院的正确领导下，继承光荣历史、发扬优良传统，大连理工大学一定会在邓小平理论、“三个代表”重要思想指引下，深入贯彻落实科学发展观，进一步开拓创新，艰苦奋斗，为加快推进社会主义现代化建设，实现中华民族伟大复兴做出新的、更大的贡献。

（根据讲话录音整理）

林安西同志在全校干部大会上的讲话

（2007 年 9 月 14 日）

各位领导，同志们，老师们，同学们：

刚才，中组部夏崇源同志宣布了中央关于我校党委书记的任免决定。我坚决拥护中央的决定。张德祥同志有大学和教育行政主管部门丰富的领导经验、有高等教育学的理论素养，对大工总体情况了解而且很有感情，我热烈欢迎张德祥同志来担任我校党委书记。此时此刻，百感交集，汇报三点感想。

一是衷心感谢各级领导、全校师生员工对我和学校工作的关心和支持。

1952 年，我 10 岁随父母来到大连理工大学，1963 年从大连工学院毕业留校任教。从 1984 年春起进入校班子至今近 24 年，其间任副校长 8 年，任校长 4 年，任校党委书记近 12 年。我能够从一个普通教师成长为学校党委的主要负责人，是各级党组织培养的结果。

过去的 12 年是令人难忘的，我和学校班子成员、全校师生员工一道，有幸迎来了国家实施科教兴国伟大战略的历史机遇，成功地进行了“九五”、“十五”“211 工程”，“985 工程”一期、二期建设；经过艰苦的努力，历时 4 年完成了校本部西侧 1038 亩土地征用；争取到了依托大连理工大学设立中国大连高级经理学院。过去的 12 年，高等教育改革波澜壮阔，改革、发展面临的困难矛盾也很多，学校之间的竞争日趋激烈，作为班长我深感责任重大，不敢有丝毫懈怠，始终以“不辱使命、不负重托”鞭策自己，为大连理工大学的今天和明天努力做了力所能及的工作，我感到充实和幸福。可以说，经过 12 年的建设与发展，学校的办学条件已经发生明显改善，综合实力和国内外影响力得到了稳步提升。周济部长在讲话中对大连理工大学近年来的工作给予了充分肯定，这是对学校党委、行政和全校师生员工的极大鼓舞和激励。学校能够取得今天的成绩和进步，这一切都归功于党中央科教兴国伟大战略的实施，归功于教育部、辽宁省、大连市的领

导和支持，归功于全校师生员工的团结进取、求实创新。在此，请允许我向各位领导，向辛勤耕耘勇攀高峰的教师们，向艰苦奋斗默默奉献的干部职工们，向奋发成才的同学们表示衷心的感谢！

但是，12年来的工作也有不足和失误，造成这些不足和失误作为班长应负主要责任，我的能力、视野、水平、智慧与学校发展的要求有差距，与党和政府的要求还有差距。坦率地说，任职时间越长，越感到压力和不安，越感到责任重大。在我离任之时，我呼吁全校共产党员、全校师生员工继承和发扬大工优良党风、校风、学风的同时，与时俱进，欢迎新思想、新理念、新风格，以改革创新来进一步推动学校的各项工作。

二是衷心祝愿在张德祥同志为班长的校领导班子带领下，学校取得新的辉煌。

张德祥同志曾担任过大学校长7年，又担任地方教育行政主管部门的主要负责人6年多，又是高等教育学和教育社会学的知名专家。当前，党的十七大即将召开，我国正处于经济社会发展的一个新起点，大力发展教育事业，成为建设创新型国家、加快推进社会主义现代化的必然选择。“十一五”“211工程”和“985工程”三期即将启动，按照提高高等教育质量的要求，国家正以更大的决心、更多的财力支持教育事业。在这样的大背景下，学校面临着新的重大发展机遇。在这样的关键时刻，让精力充沛、经验丰富的张德祥同志担任大连理工大学党委书记，这是中央着眼于我校领导班子的长远建设，加快我校发展所采取的重要举措，也充分体现了教育部、辽宁省、大连市对大连理工大学的高度重视和充分肯定，对大连理工大学寄予厚望。

全校各级干部和广大师生员工要大力支持张德祥书记工作，使他尽快熟悉学校的情况，并为张德祥书记开展工作创造良好环境。我相信，在张德祥书记和欧进萍校长的领导下，全校上下，同心同德，奋发进取，一定会进一步开创学校改革与发展的新局面。

三是认真做好中国大连高级经理学院的建设工作。

根据中组部、教育部的安排，我还继续担任中国大连高级经理学院院长。中国大连高级经理学院依托大工，学校与学院的发展必将相互促进。我将与相关同志一道，在校党委和行政的领导下，认真贯彻前不久贺国强部长在视察中国大连高级经理学院时的重要讲话和周济部长今天讲话要求，紧紧围绕党和国家的工作大局，坚持正确的办学方向，精心谋划学院的长远发展，努力形成鲜明的办学特色，努力提高办学水平，不辜负党和国家的期望，不辜负中组部、教育部、省市对我们的期望，为建设一流的国家级经理学院奠定坚实的基础。

谢谢出席今天会议的各位领导，谢谢你们在讲话中对我工作的充分肯定和高度评价，谢谢你们对张德祥书记、欧进萍校长工作的支持，谢谢你们对大连理工大学的重视和支持。地处东北老工业基地的大连理工大学渴望你们更多的支持和帮助，这是我发自内心的请求。

在离任之际，我要再一次谢谢培养我的领导、老师，谢谢支持我工作的曾经和现在的班子成员，谢谢可亲可敬的大工师生员工！

今后我将一如既往，以对学校的一草一木的深爱之情，做一名忠实的“义工”，为大工的发展尽力，以喜悦和泪水为学校的进步和发展欢呼。

最后，衷心祝愿大连理工大学在张德祥书记和欧进萍校长的带领下更好更快地发展，取得新的辉煌！

张德祥同志在全校干部大会上的讲话

（2007年9月14日）

中央任命我为大连理工大学党委书记，此时此刻，我的心情非常激动。首先，我要衷心感谢中央对我的信任，把这样一个重要的领导职务交给我来承担；我衷心感谢中组部、教育部、辽宁省委、省政府等各级党组织多年来对我的培养，使我从一名普通的教师走上国家重点大学的主要领导岗位；我衷心感谢大连理工大学的领导、老师、同志们对我的支持。所有的这些感谢，我将铭记在心，并化做我报答党和人民，努力工作的不竭动力。

能够成为大连理工大学的一员，我感到十分荣幸。大连理工大学有着近60年的办学历史，是一所有着光荣传统的著名高等学府。几十年来，在中央部委、省市的亲切关怀下，在历届领导的带领下，学校的师生员工励精图治，不懈奋斗，学校的各项事业不断发展，学校越办越好，为国家和地区的经济发展、社会进步做出了重要贡献。2001年我到省委高校工委、省教育厅工作之后，对大连理工大学有了更多的了解。大连理工大学优良的办学传统，深厚的文化底蕴，大工人团结、进取、求实、创新的精神，给我留下了深刻的印象。

我对大连理工大学的领导、老师、同志们怀有深深的敬意。

学校历届领导，为了学校的发展，殚精竭虑，辛勤劳动，辛勤工作，令我十分敬重和钦佩，也是我学习的楷模和榜样。

大连理工大学有一支高素质的教师队伍和管理队伍，这里大师云集、人才济济，广大的教师辛勤耕耘，涵英哺华；这里有一批学识渊博、德高望重的院士、学者、专家；有一批生机勃勃、才华横溢的中青年教师；有一批辛勤工作、爱岗如家的员工。

正是因为有了这样好的领导、好的教师、好的管理队伍，大连理工大学才创造了一个又一个的辉煌，实现了一个又一个的光荣与梦想。

林安西书记是我十分敬重的老领导，他以高度的政治责任感和敬业精神，呕心沥血，勤奋工作，为大连理工大学的建设和发展作出了重要的贡献，这里我谨向林书记表达我崇高的敬意和衷心的感谢。欧进萍校长学术造诣深厚，管理经验丰富，能与欧进萍校长和班子其他同志一道工作，我感到十分高兴。

教育是国家发展的基石，这些年来，我国的高等教育，经历了历史性的跨越发展，现在正在进行战略转移，正在实现新的跨越。建设创新型国家，建设人力资源强国，加快推进我国社会主义现代化建设的进程，都对高等教育提出了更新、更高的要求，对高等学校培养人才、发展科学、服务社会也赋予了更加丰富、更加深刻的内涵。

此时此刻，受命担任大连理工大学党委书记，我深感使命光荣、责任重大。大会之前，周部长、夏局长找我谈了话；我从沈阳来大连之前，省委书记李克强同志，省长张文岳同志也找我谈了话，四位领导都对我提出了殷切的希望、明确的要求。刚才周部长、夏局长、骆书记、张书记都做了重要讲话，我一定按照领导的要求，不负组织重托，不辱使命，鞠躬尽瘁，努力工作。

我将按照中央提出的高等学校的领导要努力成为社会主义政治家、教育家的标准，严格要求自己，在政治上，始终与党中央保持一致，认真贯彻科学发展观，认真贯彻党的教育方针，认真贯彻党和国家关于教育发展一系列重大部署和要求，努力以理论为指导，以战略的思维、世界的眼光，和全校的师生员工一道，认真思考学校的发展，同时还要脚踏实地、扎扎实实地做好每一件事情。

我要以屈伯川先生、钱令希先生、林安西书记、程耿东校长等学校老领导为榜样，认真履行职责，坚持和完善党委领导下的校长负责制，虚心向同志们学习。我要与欧进萍校长紧密配合，精诚合作，充分调动班子成员的积极性，切实加强领导班子的建设，解放思想、开拓进取、奋发有为，坚持科学办学、民主办学、依法办学，紧紧依靠中组部、教育部、辽宁省委、省政府，大连市委、市政府，紧紧依靠全校师生员工的共同努力，不断提高办学水平和办学质量，加快国际知名高水平研究型大学的建设，努力开创大连理工大学更加辉煌的明天。

中共大连理工大学委员会关于认真学习贯彻党的十七大精神的决定

（2007 年 11 月 2 日）

举世瞩目的中国共产党第十七次全国代表大会胜利闭幕了。认真学习贯彻党的十七大精神，以党的十七大精神为统领，加快国际知名的高水平研究型大学的建设步伐，是学校当前和今后一个时期首要的政治任务。全校各级党组织，广大党员干部、师生员工要立即行动起来，根据中央和教育部党组的要求，按照学校党委的统一部署，以严肃认真的态度学习十七大精神，以实际行动贯彻十七大精神。

一、统一思想，充分认识学习贯彻党的十七大精神的重大意义

党的十七大是在我国改革发展关键阶段召开的一次十分重要的大会。胡锦涛总书记的报告，描绘了在新的时代条件下继续全面建设小康社会、加快推进社会主义现代化的宏伟蓝图，为我们继续推动党和国家的事业发展指明了前进方向，是我们党团结带领全国各族人民坚定不移走中国特色社会主义道路、在新的历史起点上继续发展中国特色社会主义的政治宣言和行动纲领。大会通过的党章修正案，体现了党的理论创新和实践发展的成果，体现了党的十七大报告确立的重大理论观点、重大战略思想、重大工作部署，对坚持和改善党的领导、加强和改进党的建设提出了明确要求。大会选举产生的新一届中央领导集体是坚强的领导集体，一定能够团结带领全党全国各族人民，不断夺取全面建设小康社会新胜利，开创中国特色社会主义事业新局面。

学习贯彻党的十七大精神，关系党和国家工作全局，关系中国特色社会主义事业长远发展，对于广大党员干部和师生员工坚定对党作为中国特色社会主义事业坚强领导核心的信念，深刻领会党的基本理论、基本路线和基本纲领，在以胡锦涛同志为总书记的党中央领导下，高举中国特色社会主义伟大旗帜，把智慧和力量凝聚到落实党的十七大提出的重大战略部署和各项重大任务上来，落实教育优先发展的战略地位、推动教育事业科学发展、建设人力资源强国，对于推动学校事业科学发展，建设国际知名的高水平研究型大学，都具有重大的现实意义和深远的历史意义。

二、认真学习，准确把握党的十七大的基本精神

学习贯彻党的十七大精神，要认真研读党的十七大文件，原原本本学习党的十七大报告和党章，全面准确学习领会党的十七大精神。要深刻领会党的十七大的主题，深刻领会党的十六大以来所取得新的重大成就，深刻领会改革开放的伟大历史进程和宝贵经验，深刻领会中国特色社会主义道路和中国特色社会主义理论体系，深刻领会科学发展观的科学内涵、精神实质、根本要求，深刻领会实现全面建设小康社会奋斗目标的新要求，深刻领会社会主义经济建设、政治建设、文化建设、社会建设等方面的重大部署，深刻领会以改革创新精神全面推进党的建设新的伟大工程的重大任务。

学习贯彻党的十七大精神，要坚定不移地高举中国特色社会主义伟大旗帜。高举中国特色社会主义伟大旗帜，是党的十七大报告的灵魂。在改革开放的历史进程中，我们党把马克思主义基本原理同中国国情相结合，开辟了中国特色社会主义道路，形成了中国特色社会主义理论体系。在当代中国，坚持中国特色社会主义道路，就是真正坚持社会主义；坚持中国特色社会主义理论体系，就是真正坚持马克思主义。

学习贯彻党的十七大精神，要深入贯彻落实科学发展观。党的十七大报告对科学发展观进行了全面系统深刻的阐释，进一步统一了全党的思想和行动。要引导广大党员干部和全校师生员工全面把握科学发展观的科学内涵和精神实

质，增强贯彻落实科学发展观的自觉性和坚定性，着力改变不适应不符合科学发展观的思想观念，着力解决制约科学发展的突出问题，把全校师生员工的积极性引导到推进学校事业科学发展上来，把科学发展观贯彻落实到学校工作的各个方面，把党的理论创新成果转化为促进发展的科学思路，转化为正确的方针政策，转化为领导发展的实际能力，转化为教育广大干部群众为全面建设小康社会、为实现国际知名的高水平研究型大学而勤奋工作、努力学习的自觉行动。

三、加强领导，在全校迅速掀起学习贯彻党的十七大精神的高潮

学校党委根据中央、教育部党组、省市委的统一部署和要求，加强领导，科学安排，精心组织，认真落实，组织党员干部结合人才培养、科学研究和社会服务的实际，全面、深入学习党的十七大精神。

各基层党委(总支、直属支部)，针对本单位、本部门的工作实际和党员干部、师生员工的思想实际，坚持区分层次，分别要求，共同提高的原则，抓紧制定切实可行的学习计划，集中时间、集中精力认真组织好本单位、本部门的学习贯彻，保证学习活动扎实开展。

要突出重点，切实抓好党员干部的学习。党员领导干部要先学一步，多学一些，学深一层，并注意从战略和全局的高度，抓住灵魂，把握精髓，联系实际，指导工作。要组织安排好学校党委和院系分党委中心组学习活动，学习中要做到学习内容、学习时间、学习人员、学习效果“四落实”，坚持做好学习笔记，写出学习心得体会。各党支部要针对基层工作的特点，抓好广大党员干部学习。要根据实际安排集中学习活动，集中学习前要认真做好各项准备工作。对党员干部的个人自学，党支部也要对学习篇目、学习重点、学习讨论内容和学习时间等进行指导，确保学习活动取得实实在在的效果。

要抓住教学与研究环节，把学习不断引向深入。研究生院、教务处、人文社科学院等相关单位和部门要结合教育教学实际，抓好党的十七大精神“进教材、进课堂、进学生头脑”，把学习党的十七大精神贯穿于教育教学过程。要组织好全校哲学社会科学的研究力量，开展理论研究，拿出有价值的研究成果。

宣传学习贯彻党的十七大精神是当前和今后一个时期宣传思想工作的重中之重。要搞好宣传报道，营造浓厚的学习氛围。要充分利用校园宣传媒体，大力宣传党的十七大的重大意义和党的十七大精神的主要内容，宣传好学习党的十七大精神的动态、进展和心得体会，宣传好党员干部师生员工学习党的十七大精神、全面贯彻落实科学发展观、推进教育改革和发展的成就与经验，积极营造浓厚热烈的学习氛围。

四、联系实际，努力推进学校事业科学发展

党的十七大报告中强调优先发展教育，并将优先发展教育提到了人才强国、民族振兴的高度。全校各级党组织，要坚持理论联系实际的马克思主义学风，紧密联系本单位的工作实际，紧密联系广大党员、干部、师生的思想实际，坚持学以致用，把用党的十七大精神武装头脑、指导实践、推动工作作为学习的出发点和落脚点。要以党的十七大精神为统领，立足学校改革与发展，以学科建设为龙头，继续实施人才强校战略；践行科学发展，稳步推进改革，统筹办学规模、结构、质量和效益协调发展；坚持教育以育人为本、以学生为主体，办学以人才为本、以教师为主体，构建和谐校园；积极推进学校“十一五”规划的实施，努力实现学校各项事业的发展目标，建设国际知名的高水平研究型大学，为提高自主创新能力、建设创新型国家做出我们应有的贡献。

贯彻落实党的十七大精神，要全心全意做好人才培养工作。党的十七大报告指出“要全面贯彻党的教育方针，坚持育人为本、德育为先，实施素质教育，提高教育现代化水平，培养德智体美全面发展的社会主义建设者和接班人”。我们要与时俱进、开拓创新，确立科学的教育理念和人才观，着眼于教育观念、教育体制、教育结构和人才培养模式的改革，建立有利于创新型人才培养的体制和机制，建设与创新型人才的培养要求相适应的教师队伍，夯实创新人才培养的根基，提高创新人才培养的水平，为国家培养出大批合格

的建设者和可靠接班人、各领域领军人才与创新人才，为国家创新体系的建设和实现全面建设小康社会的奋斗目标提供强有力的人才支撑。

贯彻落实党的十七大精神，要大力加强和改进大学生思想政治教育工作。要在大学生中切实抓好党的十七大精神进教材、进课堂、进学生头脑的工作；要坚持德育为先、立德树人，使社会主义核心价值体系深入人心；要进一步加强社会实践，进一步加强校园文化建设，进一步加强网络思想政治教育新阵地建设，进一步加强大学生心理健康咨询和教育，注重人文关怀和心理疏导，进一步加强形势与政策教育，进一步做好资助经济困难大学生、毕业生就业服务与指导等解决大学生实际问题的工作，不断增强大学生思想政治教育的针对性、实效性和吸引力、感染力。

贯彻落实党的十七大精神，要更好地履行科学研究和服务社会的使命。要发挥学科、人才队伍等自身优势，聚焦国家战略、聚焦地方经济建设与社会发展规划、聚焦重大产业项目，通过科技创新平台和哲学社会科学创新基地建设，通过学科建设和结构调整，有效整合学校的资源、队伍和力量，突破传统的学科与科研的组织模式、管理办法和人才培养方式，有效提升学科的综合性、交叉性、集成性以及国际化程度，形成我校科学研究、学科发展的核心竞争能力，提高我校科技创新能力，以国家需要和市场需求为动力推动科技成果产业化，加强校企合作和技术转移工作，为建设创新型国家服务，为东北老工业基地振兴服务，为辽宁省“五点一线”、大连市“两区一带”建设服务。

贯彻落实党的十七大精神，要下大力气抓好人才队伍建设。要努力实施人才强校战略，把师资队伍建设放在更加突出的地位；坚持培养和引进相结合，把培养在岗人才放在首位，大力引进海内外优秀人才、尤其是海外优秀人才，努力造就一支适应高水平研究型大学需要的师资队伍；要深化人事管理体制改革，调动各方面的积极性，促进和谐校园建设，努力形成人心舒畅、团结奋进的和谐氛围；进一步营造鼓励创新的环境，形成“自由、民主，宽松、和谐，催人奋进”、有利于人才聚集、建功立业、追求卓越的氛围，培养造就世界一流科学家和科技领军人才，使创新智慧竞相迸发、创新人才大量涌现。

贯彻落实党的十七大精神，要全面推进党的建设新的伟大工程。要进一步加强学校党的建设，要加强领导班子自身建设，自觉用党的创新理论武装头脑，通过中心组学习会、大工讲坛等载体，深入学习贯彻中国特色社会主义理论体系，不断增强领导班子驾驭学校事业发展大局的能力，统揽全局，抓大事，谋发展，保稳定，努力增强办学活力；要全面巩固和发展先进性教育活动成果，着力加强党员队伍建设，坚持不懈地提高党员素质；要以党建工作为龙头，带动学校思想政治工作，促进培育创新人才的观念。

全校共产党员、师生员工要紧密地团结在以胡锦涛同志为总书记的党中央周围，坚定不移地高举中国特色社会主义伟大旗帜，全面贯彻“三个代表”重要思想，坚持科学发展观，把思想和认识统一到党的十七大精神上来，把智慧和力量凝聚到实现党的十七大确定的各项任务上来，同心同德，锐意改革，求实创新，努力实现创建国际知名的高水平研究型大学的新跨越，为实现党的十七大提出的宏伟目标而努力奋斗！

以改革创新精神开创学校事业新局面

——在大连理工大学第九次教职工代表大会上的学校工作报告

校长　欧进萍

（2008年3月3日）

各位代表：

我代表学校向大会报告工作，请各位代表审议，请列席同志提出意见。

一、2007年学校工作回顾

2007年，是党的十七大描绘全面建设小康社会宏伟蓝图的重要一年，也是我校全面启动实施“十一五”规划纲要的关键一年，学校坚持用科学发展观统领发展全局，围绕提升质量和突出特色，加速实施人才强校战略，推进学科、院系结构调整，深化教学改革，提高自主创新能力，努力建设和谐校园，各项工作取得了新的成绩。

(一)创新观念、深化改革，人才培养质量稳步提升

以实施本科教学“质量工程”和研究生培养机制改革为契机，努力打造本科和研究生教育教学品牌。

积极参加教育部和中国工程院共同实施的高等工程教育改革实践项目，成为首批参与的10所高校之一，获得工科人才培养模式创新实验区、实验教学示范中心、大学生创新性实验计划、第一批特色专业建设四类项目集成式支持，总支持经费1050万元。

两门课程被评为国家级精品课程，一门课程被评为国家首批百门双语教学示范课程，一个教学团队入选首批国家级教学团队。英语专业在教育部本科教学工作评估中被评为优秀，软件工程等10个专业被批准为教育部2007年第一批特色专业建设点项目。电工电子实验中心被评为国家实验教学示范中心。两个项目被列入2007年国家人才培养模式创新实验区；八个项目获得工程教育改革集成项目参与学校人才培养模式创新实验区，国家人才培养模式创新实验区总数达到10个，成为全国拥有创新实验区最多的高校之一。在首批入选国家大学生创新性实验计划的60所大学中，获国家级项目70项，为项目数最多的高校之一。

学校建立了“3个一”大学生创新性实验指导制度，即每一名教授副教授和具有博士学位的讲师，每年至少提出一项大学生实验项目、至少要指导一名大学生开展创新性实验训练；形成了国家、学校及院系三级大学生创新性实验计划实施体系，学校投入150万元专项经费，遴选出校级项目130项、学院(系、部)级项目562项，参加的教师有581人，学生1772名。

积极推进招生、培养模式改革。启动按人文社会科学类大类招生、大类培养改革试点；与中国广东核电集团有限公司、中国石油天然气管道局联合开展订单式培养；2007年新增交通工程、生物医学工程、哲学三个本科专业，今年又增设了能源与环境系统工程、集成电路设计与集成系统、车辆工程和汉语言(国际文化交流学院)4个新专业，我校本科专业总数达到59个，覆盖七个学科门类。

加强教风、学风建设。积极进行教授教学岗位论证，激励教师投入教学，全校60岁以下教授和副教授为本科生授课率为88%，比2006年增加了21%。通过组织学生召开学风建设专题研讨会、举办学科前沿与发展趋势讲座、担任科研助手、开展“我最喜爱的老师”评选等活动，积极营造学风建设的良好氛围。

重视经济困难学生工作，坚持资助与精神激励并行。学校通过“有偿资助、无偿资助、奖励资助”三位一体的资助体系，每名家庭经济困难学生至少获得一项资助，实现了全方位、全覆盖资助，累计近一万人次，总金额1750多万元，本科经济困难学生人均获得资助4245元。加强大学生心理健康教育工作。学校组建了大连理工大学心理健康教育与咨询中心，初步建立学校、学院两级工作机制，寝室、班级、辅导员(研究生工作助理)、院系、学校五级工作网络，完成了对2007级全体新生的心理健康普测工作。

努力通过管理创新提升研究生教育质量。把好生源质量关，推进硕士生复试制度改革，复试权重增加到40%，并首次增加了心理素质测试环节；完善研究生培养质量保证体系，全面修订硕士研究生培养方案，优化课程体系；启动了硕士生精品课程建设工作；发挥研究生督导组作用，加强了课程、考试、试卷等环节的检查；加强研究生创新中心建设；成功举办了东北三省(化工、化学学科)博士生学术论坛。通过2007年度国家建设高水平大学公派研究生项目，86名优秀学生到国外高水平大学进行博士联合培养和攻读博士学位。

稳步提升学位质量。1篇学位论文入选2007年全国优秀博士学位论文，2篇入选全国优秀博士学位论文提名；6篇论文被评为辽宁省优秀博士学位论文。加强硕士论文预审、外审及博

士论文的外审、盲审管理；在2007年辽宁省硕士学位论文抽样检查中，我校被抽查的24篇硕士论文全部通过。完善专业学位质量保证体系，启动“大连理工大学专业学位研究生精品课程建设”11个项目，完成“化学工程”等领域工程硕士研究生培养质量的自评估和评估工作。

作为全国首批研究生培养机制改革试点的17所高校之一，学校出台了《研究生培养机制改革实施细则（试行）》和《研究生导师创新基金实施办法》，在各学院（系）主管领导及广大导师的努力配合下，研究生培养机制改革试点工作进行得比较平稳、顺利，激发了导师和研究生提高培养质量的内在动力，发挥了调整资源、均衡发展、提高质量的作用，初步达到了改革的预期目的。结合学校的各项工作，设计和提供了足够的研究生“三助”岗位，保证了新的奖学金制度的实施和帮助有经济困难的往届研究生克服物价上涨带来的困难。值得关注的是，在助管工作岗位上44名在读博士研究生担任的研究生管理工作全面覆盖了在校硕士研究生的管理工作，富有成效。此外，在研究生创新基金下还启动了每学年资助50名优秀博士生参加国际会议项目。

加强专业学位与非学历研究生教育。全面启动了“大连理工大学专业学位研究生精品课程建设”项目，召开了专业学位研究生教育经验交流会和首届专业学位教学点授牌仪式，设立了首批21家单位专业学位教学点。健全督导组机制，对专业学位研究生课程教学和论文质量进行监控和审查。加强与大型企业和政府的联系，稳定专业学位研究生教育规模。2007年录取专业学位硕士生近1500人。

截至2007年10月，全日制在校生达到30 023人，首次突破3万人，全日制本科生18 950人，各类研究生15 567人（其中博士生3114人），本科生与研究生之比达到1∶0.82。生源质量稳步提高，毕业生实现合理充分就业。2007年学校招生计划4700人，30个招生省区中，18个省区最低录取线高于往年，23个省区高于一本线30分，12个高于50分，辽宁省高于一本线53分，再创历史新高。2007年毕业生总人数6562人，其中本科生4125人，研究生2437人。本科生就业率达93%，研究生就业率达97%。

（二）增强创新能力和服务社会能力，科技工作实现新跨越

主持、参与重大研究计划或专项取得突破。由我校教授担任专家组组长的国家自然科学基金重大研究计划“重大工程的动力灾变”通过实施方案论证并立项启动。我校作为负责单位获得批准“863”专题类项目17项，“973”课题4项，“973”前期专项项目1项。学校积极组织参与“水体污染的控制与治理”、“高档数控机床与基础制造装备”、“极大规模集成电路制造装备及成套工艺”等国家科技计划重大专项，都取得了重要进展。

国防科研进入了快速发展时期。研究领域得到拓展，航空、航天、船舶等领域的合作得到巩固和发展；与兵器领域合作有新突破，启动了国防科学技术研究院建设，签订国防项目110项，合同金额4133万元，较去年增长约50%。国防科技各项资质建设工作基本完成。

基地建设取得新进展。“船舶制造国家工程研究中心”正式建设，获国家及省市批准建设经费3800万元；“海洋能源利用与节能教育部重点实验室”、“工程防灾减灾辽宁省重点实验室”获得批准立项；“精密与特种加工教育部重点实验室”通过验收。“动物性食品安全保障技术工程研究中心”被批准为教育部工程研究中心并完成建设项目论证。3个辽宁省工程研究中心完成了验收答辩工作。全面启动了3个国家重点实验室迎评准备工作。分别与德国美因茨约翰内斯古藤堡大学和日本Napson公司成立了研究中心或联合实验室。

获得4项国家科技奖励和12项省部级科技一等奖的历史性好成绩。其中刘黎明教授获得国家技术发明二等奖；李玉成教授和李宏男教授分别获得国家科技进步二等奖；沈永明教授作为第二负责人获得国家自然科学二等奖。SCI、EI、ISTP三大检索收录论文数量连续第4年居全国高校前20名以内，2006年分列第17、第9和第14名。知识产权保护和技术转移得到规范与加强，专利申请和授权数保持良好势头，全年申请专利224项。

科研团队和人才项目取得丰硕成果。“计算力学与工程科学计算”国家创新研究群体获得第二个3年的滚动支持,“光能转化分子创新设计合成及应用研究”科研团队入选教育部创新团队。雷明凯、胡祥培、彭孝军和邱介山四位教授获得国家杰出青年科学基金。14名青年教师入选教育部新世纪人才支持计划。

跨学科创新平台建设和学科交叉研究进一步加强。先后成立了跨院系的“能源研究院”和“深海工程研究中心”。设立了“数学+X”交叉学科建设专项,启动并批准立项20项。分别设立“大连理工大学理学研究基金”和“大连理工大学人文社科基金”,确定了一批重点建设项目。

创新产学研合作模式,服务社会能力进一步增强。学校先后加入了国家六部委联合发起的“新一代煤化工科技战略联盟”和“先进近净成形与模具制造技术创新战略联盟”、“中国产学研合作促进会”等产学研联盟。省、市校企合作保持良好的发展态势,按照新模式与大中型企业开展科研基地共建工作,积极策划从重大工程应用领域提炼科学问题,现已推进了“百万吨乙烯压缩机关键技术研制”、“核泵关键技术研究”、“全断面掘进机模拟试验平台”、“盐卤水循环利用”等一批重大课题的申报与启动。沈鼓一大工研究院两项成果直接应用于国家重大工程百万吨乙烯项目前期设计中。辽油一大工研究院申报“‘一炉三注’配套装置研制与应用”项目获得中国石油天然气集团公司1000万元科技立项资助和辽河石油勘探局3000万元配套支持。

按照教育部“积极发展,规范管理”的方针,进一步完善校办产业以“三会一班”(股东会,董事会,监事会,经营班子)为重点的法人治理结构的制度和机制建设,首批顺利通过了教育部组织的规范化建设验收,标志我校在清产核资、资产管理公司建立、以法人治理结构为核心的制度化建设等方面步入全国高校前列。按照科学发展观的要求,以增值保值和加快科技成果转化为重点,加强科技产业化、工程设计与建设和现代出版三大主导产业链的又好又快发展,全年实现收入1.9亿元,比上年增长18%;净资产1.68亿元,比上年增长12%。其中科技园公司和技术转移中心公司参控股企业达到22家,总注册资金1.54亿元。按照国家和教育部“十一五”科技发展规划对科技产业发展的要求,科技产业新增投资4465万元,其中以无形资产投资3300万元;技术转移中心有限公司和旅顺口区人民政府签定协议,在旅顺科技创新园建设大连理工科技城。

2007年学校全口径科研经费6.26亿元,相比2006年增长20.85%。获得国家自然科学基金资助项目134项,总经费5200.5万元,获批经费额连续4年持续增长,面上项目数在全国名列第17位,资助率名列第7位。目前我校在研基金项目386项,平均每4.7名教师就有一个基金项目负责人。人文社会科学研究方面取得可喜进步,获得国家社科基金3项,教育部社科基金3项,省教育厅社科项目12项。

(三)深化人事制度改革,改善人才队伍结构

紧密围绕学校发展总体目标,以教师队伍建设为重点,坚持“以人为本、开拓创新、完善制度、精细管理”,努力继续深入推进人事制度改革。截至年底,我校教职员工总数为3378人,其中专任教师1671人(比2006年同期增加97人),45岁以下的青年教师占75.3%,具有博士学位的占专任教师总数51.6%,增加4.9%。正高级职务岗位417人,比去年增加40人,副高级职务岗位573人,比去年增加31人。

召开全校人才队伍建设研讨会,积极推进人事制度改革,出台了《大连理工大学编制核定(2007)》、《大连理工大学人员补充暂行办法》、《大连理工大学职员职级聘任实施办法(试行)》等8个文件,积极探索建立符合学校发展要求的现代大学人事管理制度、建立健全人才队伍建设的激励和保障机制。

大力加强人才引进,特别是海外人才引进工作。学校成立海外人力资源开发部,扩大了我校在海外的影响,海外求职人员较往年明显增多。人员补充和人才引进工作继续保持良好势头,全年来校人员185人,其中高校教师149人,占80.5%。高校教师中,高层次人才117人(具有博士学位116人),占78.5%;杰出青年基金获得者1人,教授14人,副教授13人,留学回国人员26人。

以编制核定为基础，以岗位需求为牵引，稳步推进专业技术岗位评聘机制改革。对现有正高级岗位和新增正高级岗位进行论证，确定院系现有的383个正高级岗位和2个直属单位现有的6个正高级岗位，同时确定了各学院(系)中长期规划的293个新增正高级岗位和33个教学教授岗位。

在职务评聘工作中，落实了近两年正高级岗位补充计划和本年度正高级岗位推荐限额。在副教授岗位竞聘中引入“3、5、8”竞争机制，逐步建立“非升即转，非升即走”的人才流动机制。

按照教育部统一部署，高效平稳实施专业技术岗位分级聘任，制订了《大连理工大学专业技术岗位分级聘任试行方案》。岗位分级聘任采取履职考核方式进行(本年度履职考核只对副高职及以下人员)，全校共有529人参加副教授履职考核并确定了相应职级。

首次实施管理人员职员职级聘任工作，初步建立了管理人员发展和晋升的长效机制。出台《大连理工大学职员职级聘任实施办法(试行)》和《大连理工大学管理人员职员岗位聘任试行方案》。确定专职管理人员拟聘任职员岗位人员共621人。

重视高端人才培养和引进，推荐“长江学者”工作取得较好成绩，有1人通过特聘教授学科组评审，2人通过讲座教授学科组评审。新增加4个博士后流动站，学校博士后流动站总数增加到20个。

(四)夯实基础、加强平台建设，学科建设迈上新的台阶

在重点学科平台建设上，原有的9个重点学科全部通过考评。新增和认定了4个一级学科国家重点学科(力学、水利工程、化学工程与技术和管理科学与工程)、6个二级学科国家重点学科以及2个二级学科国家重点(培育)学科，共涵盖了23个二级学科。制定了学校国家重点学科的建设与发展规划(2007—2010)；组织与参与辽宁省重点学科的考核评估工作，原有的26个省重点学科建设项目获得810万元资助。

加强“985工程”、“211工程”平台与学科群建设，全校12个一、二级平台、省部级平台完成“985工程”二期阶段性验收；学校2007、2008年“985工程”建设项目预算通过财政部评估，“985工程”二期建设经费国家专项部分已经超过一期，达到2.4亿元；目前已经做好“211工程”三期的立项准备，整理预立项内容和其他前期工作。

加强学科点基础建设，一级学科自主设置教育管理博士/硕士点已备案。全年增列博士生导师45位、硕士生导师142位，校内博士生导师达到357人。新增联合培养博士生导师及副导师31名、硕士生导师7名。

(五)加强合作与交流，国际化水平进一步提高

国际合作与交流更加广泛和活跃，与欧美日和独联体国家等一批高水平研究型大学建立了合作关系，派出人员、来访人员、外国留学生的数量快速稳定增长，国际合作和交流工作呈现出新的局面。

全面启动年额度为600万元的“大连理工大学国际化基金”(简称“校国际化基金”)。制定了《“顺天海川慈善教育发展基金”管理办法(试行)》并正式启动，该基金额度为每年100万元，持续五年。

国际、境外合作与交流日趋活跃。全年与9个国家的22所国际知名大学签订校际合作协议，包括瑞典皇家工学院、日本东北大学、日本东京大学、美国纽约州立大学等；选派各类出国及赴港澳台人员达683人次；全年接待24个国家和地区来访团组共173个，海外来访人员1074人次；聘请语言外教22人，聘请客座教授23人，名誉教授10人。承办举办大型国际会议11个，成功申报1个“高等学院学科创新引智计划”(简称“111引智计划”)项目和14个教育部和国家外专局重点引智项目；学生交流项目取得快速发展，涵盖了交换学生项目、自费留学生项目、社会奖学金项目、海外实习项目、短期交流访问项目5大类，共33项。招收留学生622人次，其中学位留学生68人，创历史新高。国际合作与交流处获“2007年度全国出国留学工作优秀单位”称号。

2007年共申报国家公派出国留学项目近20项，146人(其中教师占54人)被录取资助。其中包括国家公派研究生79人、国家公派访问学者

20 人、青年骨干教师出国研修项目(1∶1 配套)22 人等。

(六)改善办学条件,保障能力进一步增强

加大资金筹措力度,增收节支,加强基础设施建设、公共服务体系建设,学校办学条件得到进一步改善,保障能力进一步增强。

学校全年财政总收入 13.2 亿元,比 2006 年增长 23.5%。其中中央、省市财政拨款 5.17 亿元,比 2006 年增加 28.1%,教学经费收入 3.7 亿元,比 2006 年增加 8.82%,科研经费收入 3.9 亿元,比 2006 年增加 32.8%。在 2006 年学校财政收入首次突破 10 亿元大关的基础上,又跃上了新的台阶。

在历时 4 年完成 1036 亩土地征地的基础上,2007 年完成了 90%以上的动迁工作;经大连市规划部门确定,完成了校园修建性详细规划,规划建筑面积 50 万平方米。新校区 6 万平方米的化工学院实验楼和综合楼破土动工,拉开了新区建设的序幕;建筑面积 3 万平方米的新校区图书信息资源中心也开工建设。

西山学生宿舍和开发区校区软件学院学生公寓投入使用,建筑面积56 842平方米。综合实验 4#楼、人才公寓三期、穿越红凌新路的地下通道等正在建设中。

结合财政部、教育部部署的资产清查工作,开展学校固定资产和其他物质资产的清查工作。截至 2007 年底,我校仪器设备总数 7.43 万台件,资产总额 7.8 亿元;其中 2007 年新增仪器设备 1.09 万台件,资产总值 1.36 亿元。

改善图书文献类型结构,电子类文献已占文献购置费用的 60%。引进了 DII,SPIE 等 10 个数据库,进一步丰富了文献信息资源;开发了 Open Access 免费学术资源数据库,可提供18 000种免费学术期刊的检索利用。重点学科导航数据库获 CALIS(中国高等教育文献保障系统)二等奖。

校园内全部开通 IPv4/IPv6 双栈;校内电子邮箱实现扩容,文件传输可达到 15M/次,邮箱总容量达到 50M;通过提供 VPN 接入服务,使校园网用户可在校外高速访问校内资源,设计开发出教授网页模板并即将投入使用。

加强校园安全建设,设立专项经费用于视频监控系统建设,主校区监控大厅已初具规模,并将部分原有的监控设备联网,对各个门岗实现了实时监控;开发区校区在各交通干道、食堂等公共场所也安装了监控系统。全年校园内无重大刑事、治安、火灾事故。

深化后勤改革,引入现代管理模式,通过了 ISO9001 质量管理体系认证,实行精细化管理,克服物价上涨的不利因素,降低伙食成本,食堂主副食价格基本保持稳定。实现西山学生生活区住宿管理智能化。制订用户采暖温度反馈管理办法,保障供暖。

深入开展健康工程活动,实行每两年免费为全体教职工进行一次体检制度。启动教职工住房货币化补贴工作,首批 565 名离退休老同志获得补贴。

附属学校连续 5 年名列大连市中考榜首;附属高中本科升学率达到 97%,优秀生突破高考 600 分,达 634 分。

(七)中国大连高级经理学院建设取得新进展,半导体技术学院启动建设

依托我校建设的中国大连高级经理学院,按照中组部下达的计划,在过去一年中成功举办了四期专题研讨班,其中 5 月下旬举办的首期班有 65 家中央企业和中央管理的金融机构主要负责人参加,产生广泛影响,其间,学校与多家央企签署了战略合作协议。去年 9 月,贺国强同志专程视察学院建设情况,对学院提出了殷切希望。去年年底,学院基础设施建设项目报告通过国家发改委批准立项并同时得到大连市的支持,总建设经费投资 2.6 亿元,有望 2009 年年底建成交付使用。

学校和大连市携手美国英特尔公司联合创建归属我校的半导体技术学院。英特尔公司无偿向我校捐赠一条价值 3800 万美元的集成电路芯片生产设备,使大工成为全球与先进集成电路产业距离最近的大学;与美国明导科技公司合作建立"集成电路设计与集成系统联合实验室",并获得捐赠 6000 万美元设计软件,使学校在集成电路设计平台建设方面又迈进了一大步。半导体技术学院建设工作已经启动,在大连市政府支

持下在大连经济开发区购置了可满足实验、研发和教学使用的校舍，8500 万元的校舍购置和改造费用基本落实（其中大连市政府出资 6000 万元），预计今年 8 月开始运行。

关于学校党建、大学生思想政治教育和群团工作在《2007 年党委工作总结》中有详细的介绍，请大家参阅，这里不再赘述。

各位代表，2007 年是不平凡的一年，面对学校改革发展取得的成绩，我们感到自豪和欣慰，这些成绩是在教育部、省、市的正确领导和大力支持下，经过全校师生员工的共同努力取得的，在此我代表学校向全校师生员工表示崇高的敬意和衷心的感谢！

二、当前面临的形势和主要任务

党的十七大对我国全面建设小康社会的奋斗目标提出了新的更高要求，为教育事业的发展指明了方向。“优先发展教育，建设人力资源强国”、“提高高等教育质量”给高等教育带来了前所未有的机遇和挑战。当前，我国高等教育正站在一个新的历史起点上，正在努力实现从人力资源大国向人力资源强国、从高等教育大国向高等教育强国的“两个转变”。根据教育部 2008 年工作要点，今年将继续推进高水平大学和重点学科建设，全面实施“211 工程”三期建设，完成“985 工程”二期建设，启动“985 工程”三期建设，实施优势学科创新平台计划。高等教育发展呈现出机遇更多、要求更高、竞争更激烈的特点。

从学校 2007 年各方面工作情况看，我们很好地实现了工作目标，完成了预期任务，某些方面取得了比较大的进展，成绩喜人。但是，与国际知名大学相比，我们仍然存在较大差距，任重而道远。这些差距主要表现在：

一是教育教学观念、人才培养模式、教学内容和教学方法相对落后，不利于培养学生的创新精神和实践能力，教学质量还有待提高。

二是拔尖创新人才培养成效还不够明显，学校提出的精英人才培养目标还需要得到进一步强化和落实。

三是教师队伍中的、尤其是年轻些的大师和领军人才相对缺乏，教师整体业务素质和创新能力需要进一步提高。

四是科学研究和学科发展的核心竞争力还有待进一步加强，要努力建设更强更大的创新团队群、优势学科群和跨学科平台，提升原始创新和大科学创新的能力，提升解决关系国计民生的重大关键技术的能力和话语权。

五是学校得到的投入与学校发展的需求相比仍然不足。

六是发展先进大学文化、建立现代大学制度还要特别重视和加强，自我发展、自我约束的机制亟待建立或完善。

——这些问题集中表现出来，就是学校的人才培养能力、科技创新能力还不够强，教育质量还不够高，服务社会的本领还不够大，国际影响力还相对较弱。

各位代表，在挑战和机遇面前，我们必须牢记责任、肩负使命，有长期艰苦努力的准备。我们必须在科学发展观的统领下开拓进取，努力提高办学质量和水平，通过建设国际知名的高水平研究型大学，为实现“两个转变”做出应有的贡献。

机 构 与 干 部

校级领导干部

党委书记　林安西(2007.08 免)
　　　　　张德祥(2007.08 任)
党委副书记　孔宪京　姜德学　邵龙潭
纪委书记　邵龙潭(兼)

校　　长　欧进萍
副校长　薛　光　姜德学(兼)　郭东明　邹积岩　卢中昌　李志义　宁桂玲(2007.06 任)
校长助理　宁桂玲(2007.06 免)　李俊杰

党委委员和纪委委员

党委委员名单

(以姓氏笔画为序)

孔宪京　卢中昌　刘元芳　匡国柱
张德祥(2007.09 任)　李志义　沈胜强　肖洪钧
邵龙潭　邹积岩　陆尚谟　陈廷国　周　晶
林安西　欧进萍(2006.04 任)
姜再华(2007.08 免)　姜德学　殷福亮　郭东明
郭金明　尉洪光　程耿东(2006.04 免)　薛　光
戴大双

党委常委

林安西(2007.09 免)　张德祥(2007.09 任)
欧进萍　孔宪京　姜德学　邵龙潭　薛　光
郭东明　邹积岩(2006.08 任)
卢中昌(2006.08 任)　李志义(2006.08 任)

纪委委员名单

(以姓氏笔画为序)

尹世泽(兼纪委副书记)　王连焕　冯振业
刘志杰　张令荣　张秋民　李成恩　李英华
杨春平　苏敬勤　邵龙潭(兼纪委书记)
周秀华　潘　石

校监察委员会

主　任　邵龙潭
副主任　尹世泽
成　员　姚　山　陈　达　李英华　李文刚　于泽涛　余　虹　袁永博　冯宝军

校机关各部门各直(附)属单位负责人

学校办公室

主　任　李成恩
副主任　那日萨　张　巍(2007.04 免)　贾晓津(2007.09 任)

纪委、监察处(合署)

副书记兼处长　尹世泽
副处长　许运涛
纪检员　孙景利

发展规划处

处　长　郭金明(2007.09 免)
副处长　迟景明(兼)　张强忠(2007.12 任)

组织部、党校、机关分党委(合署)

部　长　姚　山
副部长　刘宇彤　张治宝(兼)

书　记　姚　山(兼)

副书记　张治宝

宣传部

部　长　姜再华(2007.09免)

郭金明(2007.09任)

副部长　丁　堃

新闻中心

主　任　姜再华(兼)(2007.09免)

郭金明(兼)(2007.09任)

副主任　丁　堃(兼)

统战部

部　长　冯振业

武装部

部　长　薛　徽(兼)

学生工作部

部　长　薛　徽(兼)

副部长　梁　茵(兼)　韩贵秋(兼)

房志明(兼)　于晓君(兼)

张言军(兼)

研究生院

院　长　欧进萍(兼)

副院长　邹积岩(常务,兼)　贺高红　齐　民

宋　丹

学科建设办公室

主　任　贺高红(兼)

学位办公室

主　任　齐　民(兼)

研究生招生办公室

主　任　卫茂荣(2007.01免)

刘晓梅(2007.01任)

研究生教育管理办公室

主　任　韩贵秋

专业学位办公室

主　任　王国红

研究生培养办公室

主　任　刘晓梅(2007.01免)

张　巍(2007.04任)

教务处

处　长　朱　泓

副处长　郝云忱(2007.03免)　张维平

刘志军(2007.03任)

王金城(2007.03任)

科技处

处　长　李俊杰(兼)(2007.01免)

赵明山(2007.01任)

副处长　康旭东(兼)　王安杰

郑学锋(2007.11免)　卢　新　娄　颖

郝　海(2007.03任)

丛　明(2007.11任)

保密工作办公室

主　任　康旭东

副主任　那日萨(兼)

学生处

处　长　薛　徽

副处长　房志明　于晓君

招生与就业中心(2007.08成立)

主　任　梁　茵(2007.08任)

副主任　于晓君(2007.08任)

人事处

处　长　毕明树

副处长　韩　敏(正处级)　王涌涛

人才工作领导小组办公室

副主任　韩　敏(兼)

财务处

处　长　李文刚

副处长　张积勇　廖　丽

国有资产处

处　长　刘志杰

副处长　金　锋　闫　肃

审计处

处　长　冯宝军

副处长　杨玉新

公安处

处　长　李英华

副处长　韩忠顺

国际合作与交流处

处　长　赵胜川

副处长　张　宪　陈宏俊

离退休处

处　长　于泽涛

副处长　常　俐　周胜军

离退休党总支

书　记　于泽涛

副书记　常　俐(2007.07免)

　　　　张程江(2007.07任)

基建处

处　长　高　展

副处长　杜志达

住宅办公室

主　任　王旭东(2007.05免)

市内校区管委会

主　任　朱相寅

副主任　吴文信

市内校区管委会直属党支部

书　记　朱相寅

副书记　吴文信

档案馆

馆　长　尉洪光

图书馆

馆　长　刘元芳　杨海天

副馆长　刘　斌　金玉玲　罗远环

体育馆

馆　长　周福战

计算中心

主　任　李英壮

副主任　姜文周

驻京办事处

主　任　马　军

后勤办公室

主　任　王连焕

副主任　陈　达(兼)

后勤分党委

书　记　杨炳君

副书记　陈　达

校医院

院　长　王旭东(2007.05任)

产业分党委

书　记　程家旗

副书记　王　锐

工会

主　席　周秀华

副主席　刘兆征　邵　诚(兼)　贾晓津(兼)

人口与计划生育委员会

专职副主任　王晓波

团委

书　记　张言军

副书记　常　亮(2007.12免)　陆　凯

附属高中

校　长　姚世官

附属职业中专

校　长　姚世官(兼)

附属学校

校　长　杜　欣(2007.11免)

　　　　周　杰(2007.11任)

各学部、学院、系(部)负责人

运载工程与力学学部(2007.07成立,由工程力学系、船舶工程学院、汽车工程学院组成,同时成立临时分党委;2007.12正式选举产生学部分党委)

部　长　张洪武

副部长　胡　平(常务,正处级)　吴承伟　洪　明　于小平　郭永欣(兼)

分党委书记　黄　一

分党委副书记　郭永欣　于小平(兼)

工程力学系(2007.07党总支撤销)

主　任　张洪武(兼)(2007.09免)

　　　　李　刚(2007.09任)

副主任　李　刚(2007.11免)

　　　　吴承伟(兼)(2007.11免)

　　　　李丽华(兼)(2007.11免)

　　　　姚伟岸(2007.11任)

　　　　亢　战(2007.11任)

党总支书记　齐朝晖(2007.07免)

党总支副书记　马红艳(2007.07免)

　　　　李丽华(2007.07免)

船舶工程学院(系)(2007.07党总支撤销)

主　任　黄　一(兼)

副主任　宗　智　林　焰　洪　明(兼)　郭永欣(兼)

党总支书记　刘玉君(2007.07免)

党总支副书记　郭永欣(2007.07免)

汽车工程学院(2007.05成立)

院　长　胡　平(兼)

副院长　王　健　张万喜

土木水利学院

院　　长　李宏男

副 院 长　周惠成(兼)　马震岳　姜　峰
张宁川　郭　驰(兼)

分党委书记　周惠成

分党委副书记　李桂玲(2007.10免)
胡安妮(2007.10任)　郭　驰

化工学院

院　　长　曲景平

副 院 长　邱介山　贾晓津(2007.09免)
张述伟　郭新闻　韩　铁(兼)

分党委书记　匡国柱

分党委副书记　张秋民　韩　铁

环境与生命学院

院　　长　全　燮

副 院 长　修志龙(兼)　陈景文　赵雅芝
包永明　王志伟(兼)

党总支书记　修志龙

党总支副书记　王志伟

机械工程学院

院　　长　贾振元

副 院 长　王敏杰　王殿龙(兼)　孙　伟
刘　冲　高顺德　袁晓东(兼)

分党委书记　王殿龙

分党委副书记　季亚男　袁晓东

能源与动力学院

名誉院长　岑可法(中国工程院院士)

院　　长　宋永臣

副 院 长　王　健(2007.10免)
冀春俊(2007.10免)　刘卫国
李维仲(2007.10任)
王　正(2007.10任)

党总支书记　王晓放

党总支副书记　许　智(2007.01任)

材料科学与工程学院

院　　长　闻立时(中国工程院院士)

执行院长　张兴国

副 院 长　雷明凯　赵　杰(兼)　刘黎明
周文龙　杨雪岩(兼)

党总支书记　赵　杰

党总支副书记　杨春平　杨雪岩

电子与信息工程学院

院　　长　殷福亮

副 院 长　杨建华(兼)　林鸿飞　仲崇权
邱天爽　解永平　宋玉洁(兼)

分党委书记　杨建华(2007.12免)
王金城(2007.12任)

分党委副书记　李秀花(2007.12免)
宋玉洁(2007.12免)
于海晨(2007.12任)

电气工程与应用电子技术系

主　　任　陈希有

副 主 任　李卫东(兼)　盛贤君　李国锋
廖敏夫

党总支书记　李卫东

党总支副书记　刘　娆

软件学院

院　　长　沈宏书(兼)

副 院 长　惠晓丽(兼)　薛　强
王秀坤(2007.04免)
郭　禾(2007.04任)
霍　星(2007.10免)
李明楚(2007.10任)
柏建阁(2007.10任)
徐胜君(兼)

党总支书记　惠晓丽

党总支副书记　徐胜君

建筑与艺术学院

名誉院长　齐　康(中国科学院院士)

院　　长　孔宇航

副 院 长　范　悦　王时原(兼)
于德刚(兼)

党总支书记　王时原

党总支副书记　于德刚

应用数学系

主　　任　于　波

副 主 任　南基洙　张立卫　冯敬海
杨克旭(兼)

党总支书记　卢玉峰

党总支副书记　杨克旭

物理与光电工程学院

院　　　长　Börje Johansson(瑞典皇家工学院院士)
执 行 院 长　王德真
副　院　长　刘金远　赵明山(2007.01 免)
　　　　　　孙长森(2007.01 任)
　　　　　　张庆瑜(2007.03 任)
　　　　　　杨晓英(兼)
党总支书记　丛书林
党总支副书记　赵艳秋　杨晓英

管理学院

院　　　长　苏敬勤
副　院　长　胡祥培　仲秋雁　李延喜
　　　　　　王雪华(兼)　朱方伟(兼)
分党委书记　党延忠
分党委副书记　王雪华　朱方伟

经济系

主　　　任　原毅军
副　主　任　任曙明(兼)
　　　　　　兆文军(2007.11 任)
直属党支部书记　任曙明

人文社会科学学院

名 誉 院 长　李景源(中国社会科学院)
院　　　长　洪晓楠
副　院　长　王　前　魏晓文　郑保章
　　　　　　陈晓晖(兼)
党总支书记　杨连生
党总支副书记　陈晓晖　孙刘劼

外国语学院

院　　　长　杜凤刚
副　院　长　宋　黎(兼)(2007.03 免)
　　　　　　郝云忱(2007.03 任)
　　　　　　时真妹(2007.03 免)
　　　　　　刘艾云(2007.03 免)　刘文宇
　　　　　　赵秋娜(兼)
党总支书记　宋　黎(2007.01 免)
　　　　　　郝云忱(2007.03 任)
党总支副书记　时真妹(兼)(2007.01 免)
　　　　　　赵秋娜

创新实验学院(2007.10 由大学生创新院更名,成为教学实体单位;2007.11 成立直属党支部)

院　　长　李志义(兼)
副 院 长　冯　林　贺明峰　王金城(兼)
　　　　　付冬娟(兼)
支部书记　付冬娟

体育教学部

主　　　任　元文学
副　主　任　田爱华(2007.12 免)
　　　　　　杨佳宁(2007.12 免)
　　　　　　刘立清(兼)
　　　　　　孙喜和(2007.12 任)
　　　　　　李芃松(2007.12 任)
直属党支部书记　刘立清

国防教育学院

院　长　姜德学(兼)
副院长　鲁战勋(兼)　薛　徽(兼)
　　　　郝云忱(兼)(2007.05 免)
　　　　张维平(兼)(2007.05 任)

继续教育学院

院　　　长　李志义(兼)
副　院　长　翟钢军(常务)　梁宏伟(兼)
　　　　　　岩江月　李英壮(兼)
直属党支部书记　梁宏伟

城市学院

院　　　长　唐志宏
副　院　长　杨　斌
分党委书记　郭玉铸
分党委副书记　杨　斌

(名单由学校办公室、党委组织部提供)

中国大连高级经理学院

院　长　林安西(兼)
副院长　董大海(2007.03 任)
　　　　苏敬勤(兼)(2007.03 任)

挂职干部

2007年聘任名单(12名)

赵宗昌　研究生院副院长
(任职期限2007.02～2008.02)

陈健云　研究生院副院长
(任职期限2007.02～2008.02)

李　震　研究生院学位办主任助理
(任职期限2007.05～2008.05)

(以下9名挂职干部的任职期限2007.08～2008.08)

赵艳华　人事处副处长

李　萍　教务处副处长

黄明亮　科技处副处长

车　铁　科技处副处长

仲伟秋　科技处处长助理

赵丹阳　保密办主任助理

王哲龙　研究生院学科办副主任

苏庆运　国际合作与交流处项目助理

陈　叙　国际合作与交流处项目助理

学术机构

学术委员会组成名单

名誉主任　钱令希

主　　任　程耿东

副 主 任　林安西　邱大洪

委　　员　马腾才　王仁宏　王立鼎　王众托　王秀坤　孔庆炎　孔宪京　刘元芳　刘则渊　刘晓冰　孙宝元　纪卓尚　杨大智　杨学峰　杨锦宗　杨德礼　邱介山　邹积岩　邹继豪　林钧岫　金俊泽　周　晶　钟万勰　胡家升　栾庆伟　贾仲孝　殷福亮　解茂昭　蹇锡高　钱旭红　王　伟

秘　　书　卢中昌

学位评定委员会组成名单

主　席　欧进萍

副主席　程耿东　王立鼎　孔宪京　邹积岩　李志义

秘　书　齐　民

委　员　(以姓氏笔画为序)

于　波　孔宇航　孔宪京　王友年　王立鼎　王　伟　王　来　邓贵仕　全　燮　刘则渊　纪卓尚　齐　民　吴　彦　李志义　李明楚　李锡夔　杜凤刚　杨学峰　邹积岩　周　晶　欧进萍　原毅军　殷福亮　贾振元　郭新闻　程耿东　解茂昭

学士学位评定委员会组成名单

主　席　李志义

副主席　朱　泓　唐志宏

委　员　(以姓氏笔画为序)

王殿龙　王德真　卢玉峰　全　燮　匡国柱　刘玉君　杜凤刚　杨春秋　吴　彦　宋永臣　张维平　陈廷国　武春友　赵　杰　洪晓楠　郭　禾　殷福亮　翟钢军　薛　徽

秘　书　张　岩　王　伟　隋春霞

指导机构

校务委员会

(2007年10月调整)

主　任　张德祥

副主任　邵龙潭　宁桂玲　张国梁　沈宏书　王永学

委　员　(以姓氏笔画为序)

于　波　于泽涛　张言军　元文学　王　伟　王　前　王友年　王学先　王海山　王德伦　全　燮　朱庆华　米向锋　宋　丹　宋永臣　张洪武　李文刚　李成恩　李英壮　李晓杰　杜凤刚　杨学峰　杨德礼　邹志利　陆　伟　陈希有　周秀华　孟长功　原毅军　唐春安　董　闯　褚金奎

校学生会主席　校研究生会主席
秘　书　李成恩(兼)

第八届教代会民主管理委员会名单

主　任　邵龙潭
副主任　周秀华　刘兆征　邵　诚　贾晓津
委　员　(以姓氏笔画为序)
于泽涛　王雪华　刘鸿鹤　齐　民
李卫东　李元鸣　李文蛟　李成恩
杨　莉　吴文信　余　虹　张洪武
林　哲　金英伟　周惠成　贾凌云
夏晓梅　梁圣复　彭孝军　韩　敏
褚金奎　翟钢军

本科教学工作指导委员会

主　任　程耿东
副主任　张国梁　沈宏书　姜德学
委　员　邵龙潭　李志义　姜再华　王德伦
周　晶　贾振元　匡国柱　殷福亮
武春友　洪晓楠　吴　微　王　来
杜凤刚　张树山　杨春秋　丛书林
刘玉君　宋希庚　李洪春　唐志宏
秘　书　朱　泓

领导小组

改革与发展规划领导小组

组　长　张德祥
成　员　欧进萍　孔宪京　姜德学　邵龙潭
薛　光　郭东明　邹积岩　卢中昌
李志义　宁桂玲
秘　书　李成恩

学科建设领导小组

组　长　欧进萍
副组长　邹积岩
成　员　张德祥　孔宪京　邵龙潭　薛　光
郭东明　李志义　宁桂玲
秘　书　贺高红

人才工作领导小组

组　长　欧进萍　张德祥
副组长　邵龙潭
成　员　孔宪京　郭东明　邹积岩　李志义
秘　书　毕明树

科技工作领导小组

组　长　欧进萍
副组长　郭东明
成　员　张德祥　孔宪京　邹积岩　李俊杰
秘　书　赵明山

国际合作领导小组

组　长　欧进萍
副组长　宁桂玲
成　员　孔宪京　邵龙潭　郭东明
秘　书　赵胜川

财经工作领导小组

组　长　欧进萍
副组长　薛　光
成　员　张德祥　孔宪京　邵龙潭
秘　书　李文刚

校园规划领导小组

组　长　欧进萍
副组长　薛　光
成　员　张德祥　姜德学　郭东明　卢中昌
宁桂玲
秘　书　杜志达

产业工作领导小组

组　长　欧进萍
副组长　孔宪京
成　员　张德祥　邵龙潭　薛　光　郭东明
李俊杰
秘　书　黄　勃

后勤工作领导小组

组　长　欧进萍
副组长　卢中昌
成　员　姜德学　邵龙潭　薛　光　宁桂玲
秘　书　王连焕

干部工作领导小组

组　长　张德祥　欧进萍

成　员　孔宪京　姜德学　邵龙潭

秘　书　姚　山

各级人大代表、政协委员

第十届全国人大代表　程耿东

第十届辽宁省人大代表　孔宪京

第九届辽宁省政协委员

林安西（常委）　田树军（常委）　王永学（常委）

简国树（常委）　郭东明　王立久　王德真

张　哲　杨学锋

第十三届大连市人大代表

杜凤刚（常委）　蔡志勤（女）

第十届大连市政协委员

田树军（副主席）　王永学（常委）

简国树（常委）　董　闯（常委）　邹志利（常委）

关东媛（女）　洪晓楠　胡　英（女）　江崇礼

刘黎明　彭孝军　邵龙潭　孙　化

孙桂艺（女）　王德伦　王敏杰　王学先

吴　微　杨元生　余　虹（女）　张弘弢

张俊善

第十五届西岗区人大代表

宁桂玲（副主任、女）

第六届西岗区政协委员

刘天庆（常委）　陈树文（常委）　董　锋

第十五届甘井子区人大代表

齐　民　韩　敏（女）

第六届甘井子区政协委员

孟长功（常委）　余　虹（女）

第六届沙河口区政协委员

胡浩权（常委）

第七届中山区政协委员

黄　勃　谢洪勇

民主党派大连理工大学基层组织负责人

民革大连理工大学支部

主　委　于　波

副主委　金宝玉

民盟大连理工大学委员会

主　委　邹志利

副主委　林青松　姜东光　孙长森　秦学志

民建大连理工大学支部

主　委　朱庆华（女）

副主委　孟庆伟

民进大连理工大学总支委员会

主　委　王德伦

副主委　夏晓梅（女）　刘宪芹（女）
　　　　米向锋（女）

农工党大连理工大学委员会

主　委　李晓杰

副主委　谭家隆

致公党大连理工大学支部

主　委　褚金奎

副主委　李　松　端木琳（女）

九三学社大连理工大学委员会

主　委　韩　敏（女）

副主委　孟长功　张建红（女）

大连理工大学归国华侨联合会负责人

主　席　赖国璋

副主席　林孟光　朱舜卿

秘书长　孙效里（女）

学部、院、系介绍

运载工程与力学学部

运载工程与力学学部涵盖船舶、汽车、航空航天和力学相关学科。学部下设汽车工程学院、船舶工程学院和工程力学系3个院(系),有工业装备结构分析国家重点实验室、船舶制造国家工程研究中心和辽宁省先进船舶工程技术研究中心。

该学部拥有一支高水平的教师队伍,其中教授43人,包括中科院院士3人、博士生导师36人,“长江学者奖励计划”特聘教授(讲座教授)2人,国家杰出青年科学基金和海外青年学者合作研究基金获得者4人。2004年获得国家第一批创新研究群体科学基金。

该学部有一级学科国家重点学科1个(力学)、二级学科国家重点学科3个(工程力学、固体力学和船舶与海洋结构物设计制造)、博士后科研流动站2个;一般力学和力学基础、固体力学、流体力学、工程力学、计算力学、岩土与环境力学、动力学与控制、应用与实验力学、船舶与海洋结构物设计制造、水声工程、轮机工程和车辆工程12个二级博士学科点。

运载工程与力学学部共有4个本科专业和7个专业方向,现有本科生955人,硕士研究生441人,博士研究生261人,博士后研究人员16人。

工程力学系

工程力学系于1957年由钱令希院士和唐立民教授领导创建,1981年首批获得博士学位授予权,1985年设立力学博士后科研流动站。1987年计算力学被确定为国家重点学科。1996年首批获得力学一级学科博士学位授予权。2001年工程力学被确定为国家重点学科,2007年被教育部认定力学一级学科国家重点学科。目前本学科包含一般力学和力学基础、固体力学、流体力学、工程力学4个二级学科,并自主设立计算力学、岩土与环境力学、动力学与控制、应用实验力学4个二级学科,拥有上述8个二级学科的博士学位和硕士学位授予权。

工程力学系依托于“工业装备结构分析国家重点实验室”。在“211工程”建设和“985工程”建设经费的资助下,大幅度地加强和完善实验平台建设,积极开展和理论、数值模拟相结合的实验研究。逐步形成了工业装备与工程结构关键力学问题实验平台、高性能计算硬件和软件平台、生物与纳米力学实验平台、流体与岩土环境力学实验平台。这些实验平台对实验室理论和数值模拟的研究工作起到了有力的支撑作用。目前已经发展成为我国力学领域科学研究、高层次人才培养和学术交流的重要基地,综合实力和学术水平在我国力学学科处于一流水平,在国际学术界也有重要影响。

工程力学系拥有一支高水平的科研教学队伍,包括教授30人、副教授27人,其中中科院院士3人,博士生导师26人,“长江学者奖励计划”特聘教授(讲座教授)2人,国家杰出青年科学基金和海外青年学者合作研究基金获得者3人,教育部“新世纪优秀人才支持计划”5人。2004年获得我校第一个国家创新研究群体科学基金。在校本科生373人,硕士生252人,博士生186人,博士后研究人员10人。曾获得国家自然科学奖四项、国家科技进步奖四项、省部级科技奖四十余项,出版学术专著和教材五十多种。近五年来,承担了多项包括973计划、863计划、国家自然科学基金等国家重大科研项目,完成了大量国防军工、工业装备与重大工程等应用项目。近五年来获得全国优秀博士学位论文1篇、提名2篇;获辽宁省优秀博士论文奖6篇,1人获得全国优秀博士后。

工程力学系现有本科生372名,硕士研究生244名,博士生173名,博士后研究人员12名。

船舶工程学院

船舶工程学院设有船舶与海洋工程学科,是国家一级学科博士点,设有博士后科研流动站。该学院现有教师和技术人员40人,其中教授8人,副教授12人,高级工程师2人;双聘工程院院士1人、博士生导师11人、兼职博士生导师2人。

船舶与海洋工程一级学科下设有船舶与海洋结构物设计制造、水声工程和轮机工程等3个二级学科博士点,其中"船舶与海洋结构物设计制造"是国家重点学科。船舶工程学院是"211工程"和"985工程"的重点建设对象,拥有"先进船舶技术国家科技创新平台"、"辽宁省先进船舶工程技术研究中心"、"船舶制造国家工程研究中心"。

船舶工程学院依托辽宁和环渤海地区造船与航运基地,与国内船舶与海洋工程相关单位有着密切的联系,大连船舶重工集团有限公司和渤海船舶重工有限责任公司的国家认定企业技术中心在该院设大连理工大学分中心,与两大造船企业共建企业博士后工作流动站。同时,与国外的大学和研究机构建立了广泛的合作关系,在该院设立本科生专项奖学金的机构包括德国劳埃德船级社(GL)、英国劳氏船级社(LR)、中国船舶及海洋工程设计研究院(MARIC)、日本常石造船株式会社、忠旭和英国造船师协会(RINA)等。

通过国家"211工程"和"985工程"的重点建设,船舶工程学院的船舶CAD工程中心、船模拖曳试验水池、造船工艺实验室、船舶结构振动实验室、声学实验室和结构环境损伤与控制实验室的试验条件与试验设备达到当前国内先进水平,可为本科生、硕士生以及博士生的培养提供良好的资源条件。

该学院设有船舶与海洋工程本科专业。在校本科生464人,硕士生168人,博士生85人,博士后研究人员4人。

汽车工程学院

汽车工程学院成立于2007年5月,是辽宁省第一所汽车工程学院,是学校引进国内具有学科优势的多个创新团队并与校内原有车辆工程专业重新整合而成的。

目前,该学院共8个研究所(汽车数字化研究所、车身设计研究所、汽车先进制造工程研究所、汽车材料研究所、汽车电子研究所、智能车辆研究所、汽车节能与安全研究所、汽车服务工程研究所)、1个汽车实验技术中心(含4个实验室:车辆工程及智能车辆实验室、车身工程实验室、汽车材料实验室、汽车电子实验室)以及1个培训中心(含Siemens_PLM Software APP技术培训中心、汽车数字化培训中心、汽车电子技术培训中心等)。该学院现有教师与工程技术人员31人,其中教授5人、副教授5人;双聘中国工程院院士3人、博士生导师3人、国家杰出青年基金获得者1名、"百千万人才工程"国家级人选1人、辽宁省百千万人才工程1人。

该学院本着"办学高起点,进人高标准,育人高质量,建院高水平"的建院方针,坚定不移地实施办学的"国际化"。学院在不断引进国内外该领域的精英团队和个人的同时,也十分注重与代表当今汽车工业先进水平的国外院校、汽车企业及软件公司加强联系并进行实质性的合作,鼓励学科交叉,促进科研成果的产业化。合作单位包括:Siemens_PLM Software公司、美国Kettering大学、美国纽约州立大学、美国密执安大学汽车研究中心、美国西北大学、美国A&M大学、日本Y-Tec公司、韩国科学技术研究院(KAIST)等。同时,该院还为教师和学生提供了以互换学者的身份到美国、日本、韩国等汽车工业发达国家学习和进行学术交流的机会。

该学院设有车辆工程本科专业。在校本科生119人、硕士生29人、博士生3人。

该学院从2008年开始正式招收五年制的车辆工程专业英语强化班,使学生能够掌握扎实的英语和专业知识,胜任未来汽车工业市场对人才的愈加严格的需求。成绩优秀者将有许多机会在本科阶段到拥有汽车工业先进技术的国家进行交流学习。

土木水利学院

土木水利学院是由建校时期的土木工程系(1949～1955 年)发展起来的,1955～1985 年为水利工程系,1985～1996 年扩建为土木工程系,1996～2002 年为土木建筑学院,2002 年 6 月组建成土木水利学院。

土木水利学院拥有结构合理、人才众多的师资队伍,现有教职工 208 人,其中教授 55 人、副教授 40 人,高级工程师 9 人,包括两院院士 4 人,国务院学科评议组成员 2 人,"长江学者奖励计划"特聘教授5 人,国家级突出贡献专家 6 人,博士生指导教师 44 人,国家杰出青年科学基金获得者 6 人,教育部跨世纪人才 5 人,辽宁省学科带头人 3 人。

该学院现有土木工程和水利工程 2 个一级学科博士点,包括了 12 个二级博士学科点。2 个一级学科博士后流动站。有 6 个国家重点学科,4 个省级重点学科、1 个国家重点实验室和 2 个省重点实验室。

该学院具有先进的、配套的实验室群和实力雄厚的教师队伍,承担众多国家自然科学基金、国家重点科技攻关、国家攀登计划和省部级重点基金项目,成果丰硕。先后获国家级科技进步奖 18 项,省部级科技进步奖 78 项。

该学院现有 6 个本科专业,其中水利水电工程、土木工程(建筑工程方向和交通土建工程方向)、港口航道与海岸工程、工程管理按"土建类"大类招生,建筑环境与设备工程、交通工程及土木工程(英语强化)按专业招生。

该学院现有全日制在校生 2523 人,其中本科生 1374 人,硕士研究生 774 人,博士研究生 375 人。博士后研究人员 38 人。

化工学院

化工学院设有化学、化学工程、化学工艺、工业催化、精细化工、高分子材料、化工机械和材料化工 8 个系。现有教职工 339 人,其中教授 64 人,副教授 82 人,高级工程师 17 人;中国工程院院士 1 人,双聘院士 4 人,博士生导师 57 人,"长江学者奖励计划"特聘教授和讲座教授 6 人,国家杰出青年科学基金获得者 6 人,教育部跨世纪人才 3 人,教育部"新世纪优秀人才支持计划"14 人,国家教学名师奖获得者 2 人,辽宁省教学名师奖获得者 4 人。

化工学院拥有"化学工程与技术"一级学科国家重点学科和"化学"一级学科辽宁省重点学科,两个一级学科都具有博士学位授予权并设有博士后科研流动站和"长江学者奖励计划"特聘教授岗位。"化学工程与技术"一级学科下的 5 个二级学科(化学工程、化学工艺、应用化学、工业催化、生物化工)为国家二级学科重点学科,具有博士学位授予权,"化学"一级学科下的 5 个二级学科(无机化学、有机化学、物理化学、分析化学、高分子物理与化学)也具有博士学位授予权,还有高分子材料、功能材料化学与化工、化工过程机械博士点和 16 个硕士点。该学院拥有精细化工国家重点实验室、生物基化学品和生物材料辽宁省重点实验室。化工学院还有国家工科化学教学基地、国家基础化学实验教学示范中心,4 门国家级精品课程(无机化学与实验、有机化学与实验、分析化学与实验,化工设备机械基础),1 门国家级双语精品课(有机化学),5 门辽宁省精品课程,成为我国培养化工高层次人才和科学研究的基地。

化工学院作为大连理工大学成立最早的学院,59 年来为国家培养了 3 万余名毕业生,其中许多人成为国家各部委和省市的领导、中科院院士、国家有突出贡献的专家以及大专院校、科研院所和厂矿企业的业务骨干。学院重视教学工作,在教学改革方面体现了加强基础、拓宽专业、培养能力、突出创新的办学理念,全方位进行有益的改革探索。1990 年,化工学院在国内首先创办了五年制的“化学工程与工艺专业英语强化班”，以适应社会对复合型、外向型人才的需求。化工学院实行学分制教学管理模式，允许学有余力的学生辅修第二专业，对于在修业年限内完成第二专业培养方案规定学分且符合学位授予条件者，同时发给第二专业毕业证和学位证。化工学院与国外多所知名高校建立联系，其中，与英国伦敦大学学院签订本硕联合培养协议，学生在大连理工大学获得学士学位，托福成绩580分或雅思成绩6.0以上，在英国学习一年毕业后获英方硕士学位。

化工学院的化学工程与工艺、应用化学、高分子材料与工程、制药工程4个专业按“化工与制药类”大类招生，化学工程与工艺（英语强化）和过程装备与控制工程专业按专业招生。

化工学院现有本科生2272人，硕士生1032人，博士生412人，博士后研究人员10人。

环境与生命学院

环境与生命学院设有环境科学与工程和生物科学与工程2个系。现有教职工96人，其中教授21人，副教授30人，高级工程师4人；博士生导师18人，“长江学者奖励计划”特聘教授1人，国家杰出青年科学基金获得者2人，“百千万人才工程”国家级人选1人，教育部跨世纪人才、教育部“新世纪优秀人才支持计划”、教育部青年教师奖获得者8人，辽宁省高校学科拔尖人才获得者1人，辽宁省中青年学科带头人2人，辽宁省优秀青年基金获得者2人。

环境与生命学院拥有“工业生态与环境工程”教育部重点实验室、“生物工程”和“工业污染防治与生态工程”两个辽宁省高校重点实验室；“环境工程”为国家二级重点学科，“生物化工”纳入“化学工程与技术”国家一级重点学科。该学院拥有“环境科学与工程”一级学科博士点和博士后流动站，共享“化学工程与技术”博士后流动站；具有“生物化工”二级学科博士点，共享“生物医学工程”一级学科、“药物工程”二级学科博士点；具有“环境工程”、“环境科学”、“工业生态与环境规划”、“生物化工”、“生物化学与分子生物学”、“作物遗传育种”、“生物医学工程”七个硕士点；“生物与环境实验中心”为辽宁省实验教学示范中心。

该学院近5年承担的国家级科研项目70余项，经费总额3000余万元；横向课题150余项，合同总金额8000余万元。学院本科教育实行科研助手制度，依托辽宁省实验教学示范中心，着重培养具有宽基础、高素质、创新和实践能力突出的学生，大学生创新实践作品先后获得第九届、第十届“挑战杯”飞利浦全国大学生课外学术科技作品二等奖、三等奖。

该学院重视国际交流与合作，已经与日本、韩国、美国、加拿大、澳大利亚、德国、奥地利、英国等国家的大学、研究机构建立了稳定的科技合作和人才交流计划。

该学院设有四个本科专业。其中环境工程、环境科学专业按“环境科学类”大类招生，生物工程、生物技术专业按“生物工程类”大类招生。

该学院现有本科生580人，硕士研究生423人；博士生255人，博士后研究人员15人。

机械工程学院

机械工程学院前身之一的机械工程系是我校成立最早的大系之一，与新中国同龄。至今已培养本专科毕业生1万多人，硕士毕业生1564人，博士毕业生223人，出站博士后23人。原中央政治局常委、中纪委书记尉健行，原中央委员、辽宁省委书记闻世震，中科院和工程院院士余鸿儒、殷国茂、徐性初都是原机械工程系毕业生。

机械工程学院下设9个研究所、2个教研室、6个实验室。该学院现有教职工219人。其中教授28人,副教授73人;中科院院士1人,博士生导师22人,国家杰出青年科学基金获得者1人,“百千万人才工程”国家级人选2人、教育部跨世纪人才1人、教育部“新世纪优秀人才支持计划”获得者5人,辽宁省学科拔尖人才1人、教育部优秀骨干教师1人。

该学院现有“机械制造及其自动化”国家重点学科,国家“九五”“211工程”重点建设学科“特种加工与现代制造技术”和“十五”“211工程”重点建设学科“特种/精密加工及微系统技术”,“机械制造及其自动化”和“机械电子工程”辽宁省重点学科。该学院设有机械工程和仪器科学与技术2个博士后科研流动站,2个一级学科博士点(机械工程、仪器科学与技术),7个二级学科博士点(机械制造及其自动化、机械设计及理论、机械电子工程、精密仪器与机械、测试计量技术及仪器、微机电工程、工业工程)。建有“精密与特种加工”教育部重点实验室和教育部“模塑制品工程研究中心”,“辽宁省先进制造技术服务中心”,“辽宁省模具制造技术服务中心”。工程训练中心为国家实验教学示范中心。

该学院和澳大利亚昆士兰理工大学、英国爱丁堡大学、英国格拉斯哥大学联合办学培养本科生。新生入学后,经选拔从第三学年开始到上述国外大学学习工程学士学位课程,成绩合格者将分别获得国外大学和大连理工大学颁发的毕业证书和学士学位证书。

该学院设有机械设计制造及其自动化专业(含机电外贸日语强化和英语强化)、工业设计、测控技术与仪器、物流工程等4个本科专业,其中机械设计制造及其自动化专业为“辽宁省示范专业”。

现有在校学生2507人,其中本科生1648人,硕士研究生625人,博士研究生217人,博士后研究人员17人。

按照培养宽口径、厚基础、强能力、高素质的复合型、创新型人才的要求,机械设计制造及其自动化、测控技术与仪器、物流工程三个专业按“机械类”大类招生,一、二年级进行大类培养。

能源与动力学院

能源与动力学院下设动力工程系和能源工程系,设有内燃机工程研究所、叶轮机械及流体工程研究所、能源科学与工程研究所,能源与动力创新中心和能动工程技术研究中心。现有教职工75人,其中教授14人,副教授23人;兼职院士1人,博士生导师12人。教育部“新世纪优秀人才支持计划”获得者1人,辽宁省“新世纪百千万人才工程”百层次人才2人。

该学院有动力机械及工程、流体机械及工程、热能工程、制冷及低温工程、工程热物理、能源与环境工程6个博士点和1个博士后科研流动站,其中动力机械及工程学科为国家重点(培育)学科,海洋能源利用与节能实验室为教育部重点实验室,内燃机实验室为辽宁省重点实验室。

该学院目前承担973项目、863计划重大项目、国家自然科学基金、教育部重大研究项目、各部委及辽宁省基金项目等纵向课题30余项,横向项目百余项,年均科研经费超过千万元。近年来获得省部级科技进步奖多项,在国内外重要期刊发表学术论文数百篇,其中被SCI和EI收录百余篇。

“九五”至“十一五”期间得到国家“211工程”和“985工程”的支持,实验室硬件平台得到较大幅度的更新;目前学校正在规划建设新的能源与动力大楼,届时教学科研环境将得到更大的改善。

能源与动力学院非常重视国际交流与合作,与日本、英国、韩国、美国、加拿大、澳大利亚等国家的大学、研究机构建立了稳定的科技合作和人才交流关系,多年保持与英国拉夫堡大学联合办学培养本科生。该专业毕业生质量受到用人单位的广泛赞誉,毕业生就业面较宽,供需比例保持在1∶10。

该学院设有热能与动力工程、能源与环境系

统工程两个本科专业，按“能源动力类”大类招生。

该学院现有本科生714人，硕士研究生220人，博士研究生46人，博士后研究人员9人。

材料科学与工程学院

材料学院设有材料科学与技术、材料加工工程2个系。现有教职工94人，其中教授24人，副教授24人，高级工程师5人；兼职和双聘院士2人，博士生导师25人，国家杰出青年科学基金获得者2人，“长江学者奖励计划”特聘教授1人、长江学者讲座教授1人，国务院学科评议组成员、“百千万人才工程”国家级人才、教育部跨世纪优秀人才基金获得者、教育部高校青年教师奖获得者各1人，中国青年科技奖获得者2人，教育部“新世纪优秀人才支持计划”获得者5人，辽宁省学科拔尖人才2人、辽宁省新世纪百千万人才工程百层次人才3人，教育部优秀骨干教师4人。

材料学院具有材料科学与工程一级学科博士点和材料科学与工程博士后科研流动站。设有材料加工工程、材料学、材料物理与化学、材料表面工程和材料连接技术五个二级学科博士点及材料无损检测与评价硕士点。材料学和材料加工工程为辽宁省重点学科。材料学院是“三束材料改性国家重点实验室”的主要依托单位，“原材料特种制备技术”实验室为辽宁省高校重点实验室。拥有铸造工程研究中心、材料测试分析中心、形状记忆合金研究所、材料无损检测研究所、材料电磁加工与数值模拟研究所、材料连接技术研究所和新能源材料研究所。作为大连理工大学“211工程”和“985工程”重点建设学科，近年来获得国家发明二等奖、省部级科技进步一等奖、省部级二等奖等多项奖励。承担了“973”、“863”、科技攻关、军工预研及国家、省部委和企事业委托项目，年科研经费2000余万元。

该学院设有材料物理、金属材料工程和材料成型与控制工程3个专业，按“材料类”大类招生。金属材料工程（日语强化）按专业进行招生。

材料学院现有本科生近800名，硕士研究生240名，博士生140名，博士后研究人员17名。

材料学院与英国曼彻斯特大学材料研究所签有“3+2”和“4+1”联合培养协议，在材料学院经过3～4年学习，专业核心课程成绩平均达到75分以上，英语成绩合格或通过相应的面试，家庭经济条件许可，可以进入英国曼彻斯特大学继续学习相应的学位课程，成绩合格者，将获得英国曼彻斯特大学颁发的毕业证书及学位证书。

电子与信息工程学院

电子与信息工程学院设有电子信息工程系、自动化系、计算机科学与技术系和生物医学工程系。现有教职工192人，其中教授35人，副教授48人，高级工程师10人；双聘院士1人，博士生导师25人。该学院有3个辽宁省重点学科，4个博士后科研流动站，3个一级博士点、9个二级博士点，12个硕士点，12个研究所，2个实验中心，其中工业装备先进控制系统为辽宁省重点实验室，信息技术实验中心为辽宁省实验教学示范中心，电工电子实验中心为国家级实验教学示范中心。

该学院拥有与Intel公司合作成立的半导体技术学院，Intel公司捐赠的价值3亿元的8英寸集成电路加工设备，拥有国家级集成电路人才培养基地。该学院注重学生创新能力的培养，鼓励学生参加创新学习和担任科研助手，在历次全国大学生数学建模竞赛和全国“索尼杯”电子设计大赛以及“挑战杯”课外学术科技作品竞赛中都有优异的表现。

该学院与英国爱丁堡大学、澳大利亚西澳大学和日本立命馆大学等国外高校联合办学培养本科生。

在校本科生2548人，全日制硕士研究生1194人、工程硕士研究生877人、博士研究生191

人，博士后研究人员 16 人。

电气工程与应用电子技术系

电气工程与应用电子技术系的前身是创办于 1991 年的电磁工程系，2000 年更名为电气工程与应用电子技术系。该系设有“静电与特种电源研究所”、“电力电子技术研究所”、“电工教研室”、“电气系实验室”、“电气系创新实践基地”。现有教职工 40 人，其中教授 9 人，副教授 15 人；博士生导师 9 人。

该系有“电机与电器”学科博士点，是辽宁省重点学科；有“电机与电器”、“电工理论与新技术”、“电力系统及其自动化” 3 个硕士点，1 个“电气工程”工程硕士点。多年来，该系始终坚持“学科强系”的理念，发挥学科建设的龙头作用，以学科内涵发展为主线，凝练学科方向，突出学科特色，汇聚学科队伍，创建科技创新体系，不断推进全系快速发展。

近年来，该系教师获宝钢教育基金优秀奖、获得辽宁省青年骨干教师等多项荣誉称号。教师科研项目丰富，承担了国家自然科学基金面上基金和重点基金项目，以及“八五”、“九五”、“十五”、“863 计划”等重点科技攻关和有特色的研究项目。

该系十分重视对学生创新能力及特色的培养，依托学校大学生创新实验学院，建立了该系的创新基地，为提高学生科研能力和综合素质搭建了广阔平台。几年来，在全国电子设计大赛，全国、辽宁省数模竞赛，全国电工数模竞赛等一系列考察大学生创新及实践动手能力的大赛中，均取得了令人瞩目的成绩。

该系设有 1 个本科专业，即电气工程及其自动化，2008 年与电信学院电子信息工程、自动化、计算机科学与技术、集成电路设计与集成系统共五个专业按“电气信息类”大类招生，大类培养。

电气工程与应用电子技术系现有本科生 505 人，硕士生 93 人，博士生 45 人。

软件学院

软件学院是教育部、国家计委批准设立的 35 所国家级示范性软件学院之一。学院坐落在风景秀丽的大连理工大学开发区新校区，占地面积 78 万平方米，总建筑面积 14 万平方米。

为满足我国软件人才不断增长的需求，促进软件产业和信息产业快速发展，该学院根据人才市场的发展需求，努力造就一批能与国际接轨，既有扎实的专业知识又通晓外语的复合型、应用型软件工程技术人才和软件工程管理人才。软件学院重视对学生工程实践能力的培养，积极与知名 IT 企业开展产学研合作。已与 IBM 公司合作开办了“软件人才实训基地”，与微软公司联合建立“微软教学实验室”，与博涵(新加坡)、中软、埃森哲、花旗软件、华信等国内外知名 IT 企业签署合作协议，为学生参与软件开发实际项目和完成毕业设计(论文)等提供实习基地。

该学院强化外语(包括英语、日语)应用能力培养，部分课程使用外文教材和采用双语教学，并聘请国内外高校知名学者和 IT 企业的专家授课讲学，努力使学生成为“计算机＋外语”的复合型国际化人才。

该学院与爱尔兰 Maynooth University 签约联合培养硕士研究生，学生可申请到爱尔兰学习并获得爱尔兰硕士学位。已与英国里丁大学、澳大利亚阿德雷得大学达成联合培养本科生和研究生的合作协议，共同培养国际化人才。

该学院现有专兼职教师 181 人，其中外籍教师 14 人，海外留学归国人员 15 人，教授 40 人，副教授 28 人；具有博士学位 32 人，硕士学位 70 人。

该学院设有软件工程(含日语强化)和网络工程 2 个本科专业，按“软件工程”大类招生，大类培养。学制均为四年，只招英语语种考生。毕业生就业主要去向是IT的知名企业，平均就业率高于97%。

该学院现有在校学生3144人，其中全日制本科生2934人，硕士研究生210人（包括工学硕士79人）。

建筑与艺术学院

建筑与艺术学院下设建筑系和艺术系。有一支结构合理、专业素质高、教学与科研能力强的师资队伍。现有专任教师61人，其中教授11人（含博士生导师5人），副教授13人。

该学院现有建筑设计及其理论二级学科博士学位点，是辽宁省高等学校中惟一的建筑设计及其理论二级学科博士学位授权点，东北地区2所具有建筑设计理论博士学位授权点的高等学校之一，是全国13所具有建筑设计及其理论博士学位授权点的高等学校之一。拥有建筑学一级学科（包含建筑设计及其理论、建筑技术科学、建筑历史与理论3个二级学科）硕士学位授予权，城市规划与设计、美术学2个二级学科硕士学位授予权，其中建筑设计及其理论二级学科为辽宁省重点学科。

该学院现有建筑学、城市规划、艺术设计、工业设计、雕塑五个本科专业，其中建筑学专业为教育部高等学校特色专业建设点、辽宁省本科示范性专业。学院现有本科生757人，硕士生151人，博士生13人。

建筑学、城市规划两个专业按“建筑学”大类招生，大类培养，学制为五年。学生入学后前两年半时间学习大类基础平台课程，之后学习专业方向课程，在大类基础平台课程教学结束后，学生可以根据自己的学习兴趣和未来工作的志向，选择专业方向继续学习。大类基础平台主干课程有建筑设计基础理论、建筑设计基础、建筑设计、中外建筑史等。

应用数学系

应用数学系始建于1950年，是新中国建立的第一个应用数学系。设有数学科学研究所，计算几何与图形图像处理重点实验室。现有教职工88人，其中教授27人（博士生导师23人），副教授23人，讲师21人；国务院学位委员会学科评议组成员1人，国家杰出青年科学基金获得者1人，教育部跨世纪优秀人才1人，教育部新世纪优秀人才4人，宝钢教育基金优秀教师6人。

该系设有博士后科研流动站，拥有数学一级学科点博士学位授予权，涵盖所有5个二级数学学科博士点（计算数学、运筹学与控制论、基础数学、应用数学、概率论与数理统计），另有“金融数学与保险精算”二级学科博士点；其中，计算数学为国家重点学科。数学与应用数学专业是国家“理科基础科学研究和教学人才培养基地”，信息与计算科学专业是教育部高等学校特色专业建设点。

该系与国外12所大学有人才培养和科学研究的合作关系。应用数学系以其坚实的学科实力和优秀的教学质量吸引了国内众多的数学学子，已经成为国内优秀数学人才培养的摇篮。该系坚持“厚基础、宽应用”的人才培养理念，重视基础课教学，将学生的创新能力和应用能力的培养贯穿整个培养过程，为社会培养了大量的优秀数学人才。

该系在校学生1132人。其中，全日制本科生725人，硕士研究生235人，博士研究生172人。博士后研究人员7人。

该系设有2个本科专业：信息与计算科学专业和数学与应用数学专业，按“数学类”大类招生，大类培养。该系毕业生的主要去向是继续攻读研究生、出国深造和到国内外各大公司从事软件研发工作。

物理与光电工程学院

物理与光电工程学院设有等离子体科学与工程研究中心、聚变等离子体物理研究中心、理论物理研究所、原子与分子物理研究所、凝聚态物理研究所、近场光学与纳米技术研究所、光信息科学与技术研究所、光子技术研究中心、电子科学与技术研究所、光电检测技术工业应用中心、神经信息学等研究机构。现有教职工 113 人,其中教授 34 人,副教授 38 人;双聘院士 1 人,“长江学者奖励计划”特聘教授 1 人,国务院学科评审组成员 2 人,博士生指导教师 22 人。

该学院有物理学和光学工程 2 个一级学科博士点,光学工程等 9 个二级学科博士点,物理学和光学工程 2 个博士后流动站。一个国家重点学科(等离子体物理)和两个辽宁省重点学科(等离子体物理,光学工程)。该学院拥有三束材料改性国家重点实验室,基础物理国家实验教学示范中心。

该学院有应用物理学、电子科学与技术、光信息科学与技术三个本科专业,按“物理学类”大类招生,大类培养。现有在校本科生 633 人,硕士研究生 279 人,博士研究生 180 人,博士后研究人员 5 人。

管理学院

管理学院和中美两国政府合作创办的“中国工业科技管理大连培训中心”是一个实体,其前身管理工程系于 1980 年和中国工业科技管理大连培训中心同时成立。大连理工大学管理学院是改革开放以后国内最早引入发达国家先进管理理念与方法(1980 年)和最早开展 MBA 教育(1984 年)的学院,已经培养各类毕业生 1 万余人。多年来,该学院本着“笃行厚学”的办学传统,形成了注重质量、教学与科研紧密结合的鲜明办学特色和严谨务实的学风,培养的人才深受社会欢迎。

管理学院包括系统工程研究所、技术经济研究所、信息与决策技术研究所、财务管理研究所、信息管理系、企业管理系、人力资源管理系。该学院现有教职工 122 人,其中教授 27 名,副教授 45 名,高级工程师 4 名;中国工程院院士 1 人,博士生导师 26 名,国务院学科评议组成员 1 人,国家杰出青年科学基金获得者 1 人,“百千万人才工程”国家级人选 1 人,教育部跨世纪人才 1 人,教育部“新世纪优秀人才支持计划”获得者 4 人,辽宁省新世纪百千万人才工程百层次人才 5 人,教育部优秀骨干教师 1 人。

管理学院的学科领域横跨管理学、工学、理学 3 个学科门类,涉及 5 个一级学科、16 个二级学科。学院拥有 1 个国家一级重点学科(管理科学与工程)、1 个国家重点(培育)学科、2 个辽宁省重点学科;2 个博士后科研流动站,2 个一级学科博士学位授权点,13 个二级学科博士学位授权点,17 个硕士学位授权点,同时还具有 MBA、EMBA、工程硕士专业硕士学位授予权。

该学院拥有信息管理与信息系统、人力资源管理、物流管理、市场营销 4 个本科专业。其中物流管理为四年制 2+2 培养模式,从大学在校生中进行招生;市场营销为两年制第二学士学位专业。

该学院信息管理与信息系统专业和人力资源管理专业按“管理科学与工程类”大类招生,其培养目标是:培养适应社会主义市场经济需要,德智体美劳全面发展,系统地掌握现代管理科学、经济学、系统科学等理论知识,实践能力强,有创新意识,具有较高外语水平、良好的人际沟通和组织管理能力,及综合运用所学知识独立分析解决实际问题能力的高素质、复合型人才。

经济系

经济系设有经济系统分析与管理博士点，产业经济学、国际贸易学、金融学、人口资源与环境经济学、经济系统分析与管理五个硕士点，同时还具有工业工程专业学位授予权，并与软件学院联合培养金融信息管理方向软件工程硕士。

经济系拥有一支高水平的师资队伍，不但有学术界知名的学科带头人和具有广泛社会影响的学者，还有一批勤奋有为的年轻教师。过去4年，申请并负责完成了国家社会科学基金项目、国家自然科学基金项目、国家软科学项目10多项，省部级项目20余项，市级科研项目及企业咨询项目30余项；在国内外核心期刊发表论文200余篇，出版专著、译著和教材20余部；获省部级哲学社会科学进步奖4项、辽宁省级科技进步奖10项，取得广泛的社会影响。目前该系是“985工程”二期哲学社会科学创新基地和辽宁省经贸委设立的“企业技术创新研究中心”依托单位。

高水平科学研究为创新型人才培养创造了良好条件。经济系就业率位居全校前列，多年来经济系为社会培养了大批优秀人才，他们分布在国家政府机构、各大银行、知名会计师事务所、国有企业、跨国公司、科研院所以及其他企业，扎实的基础、良好的素质和较强的创新能力使他们中的许多人成为业务骨干，受到社会的高度认可。

经济系已与英国、日本和美国等国家，以及中国台湾和香港等地区的大学建立了学术交流、合作研究和办学的广泛合作关系。

经济系有国际经济与贸易（英语强化）和金融学2个本科专业。在校本科生550人、硕士生240人和博士生60人。

人文社会科学学院

人文社会科学学院设有新闻与传播学系、中文系、法律系、公共管理系、哲学系，科学学与科技管理研究所、哲学研究所、政治学与思想政治教育研究所和毛泽东思想、邓小平理论研究，以及思想政治理论课教研中心等。全院现有教职员工102人，其中教授22人，副教授25人；博士生导师17人。

人文社会科学学院成立于1999年4月，凭借学校理工文管等各学科的综合优势，为政界、学界、文化界和企业界着力培养具有锐意进取精神、深厚的人文功底、娴熟的专业知识、良好的社会道德感、宽阔的国际视野的精英人才。该学院拥有完善的人文社会科学人才培养体系，学科门类齐全，学术研究力量雄厚，总体办学水平在国内高校同类学科中居于前列。该学院拥有4个博士点、14个硕士点、1个专业硕士学位点。另有MPA教育中心、高等教育研究所、国家大学生文化素质教育基地、辽宁省高校人文社会科学重点研究基地（“科技伦理与科技管理”研究中心）、辽宁省公务员培训基地等机构。

该学院与美国、德国以及香港、台湾等地区的名校保持着良好的交流合作关系，不仅吸引了众多长期与短期的留学生，同时还为该院学生提供了参加各种海外学术交流的机会。

该学院现有本科生727人，硕士研究生600余人，博士研究生129人。

该学院设有汉语言文学、广播电视新闻学、公共事业管理、法学、哲学共5个本科专业，按“新闻传播学类”进行大类招生、大类培养。新生入学后第一年打通培养，第二年起分别到上述五个专业进行培养。在通识教育与大类培养的基础上，学院根据学生升学、就业取向，精心设计模块化课程，构筑多通道培养体系，为学生铺设个性化的成才阶梯。选择基础学科专业的学生将实行导师制，可直接进入研究所，与研究生一起协助导师进行科研工作。

新闻传播学类文、理兼招，并只招英语语种考生。

外国语学院

外国语学院现有英语系、日语系,设有大学英语部、研究生部、西语教研室,及典籍英译、日本学、计算机辅助语言教学、认知神经心理语言学、功能语言学等5个研究所。学院现有教职工112人,其中教授12人,副教授43人。

该学院设有英语语言文学和外国语言文学与应用语言学2个硕士点,英语、日语两个本科专业。该学院与日本广岛大学、金泽学院大学、北九州市立大学定期开展合作交流。

外国语学院现有本科生320人(其中韩国留学生5人),双学位本科生159人,硕士研究生105人。

创新实验学院

创新实验学院是学校本科人才培养的示范与先导区。该学院设有机械类、电气信息类两个实验班和数学建模、机电等15个创新实践班,其中机械类、电气信息类两个创新实验班面向高考优秀学生招生,创新实践班面向校内学有余力、有兴趣的优秀学生招生。

我校是全国较早倡导创新教育的高校之一,创新实验学院是我校开展创新教育的主要载体,学院因材施教,突出特长,尊重个性,以多样化自主学习模式及其创新实践基地建设为重点,构建一套完整的创新人才培养体系。该学院2003年被共青团中央、全国青联命名为"全国青年科技创新教育基地"。在2004年10月教育部对我校本科教学工作水平评估中,创新教育被确认为我校的办学特色。2007年学院被教育部、财政部批准为人才培养模式创新实验区。

该学院创新教育成果突出,先后获得省部级以上教学成果10余项,其中《大学生创新实践中心的建设》和《创新人才培养工程的研究与实践》两个项目先后获得国家级教学成果一等奖。2002年以来,学生科技竞赛获得省级以上奖励1298项次3000多人次。其中,国际奖83项次200多人次,全国奖554项次1000多人次,省级奖661项次2000多人次。在"挑战杯"全国大学生课外学术科技作品竞赛中成绩斐然,三次获得"优胜杯",2006年获得中国机器人大赛和RoboCup中国公开赛3D仿真组两项冠军,大学生创新成果申报专利100余项。大学生在各类学术刊物上发表论文数百篇,被SCI、EI收录40余篇,学生完成科技成果数百项,取得了良好的经济效益和社会效益。

学部、院、系设置与调整

运载工程与力学学部

- 工程力学系
- 船舶工程学院
- 汽车工程学院

土木水利学院

化工学院

环境与生命学院

机械工程学院

能源与动力学院

材料科学与工程学院

电子与信息工程学院

电气工程与应用电子技术系

软件学院

建筑与艺术学院

应用数学系

物理与光电工程学院

管理学院

经济系

人文社会科学学院

外国语学院

创新实验学院

体育教学部

国际文化交流学院

国防教育学院

继续教育学院

城市学院(独立学院)

2007 年 7 月由原工程力学系、船舶工程学院及新成立的汽车工程学院整合而组建的大连理工大学"运载工程与力学学部"正式成立。2007 年 10 月,学校决定将大学生创新院更名为创新实验学院,成为教学实体单位。

学科建设与专业设置

学科建设情况综述

“985 工程”二期建设

2007 年初组织全校 12 个一、二级平台、省部级平台进行 985 二期(2004～2006 年)阶段性验收工作。首先进行平台内自验收,然后根据各平台验收总结,形成学校的验收总报告,上报教育部。在此基础上制定了 2007 年校 985 各级平台的学科建设经费预算,各平台按此计划,进行本年度的项目建设工作;2007 年 6 月,将我校 2007 年 985 工程二期经费(包括人才队伍建设和学科建设)预算上报财政部,并且顺利通过了财政部委托的会计师事务所对我校 2007 年“985 工程”建设项目预算的评估,财政部下达我校 2007 年“985 工程”中央财政专项资金项目预算 8000 万元;2007 年 12 月将我校 2008 年 985 工程二期经费(包括人才队伍建设和学科建设)预算上报财政部,通过财政部对我校 2008 年“985 工程”建设项目预算的评估,财政部下达我校 2008 年“985 工程”中央财政专项资金项目预算 7000 万元。

2007 年院士申报工作

报送我校推荐和提名的 2 位中国科学院院士候选人和 3 位中国工程院院士候选人名单及相关材料;公示我校及与我校相关的中国科学院院士和中国工程院院士候选人的相关材料。

重点学科的申报和建设

2007 年,组织校内学科点进行申报材料的撰写,协调各申报学科之间的人员、材料划分,组织校内专家进行评议、组织校内答辩等工作。共有 10 个国家重点学科进行了申报。最终我校新增和认定了 4 个一级学科国家重点学科(力学、水利工程、化学工程与技术和管理科学与工程),6 个二级学科国家重点学科,2 个二级学科国家重点(培育)学科,共涵盖了 23 个二级学科。同时,根据教育部的文件我校组织了 4 个一级学科国家重点学科、6 个二级学科国家重点学科和 2 个二级学科国家重点(培育)学科制定了国家重点学科的建设与发展规划(2007～2010),经过校内专家的评审和各学科的完善,上交教育部。

我校 2006 年 10 月上报辽宁省政府的 26 个重点学科建设项目全部获得资助,资助总额为 810 万元。这些省重点学科分别是:计算数学、等离子体物理、工程力学、机械制造及其自动化、管理科学与工程、水工结构工程 、港口、海岸及近海工程、应用化学、船舶与海洋结构物设计制造、固体力学、机械电子工程、光学工程、材料学、材料加工工程、化工过程机械、信号与信息处理、控制理论及控制工程、计算机应用技术、结构工程、化学工程、工业催化、环境工程、技术经济与管理、生物化工、水文学及水资源和动力机械及工程。

国家重点学科

一级国家重点学科 4 个:力学、化学工程与技术、水利工程、管理科学与工程。没有被一级学科涵盖的二级学科国家重点学科 6 个:计算数学、等离子体物理、机械制造及其自动化、结构工程、船舶与海洋结构物设计制造、环境工程。二级学科国家重点(培育)学科 2 个:动力机械及工程、技术经济及管理,共涵盖了 23 个二级学科。

辽宁省重点学科

一级学科辽宁省重点学科 17 个,分别是:数学、化学、力学、光学工程、机械工程、材料科学与工程、化学工程与技术、动力工程及工程热物理、生物医学工程、土木工程、水利工程、仪器科学与技术、信息与通信工程、计算机科学与技术、环境科学与工程、管理科学与工程、工商管理。

未被一级学科涵盖的二级学科省重点学科8个，分别是：科学技术哲学、产业经济学、等离子体物理、理论物理、建筑设计及其理论、电机与电器、控制理论与控制工程、船舶与海洋结构物设计制造，共涵盖67个二级学科。

国家重点实验室

1. 海岸和近海工程国家重点实验室
2. 三束材料改性国家重点实验室
3. 精细化工国家重点实验室
4. 工业装备结构分析国家重点实验室

国家级工程研究中心

船舶制造国家工程研究中心

依托于我校的教育部重点实验室

1. 精密与特种加工教育部重点实验室
2. 工业生态与环境工程教育部重点实验室

依托于我校的辽宁省重点实验室

1. 辽宁省微纳米技术及系统重点实验室
2. 辽宁省内燃机重点实验室
3. 辽宁省工业设备先进控制系统重点实验室
4. 辽宁省生物基化学品重点实验室
5. 辽宁省制造管理信息化重点实验室

依托于我校的教育部工程(技术)研究中心

1. 教育部模塑制品工程研究中心
2. 教育部制造管理技术工程研究中心

依托于我校的辽宁省工程(技术)研究中心

1. 辽宁省精细化工工程研究中心
2. 辽宁省先进装备设计与CAE软件工程研究中心
3. 辽宁省电子政务工程研究中心
4. 辽宁省先进船舶工程技术研究中心
5. 辽宁省高性能树脂工程技术研究中心
6. 辽宁省工业生态与环境工程技术研究中心

辽宁省省级高校重点实验室

1. 海岸和近海工程国家重点实验室辽宁省省级高校重点实验室
2. 三束材料改性国家重点实验室辽宁省省级高校重点实验室
3. 精细化工国家重点实验室辽宁省省级高校重点实验室
4. 工业装备结构分析国家重点实验室辽宁省省级高校重点实验室

5.微系统与微制造辽宁省省级高校重点实验室
6.原材料特种制备技术辽宁省省级高校重点实验室
7.水科学和水利工程辽宁省省级高校重点实验室
8.船舶与海洋工程辽宁省省级高校重点实验室
9.先进装备制造技术辽宁省省级高校重点实验室
10.工业污染防治与生态工程辽宁省省级高校重点实验室
11.生物工程辽宁省省级高校重点实验室
12.光电信息工程与技术辽宁省省级高校重点实验室
13.石油化工技术与装备辽宁省省级高校重点实验室

世界银行贷款、高等教育发展项目建设的教学实验中心

1.工程训练中心　2.电工电子试验中心　3.基础物理实验中心　4.基础力学实验中心

学科点数

在2007年一级学科自主设置中,自主设置了教育管理二级学科博士/硕士点,至此我校共有一级学科博士点18个,二级博士点108个(属国家学科目录博士点76个,一级学科博士点下自主设置博士点32个),硕士点148个(属国家学科目录硕士点113个,一级学科博士点下自主设置硕士点35个)。

有权授予学士学位的本专科专业[1]

学科门类	专业类别	专业代码	专业名称	学制	批准(核准)时间	所在学院(系)
文学	中国语言文学类	050101	汉语言文学	四年	1999	人文社会科学学院
	新闻传播学类	050302	广播电视新闻学	四年	1998	人文社会科学学院
	外国语言文学类	050201	英语	四年	1998	外国语学院
		050207	日语	四年	2001	外国语学院
	艺术类	050405	雕塑	五年	2003	建筑与艺术学院
		050408	艺术设计	四年	2002	建筑与艺术学院
理学	数学类	070101	数学与应用数学	四年	1998	应用数学系
		070102	信息与计算科学	四年	1998	应用数学系
	物理学类	070202	应用物理学	四年	1998	物理与光电工程学院
	化学类	070302	应用化学	四年	1998	化工学院
	生物科学类	070402	生物技术	四年	2004	环境与生命学院
	电子信息科学类	071203	光信息科学与技术	四年	2001	物理与光电工程学院
	材料科学类	071301	材料物理	四年	2001	材料科学与工程学院
	环境科学类	071401	环境科学	四年	2004	环境与生命学院

（续表）

学科门类	专业类别	专业代码	专业名称	学制	批准（核准）时间	所在学院（系）
工学	材料类	080202	金属材料工程	四年	1998	材料科学与工程学院
		080203	无机非金属材料工程	四年	2003	化工学院
		080204	高分子材料与工程	四年	2002	化工学院
	机械类	080301	机械设计制造及其自动化	四年	1998	机械工程学院 能源与动力学院
		080301	机械设计制造及其自动化（日语强化）	五年	1998	机械工程学院
		080301	机械设计制造及其自动化（英语强化）	五年	2003	机械工程学院
		080302	材料成型及控制工程	四年	1998	材料科学与工程学院
		080303	工业设计	四年	1998	建筑与艺术学院 机械工程学院
		080304	过程装备与控制工程	四年	1998	化工学院
	仪器仪表类	080401	测控技术与仪器	四年	2000	电子与信息工程学院 机械工程学院
	能源动力类	080501	热能与动力工程	四年	1998	能源与动力学院
	电气信息类	080601	电气工程及其自动化	四年	1998	电气工程与应用电子技术系
		080602	自动化	四年	1998	电子与信息工程学院
		080603	电子信息工程	四年	1998	电子与信息工程学院
		080603	电子信息工程（英语强化）	五年	1998	电子与信息工程学院
		080605	计算机科学与技术	四年	1998	电子与信息工程学院
		080605	计算机科学与技术[3]	二年	2001	软件学院
		080606	电子科学与技术	四年	2000	物理与光电工程学院
		080607	生物医学工程	四年	2007	电子与信息工程学院
		080611W	软件工程[3]	二年	2002	软件学院
		080611W	软件工程	四年	2002	软件学院
		080613W	网络工程	四年	2004	软件学院
	土建类	080701	建筑学	五年	1998	建筑与艺术学院
		080702	城市规划	五年	2003	建筑与艺术学院
		080703	土木工程	四年	1998	土木水利学院

(续表)

学科门类	专业类别	专业代码	专业名称	学制	批准(核准)时间	所在学院(系)
工学	土建类	080703	土木工程(英语强化)	五年	2003	土木水利学院
		080704	建筑环境与设备工程	四年	1999	土木水利学院
	水利类	080801	水利水电工程	四年	1998	土木水利学院
		080803	港口航道与海岸工程	四年	1998	土木水利学院
	环境与安全类	081001	环境工程	四年	1998	环境与生命学院
	化工与制药	081101	化学工程与工艺	四年	1998	化工学院
		081101	化学工程与工艺(英语强化)	五年	1998	化工学院
		081102	制药工程	四年	2002	化工学院
	交通运输类	081202	交通工程	四年	2007	土木水利学院
		081207W	物流工程	四年	2004	机械工程学院
	海洋工程类	081301	船舶与海洋工程	四年	1998	船舶工程系
	工程力学类	081701	工程力学	四年	1998	工程力学系
	生物工程类	081801	生物工程	四年	1998	环境与生命学院
法学	法学类	030101	法学	四年	2001	人文社会科学学院
哲学	哲学类	010101	哲学	四年	2007	人文社会科学学院
管理学	管理科学与工程类	110102	信息管理与信息系统	四年	1998	管理学院
		110103	工业工程[3]	二年	2000	管理学院
		110104	工程管理	四年	1998	土木水利学院
	工商管理类	110201	工商管理[2]	四年	1998	管理学院
		110202	市场营销[3]	二年	2003	管理学院
		110205	人力资源管理	四年	2006	管理学院
		110210W	物流管理	四年	2004	管理学院
	公共管理类	110302	公共事业管理	四年	2000	人文社会科学学院
经济学	经济学类	020102	国际经济与贸易	四年	1998	经济系
		020102	国际经济与贸易(英语强化)	五年	2001	经济系
		020104	金融学	四年	1998	经济系

注:[1] 1998 年我校按照教育部提出的"普通高等学校本科专业目录"对原有本科专业进行了调整,核准后上报教育部并被批准。

[2] 工商管理专业自 2000 年起停止招生。

[3] 计算机科学与技术、软件工程、工业工程、市场营销为第二学士学位专业;工业工程专业自 2002 年起停止招生,计算机科学与技术专业、软件工程专业自 2004 年起停止招生,市场营销专业自 2006 年起停止招生。

有权授予博士、硕士学位的学科名称

学科门类	一级学科名称	所含专业名称
哲学	哲学	马克思主义哲学
		伦理学
		＊＊科学技术哲学
经济学	理论经济学	人口、资源与环境经济学
	应用经济学	区域经济学
		金融学
		产业经济学
		国际贸易学
法学	法学	民商法学
	马克思主义理论	马克思主义基本原理
		＊＊思想政治教育
教育学	教育学	高等教育学
	体育学	运动人体科学
文学	中国语言文学	语言学及应用语言学
	外国语言文学	英语语言文学
		外国语言学及应用语言学
	新闻传播学	传播学
	艺术学	美术学
历史学	历史学	中国近现代史
理学	＊数学	＊＊基础数学
		＊＊计算数学
		＊＊概率论与数理统计
		＊＊应用数学
		＊＊运筹学与控制论
		＊＊金融数学与保险精算（2004 自主设置）
	＊物理学	＊＊理论物理
		＊＊粒子物理与原子核物理
		＊＊原子与分子物理
		＊＊等离子体物理
		＊＊凝聚态物理
		＊＊声学
		＊＊光学
		＊＊无线电物理
	＊化学	＊＊无机化学
		＊＊分析化学
		＊＊有机化学
		＊＊物理化学（含化学物理）
		＊＊高分子化学与物理

(续表)

<table>
<tr><th>学科门类</th><th>一级学科名称</th><th>所含专业名称</th></tr>
<tr><td rowspan="3">理学</td><td rowspan="2">生物学</td><td>生物化学与分子生物学</td></tr>
<tr><td>生物物理学</td></tr>
<tr><td>系统科学</td><td>系统分析与集成</td></tr>
<tr><td rowspan="36">工学</td><td rowspan="8">*力学</td><td>**一般力学与力学基础</td></tr>
<tr><td>**固体力学</td></tr>
<tr><td>**流体力学</td></tr>
<tr><td>**工程力学</td></tr>
<tr><td>**计算力学(2002 自主设置)</td></tr>
<tr><td>**岩土与环境力学(2002 自主设置)</td></tr>
<tr><td>**动力学与控制(2003 自主设置)</td></tr>
<tr><td>**应用实验力学(2004 自主设置)</td></tr>
<tr><td rowspan="6">*机械工程</td><td>**机械制造及其自动化</td></tr>
<tr><td>**机械电子工程</td></tr>
<tr><td>**机械设计及理论</td></tr>
<tr><td>**车辆工程</td></tr>
<tr><td>**微机电工程(2002 自主设置)</td></tr>
<tr><td>**工业工程(2002 自主设置)</td></tr>
<tr><td>*光学工程</td><td>**光学工程</td></tr>
<tr><td rowspan="2">*仪器科学与技术</td><td>**精密仪器及机械</td></tr>
<tr><td>**测试计量技术及仪器</td></tr>
<tr><td rowspan="7">*材料科学与工程</td><td>**材料物理与化学</td></tr>
<tr><td>**材料学</td></tr>
<tr><td>**材料加工工程</td></tr>
<tr><td>**高分子材料(2002 自主设置)</td></tr>
<tr><td>**材料表面工程(2002 自主设置)</td></tr>
<tr><td>材料无损检测与评价(2003 自主设置)</td></tr>
<tr><td>**材料连接技术(2004 自主设置)</td></tr>
<tr><td rowspan="7">*动力工程及工程热物理</td><td>**工程热物理</td></tr>
<tr><td>**热能工程</td></tr>
<tr><td>**动力机械及工程</td></tr>
<tr><td>**流体机械及工程</td></tr>
<tr><td>**制冷及低温工程</td></tr>
<tr><td>**化工过程机械</td></tr>
<tr><td>**能源与环境工程(2004 自主设置)</td></tr>
<tr><td rowspan="3">电气工程</td><td>**电机与电器</td></tr>
<tr><td>电力系统及其自动化</td></tr>
<tr><td>电工理论与新技术</td></tr>
</table>

（续表）

学科门类	一级学科名称	所含专业名称
工学	电子科学与技术	物理电子学
		＊＊电路与系统
		＊＊微电子学与固体电子学
	＊信息与通信工程	＊＊通信与信息系统
		＊＊信号与信息处理
	控制科学与工程	＊＊控制理论与控制工程
		检测技术与自动化装置
		系统工程
		模式识别与智能系统
	计算机科学与技术	计算机系统结构
		＊＊计算机软件与理论
		＊＊计算机应用技术
	建筑学	建筑历史与理论
		＊＊建筑设计及其理论
		城市规划与设计
		建筑技术科学
	＊土木工程	＊＊岩土工程
		＊＊结构工程
		＊＊市政工程
		＊＊供热、供燃气、通风及空调工程
		＊＊防灾减灾工程及防护工程
		＊＊桥梁与隧道工程
		＊＊土木工程管理（2002 自主设置）
		空间信息技术及工程应用（2005 自主设置）
	＊水利工程	＊＊水文学及水资源
		＊＊水力学及河流动力学
		＊＊水工结构工程
		＊＊水利水电工程
		＊＊港口、海岸及近海工程
	＊化学工程与技术	＊＊化学工程
		＊＊化学工艺
		＊＊生物化工
		＊＊应用化学
		＊＊工业催化
		＊＊膜科学与技术（2002 自主设置）
		＊＊水科学与技术（2002 自主设置）
		＊＊精细化工（2003 自主设置）
		＊＊功能材料化学与化工（2004 自主设置）
		＊＊能源化工（2004 自主设置）

（续表）

学科门类	一级学科名称	所含专业名称
工学	矿业工程	安全技术及工程
	交通运输工程	道路与铁道工程
	*船舶与海洋工程	**船舶与海洋结构物设计制造
		**轮机工程
		**水声工程
	*环境科学与工程	**环境科学
		**环境工程
		**工业生态与环境规划(2004 自主设置)
	*生物医学工程	**生物医学工程
		**神经信息学(2003 自主设置)
		**药物工程(2003 自主设置)
农学	作物学	作物遗传育种
医学	药学	药物化学
管理学	*管理科学与工程	**管理科学与工程
		**科学学与科技管理(2002 自主设置)
		**经济系统分析与管理(2003 自主设置)
		**电子商务与物流管理(2003 自主设置)
		**知识管理(2003 自主设置)
		**信息管理与电子政务(2003 自主设置)
		**金融工程(2004 自主设置)
		**管理系统工程(2005 自主设置)
		**交通系统工程(2006 自主设置)
		图书馆信息资源管理(2006 自主设置)
		教育管理(2007 自主设置)
	*工商管理	**会计学
		**企业管理
		**旅游管理
		**技术经济及管理
		**项目管理(2006 自主设置)
		**环境管理(2006 自主设置)
		**金融管理(2006 自主设置)
	公共管理	行政管理
		教育经济与管理
		社会保障

注：*为一级学科有博士学位授予权，**为有博士学位授予权，未标注的为硕士点。

博士生导师名单(365人)

应用数学系(19人)

王仁宏 85* 吴 微 98 王 军 98
郑斯宁 00 宋立新 01 于 波 01
邱瑞锋 02 张立卫 02 罗钟铉 02
南基洙 03 苏志勋 04 刘西民 04
侯中华 04 卢玉峰 04 王 毅 05
李风泉 05 韩志清 06 林贵华 06
雷逢春(哈工大调入)

物理与光电学院(27人)

杜国同 93 宋鹤山 98 王友年 98
张卫宁 99 李国卿 00 桂元星 00
王德真 00 潘 石 00 张庆瑜 01
刘宏亚 01 于清旭 01 丛书林 02
胡礼中 02 刘爱民 04 刘金远 04
衣学喜 04 唐一源 04 赵明山 05
丁振锋 06 冯太傅 06 关柏鸥 06
王文春 06 孙长森 06 林国强 06
周 玲(女)06 陈茂笃 07 王晓钢(特聘教授)

建筑与艺术学院(5人)

陆 伟 02 唐 建 04 孔宇航 04
孙 晖 06 范 悦 07

化工学院(62人)

杨锦宗 86 蹇锡高 93 杨学锋 95
胡浩权 96 彭孝军 98 赵德丰 98
孙立成 99 李志义 00 袁景利 00
王金渠 00 邱介山 00 段春迎 01
郑玉斌 02 陈 平 02 郭新闻 02
赵伟杰 02 马学虎 02 李 杨 03
薛冬峰 04 高占先 04 王安杰 04
刘天庆 04 曲景平 04 赵宗昌 05
吕小兵 05 蒋景阳 05 胡大鹏 05
朱爱民 05 毕明树 05 孟长功 05
王忠刚 05 郭洪臣 06 包 明 06
李 钢 06 吕连海 06 赵建章 06
宁桂玲(女)00 张淑芬(女)02 贺高红(女)02
王 梅(女)04 朱秀玲(女)05 石 川(女)06
王艳华(女)06 唐 莉(女)07 马廷丽(女)07
宾月珍 07 高金吉(双聘院士)
安永林 07 王新平 07 徐 勇 07
张永春 07 熊 光 07 胡永康(双聘院士)
李文翠 07 张雄福 07 赵宗彬 07
梁长海 07 吕荣文 07 刘建辉 07
张守海(兼) 宋春山(兼) 崔占峰(兼)

工程力学系(27人)

钱令希 81 钟万勰 81 程耿东 86
林家浩 93 陈浩然 93 李兴斯 95
李锡夔 95 刘迎曦 96 吴承伟 98
张洪武 00 王希诚 00 杨海天 00
徐新生 00 邵龙潭 01 岳前进 02
李晓杰 02 刘书田 02 郭杏林 04
姚伟岸 04 齐朝晖 05 郭 旭 05
李 刚 05 亢 战 06 吴志刚 06
陈飙松 07 关振群 07
吴锤结(河海大学引进)

机械学院(24人)

王立鼎 93 郭东明 95 孙宝元 95
田树军 95 褚金奎 98 王敏杰 98
王德伦 98 贾振元 00 赵福令 01
康仁科 01 屈福政 02 徐文骥 04
刘 冲 04 孙 伟 05 高 航 05
王殿龙 06 王晓东 06 王晓明 06
余祖元 07 王永青 07 金洙吉 07
孙玉文 07 邹赫麟 07 魏小鹏 00

能源与动力学院(12人)

高希彦 93 解茂昭 95 宋希庚 96
沈胜强 97 隆武强 02 孙文策 02
穆海林 05 宋永臣 05 尹洪超 05
李维仲 05 徐士鸣 06 白敏丽(女)06

土木水利学院(49人)

林 皋 81 邱大洪 83 赵国藩 84
欧进萍 93 宋玉普 93 唐春安 93
周 晶 93 王永学 95 栾茂田 95
孔宪京 95 孙昭晨 96 徐世烺 96
马震岳 96 沈永明 98 滕 斌 98
周惠成 98 王清湘 98 张 哲 98
钟 阳 99 康海贵 00 金 生 00

李宏男 00　程春田 00　邹志利 00
王立久 00　李俊杰 01　张宁川 02
吴智敏 02　董国海 02　李志军 02
许士国 02　杨　庆 02　柳淑学 04
陈健云 04　孙大鹏 04　迟世春 05
贾金青 05　李木国 05　柳春光 05
丁一宁 05　贡金鑫 06　陈廷国 06
陈静云(女)06　任　冰(女)06　郭子坚 07
唐小微 07　王国新 07　王　浩(双聘院士)
袁永博 07

材料科学与工程学院(27 人)

张俊善 96　董　闯 96　王　来 98
李廷举 00　雷明凯 00　张兴国 02
齐　民 02　刘顺华 02　董星龙 04
赵　杰 04　张立文 04　曹志强 05
李喜孟 05　刘黎明 05　周文龙 05
谭　毅 06　黄明亮 06　姚　山 06
姚　曼(女)02　林　莉 07　郝　海 07
王同敏 07　温　斌 07　王铁农 07
殷国茂(双聘院士)
姜　辛(长江学者讲座教授)07
闻立时(双聘院士)07

船舶工程学院(10 人)

纪卓尚 96　林　焰 98　刘玉君 00
黄　一 02　宗　智 04　刘寅东 05
黎　胜 06　马　坤(女)05　李铁骊(女)06
李贤徽 07

电子信息学院(27 人)

胡家升 90　王　伟 95　邵　诚 95
殷福亮 98　杨元生 01　唐祯安 01
邱天爽 01　郭成安 04　刘晓东 04
谭国真 05　金明录 05　顾　宏 06
王洪玉 06　王兴元 06　林鸿飞 06
王德君 06　李洪兴 07　李克秋 07
冯　林 07　仲崇权 07　王秀坤(女)00
王　兢(女)02　孔祥维(女)04　孙　怡(女)05
韩　敏(女)05　闫卫平(女)05　何德全(双聘院士)

电气与应用电子系(9 人)

邹积岩 94　吴　彦 98　李卫东 02
陈希有 03　王宁会 05　李　杰 06
孙　辉(女)05　张　莉 07　廖敏夫 07

环境与生命学院(19 人)

杨凤林 96　安利佳 97　周集体 98
全　燮 00　徐永平 02　陈景文 02
王长海 02　修志龙 04　白凤武 04
李新勇 04　李爱民 05　伍会健 06
王　栋 06　杨　青(女)05　金一和
邱荣国 07　张捍民 07　赵慧敏 07
刘鸿亮(双聘院士)

管理学院(28 人)

王众托 81　杨德礼 90　王延章 93
曲晓飞 96　邓贵仕 98　武春友 98
党延忠 98　刘晓冰 98　胡祥培 00
汪克夷 01　苏敬勤 01　董大海 02
肖洪钧 04　迟国泰 04　秦学志 04
张米尔 05　张国梁 05　李延喜 05
陈树文 05　赵胜川 05　栾庆伟
王尔大 06　戴大双(女)00　荣莉莉(女)02
朱庆华(女)05　李文立 07　仲秋雁 07
郭崇慧 07

人文社会科学学院(12 人)

刘则渊 00　王　前 00　王子彦 02
王续琨 04　刘元芳 04　杨连生 05
洪晓楠 06　刘鸿鹤 06　戴艳军(女)05
魏晓文(女)06　文成伟 07
章安祺(特聘教授)07

经济系(4 人)

原毅军 00　侯铁珊 02　刘凤朝 04
逯宇铎 06

汽车工程学院(2 人)

胡　平　张万喜

高科技研究院(1 人)

赵纪军 06

软件学院(1 人)

李明楚 03

* 姓名后的数字为聘任为博士生导师的年代;85 即为 1985 年,00 为 2000 年等。

博士后科研流动站一览

学　科	专业名称
力学	1)计算力学
	2)结构力学
数学	计算数学
管理科学与工程	系统工程
机械工程	机械制造
土木工程	1)水工结构工程
	2)结构工程
化学工程与技术	1)化学工程
	2)无机化工
	3)有机化工
	4)工业催化
	5)精细化工
	6)高分子
	7)化工过程机械
材料科学与工程	1)金属材料及热处理
	2)铸造
水利工程	1)海岸工程
	2)近海及海洋工程
动力工程与工程热物理	动力机械及工程热物理
光学工程	光学工程
物理学	1)等离子体物理
	2)理论物理
	3)凝聚态物理
信息与通信工程	信号与信息处理
控制科学与工程	控制理论与控制工程
船舶与海洋工程	船舶与海洋工程
环境科学与工程	环境科学与工程
工商管理	1)技术经济及管理
	2)企业管理

硕士生导师名单(1147 人)

应用数学系(55 人)

郑斯宁 王军 邱瑞峰 侯中华 刘西民
卢玉峰 南基洙 王毅 雷逢春 韩志清
于洪全 冯红 王颖 赵凤珍 赵立中
代万基 杨志青 王仁宏 吴微 罗钟铉
于波 苏志勋 张宏伟 钱晓元 刘秀平
李正学 赵国辉 金光日 张洁琳 程明松
李崇君 朱春钢 宋立新 冯敬海 沈玉波
张鸿庆 李风泉 贺明峰 金正国 吴大为
杨彦春 邓玉平 梅建琴 夏尊铨 冯恩民
李兴斯 张立卫 蒋志刚 林贵华 郭崇慧
张学胜 王明征 庞丽萍 张旭 郭方芳

物理与光电学院(70 人)

王德真 潘石 于清旭 张庆瑜 丁振锋
刘宏亚 刘金远 丛书林 李国卿 胡礼中
宋鹤山 王友年 桂元星 杜国同 赵明山
刘爱民 唐一源 王文春 衣学喜 林国强
周玲 王晓钢 孙长森 张卫宁 关柏鸥
冯太傅 陈茂笃 韩福祥 温小琼 姜东光
陆文琪 白亦真 任春生 赖康生 丁建华
秦福文 戴忠玲 梅显秀 刘伟 刘悦
宋远红 卜寿亮 王殿夫 余虹 张毅
郑殊 李淑凤 姜雪宁 李雪春 郝胜智
徐军 王美田 宋士惠 秦颖 刘艳红
张家良 牟宗信 王艳辉 梁红伟 徐立昕
李寿哲 韩秀友 王晓旭 孙继忠 马春雨
翟峰 李崇 边继明 张鹏云 邱晓明

外国语学院(30 人)

高桂珍 高鹏 曹井香 姜欣 姜怡
李荣 李筱平 李秀英 刘艾云 刘文宇
孟庆荣 时真妹 宋黎 王慧莉 王义静
吴卓娅 张学忠 张治中 周刚 牛晓春
刘卉 陈宏俊 杜凤刚 仝益民 殷晓芳
程丽霞 陈海庆 秦明利 钱进 郝云臣

土木水利学院(138 人)

洪雷 赵维 肖诗云 杨庆 陈健云
李志军 许士国 沈永明 李俊杰 程春田
董国海 殷福新 李中军 丁一宁 柳春光
梁圣复 朱彤 邹志利 金生 宋玉普
王清湘 陈静云 周晶 张哲 黄才良
王子茹 袁永博 贾艾晨 王立久 邱大洪
康海贵 张宁川 孙昭晨 孙大鹏 李木国
林皋 孔宪京 栾茂田 贾金青 王永学
柳淑学 滕斌 刘志杰 沈成能 马震岳
周惠成 宋向群 张日向 杨微 陈廷国
姜峰 关增伟 赵国藩 黄承逵 宋永发
王国利 端木琳 陈滨 郭莹 吴智敏
迟世春 曹明莉 车轶 陈兵 杜志达
贡金鑫 郭子坚 黄丽华 王树刚 姜萌
黎勇 李宏男 李静 李昕 梁国华
梁书秀 刘君 刘亚坤 年延凯 潘宝峰
邱文亮 任冰 任铮钺 司炳君 孙鹤泉
檀永刚 王宝民 王国新 钟阳 王立成
王苏岩 徐世烺 许劲松 伊晓东 张运良
邹德高 李玉华 任慧韬 王吉忠 贾革续
张英华 胡志强 冯新 王栋 翟钢军
欧进萍 唐春安 艾红梅 周鹏飞 王国玉
李凤志 李建波 唐军 仲伟秋 宁德志
张金利 何化南 赵艳华 李东升 唐小微
张驰 何斌 金峤 李钢 霍林生
伊廷华 姜韶华 勾莹 许福友 宋世德
潘盛山 石磊 徐向舟 李祥立 许青
张永彬 张吉礼 袁晶瑄

体育教学部(12 人)

田爱华 金若中 孟昭莉 张树山 元文学
金宝玉 王正树 曹平 王洁群 孙喜和
佟贵锋 夏培玲

人文社会科学学院(75 人)

刘宏伟 费艳颖 姜青春 刘旭 陈晓晖
王丽丽 洪晓楠 姜再华 杨连生 王卫
刘乃仲 魏晓文 刘则渊 王续琨 戴艳军
张志刚 马莹华 艾丽娟 蔡小慎 迟景明
丁堃 董锋 董晓辉 冯振业 姜德学
刘鸿鹤 刘元芳 卢中昌 沈宏书 王国豫
王前 王子彦 郑保章 胡光 解兰春
荆蕙兰 刘萍 孙建平 万志全 王刚义
杨炳君 张秀萍 郭金明 惠晓丽 张旭泉
梁海 葛丽君 梁茵 王海山 韩轶
薛徽 罗海山 刘洁 蒋书丽 刘伟
韩贵秋 侯海燕 宋丹 杨慧民 陈叙

孙阳春　高小弘　方明豪　夏国军　王　飞
周文杰　孙　岩　陈　悦　宋永琴　姜春林
李　冲　楼旭东　郭玉坤　徐　丹　郭玉涛

能源与动力学院(41人)

刘卫国　冀春俊　王　正　宋永臣　李维仲
杨凤珍　郭晓平　穆海林　王晓放　孙文策
解茂昭　陈　石　白敏丽　李素芬　沈胜强
尹洪超　徐士鸣　高希彦　宋希庚　薛冬新
刘晓华　隆武强　满长忠　孙培岩　王　巍
谢　蓉　许晓光　于学兵　李文蛟　张　博
王大勇　左建国　冯立岩　田　夫　苏庆运
邱庆刚　刘　红　贾　明　唐　斌　金东旭
杨洛鹏

经济系(15人)

兆文军　原毅军　刘凤朝　黄晓艳　逯宇铎
黄飞雪　梁　艳　任曙明　陈艳莹　侯铁珊
宿长海　丁永健　孙晓华　苏振东　史金艳

建筑与艺术学院(19人)

范　悦　李世芬　孔宇航　周　博　李　速
索　健　胡文荟　王　琪　胡　英　曲敬铭
孙　彪　梁　江　柳长洲　陆　伟　孙　晖
唐　建　王时原　张险峰　邓　威

机械工程学院(105人)

郭东明　王敏杰　赵福令　康仁科　徐文骥
张弘弢　梁延德　王殿龙　王晓明　于同敏
马　勇　王续跃　宋满仓　金洙吉　曹立新
李　媛　姜开宇　孙玉文　祝铁丽　孙宝元
田树军　贾振元　褚金奎　刘　冲　丛　明
方加宝　佟　宇　李剑中　刘　欣　张元良
邢英杰　朱　泓　张永顺　王晓东　金仁成
徐　中　王永青　马　跃　张　军　戴恒震
张志新　欧宗瑛　滕弘飞　屈福政　孙　伟
胡青泥　张晓丽　冯　刚　苗　明　董惠敏
朱林剑　王丹虹　胡延平　华顺刚　马雅丽
高　媛　高顺德　王　欣　苏铁明　王立鼎
崔天宏　杜立群　罗　怡　崔　岩　王德伦
王东华　高　航　段春争　赵丹阳　董　海
余祖元　吴东江　杨　睿　王福吉　张震宇
张　宏　刘　巍　毛范海　孙守林　刘　越
李　涛　王奉涛　李宏坤　史彦军　吴海帆
曹旭阳　宋洪侠　王丹虹　虞慧岚　王连吉
褚金奎　张元良　张永顺　杜立群　罗　怡
张志新　崔　岩　邹赫麟　徐　征　刘军山
李　震　陈　星　徐志祥　张应中　罗晓芳

环境与生命学院(58人)

王　栋　杨　青　陈景文　周集体　白凤武
赵雅芝　金礼吉　黄丽萍　李新勇　全　燮
王　竞　项学敏　张爱丽　张捍民　张树深
张兴文　赵慧敏　夏秀英　苏　乔　李晓晖
王静云　徐品三　乔显亮　杨凤林　安利佳
徐永平　王长海　修志龙　李爱民　柳丽芬
包永明　贾凌云　栾雨时　张　芸　姜　波
陈丽杰　陈　硕　张耀斌　伍会健　金一和
李文利　刘素玲　赵心清　曲媛媛　葛旭萌
张劲松　徐　凌　蔡喜运　徐　丽　张　玉
李世荣　戴建英　腾　虎　傅　璟　董悦生
沈晓云　邱荣国　曲振平

化工学院(159人)

王益龙　王锦艳　谭　涓　肖　义　吕荣文
赵宗昌　彭　乔　张晓冬　马学虎　孟长功
安永林　马　伟　崔京南　王新平　纪　敏
徐　勇　彭孝军　贺高红　郭新闻　朱秀玲
孙立成　孙　力　石　川　谢洪勇　陈嘉宾
杨希川　李志义　张秋民　邱介山　李惠荣
王宝和　毕明树　由宏新　杨锦宗　赵德丰
宁桂玲　张述伟　刘　靖　王同华　胡浩权
于志家　刘天庆　张乃文　匡国柱　潘艳秋
于才渊　高占先　蒋景阳　陈宏博　刘志广
牟文生　辛　剑　吕连海　蹇锡高　郭洪臣
殷德宏　邹久朋　刘东学　马　源　喻健良
史启才　王金渠　张淑芬　赵伟杰　李亚明
张　华　郝　策　朱爱民　徐绍平　都　健
王安杰　张永春　郑玉斌　陈　平　胡大鹏
王世盛　刘贵昌　银建中　周　颖　吕小兵
李晓莲　赵宗彬　具本植　李　钢　李文翠
李　岳　刘志军　李　杨　孟庆伟　乔卫红
王克峰　薛冬峰　王旭珍　王艳华　王　瑶
曲景平　杨大令　于永鲜　张世轩　张守臣
张雄福　仲剑初　周一卉　高欣钦　姜文凤
王慧龙　辛　钢　刘建辉　张志超　张守海
廖功雄　周宇涵　张春庆　汪　晴　王忠刚
包　明　申凯华　宫国梁　田福平　田东旭
刘淑芹　冯秀娟　刘　程　李　翔　周　硼
肖　光　赵建章　袁景利　段春迎　董宏光

熊　光　何　成　刘　民　唐炳涛　梁长海
任素贞　孙世国　潘景喜　刘　迪　杨建华
李久艳　樊江莉　刘　春　宋克东　张　蓉
陈永刚　吴雪梅　兰　忠　刘凤玉　李悦青
孙玉明　关　水　李战胜　马　威　孙英姬
宾月珍　马廷丽　王　梅　王　梅(小)

软件学院(10 人)

吴国伟　刘玉琴　李明楚　田　园　周　勇
江　贺　王　征　周宽久　张宪超　陈志奎

管理学院(101 人)

胡祥培　潘东华　王众托　吴　伟　董大海
王学先　吴力文　李新然　那日萨　杨德权
陈树文　韩大卫　王旭坪　戴大双　王　宇
肖贵蓉　李明斐　武春友　肖洪钧　秦学志
俞明南　王雪华　荣莉莉　迟国泰　张醒洲
郭文臣　王东华　仲秋雁　李　弘　苏敬勤
杨德礼　邓贵仕　汪克夷　党延忠　王延章
王　敬　张启銮　曲洪敏　金玉芳　丁正平
冯长利　金　淳　李怀明　李延喜　刘彦文
刘艳萍　乔　坤　裘江南　宋明秋　唐丽艳
王国红　吴江宁　徐雨森　薛　光　易学东
张承伟　张令荣　张米尔　张　旭　周英男
周　颖　朱庆华　刘晓冰　夏昊翔　周宽久
闵庆飞　耿　勇　赵胜川　郭维森　于惊涛
李文立　傅永刚　朱方伟　蒙秋男　张光前
刘海潮　叶　鑫　张悦玫　王　宁　潘安成
曲　刚　杨　光　宋金波　金英伟　雷善玉
孙秀峰　黄学文　卢小丽　卢　涛　刘　斌
刘　旭　马克芬　金玉玲　刘凡儒　代玉美
周建阳　赵连明　陈　陶　王孝坤　王尔大
王明征

工程力学系(61 人)

钟万勰　王守新　林家浩　蔡志勤　齐朝晖
王跃方　吴志刚　张亚辉　李锡夔　徐新生
杨海天　陈浩然　姚伟岸　蔡贤辉　李　峰
季顺迎　杨春秋　张万喜　张小鹏　朱祚国
卞永宁　赵　明　钱令希　程耿东　李兴斯
李晓杰　刘迎曦　刘书田　邵龙潭　王希诚
岳前进　吴承伟　张洪武　郭杏林　张文首
董守华　郭　旭　关振群　李　刚　李守巨
奚进一　周　霞　白瑞祥　赵国忠　李云鹏
毕祥军　陈金涛　闫鸿浩　杨迪雄　王　平

武文华　亢　战　马红艳　陈飙松　赵　岩
孙益振　李金平　雷振坤　王宇新　王　科
刘增利

高科技研究院(1 人)

赵纪军

汽车工程学院(8 人)

胡　平　张万喜　王　健　周雅夫　梅玉林
鲍益东　侯文彬　申国哲

电子与信息学院(82 人)

王占杰　刘华毅　江崇礼　黄德根　刘　萍
张志君　刘晓东　郝应光　李明伟　杨素英
胡家升　宋　彤　孟　军　钱昆明　韩　敏
王　兢　郭成安　王　伟　邵　诚　朱瑞军
唐祯安　仲崇权　潘学军　顾　宏　孔祥维
谭国真　林鸿飞　牛纪桢　杨元生　王秀坤
郭　禾　马洪连　王树义　蒋国平　闫卫平
周东清　李亚芬　邱天爽　孟宪福　孙　怡
李建华　殷福亮　刘军民　王金城　王建国
杨建华　王孝良　马灵芝　冯　林　李英壮
陈　昌　董　明　董维杰　江荣安　林秋华
卢湖川　马晓红　孟　华　孙效里　唐　达
王兴元　吴　迪　杨　斌　张大波　解永平
孙旭东　张　利　金明录　王洪玉　魏东兴
刘全利　庄　严　王宏伟　林晓惠　王　健
王哲龙　王德君　戚金清　高仁璟　冯　毅
陈　喆　李丽双

电气与应用电子技术系(26 人)

邹积岩　孙　辉　孙建忠　李洪春　顾　宏
丛吉远　杨振强　张　莉　刘凤春　段雄英
李卫东　刘　娆　吴　彦　王宁会　李国锋
戚　栋　李　杰　李　锻　刘钟阳　董恩源
廖敏夫　庄　海　陈希有　刘蕴红　王　宁
盛贤君

船舶工程学院(26 人)

纪卓尚　黄　一　王言英　林　焰　刘玉君
宗　智　马　坤　徐道临　林　哲　洪　明
马　骏　李铁骊　黎　胜　李贤徽　刘　艳
周　力　陈　明　刘　刚　张明霞　李艳君
金朝光　张雪彪　钱　昆　李海涛　张　崎
汪　骥

材料科学与工程学院(54 人)

董　闯　董星龙　王存山　羌建兵　吴爱民

王　来　齐　民　张立文　赵　杰　王轶农　陈国清　雷明凯　张俊善　张贵峰　韩会民
黄明亮　马海涛　李廷举　张国梁　刘顺华　祝美丽　项　礼　李喜孟　谭家隆　陈　军
张兴国　姚　曼　刘黎明　曹志强　周文龙　林　莉　李　萍　董红刚　房灿峰　宋　刚
姚　山　张维平　刘旭麟　王桂芹　赵　红　段玉平　许富民　谭　毅　朱小鹏　王　清
马红军　王同敏　郝　海　潘学民　温　斌　邓德伟　李晓娜　刘辰光　黄　昊

校内研究机构

船舶工程学院

1. 船舶工程研究所
2. 船舶 CAD 工程中心
3. 船舶试验中心
4. 先进船舶技术工程研究中心

电子与信息学院

1. 自动化研究所
2. 信息技术研究所
3. 计算机技术研究所
4. 空间信息研究中心
5. 信息安全研究中心
6. 信息与控制研究中心
7. 生物医学工程研究中心
8. 大工-IBM 计算机技术中心

管理学院

1. 法学研究所
2. 信息安全中心
3. 电子商务中心
4. 系统工程研究所
5. 财务管理研究所
6. 技术经济研究所
7. 项目管理研究中心
8. 社会保障研究中心
9. 证卷期货研究中心
10. 力迪市场营销研究所
11. 生态规划与发展研究所
12. 信息与决策技术研究所
13. 知识科学与技术研究中心
14. 金融工程与管理研究中心
15. 辽宁省电子商务研发基地
16. 电子政务工程(技术)研究中心
17. 大连市企业信息化研究培训中心

化工学院

1. 化工研究所
2. 化学工程研究所
3. 高分子材料研究所
4. 工业催化剂研究所
5. 煤化工研究设计所
6. 吸附与无机膜研究所
7. 化工系统工程研究所
8. 纳米材料科学研究中心
9. 热泵技术研究开发中心
10. 化工装备特种技术研究所
11. 膜科学与技术研究开发中心
12. 流体与粉体工程研究设计所
13. 大连医药中间体研究开发中心
14. 辽宁省精细化工工程技术中心
15. 海水淡化及其综合利用研究中心
16. 高性能树脂工程(技术)研究中心

环境与生命学院

1. 生化工程研究所
2. 环境工程研究设计所
3. 生物化学工程研究所
4. 环境科学与技术研究中心

机械学院

1. 模具研究所
2. 工程训练中心
3. 传感技术研究所
4. 工程机械研究所
5. 振动工程研究所
6. 结构工程研究所
7. 微系统研究中心
8. 微系统 MEMS/MST 研究中心
9. 微电子技术应用与培训中心
10. 教育部模塑制品工程研究中心
11. 辽宁省先进制造技术服务中心
12. 辽宁省模具制造技术服务中心
13. 精密与特种加工教育部重点实验室
14. 微系统与微制造辽宁省高校重点实验室
15. 先进装备制造技术辽宁省高校重点实验室

建筑与艺术学院

1. 环境设计研究所
2. 建筑与规划研究所

人文社会科学学院

1. 欧盟研究中心
2. 高等教育研究所
3. 应用心理学研究所
4. 21 世纪发展研究中心
5. 德国技术哲学研究中心
6. 传播科学与教育技术中心
7. 科学学与科技管理研究所(原科学技术与社会发展研究所)

土木水利学院

1. 桥梁工程研究所
2. 海洋工程研究所
3. 水利水电工程研究所
4. 振动与强度测试中心
5. 大连港口发展研究中心

材料科学与工程学院

1. 无损检测研究所
2. 焊接技术研究所
3. 材料测试分析中心
4. 铸造工程研究中心
5. 大连市形状记忆合金研究所
6. 材料电磁加工与凝固模拟研究所

电气与应用电子技术系

1. 环境电工研究所
2. 电力电子研究所
3. 静电与特种电源研究所
4. 集成电路设计研究开发中心

经济系

1. 经济研究中心

工程力学系

1. 先进设备设计与 CAE 软件工程(技术)研究中心

应用数学系

1. 数学科学研究所
2. 计算生物学和生物信息学研究所
3. 计算机图形图像处理重点实验室

外国语学院

1. 日本学研究所

能源与动力学院

1. 内燃机研究所
2. 能源工程研究所
3. 汽车电子研究所
4. 电动车工程研究中心
5. 新能源与节能研究中心
6. 辽宁省工业节能技术服务中心
7. 沈阳鼓风机厂国家级技术中心大连理工大学技术分中心

物理与光电学院

1. 神经信息学研究所
2. 基础物理实验中心
3. 应用物理研究所
4. 神经信息研究所
5. 低温等离子体科学与工程研究中心
6. 光子技术研究中心

体育教学部

1. 体育科学研究所

其他

1. 高科技研究院
2. 技术转移中心
3. 深圳研究院

本科生教育与教学

2007年本科生教学工作综述

一、以实施“质量工程”为契机，积极推进教学改革

2007年，本科教学工作以“十七大”精神为指导，以教育部“质量工程”的实施为契机，认真落实教育部《关于实施高等学校本科教学质量与教学改革工程的意见》(教高[2007]1号)、《关于进一步深化本科教学改革全面提高教学质量的若干意见》(教高[2007]2号)和学校《关于进一步加强本科教学工作的若干意见》精神，积极开展教育教学研究，用先进的教育思想和教学观念指导教育教学的改革与实践；改革教学模式，构建研究型大学本科人才培养体系；大力推进教学改革，加强教学基本建设，创新管理模式，努力打造本科教学品牌，全面提升人才培养质量。

1. 全面实施“质量工程”

2007年初，经国务院批准，教育部、财政部联合下发了《关于实施高等学校本科教学质量与教学改革工程的意见》，正式启动“高等学校本科教学质量与教学改革工程”(简称“质量工程”)，这是继“211工程”、“985工程”和“国家示范性高等职业院校建设计划”之后，我国在高等教育领域实施的又一项重要工程，是提高高等学校本科教学质量的重大举措。2月28日，教育部召开“高等学校本科教学质量与教学改革工程”启动视频会议。会后，学校积极、广泛宣传“质量工程”的精神和内涵，将有关文件发至校领导、院系领导信箱，设立“质量工程”专栏。同时认真组织落实，召开了落实“质量工程”工作布置会，欧进萍校长、李志义副校长分别到会发表重要讲话；策划了我校的“质量工程”实施方案，与教育部积极配合，取得了丰硕成果。

作为“质量工程”的组成部分，教育部和中国工程院共同实施了高等工程教育改革实践项目。我校成为首批参与该项目的10所高校之一，获得工科人才培养模式创新试验区、实验教学示范中心、大学生创新性实验计划、第一类特色专业建设四类项目集成式支持，总支持经费1050万元。

我校成为2007年首批入选国家大学生创新性实验计划的60所学校之一，获批国家级项目70项，获批项目数是全国最多的高校之一。

2007年，我校画法几何及工程制图、化工设备机械基础2门课程被评为国家级精品课程，有机化学被评为国家首批百门双语教学示范课程，另有6门课程被评为辽宁省精品课程。在2007年国家级教学团队评审中，我校化学系列课程教学团队入选，成为首批国家级教学团队(全国共100个)，4个团队成为辽宁省教学团队。

软件工程(软件工程方向)、软件工程(嵌入式系统方向)、水利水电工程、电子信息工程(集成电路设计与集成系统方向)4个专业被批准为教育部2007年第一批特色专业建设点项目(全国420个)。此外，电工电子实验中心被评为国家实验教学示范中心(全国135个)，列电子电气信息类13个示范中心首位。

“基于‘知识与信息管理’平台的管理类人才培养模式创新实验区”和“大学生文化素质教育人才培养模式创新实验区”被列入2007年国家人才培养模式创新实验区(全国220个)；另有8个项目获得工程教育改革集成项目参与学校人才培养模式创新实验区(全国80个)。

2. 大力培育教改项目和教学成果

2007年，学校瞄准国家级、省级教学成果奖，积极培育教学改革项目。全校教学改革基金立项课题为163项，其中，教改重点课题21项，专项

课题5项,面上课题96项,学生工作研究课题26项,网络教育专项课题15项。全校各院系共申报教学改革课题209项,在49个专项课题、重点课题中,教授领衔申报的项目为38项,占78%,体现了广大教师对教学工作的高度重视和积极投入。

为了做好项目申报工作,培育新一届辽宁省和国家级教学成果,教务处研究制定了《2007年教学改革基金课题立项指南》,李志义副校长亲自作序。2007年教学改革基金课题要求明确贯彻学校“十一五”规划纲要,以“精英教育”为目标导向,以“支持教改研究、坚持体制创新、重点引领探索”为立项原则,提倡跨院系、跨学科、跨专业、跨部门进行合作立项申请,力争在某些教学改革研究方面实现重点突破,为教育观念的变革和教学思想的更新发挥引领、示范和导向作用,重点资助有明确的教学改革新观念、新想法和新举措的项目。2007年我校有11个项目被列入辽宁省教改项目。

3. 积极探索多元化的人才培养模式

围绕“精英教育”这一培养目标,针对当代社会发展对人才全面素质及综合能力的要求,探索多元化的人才培养模式、教学模式改革途径。在人文社会科学学院实施按人文社会科学类大类招生,大类培养的改革试点;金属材料工程专业日语强化班实施引进日本东京工业大学培养计划,聘请国外大学教师授课的试点。在总结一年来创新实验班教学管理工作的基础上,教务处、学生处和大学生创新院共同讨论,制定了《大连理工大学创新实验班管理办法》。今年共有140名2007级学生进入创新实验班,其中机械大类73人,电信大类67人。

在专业人才培养上,积极推进合作办学、联合培养。与中国广东核电集团有限公司首次签署核电人才联合培养合作协议。中广核集团在苏州设立“核电学院”,每年从我校三年级学生中选拔一批品学兼优的本科生,在核电学院完成大学第四年的学业。完成全部学业并达到规定要求者,中广核集团将组织其下属核电成员公司与学生签订劳动合同。2007年全校共有28名学生赴核电学院学习,并在那里完成生产实习与毕业设计。此外,还与中国石油天然气管道局签署协议,订单式培养16名学生。

4. 大力推进大学英语教学改革

积极组织推进大学外语教学改革,充分利用现代教育手段,在全校全面实行了基于计算机和网络的大学英语教学新模式,建立了个性化教学体系,切实提高大学生英语综合应用能力,特别是听说能力。

二、以科学发展观为指导,扎扎实实开展基本建设

2007年学校本科教学以科学发展观为指导,统筹学校规模、质量、结构和效益,使其协调发展,扎扎实实地开展教学各项基本建设。

1. 加强新专业和特色专业建设

2007年学校新增了交通工程、生物医学工程、哲学3个本科专业,全校本科专业总数达到55个,覆盖理、工、经、管、文、法、哲七个学科门类。同时,还向教育部申报2008年增设5个新专业,分别是:集成电路设计与集成系统(电信学院)、车辆工程(运载工程与力学学部)、嵌入式系统工程(软件学院)、能源与环境系统工程(能源与动力学院)、汉语言(国际文化交流学院)。

按照“强化优势、突出特色”的建设思路,全面推进专业建设。2007年,我校被教育部批准筹建国家集成电路人才培养基地。建筑学、环境工程和应用化学3个专业入选辽宁省第三批示范性专业。英语专业在教育部本科教学工作评估中被评为优秀(全国共15所)。此外,为了保证建筑学专业在2008年评估时达到优秀标准,还邀请有关专家来校进行了中期检查。

2. 努力提升主讲教师教学水平

2007年在主讲教师队伍建设方面主要做了如下工作:

一是充分发挥国家教学名师的教学引领作用,全面提升主讲教师教学水平。设立“名师讲坛”,先后邀请首届国家级教学名师、清华大学土木水利学院院长、“长江学者”袁驷教授,北京航空航天大学理学院院长李尚志教授,哈尔滨工业大学电工电子实验中心主任蔡惟铮教授来校讲学,为全校教师进行教学示范,座谈精品课程建设工作,为本科生开设讲座。此外,还组织全体大学英语教师到大连医科大学和大连民族学院

考察学习。邀请北京邮电大学、北京交通大学和教育部大学英语改革联络办公室专家作大学英语教学改革专题报告，就班型设置、授课方式、分级考试等进行指导。

二是以教学观摩和讲课竞赛为载体，促进青年教师苦练教学基本功。聘请教学质量优秀的教师担任本科教学示范教师，组织青年教师进行教学观摩与学习(114 位青年教师观摩 570 余门次课程)。与工会共同举办了青年教师讲课竞赛，2007 年青年教师讲课竞赛共有 22 名教师参加，9 名教师脱颖而出，其中获一等奖 3 名，二等奖 6 名。赛后，又组织召开了青年教师教学交流研讨会，邀请评委与所有参赛教师、各学院(系、部)的青年教师进行面对面交流，帮助青年教师分析自己的讲课优势与不足，同时把获奖教师的讲课录像和专家点评意见挂在校园网上，以便大家学习与交流，收到了非常好的效果。

三是评选教学质量优秀奖，树立教学标兵。根据《大连理工大学教学质量优秀奖评选办法》，教务处组织专家组经过一年的跟踪听课和评审，确定 15 人获 2007 年度校教学质量优秀奖，其中 5 人为青年奖。

四是积极进行教授教学岗位论证，激励教师投入教学工作。按照学校要求，教务处从本科教学基本建设工作的迫切需求出发，对学校教授教学岗位的设置进行了认真论证，并确定了教授教学岗位的评聘及考核要求。教授教学岗设置主要包括高水平教学引领岗位和高质量教学支撑岗位两类。高水平教学引领岗位主要针对本科教学的六个方面，即专业建设、课程建设、实验平台建设、国家基地建设、教学团队建设和教学名师，体现高水平和显示度，强调引领和示范作用；高质量教学支撑岗位主要面向校级基础课设置，突出校级基础课对学校本科教学的重要作用。

2007 年，我校陈廷国、李廷举、郑斯宁 3 位教授获辽宁省第三届普通高等学校教学名师奖，修志龙、王丹虹、南基洙、牟文生 4 名教师获 2007 年宝钢教育基金优秀教师奖，全燮教授入选辽宁省普通高等学校专业带头人。此外，我校还被确定为计算机基础、基础化学、基础力学、生物工程 4 个专业骨干教师培训基地，1 月 16 日至 2 月 10 日，学校圆满完成了第一期培训任务，共培训学员 249 人，受到省教育厅和各高校参训学员的一致好评。

3. 全面加强课程与教材建设

以国家、省、校三级精品课程建设为核心，加大课程建设力度，积极组织建设精品课程网络平台，建设自动录播教室，为教师全程录像，更好地建设课程网站。根据《大连理工大学优秀课程评选办法》，学校组织评选优秀课程。专家组经过一年的跟踪听课和评审，确定 12 门课程为 2007 年学校优秀课程。

2007 年，我校教师开发的多媒体课件获多项奖励。在第七届全国多媒体课件大赛中，我校有 3 件作品获一等奖；在第十一届全国多媒体教育软件大奖赛中，我校机械学院胡青泥等申报的《机械制图》获得一等奖；在辽宁省第八届教育软件大赛中，我校申报的 2 项全部获奖，其中一等奖 1 项，三等奖 1 项。此外，教务处还与校工会共同组织了 2007 年校优秀多媒体课件竞赛及立项课件鉴定工作，评选出 16 件获奖作品，其中一等奖 3 项，二等奖 5 项，三等奖 8 项；6 件作品通过鉴定。

按照《大连理工大学关于进一步加强本科教学工作的若干意见》精神，全面落实教授、副教授为本科生上课，尤其是上基础课程和核心课程。

4. 高起点高水平进行实验室建设

为优化实验教学资源，进一步加强教学实验室建设和管理，教务处对各教学实验中心(实验室)设置进行了调整，并聘任了实验中心(实验室)主任。调整后的校级实验中心为 6 个，学院(系、部)实验室共 23 个。

按照“高起点、重特色、可示范”的工作思路，以国家级、省级实验教学示范中心建设为龙头，结合近几年的实际情况，制定了实验室建设规划，并积极组织实施。除电工电子实验中心被评为第三批国家级实验教学示范中心外，生物与环境实验中心、信息技术实验中心、水力学实验中心被评为第二批省级实验教学示范中心(全省 22 个)，计算机实验教学中心、基础力学实验中心被确定为实验教学示范中心建设单位(全省 10 个)。

2007 年，我校有 4 个实验室通过了辽宁省实验室评估。生物与环境实验室、信息技术中心实验室通过辽宁省高等学校专业实验室评估；基础力学实验中心和工程水力学实验室通过辽宁省合格实验室评估。

5. 进一步加强创新教育

以国家实施大学生创新性实验计划为契机，进行校、院(系)两级创新基地建设，为学生开展科技创新活动创造良好条件，强化大学生创新意识和实践能力的培养。成立了“大学生创新性实验计划组织协调委员会”，制定了《大连理工大学大学生创新性实验计划实施办法》，组织开展了“创新性实验计划宣传周”活动，全面启动了大学生创新性实验计划，建立起在岗教授、副教授和具有博士学位的讲师指导本科生开展科研实践和科技创新的制度，目前已确定国家级项目 70 项、校级项目 130 项、学院(系、部)级项目 562 项，参加的教师为 581 人，参与的学生达 1772 名。组织开展了各级各类科技竞赛和学科竞赛，营造浓厚的校园科技创新氛围。

在 2007 年高教社杯全国大学生数学建模竞赛中，我校学生获 3 项一等奖，7 项二等奖，获奖数量在辽宁省名列第一；化工学院本科生黄剑桥获得 2007 年宝钢优秀学生特等奖；在 2007 年全国大学生英语竞赛决赛中，我校 7 名学生获特等奖，5 名学生获一等奖，学生特等奖获奖人数已连续 5 年保持全省第一。

三、以质量为核心，努力做好教学各项常规工作

按照“以学生为中心”的服务理念，以“提高本科教学质量”为根本目的，一年来，充分利用现代化管理手段，认真细致做好学籍管理、教务管理、教学运行等常规性工作，在学籍管理、课程安排、考试组织等方面做到了全年没有出现过一次教学事故，受到广大教师和学生的好评。

1. 学籍管理与教务管理高效

目前全校在籍本科生为18 950人，比 2006 年(18 408人)增加 542 人(截止 2007 年 9 月)。2007 年，教务处办理新生入籍 4698 人；办理毕业生离校 3983 人；办理学籍异动 825 人次(休学 36 人，停学 55 人，复学 71 人，延修 176 人)，退学 142 人，转专业 345 人；处理各类学业申请 300 人次；处理考试违纪学生 69 人，解除处分 115 人。发放毕业证书 3983 个，学位证书 3652 个，辅修证书 174 个，双学位证书 383 个，肄业证书 23 个，退学证明 78 份，结业证明 24 份；补办学生证 450 多个，开具在读证明 1800 余份；推荐免试攻读硕士学位研究生 684 人，其中校内 447 人，校外 237 人；发放新生学生卡 4732 张，报退毕业生学生卡 3983 张。

2. 教学运行有序

2007 年全校共安排课程 4341 门次；处理选课数据 34 万人次；转录体育、计算机基础等课程成绩 1.1 万多人次；办理调课 800 次；借用教室 3500 次；办理重修手续 700 余人门次；招收辅修学生 1000 人，双学位学生 192 人；组织全国大学英语考试(两次)共23 055人次；组织全国计算机等级考试 5366 人次；安排期末考试近 1300 场，组织二次考试 7900 人次，试卷请印 1500 余人次；组织教授讲座 146 场；审查毕业设计(论文)资格 3905 人；抽查毕业设计(论文)440 份，评选优秀毕业设计(论文)135 份；安排(调查、申报、论证、立项、采购、建设)实验室重点建设项目 20 项，建设经费 1570 多万元；安排认识实习 2944 人次，生产实习 3847 人次，其他实习(工程训练等)4401 人次。

3. 教学质量监控得力

保证教学质量从常规教学抓起，扎扎实实地开展工作，充分发挥教学系主任、教学咨询组和学生调研员三支队伍的作用，坚持对教学的各个环节严格要求，严格检查，严格处理。

2007 年学校先后组织了开学第一周的教学检查、期中教学检查和期末考试检查等大型教学检查 7 次，涉及 4123 门次课程；组织了两次试卷抽查，检查试卷 4714 份，涉及 162 位教师、158 门次课程；检查了 118 门次的实验教学课程和 1000 余份实验报告；组织巡视考场 1120 个；处理教学检查意见表 24 份，下发教学事故通知单 12 份，每学期组织专家和学生对教师课堂教学质量进行网上评价。

根据《大连理工大学 2006 年本科教学工作排序指标体系》，对各院系 2006 年本科教学工作的各项指标进行汇总和计算，确定了 2006 年院系本科教学工作排序结果，依次是：机械工程学院，化工学院，经济系，物理与光电工程学院，管理学院，材料科学与工程学院，电气工程与应用

电子技术系，电子与信息工程学院，土木水利学院，应用数学系，人文社会科学学院，环境与生命学院，工程力学系，外国语学院，船舶学院，能源与动力学院，建筑与艺术学院，有效地促进了院系教学质量的提高。

2007年各本科专业在校学生人数

学院(系)	专业名称	合计	一年级	二年级	三年级	四年级	五年级
化工学院	应用化学	228	54	60	56	58	
	应用化学(精细化工)	236	57	55	62	62	
	无机非金属材料工程	112	27	32	25	28	
	高分子材料与工程	235	59	60	51	65	
	过程装备与控制工程	404	90	90	89	135	
	化学工程与工艺	747	195	201	163	188	
	化学工程与工艺(英语强化)	297	59	57	60	59	62
	制药工程	113	28	29	27	29	
	小　计	2372	569	584	533	624	62
环境与生命学院	生物技术	110	32	25	25	28	
	环境科学	119	30	30	28	31	
	环境工程	237	61	56	58	62	
	生物工程	114	30	32	25	27	
	小　计	580	153	143	136	148	
应用数学系	数学与应用数学	360	94	85	87	94	
	信息与计算科学	351	86	82	89	94	
	小　计	711	180	167	176	188	
物理与光电工程学院	应用物理学	178	60	29	29	60	
	光信息科学与技术	253	59	62	64	68	
	电子科学与技术	211	54	62	58	37	
	小　计	642	173	153	151	165	
运载工程与力学学部	船舶与海洋工程	455	139	119	102	95	
	机械设计制造及其自动化(汽车工程)	114	28	28	31	27	
	工程力学	365	93	91	93	88	
	小　计	934	260	238	226	210	

（续表）

学院(系)	专业名称	合计	一年级	二年级	三年级	四年级	五年级
机械工程学院	机械设计制造及其自动化	783	180	199	183	221	
	机械设计制造及其自动化(日语强化)	287	49	59	64	61	54
	机械设计制造及其自动化(英语强化)	286	51	58	59	59	59
	工业设计	77	20	19	19	19	
	测控技术与仪器	118	30	30	31	27	
	物流工程	108	28	25	30	25	
	小　计	1659	358	390	386	412	113
材料科学与工程学院	材料物理	213	49	53	54	57	
	金属材料工程(日语强化)	30	30				
	金属材料工程	229	55	59	56	59	
	材料成型及控制工程	278	64	72	71	71	
	小　计	750	198	184	181	187	
能源与动力学院	热能与动力工程	735	193	182	184	176	
	小　计	735	193	182	184	176	
土木水利学院	土木工程	232	50	60	59	63	
	土木工程(英语强化)	283	58	56	56	57	56
	建筑环境与设备工程	117	31	29	29	28	
	水利水电工程	230	57	59	57	57	
	港口航道与海岸工程	243	55	56	67	65	
	工程管理	248	56	64	61	67	
	交通工程	35	35				
	小　计	1388	342	324	329	337	56
建筑与艺术学院	雕塑	49	10	10	10	10	9
	艺术设计	203	52	47	51	53	
	工业设计	71	19	14	18	20	
	建筑学	319	65	61	63	62	68
	城市规划	129	29	23	27	24	26
	小　计	771	175	155	169	169	103
电气工程与应用电子技术系	电气工程与自动化	510	124	122	133	131	
	小　计	510	124	122	133	131	

（续表）

学院(系)	专业名称	合计	一年级	二年级	三年级	四年级	五年级
电子与信息工程学院	测控技术与仪器	119	30	30	27	32	
	自动化	701	152	178	179	192	
	电子信息工程(英语强化)	289	52	52	58	63	64
	电子信息工程	516	105	112	147	152	
	电子信息工程(集成电路)	99	28	33	18	20	
	计算机科学与技术	722	184	176	177	185	
	生物医学工程	61	32	29			
	小　计	2507	583	610	606	644	64
管理学院	信息管理与信息系统	247	53	61	59	74	
	人力资源管理	62	32	30			
	物流管理	62			29	33	
	公共事业管理	60			30	30	
	小　计	431	85	91	118	137	
经济系	金融学	242	63	63	60	56	
	国际经济与贸易(英语强化)	303	55	53	59	56	80
	小　计	545	118	116	119	112	80
外国语学院	英语	301	42	36	38	185	
	日语	162	41	43	36	42	
	小　计	463	83	79	74	227	
人文社会科学学院	法学	166		56	55	55	
	汉语言文学	76		28	23	25	
	广播电视新闻学	180		58	61	61	
	公共事业管理	113		30	25	58	
	新闻传播学类	191	191				
	小　计	726	191	172	164	199	
软件学院	软件工程	1514	404	397	359	354	
	软件工程(日语强化)	862	247	247	207	161	
	网络工程	570	149	149	157	115	
	小　计	2946	800	793	723	630	
创新实验学院	创新实验班(机械类)	117	77	40			
	创新实验班(电信类)	103	63	40			
	小　计	220	140	80			
民族预科班	土建类	60	60				
	小　计	60	60				
总　计		18950	4785	4583	4408	4696	478

注：以上统计数字截止日期为 2007 年 12 月 31 日。

2007届毕业生数据

学院(系)	专业名称	本科毕业人数	本科结业人数	专科毕业人数	专科结业人数	有学位人数	无学位人数
化工学院	应用化学	63	56	54	4	2	1
	应用化学(精细化工)	59	57	57	2		
	化学工程与工艺	159	151	147	4	2	2
	化学工程与工艺(化学工艺)	4	4	4			
	化学工程与工艺(电化学)	24	20	19	3		1
	化学工程与工艺(工业催化)	15	13	13	1	1	
	化学工程与工艺(化学工程)	11	11	11			
	化学工程与工艺(英语强化)	45	45	44			
	高分子材料与工程	57	53	53	3	1	
	无机非金属材料工程	22	21	21	1		
	过程装备与控制工程	116	108	106	1	4	3
	制药工程	26	25	25	1		
	小　计	601	564	554	20	10	7
环境与生命学院	环境工程	56	52	51	2	2	
	生物工程	62	59	58	2		1
	小　计	118	111	109	4	2	1
应用数学系	数学与应用数学	94	86	80	3	4	1
	信息与计算科学	89	86	79	1	2	
	小　计	183	172	159	4	6	1
物理与光电工程学院	应用物理学	60	58	56		2	
	光信息科学与技术	63	61	60	1	1	
	电子科学与技术	27	26	24	1		
	小　计	150	145	140	2	3	
机械工程学院	测控技术与仪器	29	29	28			
	机械设计制造及其自动化	299	281	271	11	4	3
	工业设计	16	16	16			
	小　计	344	326	315	11	4	3
材料科学与工程学院	材料成型及控制工程	55	54	52	1		
	材料物理	57	56	52	1		
	金属材料工程	60	55	53	1	1	3
	小　计	172	165	157	3	1	3

（续表）

学院(系)	专业名称	本科毕业人数	本科结业人数	专科毕业人数	专科结业人数	有学位人数	无学位人数
能源与动力学院	热能与动力工程(制冷与低温)	19	17	15	2		
	热能与动力工程(内燃机)	67	61	59	3	2	1
	热能与动力工程(热力涡轮机)	31	30	29	1		
	热能与动力工程(热能工程)	34	33	30		1	
	机械设计制造及其自动化	32	32	31			
	小　计	183	173	164	6	3	1
运载工程与力学学部	工程力学	81	78	78	1	1	1
	船舶与海洋工程	82	78	76	1	2	1
	小　计	163	156	154	2	3	2
土木水利学院	土木工程	69	65	60		3	1
	工程管理	62	58	56	4		
	建筑环境与设备工程	35	33	32	2		
	水利水电工程	60	59	56	1		
	港口航道与海岸工程	57	56	52	1		
	小　计	283	271	256	8	3	1
建筑与艺术学院	建筑学	64	64	64			
	工业设计	16	16	15			
	艺术设计(环境艺术设计)	33	32	32	1		
	小　计	113	112	111	1		
电子与信息工程学院	自动化	183	176	170	3	1	3
	测控技术与仪器	31	30	30		1	
	电子信息工程(英语强化)	46	44	43		1	1
	电子信息工程	177	174	171	1	2	
	计算机科学与技术	162	150	145	8	4	
	小　计	599	574	559	12	9	4
电气工程与应用电子技术系	电气工程与自动化	125	123	117	1	1	
	小　计	125	123	117	1	1	
经济系	国际经济与贸易(英语强化)	57	57	56			
	金融学	29	28	28	1		
	小　计	86	85	84	1		

（续表）

学院(系)	专业名称	本科毕业人数	本科结业人数	专科毕业人数	专科结业人数	有学位人数	无学位人数
管理学院	公共事业管理	33	33	33			
	信息管理与信息系统	64	63	63		1	
	物流管理	32	32	32			
	小　计	129	128	128		1	
外国语学院	日语	32	30	29	2		
	英语	75	72	72	2		1
	小　计	107	102	101	4		1
人文社会科学学院	汉语言文学	31	31	30			
	法学	58	58	58			
	广播电视新闻学	64	64	64			
	公共事业管理	53	51	51	1		1
	小　计	206	204	203	1		1
软件学院	软件工程	337	331	325	5		1
	软件工程(日语强化)	46	46	45			
	小　计	383	377	370	5		1
第二学士学位专业	市场营销	38	38	38			
	小　计	38	38	38			
总　计		3983	3826	3719	85	46	26

2007 年师资队伍建设情况

序号	类　别	教师姓名
1	2007 年国家级教学团队	化学系列课程教学团队
2	2007 年辽宁省教学名师奖获得者	陈廷国　李廷举　郑斯宁
3	2007 年学校礼聘教授	李盘林　关慧贞　金　镝
4	2007 年宝钢教育基金优秀教师奖	修志龙　南基洙　王丹虹　牟文生
5	2007 年学校教学质量优秀奖	王殿龙　梁延德　王　兢　姜文凤　张守臣　金正国　金光日　李筱平　宋向群　刘蕴红　丁永健　刘　娜　杨　君　胡　涛　韩兰灵

2007 年学校优秀教学成果奖获奖项目

获奖等级	学院(系)	获奖人员	成果名称
一等奖（4 项）	软件学院	沈宏书等	面向工程的软件人才培养体系的创新与实践
	管理学院	苏敬勤等	“中国管理案例共享中心”的建设
	化工学院	王新平等	物理化学及实验教学体系的立体化改革与建设
	土木水利学院	刘亚坤等	工程水力学实验教学示范中心建设的探索与实践
二等奖（6 项）	经济系	原毅军等	理工科大学经济类本科专业课程体系综合改革与实践
	计算机基础教研室	朱鸣华等	C 语言程序设计教程
	化工学院	刘志广等	突出特色多层次的仪器分析系列教材建设
	电子与信息工程学院	马洪连等	以嵌入式实践班培养高素质、拔尖创新人才的探索与实践
	化工学院	于丽梅等	有机化学网络教学平台与资源建设及其应用实践
	机械工程学院	关慧贞等	机械制造装备设计课程的教学改革与实践
三等奖（8 项）	人文社会科学学院	费艳颖等	提高民商法类核心课程教育教学实效性的探索与实践
	外国语学院	王义静等	编写多层次教材提高大学生英语阅读能力——新思路大学英语阅读教程
	土木水利学院	宋向群等	港口水工建筑物核心课程体系教学模式创新与实践
	化工学院	喻建良等	过程装备与控制工程专业生产实习教学模式改革
	土木水利学院	许士国等	适应社会需求的水利类新型人才培养的探索与实践
	管理学院	裘江南等	信息管理和信息系统专业学生创新实践教学体系
	计算机基础教研室	李大奎等	计算机硬件技术基础课程无纸化考试系统
	外国语学院	李秀英等	大学生跨文化交际能力培养与中国文化(英文)教学

2007 年课程建设情况

课程类别	课程名称	课程负责人	所在学院(系)
国家精品课程	化工设备机械基础	李志义	化工学院
	画法几何及工程制图	王殿龙	机械工程学院
国家双语教学示范课程	有机化学及实验	王　梅	化工学院
辽宁省精品课程	画法几何及工程制图	王殿龙	机械工程学院
	工程力学	姜　峰	土木水利学院
	生物化学	修志龙	环境与生命学院
	大学体育	田爱华	体育教学部
	经济学原理	原毅军	经济系
	马克思主义哲学原理	洪晓楠	人文社会科学学院

（续表）

课程类别	课 程 名 称	课程负责人	所在学院(系)
学校优秀课程	人力资源管理	李明斐	管理学院
	大学体育	田爱华	体育教学部
	高等代数与几何学	冯　红	应用数学系
	线性代数	邱瑞锋	应用数学系
	化工热力学	陈嘉宾	化工学院
	综合英语	刘艾云	外国语学院
	C语言程序设计	朱鸣华	计算机基础教研室
	工程训练	梁延德	机械学院
	马克思主义哲学原理	洪晓楠	人文社会科学学院
	数字电路与系统	王　兢	电子与信息学院
	计算机原理	仲崇权	电子与信息学院
	电路理论	董维杰	电子与信息学院
	基础日语	李筱平	外国语学院
	画法几何及工程制图	王子茹	土木水利学院
	工程力学	姜　峰	土木水利学院
	基础化学实验	孟长功	化工学院

2007年各学院(系、部)出版教材目录

序号	教 材 名 称	主　编	学院(系)	出　版　社	备　　注
1	嵌入式操作系统原理及应用开发	吴国伟 毕　玲 陈　庆	软件学院	北京航空航天大学出版社	普通高等教育“十一五”国家级规划教材
2	稳态流体管网理论	王树刚 孙多斌	土木水利学院	煤炭工业出版社	
3	建筑力学	梁圣复	建筑与艺术学院	机械工业出版社	21世纪高等学校课程改革教材
4	建筑力学(第二版)	梁圣复	建筑与艺术学院	机械工业出版社	普通高等教育“十一五”国家级规划教材 21世纪高职高专规划教材(土建类)
5	最优化方法	施光燕 钱伟懿 庞丽萍	应用数学系	高等教育出版社	普通高等教育“十一五”国家级规划教材
6	石化装置寿命预测与失效分析工程实例	谭　毅 王　来 赵　杰	材料科学与工程学院	化学工业出版社	高等学校理工科规划教材
7	现代控制理论	王金城	电子与信息工程学院	化学工业出版社	普通高等教育“十一五”国家级规划教材

（续表）

序号	教材名称	主　编	学院(系)	出　版　社	备　　注
8	电路分析	董维杰 白凤仙	电子与信息工程学院	科学出版社	普通高等教育“十一五”规划教材
9	现代检测与控制技术	张志君 于海晨 宋　彤	电子与信息工程学院	化学工业出版社	高等学校规划教材
10	机械制造装备设计(第二版)	冯辛安	机械工程学院	机械工业出版社	普通高等教育“十五”国家级规划教材，荣获2002年全国普通高等学校优秀教材二等奖
11	机械制造工艺学	王先逵 贾云福	机械工程学院	高等教育出版社	普通高等教育“十五”国家级规划教材
12	C语言程序设计教程	朱鸣华 刘旭麟 杨　微	计算机基础教研室	机械工业出版社	普通高等教育“十五”国家级规划教材
13	化工装置技术	王立业	化工学院	大连理工大学出版社	高等学校理工科规划教材
14	生命科学与工程概论	高晓蓉 李文利	环境与生命学院	化学工业出版社	
15	物理化学(机械热加工及金属材料专用，第三版)	程兰征 章燕豪	化工学院	上海科学技术出版社	
16	物理化学简明教程	傅玉普 王新平	化工学院	大连理工大学出版社	普通高等教育“十一五”国家级规划教材国家工科基础化学课程教学基地规划教材，高等学校理工科化学化工类规划教材
17	财务报告分析	薛　光 李延喜 刘艳萍	管理学院	大连理工大学出版社	高等院校财务与会计系列教材
18	音乐文化与音乐人生	沈致隆 齐东海		北京大学出版社	普通高校人文素质教育通用教材
19	电视专题与电视栏目	郑保章	人文社会科学学院	中国广播电视出版社	高等院校电视新闻传播系列教材
20	英语1(第二版)	孔庆炎	外国语学院	高等教育出版社	普通高等教育“十一五”国家级规划教材
21	英语学习辅导书1(第二版)	孔庆炎	外国语学院	高等教育出版社	普通高等教育“十一五”国家级规划教材
22	英语教师参考书1(第二版)	孔庆炎	外国语学院	高等教育出版社	普通高等教育“十一五”国家级规划教材
23	英语2(第二版)	孔庆炎	外国语学院	高等教育出版社	普通高等教育“十一五”国家级规划教材
24	英语学习辅导书2(第二版)	孔庆炎	外国语学院	高等教育出版社	普通高等教育“十一五”国家级规划教材
25	英语教师参考书2(第二版)	孔庆炎	外国语学院	高等教育出版社	普通高等教育“十一五”国家级规划教材

（续表）

序号	教材名称	主编	学院(系)	出版社	备注
26	英语3(第二版)	孔庆炎	外国语学院	高等教育出版社	普通高等教育“十一五”国家级规划教材
27	英语学习辅导书3(第二版)	孔庆炎	外国语学院	高等教育出版社	普通高等教育“十一五”国家级规划教材
28	英语教师参考书3(第二版)	孔庆炎	外国语学院	高等教育出版社	普通高等教育“十一五”国家级规划教材
29	英语4(第二版)	孔庆炎	外国语学院	高等教育出版社	全国成人高等教育规划教材
30	英语学习辅导书4(第二版)	孔庆炎	外国语学院	高等教育出版社	全国成人高等教育规划教材
31	英语教师参考书4(第二版)	孔庆炎	外国语学院	高等教育出版社	全国成人高等教育规划教材
32	生产工程基础	李剑中	机械工程学院	高等教育出版社	21世纪机械类课程系列教材
33	微型计算机原理与应用	杨有君 史志才	机械工程学院	机械工业出版社	普通高等教育“十一五”国家级规划教材
34	电视专题与电视栏目	郑保章	人文社会科学学院	中国广播电视出版社	高等院校广播电视新闻传播系列教材
35	近代物理实验	姜东光	物理与光电学院	科学出版社	21世纪高等院校教材
36	大学物理实验	余　虹	物理与光电学院	科学出版社	21世纪高等院校教材
37	“马克思主义基本原理概论”课教学案例解析	洪晓楠 杨慧民	人文社会科学学院	高等教育出版社	
38	无机化学基础教程	牟文生 于永鲜 周　硼	化工学院	大连理工大学出版社	高等学校理工科化学化工类规划教材
39	过程机械(上册)过程容器及设备	李志义 喻健良 刘志军	化工学院	化学工业出版社	普通高等教育“十一五”国家级规划教材
40	过程机械(下册)过程机械	刘志军 李志义 喻健良	化工学院	化学工业出版社	普通高等教育“十一五”国家级规划教材
41	粉体力学与工程(第二版)	谢洪勇 刘志军	化工学院	化学工业出版社	普通高等教育“十一五”国家级规划教材
42	电机与拖动(第二版)	唐　介	电气系	高等教育出版社	普通高等教育“十一五”国家级规划教材
43	学习辅导与习题解答	唐　介	电气系	高等教育出版社	普通高等教育“十一五”国家级规划教材配套参考书
44	管理运筹学	韩大卫	管理学院	大连理工大学出版社 大连理工大学电子音像出版社	

2007年教学实验中心(实验室)名录

实验中心(实验室)名称	主　任	所在单位
基础化学实验中心	孟长功	校级实验中心
基础物理实验中心	余　虹	
基础力学实验中心	吴承伟	
电工电子实验中心	金明录	
工程训练中心	梁延德	
计算中心	李英壮	
化工原理实验室	匡国柱	化工学院
化学工程与工艺实验室	赵宗昌	
精细化工与制药工程实验室	修景海	
高分子材料实验室	张春庆	
过程装备与控制工程实验室	邹久朋	
材料化工实验室	周　颖	
管理学院实验室	王　勇	管理学院
生物与环境实验室	修志龙	环境与生命学院
建筑与艺术综合实验室	王时原	建筑与艺术学院
土木水利专业中心实验室	李宏男	土木水利学院
土木水利基础中心实验室	姜　峰	
力学中心实验室	郭杏林	工程力学系
应用数学系计算机室	曹后伟	应用数学系
语音实验室	辛振友	外国语学院
热动力实验室	陈　石	能源与动力学院
内燃机实验室	孙培岩	
船舶中心实验室	宗　智	船舶系
电气工程与应用电子技术系实验室	庄　海	电气与应用电子技术系
机械工程中心实验室	梁延德	机械工程学院
机械基础实验室	王德伦	
材料中心实验室	季守华	材料科学与工程学院
信息技术中心实验室	郭成安	电子与信息工程学院
物理与光电中心实验室	孙长森	物理与光电工程学院

教学实践基地[①]

2007年度人才培养模式创新实验区

项目名称	负责人
基于"知识与信息管理"平台的管理类人才培养模式创新实验区	王众托
大学生文化素质教育人才培养模式创新实验区	卢中昌
本-硕-博贯通的工程科学型人才培养模式创新实验区	李志义　邹积岩
产学研紧密衔接的工程开发与创业型人才培养模式创新实验区	沈宏书　王金城
强化创新实践的工程创新拔尖人才培养模式创新实验区	朱　泓　冯　林
工程复合与交叉型人才培养模式创新实验区	全　燮　刘志军
面向工程的机械大类人才培养模式创新实验区	贾振元
面向工程的电信大类人才培养模式创新实验区	殷福亮
面向工程的土木水利大类人才培养模式创新实验区	李宏男
面向工程的化工大类人才培养模式创新实验区	曲景平

2007年度实验教学示范中心建设项目

实验中心名称	负责人
电工电子实验教学示范中心	金明录　李建华

2007年度高等学校特色专业建设点

项目编号	专业名称	负责人	备注
TS2119/TS2120	软件工程(设2个专业方向)	王秀坤	第一批
TS2121	集成电路设计与集成系统	唐祯安	第一批
TS2122	水利水电工程	周　晶	第一批
TS10134	机械设计制造及其自动化	王殿龙	第二批
TS10135	电子信息工程	金明录	第二批
TS10136	建筑学	孔宇航	第二批
TS10137	土木工程	姜　峰	第二批
TS1Z025	信息与计算科学	于　波	第二批,自筹经费
TS1Z026	应用物理学	刘金远	第二批,自筹经费

① "质量工程"建设项目(教育部、中国工程院工程教育改革集成项目)

2007年度高等学校特色专业建设点(项目名称)

序号	项 目 名 称	指导教师	负责人	院 系
1	复合半导体光催化剂 SeO_2/TiO_2 的制备与应用	殷德宏	陈 悦	化工学院
2	VSEP膜装置振动剪切力的过程强化原理分析及设计	刘志军	朱燕婷	化工学院
3	食品的非加热灭菌过程	李志义	李 丹	化工学院
4	气体压力交换制冷机的研究	胡大鹏	杨 磊	化工学院
5	天然类黄酮水溶性衍生物的合成优化	王世盛	李 静	化工学院
6	稀土金属掺杂硅酸盐长余辉发光材料的合成和性能研究	宁桂玲	李 夏	化工学院
7	铌酸锂空心球粉体的制备及性能研究	薛冬峰	陈昆峰	化工学院
8	精馏系统的优化	张述伟	赵 辉	化工学院
9	手性胺为模板剂合成手性中孔材料	郭新闻	张萌萌	化工学院
10	聚醚叔胺的合成与应用	蒋景阳	伍俊文	化工学院
11	虚拟现实在工程实训中的应用技术研究－化工原理(下)	刘志广	杨倩倩	化工学院
12	有机酸体系下无机晶体材料的合成	孟长功 刘瑞斌	孟 斌	化工学院
13	三溴代环十二烷的合成	高占先	陈月娥	化工学院
14	中国人面子观念对消费的影响	董大海	刁丽莎	管理学院
15	基于应急案例的推理技术研究	仲秋雁	付 饶	管理学院
16	Monte carlo近似法在金融优化中的作用	庞丽萍	马雪飞	应用数学系
17	格路径等组合序列的研究	邓玉平	潭 宇	应用数学系
18	新型光纤器件及其应用创新	关柏鸥	杨天罡	物理与光电工程学院
19	稳态等离子体推进器特性的粒子模拟研究	刘金远	庞 厂	物理与光电工程学院
20	制图课堂教学用新型综合教具	王殿龙	张学桐	机械学院
21	电火花微小孔加工放电状态检测与控制	贾振元	马 越	机械学院
22	城市路边垃圾筒自动换袋机械手	梁延德	鲍 岩	机械学院
23	高度自动调节书架	屈福政	李仁冰	机械学院
24	管道相贯线切割机	王德伦	刘 冬	机械学院
25	智能机器人视觉云台的设计	褚金奎	张延超	机械学院
26	利用超塑成形技术制造高性能纳米复相陶瓷拉丝模	陈国清	姜 涛	材料学院
27	基于人工智能方法的二维碎片重组方法研究	姚 山	杨 通	材料学院
28	材料可靠性评估及寿命预测技术的公共平台资源建设	赵 杰	吕袭蒙	材料学院
29	45钢表面硅电极电火花加工过程中组织性能变化研究	张维平	唐东旭	材料学院
30	氢能内燃机的初步设计与改进	苏庆运	陈 鑫	能源与动力学院

(续表)

序号	项目名称	指导教师	负责人	院　系
31	海水横管降膜蒸发单管蒸发换热系数实验研究	沈胜强	姜东岳	能源与动力学院
32	10到100安培连续可调大功率恒流源研制	刘华毅	李　超	电子与信息学院
33	具有参数整定功能的温度控制器	仲崇权	路　超	电子与信息学院
34	带容量统计的锂电池平充方法及充电器研究	蒋国平	曹　明	电子与信息学院
35	基于语义理解和领域本体的手机搜索技术	林鸿飞	葛新伟	电子与信息学院
36	嵌入式移动物体检测系统	马洪连 丁　男	王云中	电子与信息学院
37	Ajax技术在网络信息管理平台中的应用	韩　敏	吕　飞	电子与信息学院
38	移动自组织网络通信平台的研究与实现	王洪玉	周伯慧	电子与信息学院
39	基于超声图像的肝癌射频治疗后监测与评价方法的研究	邱天爽	肖新华	电子与信息学院
40	离心压缩机防喘振控制系统研究与设计	邵　诚	兰东升	电子与信息学院
41	桥梁结构健康监测的数据建模与分析	欧进萍	李宾宾	土木水利学院
42	智能空气污染物采集器的研制与测试	张腾飞	房天宇	土木水利学院
43	非均匀环境中的人体热感觉研究	端木琳 李祥立	刘　畅	土木水利学院
44	小波分析在极地海冰研究中的应用	李志军	宋铁充	土木水利学院
45	网络远程智能教学系统研究与应用	姜　峰	金　钊	土木水利学院
46	水利枢纽工程量自动计算方法与软件开发	李俊杰	閆福根	土木水利学院
47	结构容错控制的试验研究	李宏男	杨昌民	土木水利学院
48	高桩码头水平集中力的横向分配系数研究	陈廷国	杨昌民	土木水利学院
49	深海漂浮式钻井平台结构稳定性研究	滕　斌	常　颖	土木水利学院
50	非线性有机建筑设计策略与方法研究——非线性建筑理论的案例分析研究	孔宇航等	刘瑞平	建筑与艺术学院
51	住户生活空间POE研究	陆　伟	顾宗超	建筑与艺术学院
52	可持续开放住宅成长型模式	范　悦	张竟博	建筑与艺术学院
53	电视传媒对弱势群体的偏见研究	洪晓楠	孙爱民	人文社会科学学院
54	中国电视娱乐节目的发展趋势与改革的几点思考	魏晓文	刘　芳	人文社会科学学院
55	纳秒级功率脉冲发生器原理及应用	陈希有	齐　琛	电气系
56	无线控制红外光栅报警系统	盛贤君	赵　佳	电气系
57	重吸收干预作用对PFOS体外排出和体内分布的影响	金一和	吴丽华	环境与生命学院
58	SUMO化修饰蛋白的功能研究	伍会健	刘宇博	环境与生命学院
59	环化a一胸腺素原位合成研究	包永明 王静云	何静娜	环境与生命学院
60	内分泌干扰物多介质的环境行为	全　燮	苏景扬	环境与生命学院

（续表）

序号	项 目 名 称	指导教师	负责人	院　系
61	制造业的服务外包模式与生产性服务业发展研究	原毅军	熊　珊	经济系
62	昆虫生物力学及其生物材料结构奥秘	吴承伟	邵祝涛	运载学部
63	船体大舱室内部舱壁喷涂平台及设备设计研究	刘玉君	陈一新	运载学部
64	汽车 ABS 系统的力学模拟设计	王　健	张　刚	运载学部
65	在断裂力学中的灰度理论及其应用	陈浩然 任明法	李　桐	运载学部
66	校园无线融合网络的搭建	陈志奎	袁雨婷	软件学院
67	P2P-FLV 视频点播系统	李明楚	路　佳	软件学院
68	三位建模中的压缩链码设计	郭　禾	李蕴博	软件学院
69	高维时间序列数据表示形式的研究	冯　林	周利娟	创新学院
70	基于 Penna 模型的意见传播动态模型	贺明峰	张晓丹	创新学院

2007 届毕业生各学院(系)推荐及报考研究生情况

学院(系)	毕业生数	推荐本校研究生	考取本校研究生	推荐外校研究生	考取外校研究生	合计读研人数
化工学院	601	52	43	35	14	144
应用数学系	183	21	15	11	6	53
物理与光电学院	150	17	44	14	4	79
机械工程学院	344	29	55	23	34	141
材料科学与工程学院	172	18	28	9	20	75
能源与动力学院	183	16	17	12	8	53
运载工程与力学学部	163	24	20	15	10	69
土木水利学院	283	24	15	19	4	62
电子与信息工程学院	599	66	56	39	23	184
电气与应用电子技术系	125	13	6	6	4	29
管理学院	129	16	6	8	8	38
外国语学院	107	13	1	6	3	23
人文社会科学学院	206	25	26	8	4	63
建筑与艺术学院	113	13	16	6	5	40
环境与生命学院	118	14	30	6	9	59
软件学院	383	34	3	20	6	63
经济系	86	11	3	4	5	23
合　计	3945	406	384	241	167	1198

研 究 生 教 育

研究生培养总体情况

截止至2007年12月底，大连理工大学共有18个一级学科博士点，108个二级学科博士点，148个硕士点以及工商管理硕士(MBA，含高级工商管理硕士EMBA)、公共管理硕士(MPA)、建筑学和工程硕士4个专业学位点的学位授予权以及高校教师在职攻读硕士学位授予权。全校共有博士生指导教师365人，硕士生指导教师1147人。各类在校研究生共15002人，其中博士生3115人，硕士生7643人，专业学位研究生4332人。

研究生教学管理工作

2007年，研究生培养办公室围绕学校和研究生院中心工作，以提高研究生培养质量和创新能力为目标，加强管理的科学化、规范化建设，积极创新，重点做了以下几方面工作。

一、加强研究生教学改革研究和培养过程管理，努力提高研究生培养质量

1. 全面修订硕士研究生培养方案，优化硕士研究生课程体系

培养办以硕士研究生培养方案修订为契机，在突出学科特色，加强学科交叉和知识渗透，拓宽研究生培养口径等方面，通过项目立项、中期汇报、走访各个院系，与院系积极沟通，以建立科学、具体的硕士生培养目标，规范学科研究方向，优化课程体系。此次培养方案修订又新增了本学科研究生在读期间必读和选读的主要经典著作、学科前沿著作，开设其学科、专业科学研究方法论方面的课程或专题讲座，注重加强研究生基础理论课程设置，加大研究生的实验课程的投入力度，增加前沿课程和学科交叉课程，淘汰内容陈旧、层次偏低的课程，整合内容相近的课程，从而逐步构建起科学合理并富有我校特色的研究生课程体系。同时，为加强培养方案在研究生制定培养计划过程中的指导作用，我们又在研究生院主页上增加了此次修订后的培养方案的内容，将课程安排录入到研究生管理信息系统中，保证07级硕士研究生培养计划制定；将修订后的培养方案汇编印刷，发放到各院系。

2. 加强教学研究，加大研究生教改基金的支持和管理力度，启动了硕士生精品课程建设工作

2007年，研究生院将教改基金的支持方向重点放在研究生教材建设上，力争通过教改基金支持，出版一批有影响的研究生特色课教材，重点培育可获得教育部“研究生教学用书”的教材。在各院系及相关教师的积极参与下，2007年研究生教改基金共受理资助申请20项，经专家评审，有15项被确定为本年度资助项目。同时，培养办对2001年以来资助过的教改基金项目进行了认真的整理，对资金使用情况和结题情况进行了分析，对存在的问题与各个院系及项目负责人积极沟通，以保证教改基金最大限度地发挥作用。

为深入推进我校研究生培养创新工程建设，推动研究生教学改革，提高研究生培养质量，今年研究生院又出台了《大连理工大学研究生精品课程建设实施办法(暂行)》，首次启动了研究生精品课程建设，力争建成一批反映学科发展前沿和教学改革成果的系列研究生精品课程，全面提升我校研究生教育的质量和水平。在各院系及相关教师的积极参与下，共受理申报19项，经过专家评审，有10项被确定为本年的精品课程资助项目。

3. 加强研究生培养过程管理，重点加强了课程、考试、试卷等环节的检查

研究生院充分发挥硕士研究生督导在硕士生培养全过程中的监督、指导作用，安排督导组成员深入到各个院系的研究生课堂，对教师的授课、学生的反应进行检查，研究生院根据督导组反馈的意见，及时对擅自停课、调课的问题进行了处理。为加强研究生考试建设，期末考试阶段，督导组又走入各个考场，对研究生考试情况进行检查，并对一些院系的试卷情况进行了抽查。

4. 积极参与研究生创新计划项目，提高研究生创新能力

为进一步拓宽博士研究生的学术视野，激发博士研究生的学术热情，促进研究生创新能力的培养，经省教育厅批准，11 月份，我校承办了 2007 年东北三省化工、化学学科博士生学术论坛工作。培养办具体负责会议邀请、论文投稿整理、论文录用通知暨论坛参会通知、《论文摘要集》编印，全文光盘制作等工作。通过各部门积极有效的工作，此次论坛取得了圆满的效果。

为进一步促进优质教育资源共享，全面提高研究生培养质量，今年，省教育厅又启动了博士生访学项目。培养办也认真组织此项工作，有 3 名博士生申请了该项目。

5. 积极做好优秀硕士研究生提前选拔博士生工作，为学校提供优秀博士生生源

2007 年，培养办共对 123 名 2005 级和 119 名 2006 级的优秀硕士研究生的提前攻读博士学位和硕博连读申请进行审核。从前期的报名通知，到后期的资格审查、成绩核对和与导师沟通等工作中，坚持原则，严格标准，保证了一批成绩优秀、具有较强的科研能力、有培养前途的硕士研究生提前进入博士研究生阶段。

二、加强研究生学籍管理

为加强研究生学籍管理，2007 年，培养办重点对 1998 年以来超过最长学习年限仍没答辩的硕士生、博士生进行了学籍处理。根据统计的情况，培养办向各院系下发了“关于超过最长学制硕士研究生有关问题的通知”，决定对超期研究生限期毕业，到期不能毕业将按规定予以取消学籍。根据确认结果，2007 年我们分三批取消了 13 名博士生、48 名硕士生的学籍，取消了 2 名博士生、20 名硕士生的入学资格，对 45 名硕士生做出了限期毕业的要求。

三、加强研究生创新中心建设

为发挥研究生创新中心的学术交流和交叉学科孵化基地的作用，同时增强创新中心的吸引力和影响力，我们重点加强了创新中心进驻团队的管理和考核工作。通过制定创新中心日常管理规章制度和考核机制，聘用研究生参与创新中心日常管理，加强日常检查等措施，提高了创新中心的使用效率和效果。同时，为促进研究生院创新中心内部各个主题创新组之间的学术交流，培养研究生的创新意识和创新精神，搭建资源共享平台，创新中心举办了中期学术报告会，各主题组分三次就各自的研究内容举办了主题报告，效果较好。

此外，研究生院启动了 2007～2009 年度研究生创新中心主题申报工作。本次申报重点支持的主题围绕生命与健康、能源与资源等主题。经项目申报，专家评审，确定了三个主题创新组进驻研究生创新中心。

四、积极做好高水平大学公派研究生项目

2007 年 11 月，国家留学基金委启动了 2008 年国家高水平大学公派研究生项目。为做好今年的公派留学工作，培养办与国际合作与交流处积极配合，制定了“2008 年国家公派出国留学研究生选派项目工作计划”、下发了“关于做好 2008 年国家公派研究生选派工作的通知”，制作了“公派留学研究生项目申请表”等材料。为使师生了解该项目，我们召开了 2008 年国家公派留学动员会，邀请到国家留学基金委主任和其他工作人员，对国家公派研究生项目的各项政策、规定进行讲解。同时，我们利用校园网、研究生院主页、校内 BBS、新闻网等进行全方位的政策宣传动员，建立了学校公派留学的 QQ 群、博客，编写了“大连理工大学国家建设高水平大学公派研究生项目 FAQ”，使关注此项工作的师生能在第一时间了解并咨询政策。

2007年研究生教改基金资助项目名单

批准号	所在院系	项目名称	负责人	资助金额/万元
JG0701	应用数学系	《数值方法基础》工科教材	张宏伟	1
JG0702	人文社会科学学院	《当代西方社会思潮及其影响》教材	洪晓楠	1.5
JG0703	经济系	《企业跨国经营战略》教材	原毅军	1.5
JG0704	应用数学系	《泛函分析》教材	卢玉峰	1.5
JG0705	外国语学院	《任务驱动型研究生公共英语》教材	王慧莉	1
JG0706	外国语学院	《研究生俄语口语》教材	宋艳伟	1
JG0707	管理学院	《技术管理》教材及系列案例开发	张米尔	1.5
JG0708	运载学部	《多体系统动力学》教材	齐朝晖	1.5
JG0709	能源与动力学院	《燃烧学》译著	苏庆运	1
JG0710	人文社会科学学院	思想政治教育接受学研究及教材	戴艳军	1.5
JG0711	经济系	《证券投资与行为金融》教材	黄飞雪	1.5
JG0712	土木水利学院	《岩土工程试验技术》试验课程基础建设	郭　莹	1
JG0713	经济系	《宏观经济理论与政策》教材	任曙明	1.5
JG0714	软件学院	《嵌入式系统原理与设计》教材	吴国伟	1.5
JG0715	管理学院	电子商务实验课程及其实验平台构建研究	王旭坪	1

2007年研究生精品课程资助项目名单

批准号	所在院系	负责人	课程名称	课程性质	资助金额/万元
JP07001	材料学院	周文龙	材料加工理论	专业基础课	1
JP07002	化工学院	郝　策	量子化学	专业基础课	1
JP07003	化工学院	刘天庆	化工传递	专业基础课	1
JP07004	化工学院	辛　剑	高等无机化学	专业基础课	1
JP07005	化工学院	张　华	现代分析化学技术	专业基础课	1
JP07006	人文社会科学学院	王　前	马克思主义理论	公共基础课	1
JP07007	环境与生命学院	包永明	高等生物化学	专业基础课	1
JP07008	应用数学系	张宏伟	矩阵与数值分析	公共基础课	1
JP07009	外国语学院	王慧莉	研究生公共英语	公共基础课	1
JP07010	物理与光电学院	庄　娟	近代物理实验	公共基础课	1

2007年进驻研究生创新中心主题创新组名单

主题创新组名称	负责人
车身结构概念设计的新方法	胡　平
天然气水合物开采技术研究	宋永臣
雨洪资源利用的风险与效益评估技术研究	许士国

研究生教育管理工作

2007年,大连理工大学党委学生工作部、研究生教育管理办公室本着以邓小平理论和“三个代表”重要思想为指导,坚持“巩固成果、深化改革、提高质量、持续发展”的方针,深入贯彻和落实十七大精神,以改革为动力,以创新求发展,解放思想、把握机遇、求真务实、开拓创新,围绕学校总体发展战略和研究生院的具体工作规划,以“985工程”和“211工程”建设为重点,继续深化研究生教育管理工作,为我校建设国际知名的高水平研究型大学做贡献。

结合管理办的工作职能,我们围绕研究生政治思想教育工作、研究生管理队伍和组织建设,努力拓展新形势下研究生思想政治教育的有效途径。

一、研究生政治思想教育工作

1. 加强研究生党建工作

作为研究生思想教育的重要环节,学校加强了研究生的党建工作,成立了党委学生工作部和各院、系党总支一起领导、协调和管理研究生党支部的工作,增强研究生基层党支部的凝聚力和战斗力,充分发挥研究生党员的先锋模范作用,鼓舞和感染周围的研究生同学,使广大研究生真正感受到中国共产党的先进性和正确性,进而自觉学习党的理论,党的路线、方针和政策。同时,院系党总支和研究生工作助理非常注重加强对研究生入党积极分子、学生骨干的培养教育。每学期都将思想素质好、学习业务精、工作能力强、有入党志愿的研究生同学送入学校统一组织的入党积极分子培训班学习,使其接受一次系统的理论教育。在加强培养教育的同时,严格研究生党支部的组织活动。要求每学期各研究生党支部都要定期召开组织生活会,深化对研究生党员的教育、管理和监督。

2. 充分发挥研究生导师在研究生思想政治教育工作中的作用

研究生导师是研究生思想教育工作的一支不可忽视的重要力量。导师在研究生的培养中起着不可替代的作用。他们对研究生的培养具有权威性,也具有责任上的直接性和言行上的感染性。他们在研究生心目中一般来说具有很高的威信,他们的政治思想观点、道德品质、学识学风对研究生的为人、为学都会产生潜移默化的影响。因此,我们要求导师在传授科学知识的同时,还必须做好表率,用对待党的路线、方针、政策的坚定信念,对待学术问题的科学态度,对待教学科研工作的敬业意识,以及同事之间的协作精神教育、影响广大研究生,充分发挥“为人师表、教书育人”的作用。

二、研究生管理队伍和组织建设

1. 研究生工作助理队伍建设

为加大研究生教育管理的力度,进一步健全和完善研究生工作助理队伍和组织建设,研究生教育管理办公室对各院系研究生工作助理实行考核制度,学期初制定工作计划并上报,学期末考核工作计划实施情况,绩优奖励、绩劣处罚,研究生工作助理严格履行《大连理工大学研究生工作助理条例》所赋予的职责。经过年度考核、院系推荐和民主评选,最终有10人荣获了“大连理工大学优秀学生工作者"称号,其中有6人荣获了"大连市优秀学生思想政治教育工作者"称号,1人荣获"大连市优秀学生思想政治教育领导干部"称号。同时,研究生院积极推进院系研究生管理队伍的建设,现已有化工学院、土木水利学院、电子与信息学院、运载工程与力学学部、机械学院、管理学院等6个院系设置了专门的研究生管理办公室,其中化工学院、土木水利学院、电子与信息学院设置了专职人员负责研究生管理工作。

2. 研究生工作助管队伍建设

由于各院系承担研究生工作助理职务的教师,绝大部分都是各院系的兼职教师,他们既要承担研究生管理工作,又要承担教学科研任务,工作压力较大。为了支持和配合研究生工作助理的工作,做好各院系的研究生管理工作,同意各院系根据本院系的性质、研究生数量和发展规模设置一定数量的研究生工作助管来协助工作助理的工作,要求对研究生工作助管实行资格申请、管理办审批、年度考核的管理程序,切实落实研究生工作助管的岗位职责,真正促进各院系的研究生管理工作的开展。

本学期,经过面试和评选,有18名研究生工作助管走上工作岗位。

三、努力拓展新形势下研究生思想政治教育的有效途径

1. 坚持政治理论与社会实践相结合原则,深入开展社会实践活动

因为研究生独立性较强,具有较强的观察和判断是非的能力,对社会问题的理解较为深刻,所以我们在工作中尽可能地创造研究生接触社会、了解社会的机会,让研究生走出校园,在社会实践中加强思想教育工作。首先,利用寒暑假组织研究生参加社会实践活动,组织一批社会实践队伍,让他们利用假期时间深入农村和工厂,把所学的知识和技术带给农村、工厂,促进当地技术提高、经济发展,更主要的是让广大研究生深入了解改革开放以来祖国日新月异的变化,感受社会主义制度的优越性,激发研究生的爱国热情。回校后,他们每个人都把所见所闻所思所想形成社会实践报告,从篇篇报告中,能够感觉到他们经过社会实践取得的收获是丰富的。其次就是针对学生就业方面存在的困惑,我们有组织有目的地带学生到知名企业参观或者把知名企业的领导请到学校作报告,与学生面对面交流,让学生直接了解目前国有大中型企业、合资企业以及外资企业在中国的发展状况,找准自己的立足点,激发他们奋发学习的热情,为走向社会夯实基础。2007年,校研究生会组织了100多名博士和硕士开展了"博士生企业行"活动,参观走访了韩伟集团、冰山集团、大连西太平洋石油化工集团等多家企业,结合自己的学科专业特点,和企业的工程技术人员深入座谈,了解企业发展的情况,提出自己的意见和建议,赢得企业一致好评。

2. 大力开展校园文化建设,寓思想政治教育于校园文化中

目前,我校研究生规模已上万人,研究生的课余文化活动在全校的校园文化建设中起到举足轻重的作用。结合研究生的特点,指导校研究生会、博士生会和各院系研究生分会,通过活动立项审批的方式来开展活动,从而保证了活动开展的数量、档次和效果。如:连续多年组织的研究生纪念"一二·九"大型文艺汇演,不仅使研究生们认识和领悟了"一二·九"精神,更主要的是使这种精神得到继承和发扬。每个策划者、组织者、每个演员都团结一心,克服困难,使演出取得成功。他们在台上奉献给大家的不仅仅是丰富多彩的文艺节目,更主要的是让全体研究生接受了一次"一二·九"精神的教育和洗礼。此外,还组织了诸如长跑接力比赛、征文、演讲等形式多样、丰富多彩的活动。2007年我们还倡导发起并组织承办了大连市高校研究生纪念"一二·九"演讲比赛,全市各大高校的研究生云集我校同台竞技,充分展示了当代研究生的风采。

此外,第三届大连市高校研究生仿真机器人足球大赛、第五届"校庆杯"研究生运动会、科技节系列活动、学术活动、异域文化长廊、"大家讲坛"等活动精彩纷呈,普遍提高了研究生的科技、人文素质,开阔了视野,有效地激发了研究生投入科研和学习的热情。

3. 主动占领网络思想政治教育新阵地

随着科学技术的迅猛发展,网络已深入千家

万户，也深入校园，渗透到每一位在校研究生，网络教育自然也成为了研究生思想政治教育工作的主阵地。为此，我们依托研究生院教育管理办公室、校研究生会、校博士生会和大连理工大学网络学术论坛等自己的网站，广泛开展宣传教育活动。同时，网站经常更新和转载思想政治教育、当前时事等教育内容，例如公民道德教育，党的十七大会议精神等资料。努力为研究生思想政治教育营造良好的氛围，为研究生提供丰富的精神食粮。

4.开展深入细致的思想政治工作和心理健康教育，开创管理育人、服务育人的良好氛围和工作格局

研究生扩招的同时，不可避免地增加了一些问题发生的几率。近两年，研究生中打架、心理疾病等时有发生。研究生教育管理办公室十分重视对研究生的心理健康教育，根据研究生的身心发展特点和教育规律，注重培养研究生良好的心理品质和自尊、自爱、自律、自强的优良品格，增强研究生克服困难、经受考验、承受挫折的能力。针对存在心理问题的学生，我们给予耐心的说服教育，分析问题产生的原因，找出问题症结所在，从根上解决问题。心理确有严重疾病的，动员他们去心理医院治疗，和院系主管教师沟通，与家长配合，对精神萎靡者给予更多的激励，激发他们生活、学习的乐趣，端正他们的人生态度，为他们提供精神和物质帮助，使其健康活泼发展。

四、研究生日常管理工作

1.研究生国家助学贷款工作

为帮助解决2007级贫困家庭研究生的学费问题，进一步落实研究生国家助学贷款工作，研究生教育管理办公室在2007级研究生的录取通知书中详细说明了申请国家助学贷款的各项事宜，使2007级研究生在未入学时就能了解有关国家助学贷款的相关政策，减轻贫困家庭承担研究生学费的心理压力。同时，及时将申请国家助学贷款的申请条件说明和相关表格发布在研究生院主页中，使2007级新生在家庭所在地就能下载填写，简化了以往申请国家助学贷款需要反复邮寄填写的繁琐程序，提高了工作效率和申请表格填写的合格率。在2007级研究生入学后，研究生教育管理办公室会同中国银行大连市高新园区支行负责国家助学贷款工作的同志召开了申请国家助学贷款说明会，再次详细说明了申请国家助学贷款的具体条件和要求。经过研究生教育管理办公室和中国银行大连市高新园区支行的多次磋商，最终达成一致：只要申请手续齐全，都将获得国家助学贷款。2007级研究生共有306人申请了国家助学贷款，全部获得了国家助学贷款，发放贷款总金额为527.80万元，贷款率达到了100%。

2.研究生勤工助学工作

为帮助家庭贫困的研究生能够顺利完成学业，减轻家庭和社会负担，在学校机关各职能部处、研究生院、各院系及其实验室、图书馆、档案馆、计算中心、心理咨询中心、就业指导中心、高科技研究院、宿舍管理等几十个单位和部门设置了勤工助学固定岗位，共有400多人申请上岗。此外，根据各单位和部门的短期需要，又增设了勤工助学的临时岗，有200多人次上岗。截至目前支付勤工助学固定岗和临时岗的费用共计1 347 547.50元，真正缓解了很大一部分贫困家庭研究生的生活困难，使他们能够安心学业。勤工助学工作的有效开展，为学校、家庭和社会的稳定做出了较大的贡献。

3.研究生困难补助工作

在大力开展研究生勤工助学工作的同时，研究生院对于遭遇困难的研究生也时刻在给予关心和帮助。尤其是对家庭极其贫困和突逢重大疾病的研究生，不仅在财物上给予帮助，更在心理上给予无微不至的关爱，打消他们的顾虑，帮助解决问题，使他们能够安心治疗直至痊愈。本学期共帮助困难研究生83人，帮助金额达到11 850.00元。

4.研究生奖学金管理工作

为推进研究生教育培养工作的发展，奖励先进，鼓励优秀，学校设置了优秀硕士研究生奖学金、优秀博士研究生奖学金、优秀毕业研究生奖学金和中国科学院奖学金、光华奖学金、CASC奖学金、聚德优秀学生干部奖学金、聚德清寒励志奖学金、丰田奖学金、伯川奖学金、宝钢奖学金、

华为奖学金、“纪念向坊隆”村井隆奖学金等多项奖学金。并和昭和电工、阿斯麦等公司和水田宗子女士签署了新的奖学金协议，增设了三项研究生奖学金。经过各院系认真的初评、复审和奖学金评审委员会的最终评审，全年共有360人荣获“优秀研究生”称号，发放奖金共计79 100元；74人荣获“优秀毕业生”称号，发放奖金111 000元；31人获得优秀学生干部奖学金，发放奖金36 000元；152人获得专项奖学金，发放奖金517 000元。研究生各类奖学金的评定过程，极大地调动了广大研究生学习科研的热情，真正起到了奖励先进、激励后进的积极作用。

5.研究生医疗保险工作

截止到2007年12月，研究生年内申请理赔人次为270人次，理赔总金额为24.30万元，其中因超出保险范围而拒赔的有26人，实际理赔率达到90.37%。通过研究生医疗保险工作的开展，解决了研究生由于疾病或意外事故所要承担的大部分医疗费用，减轻了研究生、家庭和学校的负担，为学校的快速发展起到了积极的促进作用。

2007年，通过研究生教育管理系统全体同志的辛勤工作和共同努力，我们在研究生管理工作中取得了较好的成绩，为学校的研究生教育和培养工作做出了贡献，有1名同志荣获大连市学生思想政治工作优秀领导干部称号，2名同志荣获大连市学生思想政治工作优秀工作者称号。

研究生招生工作

2007年我校硕士研究生报名人数为8161人，实际录取2856人，其中单独考试生17人，强军计划生42人，工商管理硕士生(MBA)290人，少数民族高层次骨干人才计划生8人；博士研究生报名总数为803人，春、秋两季共录取博士研究生651人，其中公开招考生为306人，硕博连读生为156人，提前攻博生为132人，直接攻博生为57人，少数民族高层次骨干人才计划生4人。在教育部、省招考办和校招生领导小组的领导下，圆满地完成了2007年的研究生招生录取工作。

一、实事求是、统筹考虑划定复试分数线

大连理工大学是全国34所自主划线录取的学校之一。根据对各院系、各学科考生考试情况、招生计划的详细测算，并与各院系充分沟通，经校招生领导小组讨论后，本着实事求是、统筹考虑、宁缺毋滥的原则划定了我校2007年的复试基本分数线。与国家公布的复试分数线相比，除了艺术学的总分和理学外语、政治的小分低于国家线外，其他所有学科门类的复试分数线都高于国家线，比例最大的工学总分超过国家线20分。初试科目中最有可比性的外语、政治、数学的分数都略高于国家线。

二、扎实推进初试科目改革

2007年硕士研究生招生中，教育学、历史学、医学三个学科门类初试科目由4门改为3门，取消学校自命题，4门初试科目全部由国家统一组织命题、考试。我校的高等教育学专业和中国近现代史专业参与了改革。

三、稳步深化复试改革

2007年硕士生复试权重增加到40%，复试总成绩满分为330分，复试更加侧重考察考生的专业素养、创新能力及综合素质。各院系成立了由主管院长(系主任)任组长的招生领导小组，加强了复试的培训和监督，复试方式多样，复试过程严谨、规范。加大了优秀人才的选拔力度，对有特殊学术专长或具有突出培养潜质者，以及在科研或相关实践中表现突出者，由专家复试小组会议提交说明材料，经校研究生招生工作领导小组审核同意，可适当加分，计入复试总成绩，最高可加50分。首次增加了心理素质测试，测试成绩作为录取参考。

2007年硕士研究生招生录取情况表

院(系)名称		报考人数	一志愿上线数	录取人数	具体录取情况				向校外调剂
					推荐免试	强军计划	单独考试	少数民族骨干	
应用数学系		410	234	125	40				73
物理与光电学院		262	118	107	28				14
工程力学系		151	78	95	23	1			15
机械学院		579	220	212	59	4			55
材料科学与工程学院		200	100	88	21				25
土木水利学院		684	288	259	61	2	2		98
化工学院		926	463	396	70				79
船舶学院		117	55	57	17	1			14
电子与信息学院		1514	520	436	133	33	3		152
能源与动力学院		197	91	85	23				22
管理学院	统考	837	170	159	61				123
	MBA	655	300	290					17
人文社会科学学院		574	174	175	35		8	4	58
电气与应用电子技术系		119	39	47	16	1			8
外国语学院		126	38	36	18			2	2
体育教学部		13	3	6	1				
建筑与艺术学院		204	73	58	19		4	1	23
软件学院		124	37	51	35				3
环境与生命学院		325	122	112	33				53
经济系		142	54	52	20			1	4
高科技研究院		2	8	10	1				
合　计		8161	3185	2856	714	42	17	8	838

研究生学位授予与管理工作

学位质量是研究生教育质量体系中一条重要的衡量标准，是一项长期而艰巨的系统工程，研究生院学位办从各个环节、各个方面着手，力争使大连理工大学学位授予与管理工作更上一个台阶。2007年，学位办围绕学校和研究生院中心工作，重点做了以下几方面工作。

一、积极、认真做好学位办常规性工作

（1）组织召开了大连理工大学学位评定委员会第八届第五次、六次、七次和第八次会议。四次会议共授予硕士学位3115人，其中统招硕士

1811人,工程硕士918人,秋季MBA146人,春季MBA51人,EMBA68人,高校教师60人,同等学力61人。授予博士学位394人,其中同等学力9人。

(2)参与并完成了冬季和夏季两次研究生报退的工作,接待博士生的随时报退工作。打印并发放学位证书3594本,优秀硕士学位论文证书260本(含指导教师)。

(3)学位办会同研究生工作督导听取并检查各院系的答辩情况。审批并批准以同等学历申请博士学位5人进校学习。完成了310名博士生的答辩审批。对提前答辩的硕士、博士研究生,硕博连读(直读)研究生申请硕士学位,以同等学力申请学位的硕士、博士研究生及涉密论文等逐一进行了严格审批。

(4)协助教育部学位与研究生教育发展中心对全国优秀博士学位论文评选进行通讯评议。

(5)协助教育部学位与研究生教育发展中心对2006年、2007年抽查博士学位论文进行通讯评议。

(6)组织2007年全国百篇优秀博士学位论文的评选与申报工作。

(7)认真组织并完成2007年辽宁省硕士学位论文抽样检查工作。

(8)协助国务院学位办对"全国学位授予信息年报系统一学位授予单位客户端"进行软件测试。

二、继续完善学位论文质量保证体系

研究生教育能否获得健康和可持续的发展,保证培养质量是关键。而学位论文质量的高低是衡量培养质量的一个重要环节。在整个学位授予审核过程中,学校、院系两级学位评定委员会付出了大量的精力,根据《大连理工大学硕士、博士学位授予工作细则》的要求对学位申请者进行严格审查,对于不合格的坚决不授予学位,杜绝学术不良行为的滋生,对于违反学术道德的坚决取消其学位。

(1)严把学术性学位的质量关,继续大力推行和完善硕士研究生学位论文集中答辩与外(复)审制度。顺利完成154名硕士生论文答辩前的预审工作,172名硕士生论文答辩后的外审工作(1名硕士生的外审论文要找相关学科的3位专家),外审的论文将根据外审结果讨论其学位。起草并下发了关于2006年冬季毕业硕士研究生学位论文复审结果的通告、关于2007年夏季毕业硕士研究生学位论文复审结果的通告。

(2)加强博士学位论文的外审管理,坚持盲审制。完成了398名博士生学位论文的送外审审批(学位办对每位博士生的申请材料逐一审核,负责给1名博士生找外校的2位盲审专家并邮寄明审、盲审有关材料),310人的答辩审批,其中50人需要修改后答辩,2人需要修改后复审,对这52人的评阅意见逐一返回给学生和导师,请其对专家意见进行认真仔细的修改,修改结果经院系及研究生院审批通过后方可举行答辩。

各位博士生、导师及院系对评阅结果都非常重视,并制定了相应的措施。博士学位论文的外审制度对提高博士生学位质量起到了一定的积极导向作用。

(3)为了更科学、有效地进行管理,更改了博士生申请答辩所用的相关表格;制定了《大连理工大学同等学力申请博士学位协议书》。

(4)认真总结了《网络学刊》的现状,为了进一步提高学刊质量,完善研究生的学术交流体系,为学生创造良好的学术交流氛围,加强了管理的措施,完善网络学刊的软件服务,使其能充分发挥学术交流的媒介作用,建立起比较规范的工作程序,更好地为广大师生服务。

(5)根据国务院学位办的文件精神,对在职人员攻读学位情况进行调查,认真总结在职人员攻读学位工作所取得的经验和存在的不足,并就提高学位授予质量提出切实可行的意见。

(6)为全面贯彻科学发展观,落实以质量为核心的发展要求,根据国务院学位办的文件精神,认真开展博士质量调查工作,通过问卷、访谈和国内外博士学位论文的对比,全面分析和评价我校博士研究生教育的发展状况,分析影响博士质量的相关因素,总结博士研究生培养的经验和问题,提出进一步提高博士质量的思路、方针和对策。

三、增强服务意识、坚持质量标准、加强规范管理

(1)为促进我校研究生教育的健康发展,鼓励更多的优秀硕士研究生选择硕士-博士连读(含直接攻读博士)方式。考虑到部分硕博连读生对外交流的需要,经校学位委员会研究决定,修订了《关于硕士-博士研究生连读(含直接攻读博士)期间申请硕士学位的暂行规定》(大工校学位[2007]2号)。

(2)为了提高研究生培养质量,规范管理,经校第八届学位评定委员会第六次会议讨论通过,修订了《大连理工大学硕士和博士学位授予工作细则》(大工办发[2007]84号)。2008年9月1日起申请答辩的博士生将严格按照此规定执行。

(3)为进一步规范我校博士研究生学位论文资助基金的管理,修订了《大连理工大学优秀博士研究生学位论文资助基金试行办法》(大工办发[2007]68号)。

(4)为鼓励研究生进行高水平创新性工作,结合培养过程中的实际情况,制定了《大连理工大学关于研究生提前进行学位论文答辩有关规定》(大工研发[2007]20号)。

(5)为了规范我校博士论文评审过程,保证博士论文质量,提高工作效率,特请各院系安排工作人员(如研究生教学秘书)到研究生院学位办办理博士生学位论文送审的有关事宜。

(6)为了便于博士生及时了解学位论文评阅书返回情况,将返回结果及时在研究生院主页上公布。既方便了学生,又提高了学位办的工作效率。

(7)整理学位授予与管理工作中相关规章制度21个。

(8)为了规范管理同时兼顾美观和实用,采用新的硕士(含专业学位)和博士学位论文封皮。

四、优秀硕士、博士学位论文

评选优秀博士、硕士学位论文是提高研究生培养和学位授予质量,鼓励创新,促进高层次创造性人才脱颖而出的重要举措。

(1)化工学院的李永峰(指导教师为邱介山教授)博士学位论文获2007年全国优秀博士学位论文。侯璐璟(指导教师为王友年教授)、赵忠奎(指导教师为程侣柏教授、李宗石教授)的学位论文被评为2007年全国优秀博士学位论文提名论文。材料学院温斌(指导教师为李廷举教授)、管理学院章忠志(指导教师为荣莉莉教授)、化工学院宋锋玲(指导教师为彭孝军教授)、徐兆超(指导教师为钱旭红教授)、电子与信息学院查代奉(指导教师为邱天爽教授)、土木水利学院霍林生(指导教师为李宏男教授)6名同学的论文被评为辽宁省优秀博士学位论文。另外有18名同学的论文被评为辽宁省优秀硕士学位论文。

(2)为了鼓励创新,提高学位论文质量,培育出更多更好的学位论文参评省优和国优,评选出大连理工大学优秀硕士论文130篇,评选出大连理工大学优秀博士学位论文10篇。

学校一直以优秀博士、硕士学位论文评选为契机,采取切实有效的措施,完善质量保证和监督机制,力争全面提高研究生培养质量。

五、优秀博士学位论文资助基金

(1)组织2006年优秀博士学位论文资助基金获得者进行工作汇报同时组织评审组进行考核。经评审组考核,对在资助期间工作突出、成绩优秀的8名同学继续进行资助。希望他们能取得更突出的成果。

(2)组织了2007年优博资助基金的申请与评审。申请2007年度优博基金的博士研究生共有28名,研究生院组织校内有关专家,听取了申请者的答辩,经过认真评审,决定对晏成林等14位博士研究生进行优博基金资助,资助从2007年3月开始。对获得资助的博士研究生要进行中期检查,资助期限结束后,经导师和考核组考核,成绩优秀者可再延长资助期限。

获得资助的博士研究生需完成《大连理工大学硕士和博士学位授予工作细则》以及《大连理工大学优秀博士研究生学位论文资助基金试行办法》中所规定的研究成果。

2007年优博基金资助博士研究生名单

序号	院　系	学　号	姓　名
1	应用数学系	10501010	于发军
2	应用数学系	10401021	刘　娜
3	物理与光电学院	10402016	崔海涛
4	物理与光电学院	10402001	曹海静
5	工程力学系	10203006	吴　振
6	材料科学与工程学院	10505022	聂德福
7	土木水利学院	10406057	赵云鹏
8	土木水利学院	10406024	张明亮
9	化工学院	10507043	方云明
10	化工学院	10507054	晏成林
11	化工学院	10507049	刘庆岭
12	化工学院	10507089	曲江英
13	电子与信息学院	10409030	侯　颖
14	环境与生命学院	10307033	张海民

2007年国优、省优、校优博士学位论文名单

序号	国优	省优	校优	学　号	作者姓名	专　业	导师姓名
1	2007 提名			10207055	赵忠奎	应用化学	程侣柏
2	2007 提名			10202018	侯璐璟	等离子体物理	王友年
3	2007			10107044	李永峰	化学工艺	邱介山
4		2007	2007	10301036	章忠志	管理科学与工程	荣莉莉
5		2007	2007	10206013	霍林生	水工结构工程	李宏男
6		2007	2007	10107058	宋锋玲	应用化学	彭孝军
7		2007	2007	10307111	徐兆超	应用化学	钱旭红
8		2007	2007	10409017	查代奉	信号与信息处理	邱天爽
9		2007	2007	10205018	温　斌	材料加工工程	李廷举
10			2007	10004021	季　田	机械制造及其自动化	郭东明
11			2007	10206073	桂福坤	港口、海岸及近海工程	李玉成
12			2007	10301019	梅建琴	计算数学	张鸿庆
13			2007	10109002	梅铁民	信号与信息处理	殷福亮

2007年辽宁省优秀硕士学位论文名单

序号	学　号	作者姓名	专　业	导师姓名
1	20311002	李智博	产业经济学	原毅军
2	20411067	沈剑峰	管理科学与工程	金　淳
3	20311075	张国权	管理科学与工程	宋明秋
4	20402040	孙成伟	等离子体物理	张庆瑜
5	20407035	于　青	物理化学(含化学物理)	王新平
6	20403054	廖敬波	工程力学	郭　旭
7	20409007	邵春玉	测试计量技术及仪器	王　兢
8	20405062	高学鹏	材料加工工程	李廷举
9	20410054	李　刚	动力机械及工程	王晓放
10	20311054	孙丽君	系统工程	胡祥培
11	20309248	武相军	计算机应用技术	王兴元
12	20406079	蒋　爽	供热、供燃气、通风及空调	端木琳
13	20406107	周广东	防灾减灾工程及防护工程	李宏男
14	20406143	刘盈斐	水文学及水资源	许士国
15	20407154	罗　超	化学工艺	薛冬峰
16	20407237	韩　风	应用化学	赵建章
17	20407247	卢春亮	应用化学	崔京南
18	20418094	田媛媛	生物医学工程	安利佳

专业学位研究生教育工作

2007年本着“构建国民终身教育体系，培养复合应用型专业学位硕士”指导思想开展工作。坚持“适度发展、保证质量”的原则，申报高校教师在职申请学位专业30个，申报集成电路工程领域1个。在校工程硕士3581人，高校教师250人，春季MBA 206人，EMBA 145人，MPA 150人。合计在校人数4332人。

一、启动“大连理工大学专业学位研究生精品课程建设”项目

为了增强专业学位研究生教育的针对性，为办出专业学位的特色和品牌，设计课程体系，组织了首批大连理工大学专业学位研究生精品课程建设项目的申报和评审，经专家评审，确定了2007年专业学位研究生精品课程资助项目11项。

二、组织召开了校第一届专业学位研究生教育经验交流会

为了总结和规范专业学位教育工作，于上学期召开了大连理工大学第一届专业学位研究生教育经验交流会。会上，软件学院、电子与信息学院、管理学院等院系介绍了经验，并进行了充分研讨，编制了论文集。

三、组织召开了首届专业学位教学点授牌仪式暨专业学位研究生教育工作研讨会

为了推进大连理工大学专业学位研究生质量体系建设，召开了大连理工大学专业学位教学点授牌仪式暨专业学位研究生教育工作研讨会，会议的主题是“构建国民终身教育体系，培养复合应用型专业学位硕士”。我校在21家单位设立首批专业学位教学点。同时取消违规教学点，清理合作办学合同/协议，消除事故隐患。

四、健全督导组机制，对专业学位研究生课程教学进行监控，对论文质量进行审查

为了提高我校专业学位研究生培养质量和办学水平，组织聘请了部分教授成立专业学位研究生教育督导组。督导组的工作职责主要包括以下三方面。第一，教学环节的督导。包括听课，抽查考卷等。第二，论文质量的督导。包括：(1)协助研究生院完善《专业学位硕士专业学位论文质量参考标准》；(2)检查硕士论文开题报告，阶段性研究情况及答辩情况等；(3)对论文质量进行审查，提出规范化要求；(4)对未通过答辩者或末位外审结果存在疑义者进行仲裁。第三，评审与自评估。包括：受研究生院委托，有针对性地进行调查研究，总结专业学位研究生教育工作中的经验与问题，提出建设性意见。作为专家组或评审组成员，承担或参与专业学位研究生教育有关奖项的评审工作(如推荐、评选优秀专业学位研究生论文，做出突出贡献的专业学位硕士学位获得者，全国专业学位硕士研究生教育工作先进个人等)。配合研究生院做好专业学位研究生教育自评工作和评估的材料准备及制度建设工作。

五、进一步明确校、学院(系)两级责、权、利，出台和完善了专业学位报名、招生、管理等流程及相关文件

在学校、研究生院的直接领导下，由研究生院专业学位办牵头，各院系、合作培养单位(企业)及相关管理人员共同参与制定和实施旨在保证专业学位硕士研究生培养质量和管理的一系列规章制度、程序和方法。组织制定了2007年工程硕士教学大纲，编写了高校教师和工程硕士的专业课、专业基础课考试大纲。

对专业学位硕士的培养进行事前防范、事中控制、事后监督和纠正的动态过程和机制。确保自主自律办学的发展运行机制和评估监督的质量保证机制的有效运行。

六、走访企业，面向企业自主创新培养人才

专业学位硕士教育主要是为企业、机关事业单位培养高层次应用型工程技术和管理人才，生源以在职人员为主，应侧重于工程应用。由于专业学位硕士招生对象为社会、企业的在职人员，如果按照常规做法，实行学校关起门来的培养模式，招生对象既无法脱离岗位来校学习，也有悖于培养应用型人才的目的。

2007年走访了燕山石化、大庆油田、沈矿集团、济南钢铁等大企业，了解企业需求，加大宣传力度。

七、日常管理

做好“化学工程”等领域工程硕士研究生培养质量的自评估和评估工作。

完成了工程硕士、高校教师、春季MBA和MPA的录取工作。2007年录取工程硕士1127人(含软件工程)、高校教师56人、春季MBA 143人和MPA 74人、EMBA 80人，合计录取1480人。

编排和印制了2007年大连理工大学专业学位研究生招生简章及各专业领域简介。组织制定高校教师(30个专业)专业基础课、专业课考试大纲，工程硕士(22个领域)的专业课考试大纲。

组织了工程硕士、MBA以及同等学力人员的论文答辩审批、报退工作。

2007年专业学位研究生信息统计表

类　别	在校生数	招生数	授予学位数
工程硕士	3581	1127	972
工商管理硕士	206	143	51
高级工商管理硕士	145	80	68
高校教师	250	56	62
公共管理硕士	150	74	0
合　计	4332	1480	1153

2007年在校硕士研究生情况统计表

专业名称	专业代码	合计	一年级	二年级	三年级及以上
马克思主义哲学	010101	28	14	13	1
伦理学	010105	5	5	0	0
科学技术哲学	010108	30	13	14	3
人口、资源与环境经济学	020106	20	9	6	5
区域经济学	020202	16	7	8	1
金融学	020204	31	9	11	11
产业经济学	020205	44	14	18	12
国际贸易学	020206	29	10	8	11
民商法学	030105	31	14	17	0
马克思主义理论与思想政治教育	030205	20	0	20	0
马克思主义基本原理	030501	5	5	0	0
思想政治教育	030505	24	24	0	0
高等教育学	040106	40	20	20	0
运动人体科学	040302	11	6	0	5
语言学及应用语言学	050102	10	10	0	0
英语语言文学	050201	8	4	2	2
外国语言学及应用语言学	050211	89	33	28	28
传播学	050302	41	18	21	2
美术学	050403	27	11	10	6
中国近现代史	060107	15	5	9	1
基础数学	070101	57	28	28	1
计算数学	070102	79	41	36	2
概率论与数理统计	070103	15	8	7	0

（续表）

专业名称	专业代码	合计	一年级	二年级	三年级及以上
应用数学	070104	33	19	14	0
运筹学与控制论	070105	49	25	23	1
金融数学与保险精算[2004自主设置]	070120	13	6	7	0
理论物理	070201	34	14	11	9
原子与分子物理	070203	6	3	2	1
等离子体物理	070204	66	27	23	16
凝聚态物理	070205	34	16	9	9
光学	070207	21	6	8	7
无机化学	070301	43	15	15	13
分析化学	070302	10	10	0	0
有机化学	070303	41	15	13	13
物理化学(含化学物理)	070304	73	25	28	20
高分子化学与物理	070305	18	9	5	4
生物化学与分子生物学	071010	46	17	18	11
生物物理学	071011	9	1	4	4
系统分析与集成	071102	9	4	3	2
运动人体科学(理学)	077002	7	0	7	0
一般力学与力学基础	080101	10	3	4	3
固体力学	080102	25	13	4	8
流体力学	080103	6	4	1	1
工程力学	080104	106	39	39	28
计算力学[2002自主设置]	080120	53	16	20	17
岩土与环境力学[2002自主设置]	080121	13	4	4	5
动力学与控制[2003自主设置]	080122	15	6	4	5
应用与实验力学[2004自主设置]	080123	8	5	3	0
机械制造及其自动化	080201	159	63	48	48
机械电子工程	080202	205	59	73	73
机械设计及理论	080203	148	52	49	47
车辆工程	080204	33	15	9	9
微机电工程[2002自主设置]	080220	34	15	10	9
工业工程[2002自主设置]	080221	35	6	16	13
光学工程	080300	47	19	19	9
精密仪器与机械	080401	39	10	15	14

（续表）

专业名称	专业代码	合计	一年级	二年级	三年级及以上
测试计量技术及仪器	080402	45	11	16	18
材料物理与化学	080501	44	15	16	13
材料学	080502	78	22	24	32
材料加工工程	080503	89	33	28	28
高分子材料[2002 自主设置]	080520	78	30	31	17
材料表面工程[2002 自主设置]	080521	18	7	8	3
材料无损检测与评价[2003 自主设置]	080522	18	7	8	3
材料连接技术[2004 自主设置]	080523	14	7	7	0
工程热物理	080701	21	7	8	6
热能工程	080702	45	17	17	11
动力机械及工程	080703	82	29	29	24
流体机械及工程	080704	29	10	13	6
制冷与低温工程	080705	21	7	7	7
化工过程机械	080706	66	27	18	21
能源与环境工程[2004 自主设置]	080720	9	6	3	0
电机与电器	080801	41	21	19	1
电力系统及其自动化	080802	22	8	14	0
电工理论与新技术	080805	27	17	10	0
物理电子学	080901	43	14	13	16
电路与系统	080902	67	29	20	18
微电子学与固体电子学	080903	51	17	22	12
通信与信息系统	081001	168	65	52	51
信号与信息处理	081002	152	51	50	51
控制理论与控制工程	081101	219	73	78	68
检测技术与自动化装置	081102	65	25	20	20
系统工程	081103	34	12	16	6
模式识别与智能系统	081104	45	6	19	20
计算机系统结构	081201	58	33	14	11
计算机软件与理论	081202	90	26	29	35
计算机应用技术	081203	317	124	96	97
软件工程	081280	128	49	27	52
建筑设计及其理论	081302	102	37	35	30
城市规划与设计	081303	23	10	4	9

（续表）

专 业 名 称	专业代码	合 计	一年级	二年级	三年级及以上
岩土工程	081401	35	9	15	11
结构工程	081402	140	50	47	43
市政工程	081403	27	1	13	13
供热、供燃气、通风及空调工程	081404	29	10	10	9
防灾减灾工程及防护工程	081405	78	28	25	25
桥梁与隧道工程	081406	49	18	17	14
土木工程管理[2002 自主设置]	081420	58	19	23	16
水文学及水资源	081501	44	19	14	11
水力学及河流动力学	081502	14	5	5	4
水工结构工程	081503	50	19	16	15
水利水电工程	081504	23	9	8	6
港口、海岸及近海工程	081505	122	55	45	22
化学工程	081701	131	40	44	47
化学工艺	081702	113	38	39	36
生物化工	081703	87	22	35	30
应用化学	081704	78	29	26	23
工业催化	081705	98	37	34	27
膜科学与技术[2002 自主设置]	081720	54	17	21	16
水科学与技术[2002 自主设置]	081721	42	9	19	14
精细化工[2003 自主设置]	081722	89	29	36	24
功能材料化学与化工[2004 自主设置]	081723	28	16	12	0
能源化工[2004 自主设置]	081724	31	15	16	0
安全技术及工程	081903	22	3	9	10
道路与铁道工程	082301	8	8	0	0
船舶与海洋结构物设计制造	082401	157	53	50	54
轮机工程	082402	4	1	1	2
水声工程	082403	6	2	4	0
环境科学	083001	47	13	15	19
环境工程	083002	136	46	54	36
工业生态与环境规划[2004 自主设置]	083020	16	6	10	0
生物医学工程	083100	36	12	13	11
神经信息学[2003 自主设置]	083120	4	0	1	3
药物工程[2003 自主设置]	083121	28	0	16	12

（续表）

专业名称	专业代码	合计	一年级	二年级	三年级及以上
管理科学与工程[工学]	087100	11	11	0	0
项目管理[2002 自主设置工学]	087121	4	4	0	0
环境管理[2002 自主设置工学]	087122	3	3	0	0
电子商务与物流管理[2003 自主设置工学]	087124	6	6	0	0
知识管理[2003 自主设置工学]	087125	6	6	0	0
信息管理与电子政务[2003 自主设置工学]	087126	17	17	0	0
金融工程[2004 自主设置工学]	087127	8	8	0	0
组织行为与人力资源管理[2004 自主设置工学 2006 取消]	087128	12	5	7	0
市场营销[2004 自主设置工学 2006 取消]	087129	3	0	3	0
管理系统工程[2005 自主设置工学]	087130	4	4	0	0
交通系统工程[2006 自主设置工学]	087131	2	2	0	0
作物遗传育种	090102	16	4	6	6
药物化学	100701	10	10	0	0
管理科学与工程	120100	31	0	12	19
科学学与科技管理[2002 自主设置]	120120	22	9	11	2
项目管理[2002 自主设置 2006 取消]	120121	8	0	6	2
环境管理[2002 自主设置 2006 取消]	120122	6	0	6	0
经济系统分析与管理[2003 自主设置]	120123	18	7	8	3
电子商务与物流管理[2003 自主设置]	120124	10	0	6	4
知识管理[2003 自主设置]	120125	5	0	5	0
信息管理与电子政务[2003 自主设置]	120126	19	0	17	2
金融工程[2004 自主设置]	120127	13	0	13	0
工商管理	120200	186	0	0	186
会计学	120201	42	27	11	4
企业管理	120202	103	56	40	7
旅游管理	120203	15	15	0	0
技术经济及管理	120204	43	23	11	9
MBA	120280	601	319	280	2
行政管理	120401	52	28	22	2
教育经济与管理	120403	21	21	0	0
社会保障	120404	30	20	8	2
合计		7643	2944	2720	1979

2007年在校博士研究生情况统计表

专业名称	专业代码	合计	一年级	二年级	三年级及以上
科学技术哲学	010108	7	7	0	0
思想政治教育	030505	12	10	1	1
基础数学	070101	53	18	20	15
计算数学	070102	67	17	17	33
概率论与数理统计	070103	7	1	2	4
应用数学	070104	30	7	11	12
运筹学与控制论	070105	61	18	16	27
金融数学与保险精算[2004自主设置]	070120	3	0	2	1
理论物理	070201	27	10	9	8
粒子物理与原子核物理	070202	4	4	0	0
原子与分子物理	070203	6	2	2	2
等离子体物理	070204	52	20	5	27
凝聚态物理	070205	9	6	1	2
光学	070207	4	4	0	0
无机化学	070301	12	9	0	3
分析化学	070302	2	2	0	0
有机化学	070303	5	4	0	1
物理化学(含化学物理)	070304	20	6	8	6
高分子化学与物理	070305	9	9	0	0
力学	080100	55	0	0	55
固体力学	080102	10	3	2	5
流体力学	080103	3	0	1	2
工程力学	080104	50	21	15	14
计算力学[2002自主设置]	080120	25	8	12	5
岩土与环境力学[2002自主设置]	080121	4	0	1	3
动力学与控制[2003自主设置]	080122	7	3	3	1
应用实验力学[2004自主设置]	080123	1	0	1	0
机械制造及其自动化	080201	92	13	13	66
机械电子工程	080202	73	10	9	54
机械设计及理论	080203	69	6	9	54
微机电工程[2002自主设置]	080220	10	3	2	5
工业工程[2002自主设置]	080221	1	0	0	1

（续表）

专 业 名 称	专业代码	合 计	一年级	二年级	三年级及以上
光学工程	080300	28	6	5	17
精密仪器与机械	080401	3	1	1	1
测试计量技术及仪器	080402	1	0	0	1
材料科学与工程	080500	5	0	0	5
材料物理与化学	080501	20	3	6	11
材料学	080502	42	4	7	31
材料加工工程	080503	40	10	13	17
高分子材料[2002 自主设置]	080520	46	10	15	21
材料表面工程[2002 自主设置]	080521	14	2	3	9
工程热物理	080701	10	3	4	3
热能工程	080702	11	2	2	7
动力机械及工程	080703	42	3	2	37
制冷与低温工程	080705	11	4	3	4
化工过程机械	080706	31	6	5	20
能源与环境工程[2004 自主设置]	080720	11	6	5	0
电机与电器	080801	12	12	0	0
电路与系统	080902	3	1	2	0
微电子学与固体电子学	080903	28	7	9	12
通信与信息系统	081001	4	4	0	0
信号与信息处理	081002	41	7	11	23
控制理论与控制工程	081101	82	14	20	48
系统工程	081103	14	0	0	14
计算机软件与理论	081202	17	9	6	2
计算机应用技术	081203	76	9	8	59
建筑设计及其理论	081302	2	2	0	0
岩土工程	081401	39	3	8	28
结构工程	081402	134	20	27	87
市政工程	081403	9	6	1	2
供热、供燃气、通风及空调工程	081404	6	1	1	4
防灾减灾工程及防护工程	081405	33	7	5	21
桥梁与隧道工程	081406	15	0	3	12
土木工程管理[2002 自主设置]	081420	16	5	2	9
水文学及水资源	081501	46	7	9	30
水力学及河流动力学	081502	6	0	1	5

(续表)

专 业 名 称	专业代码	合 计	一年级	二年级	三年级及以上
水工结构工程	081503	28	1	5	22
水利水电工程	081504	15	4	5	6
港口、海岸及近海工程	081505	93	22	22	49
化学工程	081701	63	3	10	50
化学工艺	081702	88	9	14	65
生物化工	081703	96	13	18	65
应用化学	081704	120	21	17	82
工业催化	081705	62	10	14	36
膜科学与技术[2002 自主设置]	081720	15	5	6	4
水科学与技术[2002 自主设置]	081721	5	3	1	1
精细化工[2003 自主设置]	081722	26	12	12	2
功能材料化学与化工[2004 自主设置]	081723	7	4	3	0
能源化工[2004 自主设置]	081724	1	0	1	0
船舶与海洋结构物设计制造	082401	79	11	19	49
水声工程	082403	2	0	1	1
环境科学	083001	15	5	4	6
环境工程	083002	94	16	10	68
工业生态与环境规划[2004 自主设置]	083020	1	0	1	0
生物医学工程	083100	26	2	7	17
神经信息学[2003 自主设置工学]	083120	15	3	8	4
药物工程[2003 自主设置]	083121	14	3	4	7
管理科学与工程	120100	190	9	14	167
科学学与科技管理[2002 自主设置]	120120	74	8	19	47
环境管理[2002 自主设置 2006 取消]	120122	11	2	6	3
经济系统分析与管理[2003 自主设置]	120123	28	9	12	7
电子商务与物流管理[2003 自主设置]	120124	10	3	3	4
知识管理[2003 自主设置]	120125	4	1	2	1
信息管理与电子政务[2003 自主设置]	120126	6	2	3	1
金融工程[2004 自主设置]	120127	6	1	5	0
管理系统工程[2005 自主设置]	120130	3	3	0	0
会计学	120201	7	4	1	2
企业管理	120202	70	15	21	34
技术经济及管理	120204	153	10	11	132
合 计		3115	599	637	1879

成人高等教育及独立学院

成人高等教育综述

2007年只招收成人教育业余面授学生。办学层次分为:专科起点本科、高中起点专科。在专业设置上发挥大连理工大学学科优势并遵循社会需求的原则,覆盖了理、工、经、管、文、法、艺术等学科。

成人教育的教学区主要集中在大连理工大学市内校区东院,2007年成人高等教育在校学生3326人,本科层次学生约占79%。

成人高等教育的师资队伍主要由校内在职教师和校内离退休教师两部分组成。2007年我校成人高等教育全年授课教师170人。其中教授、副教授105人,占61%。学院注重加强师资管理,保证师资质量,严格按照教师聘任程序,履行聘任手续。在保证任课教师聘任质量的同时,每学期安排教学质量检查,对任课教师的教学工作进行严格考核。学院每年召开教学工作总结暨表彰大会,根据考核结果对优秀教师进行表彰,不合格教师予以解聘。

学院始终把考试工作作为提高学生培养质量、树立学院良好声誉的一项重要工作来抓。树立诚信观念、培养良好的考风考纪是学院始终如一的工作目标。在工作中,结合在职人员继续教育特点,制定了一系列健全的、操作性强并具有人性化特色的考试管理规章制度。做到制度走进教室,责任明确到人。

2007年招收成人教育学生1123人。另外有776人毕业。毕业率接近90%,约60%获得了学士学位。

2007年成人高等教育招生及专业开设情况统计

招生层次	专业名称	录取人数
专升本(业余)	机械设计制造及其自动化	146
	电气工程及其自动化	43
	热能与动力工程	21
	电子信息工程	21
	信息管理与信息系统	12
	计算机科学与技术	85
	工商管理	52
	土木工程	97
	船舶与海洋工程	14
	会计学	60
	物流管理	119
	艺术设计	7
	法学	28
高起专(业余)	电气工程与自动化	50
	计算机信息管理	76
	建筑工程技术	52
	经济管理	32
	数控技术	41
	物流管理	167
总计		1123

网络高等教育综述

2002年2月22日，根据教育部高教厅(2002)2号文件批复，大连理工大学成为全国现代远程教育试点之一。同年，大连理工大学网络教育学院成立，负责统筹规划、归口管理并实际运作全校的现代远程教育。

大连本地主要依托学校优秀的教师资源，聘请了部分教师担任网上课程主讲教师。其中具有正高、副高职称的教师约占62%。为保证我校网络高等教育的教学质量，学校将现代远程教育资源建设纳入学校教学改革体系，对教师的课程资源建设实施了监督与检查，制定了教学效果评价标准及各种评价表，提高了网络课件的教学质量。

学院还适时组建了一支辅导答疑教师队伍，网上所开设的全部课程，均聘请了有经验和接受网络高等教育教学模式能力比较强的答疑辅导教师来辅助和引导学生完成网上的学习。教学大纲、学习方案、导学方案、辅导文章的撰写和上传、平时作业的布置和批改、模拟试卷的布置和上传等，均由辅导答疑教师根据学校的严格要求来认真完成教学辅导任务。同时通过指派专门的管理人员和网上教学辅导教师，及时沟通并进行个性化的管理，保证辅导答疑教师能够顺利完成教学辅导任务，保证教学质量。通过技术手段对网上辅导教师的工作数量和质量进行监控和考评。根据教师考评结果适当奖惩，同时建立教师教学质量考评档案。

我校网络高等教育始终坚持教学质量第一的宗旨，以培养应用型人才为目标，深受学生乃至同行们的称赞。在2007年10月举行的全国网络高等教育公共基础课统一考试中，我校又一次取得佳绩。我校在全国统考五个科次的平均通过率达到了81%，高于全国平均水平6个百分点，其中《高等数学》的通过率超过全国平均水平10个百分点。

学院重视学生的支持服务工作，2007年9月，学院设立呼叫中心，并设立全国统一的热线服务电话：400-655-6088，为校外学习中心及学生提供24小时支持服务。学院目前实行春秋两季招生；办学专业以理工为主，涵盖了经、管、文、法等学科，办学专业及方向涉及30余个；现有专升本、高起专等多层次学生20 623人。2007年招收网络教育学生11 558人，有2972名网络教育学生毕业。

2007年网络高等教育招生及专业开设情况统计

层　次	专业名称	招生人数
专　科	船舶与海洋工程	25
	电气工程及其自动化	1410
	法学	337
	房地产与物业管理	226
	工程管理	427
	工商管理	688
	公共事业管理	138
	机械设计制造及其自动化(数控)	32
	计算机网络	832
	水利水电工程	212
	土木工程	1601
	土木工程(道桥方向)	289
	物流管理	26
	信息管理与信息系统	29

（续表）

层　次	专业名称	招生人数
专升本	船舶与海洋工程	26
	电气工程及其自动化	879
	法学	452
	房地产经营管理	198
	工程管理	346
	工商管理	492
	公共事业管理	67
	会计学	29
	计算机科学与技术	62
	水利水电工程	359
	土木工程	1325
	土木工程(道桥方向)	306
	网络工程	525
	物流管理	27
	信息管理与信息系统	182
	艺术设计	11
总　计		11558

城市学院概况

一、大学生、教师及机构

1.学生状况

截止2007年12月，学院有在校本科学生合计7625人，其中2004级1580人，2005级2020人，2006级2028人，2007级1997人。

学院首届毕业生即2007届毕业生626人(2003年8月，2003级注册学生649人)，其中609人于7月毕业，另有17人延缓于12月毕业。在626名毕业生中，有1名2004级学生提前毕业；599人获得大连理工大学城市学院本科毕业证书，占95.69%；528人获得大连理工大学学士学位证书，占84.35%。2007年首届毕业生一次就业率达到94.1%，位居辽宁省各类高校前列。

2.院系及教师情况

学院设有电子与计算机工程学院、管理学院、外国语学院、艺术学院、新闻与公共管理系等5个院系和1个基础教学部，共7个二级教学单位，15个系，2006年招生专业(方向)52个，共有专职教师295人。

全年春季学期任课教师291人(含外聘82人，占28%)，开课334门，教学班1001个；秋季学期任课教师323人(含外聘71人，占22%)，开课326门，教学班1073个。

3.机构及人员状况

学院有院长、书记各1人、副院长4人；设院长办公室、党群工作部、教学管理部、学生指导部、就业指导部、人力资源部、财务部、招生办公室、教学调研部、新闻中心、综合档案室、后勤保障部、安全保卫部、团委等14个部门和网络及计算机中心、图书馆和体育馆等3个教辅部门。全院教职员工共计431人。

二、学风建设

学生教育工作是学院人才培养的基础。为做好学生工作，学院始终坚持实行以导师为基础、系主任为核心的人才培养四级责任制，并提出“三落实”、“三抓”和“三严”的工作方针。学院在2007年重点抓了学生工作的组织建设，做到了“三落实”，即落实机构、落实人员、落实责任。

通过全院师生的共同努力，全院各院系及各年级学生的学习积极性均有比较明显的进步和提高,优良学风建设取得了显著成果。学生学习的三项指标:学习态度、到课率、晚自习率,与2006年相比均有提高。学生对学院学风建设状况满意率达到87%。

总结优良学风建设的经验有如下几点:

(1)全院师生对优良学风建设工作逐步形成共识。教师,尤其是导师和辅导教师对学生的教育和指导工作得到进一步加强,逐步形成了一种师生共同建设城院学风的良好氛围,人人关心优良学风建设,人人参与优良学风建设。

(2)在优良学风建设中,注意调动和充分发挥团委学生会、自律委员会及班委会、团支部和学生干部的作用,并有效带动周围的同学积极投身到优良学风建设之中,形成了一种自觉的行动和行为。

(3)以专业引导教育,帮助学生提高对专业学习重要性的认识,培养学生学习的兴趣。

(4)通过各种活动形式,比如参观学习、座谈交流、专题讨论会、考研交流座谈等,启发和激发学生学习的积极性,提高对成才的思想认识。

(5)通过评优和创优活动,鼓励和激励学生争创优秀的积极性,向优秀的同学学习,向优秀的班级看齐,"争优从现在做起,从点滴做起"。

(6)加强亲情教育和感恩教育,培养学生的情感意识,促进学生的学习意识。

学院积极开展各种形式的党团活动,认真学习十七大精神,加强学生理想信念教育,增强大学生的责任感和使命感,促进学生学习的主动性和积极性。目前,全院要求入党的学生4994人,占学生总数的65%,其中入党积极分子736人。2007年全院发展学生党员137人,学生预备党员转正61人。

学院积极开展丰富多彩的业余文体活动和社团活动,活跃学生业余文化生活,并开展大学生心理健康咨询,缓解学生心理压力,促进学生全面健康发展。2007年团委共组织22项大型活动,11项社会实践活动,进行了25项创新项目的评审工作,得到了来自理工大学评委的肯定与好评。18个学生社团全年共组织360次活动,丰富了大学生的业余文化生活。

2007年,学院家庭经济困难学生获得国家助学金(含补助)104万元,其中,享受国家励志奖学金140人,每生2500元;享受国家助学金学生349人,每生1500元或750元。学院对没有享受到国家资助的165名经济困难学生给予每生500元的补助。

三、教学改革

学院广大教师面向实际,积极进行课程教学改革,尤其是注重教学方法的改革。自2004年以来,英语教授马建军带领公共英语、专业英语全体教师坚持进行"建构主义任务型教学法"改革、数学教授白同亮带领高等数学全体教师坚持进行"精讲多练教学法"改革,在2007年改革取得了突破性进展,取得了一系列丰硕成果。他们的成功经验也掀起了全院广大教师积极进行教学方法改革的热潮。例如,电子与信息学院教师于海霞实行"讲、练、议、读"四字教学法,通过启发式教学,实现了由填鸭式向互动式教学方式转变;管理学院教师于秀丽的《数据库系统与应用》课程教学采用"项目驱动教学法",通过分析实际项目开发实例,使学生原来感到抽象的理论知识变得通俗易懂。我院教学方法改革的典型事例层出不穷,根据学院每年举办的《教育论坛》优秀论文统计,约有200多名教师都在主动地研究与探索"以学生为中心"的课程教学方法改革,这些改革成果都在2007年得到进一步的创新、巩固和发扬。2007年全院75%的学生自觉参加的课程教学质量评价的结果证明,改革的效果得到了学生的广泛认同,教师教学积极性和学生学习积极性普遍高涨。

2007年,学院各专业培养计划调整仍继续贯彻实施"宽基础+精专业"的总体方案和原则,保持已有的基本框架。2007级培养计划,在基础课中,继续减少公共英语课学时,由544学时减到480学时;在专业课中,主要是根据社会需要的实际,调整了部分专业方向课程及相关实践环节的安排,大部分专业向"3+1"方案靠拢。调整后的2007级各专业培养计划,总体来说,与社会需求的实际更加贴近。全院466门课程教学大纲汇编成册,为应用型人才培养的各门课程教学提供了基本依据。

2007年学院有了第一届毕业生,人才培养工作完成了一个循环。学院在以系为单位进行了学院2003级人才培养工作总结，全面总结了学院人才培养工作基本经验和工作成果，也发现了工作中的问题，对改进今后学院人才培养工作有重要意义。

2007年人才培养的主要成果：学生科技创新项目《智能家居远程监控系统》获"博创杯"全国大学生嵌入式系统大赛一等奖（全国只有5所学校获得）；英语系05级学生参加全国英语专业四级考试通过率为62.07%，高于全国一、二本院校平均通过率3个百分点，高于全国独立学院通过率37.6个百分点；《数字电路与系统》获辽宁省精品课程，这是全省独立学院惟一一门精品课；电子技术研究室获辽宁省优秀教学团队，是全省独立学院惟一一个优秀教学团队；学院获辽宁省优秀民办教育学校称号，并在表彰会做题为"突破传统模式，探索教育新路"的典型发言；教育部新生电子注册检查组，赞扬学院学籍管理工作做得最好，并对学院人才培养及教学改革工作给予高度评价；工程管理系8名学生分别获"首届辽宁省普通高校大学生测绘之星大赛"（非专业组）一等奖（仅一名）和二等奖（设二名）；学生参加2007年国际数学建模竞赛，获得二等奖；建筑系2名学生的作品《售楼处设计》从全国394份作品中脱颖而出，在2007年全国大学生建筑设计作业观摩与评选中获得优秀作业奖，是参赛获奖院校中惟一一所独立学院。

四、教学管理

2007年，学院进一步细化教学过程管理，切实保证课程教学质量。教学工作的重点是加强教学过程质量管理，从认真落实《大连理工大学城市学院教师教学基本要求》中的具体要求开始，加强对课程教学各环节的检查，重点对任课教师的讲稿、多媒体教学进行了检查，收到较好的效果。教学测评工作通过将听课人员分为院系专家听课组、机关人员听课组和导师、辅导教师听课组三类后，测评的有效性和针对性得到提高。

2007年学院制定了《大连理工大学城市学院关于教学问题处理办法（试行）》，明确提出了教学问题的检查和处理办法，并通过《大连理工大学城市学院教学问题处理单》规范教学问题处理工作流程，使教学检查中发现的问题能够及时记录在案，并能进行跟踪处理；进一步修订《大连理工大学城市学院大学生学籍及教学管理办法》，并严格进行学生学籍处理，以切实保证人才培养质量。2006年秋季学期学生受到第一次学业警告25人，第二次学业警告退学1人；2007年春季学期学生受到第一次学业警告43人，第二次学业警告退学5人；2004级学生中有14人，因未完成学分超过12学分，不能参加毕业实践，做降级处理，随2005级学习。

2007年，学院继续严格进行新生入学复查工作，对27名入学测试成绩较低的新生进行试读处理，有效保证了新生学籍注册工作的严肃性。

五、队伍建设

学院队伍建设的重点之一是招聘工作。招聘教师的质量一年好于一年，2007年共引进学科带头人5人，骨干教师3人。计划招聘的2008年教师本科和硕士均在全国重点大学就读，目前已录用的39人，均为硕士以上毕业，其中有博士4人，学科带头人2人，骨干教师1人。

截止2007年底，学院全年共新进教职工117人，其中教师69人，行政及教辅人员11人，后勤37人，办理辞职和辞退74人。

2007年，学院进行了第二次教师职称评定，严格评定标准，评定副教授和资格副教授8人，讲师27人，助教69人。

为保持学院平稳发展，进一步规范人事管理工作，学院先后制定了《聘用退休人员暂行管理办法》、《外聘教师管理办法》、《关于重申教师不得从事校外兼职工作的通知》、《教职工人事管理办法》等，修订了《教职工薪酬管理办法》、《教职工考勤管理规定》、《教职工进修学习管理办法》等，并在工作中认真执行。

六、基本建设

2007年，新建学生宿舍4栋（8、9、10、11号楼）已投入使用。新建12000平方米体育馆基本竣工；学院校园网学生上网注册用户已达到3395人，新增网络信息点4236个，并在图书馆2～3楼东部区域开通了无线上网功能；图书馆全年入馆师生为53万多人次，现馆藏图书总计34万册，预订2008年期刊、杂志484种,报纸70种,全馆设有16个检索查询台;学院又投入大量资金,新扩建各类实验室18个。全院现有各类实验室、专业教室和创新实践室共计130个,计算机达到2062台,其中学生可用计算机已达1683台(包括公共机房和院系实验室)。

七、省市成人教育研究会工作

在省市教育主管部门的支持和全省成人高校信任下,学院作为辽宁省高校成人教育研究会常务副理事长和大连市高校成人教育研究会理事长,积极主动工作、满腔热忱服务,受到各级领导和省市会员单位的高度赞扬。

2007年12月10日,组织召开了大连市高校成人教育研究会2007年年会暨会员代表大会,会议通过了新修订的研究会《章程》,并全票推选大连理工大学继续担任研究会理事长单位,学院常务副院长翟钢军再一次当选为理事长。2007年12月21日至22日,组织全省50余所成人高校领导在辽宁大学,召开了辽宁省高校成人教育研究会2007年年会,省教育主管部门领导到会祝贺并讲话,研究会常务副理事长翟钢军代表常务理事会作了工作报告;组织辽宁省成人教育研究会学术委员会委员,对提交2007年年会的论文进行了认真评审,并将获奖的优秀论文以大连理工大学学报(社会科学版)2008年增刊的形式编辑刊发。

外 国 留 学 生 教 育

国际文化交流学院概况

2007年春季学期学院共招收留学生新生132人,使在校生数达294人;秋季学期招收留学生新生187人,在校生人数339名。2007年秋季学期留学生总数、学位生总数、同期留学生国别数三项指标均创历史新高。

一、全方位、多角度进行招生宣传及学院内部建设

充分利用媒体、网络等宣传形式,提高学校在海外的知名度和影响力,并完善了留学生招生网站;通过出访日本、韩国,巩固和加强了同国内外教育中介机构的联系,以吸引更多留学生选择来校学习;进一步拓宽了同国外大学进行的"3+1"联合培养的办学模式,目前我校与英国、美国、法国、俄罗斯、日本、韩国等国高校建立联系,使生源的数量及质量实现可持续发展。

加强汉语教师队伍的建设,逐步建立了一支相对稳定的专兼职汉语教师队伍,进一步提高汉语教师的教学、科研水平,稳步提高了汉语教学质量;积极组织申报留学生汉语言专业(经贸方向/企管方向);加强了留学生信息管理,及时掌握留学生动态;努力加强留学生与中国大学生的趋同化管理,积极调动本院专兼职教师、学生会中外学生干部在学生管理方面的作用,提高了处理突发事件的能力;留学生在省、市、校各级文艺演出、体育比赛中屡获佳绩。

二、提高来华留学生层次,扩大学位留学生规模

继续把学位留学生作为留学生工作的重点。加大了吸引自费学位留学生的力度,努力增加自费学位留学生的数量,适当增加了接收政府奖学金留学生的数量,与研究生院、教务处及相关院、系(部),处、办密切配合,逐步提高了全校各个部门、导师、教师及管理人员对接收培养外国留学生的认识,进一步规范了学位留学生的培养工作,集全校之力,逐步扩大高层次留学生规模,提高了学位留学生的培养质量。

在校外国留学生数统计

类　别	汉语进修生	本科生	硕士研究生	博士研究生
人数(春季)	237	44	7	6
人数(秋季)	268	56	9	6

在校外国留学生院系分布

院　系	人　数	
	春　季	秋　季
国际文化交流学院(汉语进修)	237	268
人文社会科学学院	13	16

(续表)

院系	人数	
	春季	秋季
管理学院	10	13
经济系	10	14
外国语学院	10	9
建筑与艺术学院	4	5
电子与信息学院	3	4
物理与光电学院	2	2
船舶学院	1	2
机械学院		1
电气与应用电子技术系	1	1
化工学院	1	2
环境与生命学院	1	1
土木水利学院	1	1

在校留学生国别分布

国别	人数		国别	人数		国别	人数	
	春季	秋季		春季	秋季		春季	秋季
阿塞拜疆	1		摩洛哥	1		丹麦		1
澳大利亚	1		尼日利亚	2	7	刚果(布)		1
巴基斯坦	1	1	日本	51	46	荷兰		2
贝宁	1	2	沙特	1	1	几内亚比绍		1
赤道几内亚	2	4	泰国	21	26	加蓬		1
德国	2	7	坦桑尼亚	2	2	南非		1
俄罗斯	28	49	新加坡	1	1	瑞士		1
法国	7		伊朗	2	2	塞尔维亚		1
韩国	116	113	意大利	2	1	塞内加尔		1
加拿大	1	1	印度尼西亚	1	2	斯洛文尼亚		1
柬埔寨	2	1	英国	23	12	苏丹		1
拉脱维亚	1		赞比亚	4	7	索马里		2
美国	5	10	中国(华侨)	2	3	乌克兰		1
蒙古	9	12	埃塞俄比亚		3	亚美尼亚		1
孟加拉	4	4	巴布亚新几内亚		1	也门		5

科　技　工　作

2007年科技工作综述

2007年科技工作紧紧围绕我校建设国际知名的高水平研究型大学的目标和学校科技工作计划要点，树立“坚持服务、积极组织、精心策划、卓越管理”新的工作理念，做好科技管理服务工作，全面提升我校的科技创新实力。

一、国家计划项目明显增加，科技经费再创新高

2007年在竞争压力日益加大的情况下，我校的国家科技计划立项取得较好成绩，科技经费总进款4.5538亿元，相比2006年增长36.90%。其中纵向经费为1.4480亿元，相比2006年增长25.80%；横向经费为3.1057亿元，相比2006年增长42.70%。2007年学校全口径科研经费6.26亿元，相比2006年增长20.85%。

国家自然科学基金一共获得资助项目135项，总经费5210万元，首次突破5000万元，实现批准经费数连续4年持续增长，其中国家创新研究群体项目(滚动支持)1项，经费450万元；杰出青年科学基金4项，经费740万元；海外青年学者合作研究基金1项，经费40万元；重点项目6项，经费834万元；面上项目112项，经费3070.5万元。较之2006年，国家自然科学基金我校牵头负责项目由125项增加为132项。2007年面上项目数在全国名列第17位。面上项目资助率为25.15%，高出全国平均资助率8个百分点，项目资助率在全国面上项目排行前20个单位中名列第7位。我校目前在研基金项目386项。平均每4.7名教师就有一个基金项目负责人。

由我校校长欧进萍院士作为专家组组长的国家自然科学基金重大研究计划“重大工程的动力灾变”通过实施方案论证并立项，其中我校张洪武教授申报的重点项目“重大工程动力灾变数值模拟平台软件的设计与开发”通过立项评审。这是我校重大研究计划重点项目零的突破。

国家“863”计划作为负责单位获得批准“863”专题类项目19项，总经费1677万元，其中探索导向类课题14项，经费1229万元；目标导向类项目2项，经费405万元，与2006年我校承担的专题类项目相比项目数增加8项，经费数增加1289万元。国家“973”计划作为负责单位获得批准“973”课题3项，经费1240万元，“973”前期专项项目1项，经费90万元。

国家科技计划重大专项方面，目前我校正集中力量积极组织参与“水体污染的控制与治理”、“高档数控机床与基础制造装备”、“极大规模集成电路制造装备及成套工艺”、“核心电子器件、高端通用芯片及基础软件产品”以及“大型油气田及煤层气开发”等重大专项，已取得重要进展。

二、发展产学研合作创新模式，服务社会能力进一步加强

学校积极抢抓东北振兴和构建创新型国家双重机遇，坚持以省市校企合作委员会平台建设为重心，加强校企合作新模式建设，稳步开拓科技合作区域，推广自主创新技术，服务社会经济发展。

2007年我校先后加入了国家层面的国家六部委联合发起的“新一代煤化工科技战略联盟”，“近净机械加工产业技术创新战略联盟”，“中国产学研合作促进会”等产学研联盟。与一批国内有影响的大企业建立了战略合作关系，如一汽集团、海洋石油工程股份有限公司等，使我校校企合作工作再上新台阶。

省市校企合作保持良好的发展态势，采用新模式与渤船重工渤海造船有限公司成立“渤海造

船-大工科技研发中心”;推进同华锦化工、济南钢铁等大型企业集团开展新模式科研基地共建工作;积极策划从重大工程应用领域提炼科学问题,现已推进了百万吨乙烯压缩机关键技术研制、核泵关键技术研究、全断面掘进机模拟试验平台、盐卤水循环利用等一批重大课题的申报与启动。

校企合作研究院成绩喜人,沈鼓-大工研究院2007年又开展新增课题15项,上年度结转9项课题,其2006年完成的15项科研项目,经鉴定1项达到国际先进水平、5项居国内领先水平、2项已直接应用于国家重大工程项目百万吨乙烯项目前期设计中。辽油-大工研究院2007年正式启动烟道气回收采油配套技术、盐卤水工厂化综合利用技术研究等2项产业项目,申报“‘一炉三注’配套装置研制与应用”项目获得中国石油天然气集团公司1000万元科技立项资助和辽河石油勘探局3000万元配套支持。

科技成果转化稳步发展,学校一方面积极开拓同经济发达地区(如张家港、慈溪、珠海)的科技合作,促成“煤焦化调湿与分级装置、高性能铜合金电磁半连铸技术”等一批有影响力的技术产业化;另一方面扎实开展省内平台建设与成果转化,组织推进了大连数控研究中心申报工作,跟踪促成了D-半胱氨酸、系列新兴阻燃剂助剂项目、臭氧发生器制备等一批产业化项目。

三、GF科技工作显示良好发展态势,资质建设工作基本完成

2007年我校GF科研紧紧围绕国家和GF发展重大需求,结合学校科技发展实际,不断拓展GF科研领域,特别是在航空、航天、船舶等领域GF合作得到不断巩固和发展,兵器领域合作有新的突破,GF科研进入了快速发展时期。截至目前为止,新签订GF项目110项,合同金额达到4133万元,进款金额达到2051万元,全年经费较去年增长约50%。

GF科技各项资质建设工作基本完成。经过组织全校9个项目组和6个职能部门9个月的努力工作,我校的GJB9001A-2001质量管理体系于9月通过了中国新时代质量体系认证中心的现场审核,已经获得质量资质证书。另外,6月份启动了WQ装备科研生产许可证认证工作,目前各项准备工作已基本就绪,认证申请书已上报省GF工办,等待批复后进行现场审核。

GF科研项目组织与管理工作得到加强,GF科研经费管理进一步规范,GF科研基地与团队的建设取得良好进展。与GF科研单位交流与合作取得重要突破,抓住中国大连高级经理学院2007年度第一期研讨班召开的机遇,先后与九家军工集团签订战略合作协议。以此为契机,我校与国防科技工业部门的联系得到全面加强。多层次、多方位走访中国兵器工业集团、中国兵器科学研究院、中国船舶重工集团、中国航天科技集团、中国航天科工集团、中国航空工业第一集团,及其所属研究院所,与集团的副总及相关部门负责人进行了广泛交流。接待来访,增强了解,先后接待GF领域来访人员200余人次。

四、基地与创新团队建设取得新进展,创新资源优势进一步加强

科研基地是科技创新的源发地,是承担高水平研究任务、聚集和培养高层次人才、开展学术交流的重要基地,是学科建设的支撑点。在科研基地的建设中,必须坚持面向国家重大需求和世界科技前沿,通过凝练科技目标,整合科研力量,促进学科交叉,优化科研布局,加强项目、基地、人才(群体)、成果的一体化建设,改善科研的环境和条件,增强学校科研的综合实力,提高科研的整体水平和创新能力。

2007年基地建设又有新的进展,“船舶制造国家工程研究中心”正式批准建设,获批建设经费1800万元;“海洋能源利用与节能教育部重点实验室”获得批准立项建设;“精密与特种加工教育部重点实验室”通过教育部组织的建设项目验收;“工程防灾减灾辽宁省重点实验室”获得批准建设;“动物性食品安全保障技术工程研究中心”被批准为教育部工程研究中心并完成建设项目论证。完成了辽宁省3个工程研究中心验收答辩工作。全面启动了三个国家重点实验室2008

年评估准备工作。

国际合作研发基地建设也取得了可喜的进展，分别与德国美因茨约翰内斯古滕贝格大学和日本 Napson 公司成立了“微化工技术研究中心”和“大连理工大学-Napson 联合实验室”。

学校跨学科创新平台建设和学科交叉研究进一步加强。先后成立了跨院系的“能源研究院”和“深海工程研究中心”。为促进数学学科与其它学科交叉和融合，进一步优化学科布局，2007 年设立了“数学＋X”交叉学科建设专项，启动并批准立项 20 项，经费 52 万元。为推动理学学科的可持续发展，提高理学学科综合竞争力，学校设立了“大连理工大学理学研究基金”，目前已经启动运行，共批准项目 17 项，经费 76 万元。

科研团队和人才项目取得丰硕成果，张洪武教授作为负责人的“计算力学与工程科学计算”国家创新研究群体在极其艰难的情况下很好地完成了三年的预期目标，通过 2007 年度国家创新研究群体实施情况考核评估答辩，获得了第二个三年的滚动支持，经费 450 万元。张淑芬教授率领的“光能转化分子创新设计合成及应用研究”科研团队入选教育部创新团队。王友年教授和王伟教授率领的两个科研团队入选辽宁省高等学校科研创新团队。尤为可喜的是，在人才项目方面取得历史好成绩，材料学院的雷明凯教授、管理学院的胡祥培教授、化工学院的彭孝军教授和邱介山教授获得国家杰出青年科学基金。有 14 名青年教师入选教育部新世纪人才支持计划。还有 4 位教授入选辽宁省高等学校优秀人才支持计划。

五、科技成果喜人，国家科技奖励再获好成绩

2007 年我校科技成果奖励取得历史好成绩，四项成果获国家级奖励。刘黎明教授的“基于能源节约型低能耗激光增强电弧高效焊接集成技术”获得国家技术发明二等奖；李玉成教授的“开孔消浪沉箱结构波浪力计算方法的研究及应用”和李宏男教授的“多高层建筑多维抗震分析与振动控制——理论及工程应用”两项成果获得国家科技进步二等奖；沈永明教授作为第二负责人的“不同水动力条件下污染物输移过程及系统耦合模型研究”获得国家自然科学二等奖。省部级一等奖 4 项，二等奖 12 项，其中获得 2007 年教育部高等学校科学技术奖一等奖 4 项（1 项自然科学一等奖，1 项技术发明一等奖，2 项科技进步一等奖），二等奖 5 项（3 项自然科学二等奖，2 项科技进步二等奖）；辽宁省政府科学技术奖二等奖 3 项。

我校 SCI、EI、ISTP 三大检索收录论文数量在全国高校排名继续保持前列，连续 4 年保持在全国高校前 20 名以内，并较上年度有大幅增长。2006 年 SCI 论文收录 889 篇，排名第 17；EI 论文收录 1166 篇，排名第 9；ISTP 论文收录 495 篇，排名第 14。论文的被引用篇数和次数也呈现快速上升的势头，显示出我校基础研究和应用基础研究整体实力的不断增强和部分专业强劲的优势。2007 年专利申请和授权数继续保持良好势头，共申请专利 224 项，其中发明 205 项，实用新型 19 项；专利授权 97 项，其中发明 80 项，实用新型 17 项。

六、人文社科研究进一步加强

人文社会科学研究方面也取得可喜的进步，2007 年获得国家社科基金 3 项，经费 22.50 万元；获得教育部社科基金 3 项，经费 13 万元；获得省教育厅社科项目 12 项。辽宁省第十届社科优秀成果奖经过社会价值、学术水平和复评终审三轮评审，我校有 10 项成果入围，其中一等奖 2 项，二等奖 3 项，三等奖 5 项。成果入围质量之高得到了主管部门的认可和好评。

为进一步繁荣发展我校人文社会科学研究工作，提升我校科研实力，2007 年特设立了大连理工大学人文社科基金，共批准 56 个项目，其中重大项目 4 项，重点项目 10 项，一般项目 42 项，资助经费总计 112 万元。这是我校在人文社会科学研究方面的一个重要举措。

2007 年全校科研经费情况统计

经费类别	年份		增长率/%
	2006 年/万元	2007 年/万元	
纵向科研经费	11 507.1	14 480.7	25.8
横向科研经费	21 763.1	31 057.4	42.7
合　计	33 270.2	45 538.1	36.9

各院系科研进款情况统计

序号	院　系	纵向经费/万元	横向经费/万元	合计/万元
1	化工学院	1458.6	6196.0	7654.6
2	土木水利学院	1661.4	4115.7	5777.1
3	机械学院	1178.7	2840.6	4019.3
4	物理与光电学院	2275.2	367.9	2643.1
5	工程力学系	1081.0	1396.1	2477.1
6	管理学院	915.7	1249.0	2164.7
7	电子与信息学院	685.0	1212.2	1897.2
8	材料学院	850.9	1017.0	1867.9
9	环境与生命学院	741.9	1069.9	1811.8
10	船舶系	433.2	1068.5	1501.7
11	能源与动力学院	472.5	979.5	1452.0
12	建筑与艺术学院	108.7	684.9	793.6
13	电气与应用电子技术系	66.9	572.4	639.3
14	应用数学系	131.7	95.8	227.5
15	人文社会科学学院	70.5	131.8	202.3
16	经 济 系	113.8	65.5	179.3
17	软件学院	35.0	66.5	101.5
18	外国语学院	42.1	29.9	72.0
19	高科技院	21.4	4.0	25.4
20	体育教学部	0	24.9	24.9
21	其　他	2136.5	7869.3	10 005.8
合　计		14 480.7	31 057.4	45 538.1

2000～2006年SCI、EI、ISTP收录数及在全国高校排名

时间/年	SCI		EI		ISTP	
	篇数	排名	篇数	排名	篇数	排名
2000	163	23	160	23	61	15
2001	231	19	193	21	61	28
2002	326	19	315	15	156	16
2003	449	18	425	14	145	25
2004	573	16	613	9	304	10
2005	760	17	1023	9	440	11
2006	889	17	1166	9	495	14

2007年各院系发表论文情况统计

序号	单　位	论文总篇数	国际刊物	国内刊物	国际会议	国内会议
1	化工学院	647	212	285	84	66
2	土木水利学院	405	41	292	52	20
3	机械学院	338	50	288	0	0
4	工程力学系	306	63	128	63	12
5	电子与信息学院	277	34	140	86	17
6	物理与光电学院	273	123	127	9	14
7	环境与生命学院	257	68	155	18	16
8	材料学院	185	80	78	23	4
9	能源与动力学院	171	12	102	16	41
10	应用数学系	145	110	29	6	0
11	经济系	98	8	80	6	4
12	建筑与艺术学院	91	2	61	9	19
13	人文社会科学学院	69	2	49	5	13
14	电气与应用电子技术系	67	6	50	9	2
15	管理学院	33	3	98	8	4
16	船舶系	31	6	21	4	0
17	外国语学院	31	1	25	2	3
18	高科技院	28	25	3	0	0
19	图书馆	19	0	18	0	1
20	软件学院	17	2	10	4	1
21	体育教学部	6	0	3	1	2
合　计		3495	848	2042	405	210

2007 年各院系科技获奖情况汇总

序号	获奖单位	获奖数量	国家奖		省、部奖			地、市奖		
			一等	二等	一等	二等	三等	一等	二等	三等
1	材料学院	6		1		3+1(2)			1(2)	
2	船舶系									
3	电气与应用电子技术系									
4	电子与信息学院	3		1(3)		1(2)	1			
5	管理学院	2						1	1(2)	
6	化工学院	6			1	3		1	1	
7	环境与生命学院	4			1	1			1(2)+1(3)	
8	机械学院	2			1			1		
9	建筑与艺术学院									
10	经济系	4					2		1	1
11	工程力学系	1				1				
12	能源与动力学院	1					1			
13	人文社会科学学院	1								1
14	软件学院	1					1			
15	应用数学系									
16	土木水利学院	12		2+1(2)	1+1(4)	3+1(2)	2		1	
17	物理与光电学院									
合计		43		5	5	14	7	3	7	2

注:“(　)”中为我校在获奖单位中的排序。

2007 年科技成果主要获奖情况

国家科学技术奖

序号	获奖奖种	获奖等级	项目名称	我校获奖人及排序	获奖单位及排序
1	技术发明奖	二等	基于能源节约型低能耗激光增强电弧高效焊接集成技术	刘黎明　刘顺华　宋　刚　王　来　张兆栋	大连理工大学
2	科技进步奖	二等	多高层建筑多维抗震分析与振动控制——理论及工程应用	李宏男　李云贵　滕　军　冼巧玲　霍林生　李　钢　李　兵　王苏岩　贾　影　孙　丽	大连理工大学、中国建筑科学研究院、哈尔滨工业大学深圳研究生院、广州大学、沈阳建筑大学
3	科技进步奖	二等	开孔消浪沉箱结构波浪力计算方法的研究及应用	李玉成　滕　斌　孙大鹏　陈雪峰　刘洪杰　孙　路　张宁川　刘　勇　姜俊杰　马宝联	大连理工大学
4	自然科学奖	二等	不同水动力条件下污染物输移过程及系统耦合模型研究	沈永明(第 2)	河海大学、大连理工大学
5	技术发明奖	二等	电子聚合物薄膜气湿敏传感器技术	唐祯安(第 6)	大连理工大学(第 3)

高等学校科学技术奖

序号	获奖奖种	获奖等级	项目名称	主要获奖人及排序	获奖单位及排序
1	自然科学奖	一等	煤基微纳米炭材料的选控制备及其催化性能研究	邱介山　梁长海　赵宗彬　周　颖　辛　勤	大连理工大学、中国科学院大连化学物理研究所
2	技术发明奖	一等	导弹(硬脆材料复杂曲面)天线罩粘接和强度筛选技术与设备	贾振元　郭东明　康仁科　王永青　金洙吉　刘　畅	大连理工大学
3	科技进步奖	一等	高拱坝材料动态特性和地震破坏机理研究及其在大坝抗震安全评价中的应用	林　皋　陈建云(第5)　胡志强(第6)　李建波(第7)　刘　君(第9)　肖诗云(第11)　钟　红(第13)	大连理工大学、中国水利水电科学研究院、北京交通大学、郑州大学、烟台大学
4	科技进步奖	一等	城市污水循环利用模式与实践	全　燮　杨凤林　张兴文　张捍民　童　健　张耀斌	大连理工大学、大连春兴水处理科技发展有限公司
5	自然科学奖	二等	多孔多相介质力学及耦合问题的理论、模型化与数值方法	李锡夔　张洪武　武文华	大连理工大学
6	自然科学奖	二等	水资源与防洪系统工程可变模糊集理论及方法	陈守煜　周惠成　李登峰　熊德琪　王国利	大连理工大学
7	自然科学奖	二等	非线性波浪力对海上工程结构的作用	滕　斌　李玉成　董国海　宁德志　勾　莹　柳淑学　孙大鹏	大连理工大学
8	科技进步奖	二等	自固定化酵母细胞酒精连续发酵技术	白凤武　李荣杰　任剑刚　薛培俭　葛旭萌　宋家林　赵心清　蔡其海　孜力汗　陈　修　袁文杰　穆晓玲　陈丽杰　李　宁　冯朴荪	大连理工大学、安徽丰原集团有限公司
9	科技进步奖	二等	混凝土自锚式悬索桥分析理论和设计技术研究	张　哲　黄才良　邱文亮　檀永刚　郑江敏　石　磊　潘盛山　王会利　张　勇　许福友	大连理工大学、江山市城市规划设计院
10	自然科学奖	二等	结构复杂系统鲁棒控制理论的研究及应用	张焕水　王　伟　张维海　卢　晓	山东大学、大连理工大学

中国石油和化学工业科学技术奖

序号	获奖奖种	获奖等级	项目名称	主要获奖人及排序	获奖单位及排序
1	技术发明奖	二等	纤维复合材料预浸湿法缠绕工艺技术用环氧树脂基体	陈　平　刘　扬　王士巍　王秀杰　于　祺　陆　春	大连理工大学、哈尔滨玻璃钢研究院、沈阳航空工业学院
2	科技进步奖	三等	焦炭塔安全性评价及寿命预测	王　正　张西义　肖　光　吕胜杰　王　璐	大连理工大学、石家庄炼油化工股份有限公司

华夏建设科学技术奖

序号	获奖奖种	获奖等级	项目名称	主要获奖人及排序	获奖单位及排序
1	科技进步奖	三等	红石水电站厂房抗振加固的理论与试验研究和工程实施	马震岳 路振刚 沈成能 王广成 王溢波	大连理工大学、白山发电厂

中国机械工业科学技术奖

序号	获奖奖种	获奖等级	项目名称	主要获奖人及排序	获奖单位及排序
1		二等	优质、高效镁合金焊接材料的制备及其应用技术	刘黎明 张兆栋 王 来 刘顺华 季首华 郝新锋 宋 刚 王同敏 祝美丽 陈国清	大连理工大学

中国材料研究学会科学技术奖

序号	获奖奖种	获奖等级	项目名称	主要获奖人及排序	获奖单位及排序
1		二等	优质、高效镁合金焊接材料的制备及其应用技术	刘黎明 王 来 张兆栋 宋 刚 蔡东红 祝美丽 李长茂	大连理工大学

大禹水利科学技术奖

序号	获奖奖种	获奖等级	项目名称	主要获奖人及排序	获奖单位及排序
1		一等	辽河流域防洪调度新方法及应用研究	周惠成(第6)	辽宁省供水局、辽宁省水文水资源勘察局、辽宁省河务局、大连理工大学

辽宁省政府科学技术奖

序号	获奖奖种	获奖等级	项目名称	主要获奖人及排序	获奖单位及排序
1	自然科学奖	二等	等离子体基低能离子注入技术原理与工艺研究	雷明凯 朱雪梅 张仲麟 袁力江	大连理工大学、大连交通大学
2	技术发明奖	二等	预浸湿法复合材料缠绕工艺技术用环氧树脂基体	陈 平 刘 扬 王士巍 王秀杰 陆 春 于 祺	大连理工大学、沈阳航空工业学院
3	技术发明奖	二等	沸石分子筛膜的制备及其应用研究	王金渠 鲁金明 殷德宏 杨建华 张雄福 张 艳	大连理工大学

（续表）

序号	获奖奖种	获奖等级	项 目 名 称	主要获奖人及排序	获奖单位及排序
4	自然科学奖	三等	模糊集与模糊系统理论及其应用研究	刘晓东 王 伟 张运杰	大连理工大学、大连海事大学
5	自然科学奖	三等	面向嵌入式应用开发的虚拟实时操作系统	郭 禾 王宇新 陈 锋 唐 达 刘天阳	大连理工大学
6	自然科学奖	三等	污水/海水水源热泵供热决策研究	端木琳 舒海文 于子恢 赵金玲 刘爱博 王文桐 全 明	大连理工大学、大连市集中供热办公室、大连市排水处
7	自然科学奖	三等	辽宁省工业企业自主创新体系建设研究	张耀军 原毅军 吴作章 王 宏 程 海 刘 玲 谭绍鹏	大连理工大学、辽宁省经济委员会、辽宁省财政厅
8	自然科学奖	三等	我国科技力量布局与区域创新资源整合战略研究	刘凤朝 邹 晶 潘雄锋 孙玉涛 施定国 沈 能 王元地	大连理工大学

大连市科学技术进步奖

序号	获奖奖种	获奖等级	项 目 名 称	主要获奖人及排序	获奖单位及排序
1	技术发明奖	一等	纤维复合材料预浸湿法缠绕工艺技术用环氧树脂基体	陈 平 刘 扬 王秀杰 王士巍 于 祺	大连理工大学
2	科技进步奖	一等	集装箱岸边起重机仿真训练系统	王德伦 高顺德 薛 林 姜立学 滕儒民 曹旭阳 焦 博 杨 霞 杜汉平 郑亚辉	大连理工大学、大连市特种设备监督检验所
3	科技进步奖	一等	大连经济技术开发区生态工业园区建设规划研究	武春友 戴大双 耿 勇 朱庆华 徐雨森 于惊涛 王国红 宋金波 卢小丽 曲 英	大连理工大学、大连开发区环保局
4	技术发明奖	二等	沸石分子筛膜的制备及其应用研究	王金渠 鲁金明 殷德宏 杨建华 祝 刚 鲍钟英	大连理工大学
5	科技进步奖	二等	我国科技力量布局与区域创新资源整合战略研究	刘凤朝 邹 晶 潘雄锋 孙玉涛 施定国 沈 能 王元地	大连理工大学
6	科技进步奖	二等	《新型被动式太阳能建筑采暖与降温专项技术及设备的研究开发》——变色采暖降温太阳墙	陈 滨 张景隆 孙延福 庄 智 张立成 薛 静 陈翠英	大连理工大学、大连太阳房阳光采暖设备有限公司

(续表)

序号	获奖奖种	获奖等级	项目名称	主要获奖人及排序	获奖单位及排序
7	科技进步奖	三等	临港产业集群研究	原毅军 惠 凯 丁永健 刘 丹 董 琨	大连理工大学、大连市港口与口岸局
8	科技进步奖	三等	大连建设创新型城市研究报告	刘则渊 姜照华 薛 军 张文雷 雷 平	大连理工大学、大连市委政策研究室
9	科技进步奖	二等	常见皮肤癣菌核糖体基因研究及皮肤癣菌病的快速诊断	安利佳(第2) 金礼吉(第6)	大连医科大学、大连理工大学
10	科技进步奖	二等	城市污水深度处理-电厂回用成套技术及水电联产应用实践	张兴文 于长敏 杨凤林 张桂玲 李文霞 童 健 邓文涛	大连春兴水处理科技发展有限公司、大连热电股份有限公司、大连理工大学
11	科技进步奖	二等	大连市纪检监察综合业务管理系统	王延章(第2) 李怀明(第4)	大连市纪律检查委员会、大连理工大学、大连倚天软件有限公司

浙江省科学技术奖

序号	获奖奖种	获奖等级	项目名称	主要获奖人及排序	获奖单位及排序
1	科技进步奖	二等	铜及铜合金板带坯水平电磁连续铸造技术	李廷举 张兴国(第3) 周文龙(第5)	大连理工大学(第2)

河南省科学技术进步奖

序号	获奖奖种	获奖等级	项目名称	主要获奖人及排序	获奖单位及排序
1	科技进步奖	二等	钢纤维高强混凝土材料与结构性能研究	黄承逵(第5)	大连理工大学(第2)

辽宁省人文社科成果奖

序号	类别	获奖等级	项目名称	获奖人	获奖单位
1	论文	一等	“由技至道”——中国传统的技术哲学理念	王 前	人文社会科学学院
2	专著	一等	科技管理伦理导论	戴艳军	人文社会科学学院
3	论文	二等	中国商业银行成本效率实证研究	迟国泰	管理学院
4	研究报告	二等	辽宁省工业企业自主创新能力评价与体系建设研究	原毅军	经济系

（续表）

序号	类别	获奖等级	项目名称	获奖人	获奖单位
5	论文	二等	信息结构、风险偏好与盈余操纵行为——一次实验研究结论	姚　宏	管理学院
6	研究报告	三等	我国科技力量布局与区域创新资源整合战略研究	刘凤朝	经济系
7	研究报告	三等	基于绿色供应链管理的企业国际竞争力提升战略规划与对策	朱庆华	管理学院
8	研究报告	三等	2003 年大连市公众科学素养调查报告	刘则渊	人文社会科学学院
9	论文	三等	制度经济学视角下的城市社区管理体制创新探析	蔡小慎	人文社会科学学院
10	论文	三等	科学技术的科学定位及其学科体系	王续琨	人文社会科学学院

其　他

序号	获奖奖种	获奖人	获奖单位
1	第十届中国青年科技奖	吕小兵　刘黎明	大连理工大学
2	第六届辽宁省青年科技奖	吕小兵　刘黎明	大连理工大学
3	第六届辽宁青年科技奖十大英才	吕小兵	大连理工大学

2007 年专利申请和授权情况汇总

序号	单　位	申请数			授权数		
		合　计	发　明	实用新型	合　计	发　明	实用新型
1	化工学院	74	73	1	33	30	3
2	环境与生命学院	38	37	1	5	5	0
3	机械学院	35	33	2	12	11	1
4	土木水利学院	23	18	5	9	5	4
5	材料学院	16	15	1	9	6	3
6	电子与信息学院	9	9	0	2	2	0
7	物理与光电学院	9	9	0	4	3	1
8	能源与动力学院	5	4	1	14	14	0
9	电气与应用电子技术系	6	2	4	7	6	1
10	船舶工程系	4	2	2	3	3	0
11	工程力学系	2	2	0	3	2	1
12	管理学院	1	1	0	0	0	0
13	其他	4	2	2	0	0	0
合　计		226	207	19	101	87	14

各院系获得专利授权情况一览

序号	专利名称	第一发明人	单位	授权公告日	专利号	类型
1	一种高储氢量和低V含量的Ti-Cr-V固溶体合金	董闯	材料学院	2007-8-15	200710012496.4	发明
2	一种以气体碳源热处理制备碳包覆纳米复合颗粒的方法	董星龙	材料学院	2007-12-25	200710159312.7	发明
3	一种非连续体导电介质吸波平板及制备方法	段玉平	材料学院	2007-7-11	200710012106.3	发明
4	大面积直流脉冲等离子体基低能离子注入装置	雷明凯	材料学院	2007-4-30	200710101587.5	发明
5	一种铝合金的防腐蚀方法	刘黎明	材料学院	2007-2-5	200710010330.9	发明
6	一种用于填丝焊的活性焊接方法	刘黎明	材料学院	2007-2-12	200710010464.0	发明
7	一种用于镁合金焊接的活性剂	刘黎明	材料学院	2007-2-12	200710010469.3	发明
8	镁合金丝的扩散连接连续挤压方法	刘黎明	材料学院	2007-10-29	200710157874.8	发明
9	一种水泥基复合吸波材料及其制备方法	刘顺华	材料学院	2007-4-18	200710011004.X	发明
10	一种树脂基双层复合材料吸波平板及其制备方法	刘顺华	材料学院	2007-4-18	200710011005.4	发明
11	一种用助镀剂改善铜铝冶金结合界面的方法	刘顺华	材料学院	2007-8-7	200710012434.3	发明
12	一种SnZn系无铅钎料用助焊剂及其制作方法	马海涛	材料学院	2007-1-16	200710010114.4	发明
13	一种防止两端先翘起的管网式血管支架	齐民	材料学院	2007-4-20	200720011814.0	实用新型
14	一种绝缘高磁性能的复合稀土永磁材料	齐民	材料学院	2007-1-16	200710010115.9	发明
15	一种制备高室温塑性镁合金板材的方法	王轶农	材料学院	2007-4-26	200710011159.3	发明
16	复杂形状几何体的覆膜粉体激光选区效整体成型方法	姚山	材料学院	2007-4-4	200710010885.3	发明
17	船舶上层建筑整体吊装用吊架及吊装工艺	纪卓尚	船舶学院	2007-12-12	200710158987.X	发明
18	曲面钢板水火成形装置	纪卓尚	船舶学院	2007-4-25	200720011914.3	实用新型
19	曲面钢板加工长臂机械手	汪骥	船舶学院	2007-4-25	200720011912.4	实用新型
20	雨滴取样器	薛燕妮	创新院	2007-6-5	200710011617.3	发明
21	一种夹式可拆卸脚轮安装装置	赵兴	创新院	2007-4-4	200710010886.8	发明
22	一种评估船用低压橡胶绝缘电缆剩余寿命的方法	李国锋	电气与应用电子技术系	2007-12-27	200710159321.6	发明
23	介质阻挡放电等离子体氧化/溶液吸收联合处理废气的装置及方法	李杰	电气与应用电子技术系	2007-12-29	200710159338.1	发明

（续表）

序号	专利名称	第一发明人	单位	授权公告日	专利号	类型
24	一种筒式介质阻挡放电活性炭再生装置	李杰	电气与应用电子技术系	2007-7-11	200720013296.6	实用新型
25	一种电晕放电等离子体水处理装置	李杰	电气与应用电子技术系	2007-7-11	200720013297.0	实用新型
26	一种自冷却介质阻挡放电臭氧水处理装置	李杰	电气与应用电子技术系	2007-12-29	200720185381.0	实用新型
27	一种混合型静止无功发生器	孙辉	电气与应用电子技术系	2007-11-29	200720016343.2	实用新型
28	实现自感知执行器的时分复用解耦法与控制系统	董维杰	电子与信息学院	2007-2-5	200710010410.4	发明
29	一种范例推理与 Fuzzy ARTMAP 网络相结合的遥感影像分类方法	韩敏	电子与信息学院	2007-4-20	200710011067.5	发明
30	基于色调模式的检测多种篡改的数字图像取证方法	孔祥维	电子与信息学院	2007-4-20	200710011066.0	发明
31	一种基于字符打印特征的打印机取证方法	孔祥维	电子与信息学院	2007-8-22	200710012584.4	发明
32	一种自动切割被加工物裙边的装置及方法	李明伟	电子与信息学院	2007-11-1	200710157930.8	发明
33	计算机控制的极坐标定位装置及方法	李明伟	电子与信息学院	2007-11-1	200710157925.7	发明
34	全断面大型掘进装备的动态协调控制系统	邵诚	电子与信息学院	2007-12-25	200710159317.X	发明
35	光纤嵌入式低电压驱动毛细管电泳芯片	闫卫平	电子与信息学院	2007-2-1	200710010279.1	发明
36	基于中文标点符号的三重网页文本内容识别及过滤方法	宋明秋	管理学院	2007-4-18	200710011057.1	发明
37	智能多媒体中央控制器	刘爽	国资处	2007-12-21	200720185143.X	实用新型
38	一种内部含膦配体的交联微胶囊高分子材料的制备方法	包明	化工学院	2007-11-27	200710158633.5	发明
39	回收混合气体中二氧化碳的复合脱碳溶液	盖群英 张永春	化工学院	2007-5-15	200710011329.8	发明
40	一种低能耗高转化率和高选择性的芳甲醚快速合成方法	高占先	化工学院	2007-12-6	200710158795.7	发明
41	一种冷冻保存神经干细胞的方法	葛丹	化工学院	2007-5-11	200710011279.3	发明
42	原儿茶酸在促进神经干细胞体外增殖及诱导分化方面的用途	关水 刘天庆	化工学院	2007-4-16	200710011030.2	发明
43	活化硼镁铁矿的方法	胡德生	化工学院	2007-10-10	200710157450.1	发明
44	一种含有序介孔结构沸石分子筛的制备方法	胡浩权	化工学院	2007-6-11	200710011690.0	发明
45	一种在固体酸催化剂上制造金刚烷的新方法	纪敏	化工学院	2007-8-6	200710012414.6	发明
46	由短链烷基苯与长链烯烃制造支链长链烷基苯的方法	纪敏	化工学院	2007-8-6	200710012413.1	发明

（续表）

序号	专利名称	第一发明人	单　位	授权公告日	专利号	类型
47	一种在固体酸催化剂上制造挂式四氢双环戊二烯的新方法	纪　敏	化工学院	2007-8-24	200710012591.4	发明
48	梓醇的制备新方法和含它的药物组合物及用途	姜　波	化工学院	2007-12-29	200710159335.8	发明
49	一种 2.7-二嗅芴的制备方法	姜文凤	化工学院	2007-6-14	200710011739.2	发明
50	丁二烯/异戊二烯/苯乙烯星形梳状聚合物及其制备方法	李　杨	化工学院	2007-10-9	200710157403.7	发明
51	结晶一非结晶一结晶立构三嵌段聚丁二烯及其制备方法	李　杨	化工学院	2007-10-9	200710157402.2	发明
52	一种联苯类化合物的制备方法	刘　春	化工学院	2007-5-15	200710011330.0	发明
53	一种利用固定化酵母细胞与渗透蒸发膜耦合连续发酵葡萄糖木糖的方法	刘天庆	化工学院	2007-12-18	200710159081.X	发明
54	非晶态镍合金催化 m-(β一羟乙基砜)硝基苯加氢制 m-(β一羟乙基砜)苯胺的方法	吕连海	化工学院	2007-6-18	200710011807.5	发明
55	一种甲氧基硝基化合物高选择性催化加氢制备甲氧基苯胺的方法	吕连海	化工学院	2007-6-18	200710011805.6	发明
56	一种非晶态镍铝合金催化硝基 T 酸加氢制备氨基 T 酸的方法	吕连海	化工学院	2007-6-18	200710011806.0	发明
57	一种 N一(3一硝基一4一甲氧基苯基)乙酰胺中的硝基催化加氢方法	吕连海	化工学院	2007-6-18	200710011804.1	发明
58	一种制备含 2-羟乙基砜基苯胺衍生物的方法	吕荣文	化工学院	2007-4-20	200710011064.1	发明
59	一种高浓度复合活性染料	吕荣文	化工学院	2007-9-4	200710012746.4	发明
60	用于合成聚碳酸酯的双功能催化剂	吕小兵	化工学院	2007-3-21	200710010706.6	发明
61	一种叠层式染料敏化太阳能电池	马廷丽	化工学院	2007-11-27	200710158630.1	发明
62	一种利用电气石复合催化氧化去除水藻的方法	马　伟	化工学院	2007-11-21	200710158505.0	发明
63	一种混合蒸气冷凝强化传热方法	马学虎	化工学院	2007-7-7	200710012021.5	发明
64	含双平行主链结构低表面能氟硅氧烷低聚物及其合成方法	马学虎	化工学院	2007-10-31	200710157923.8	发明
65	有机溶剂回收用的多效逆流降膜蒸发系统	马学虎	化工学院	2007-10-31	200710157884.1	发明
66	一种基于硼泥制备泡沫玻璃的方法	宁桂玲	化工学院	2007-4-4	200710010883.4	发明
67	一种基于硼泥制备泡沫玻璃锦砖的方法	宁桂玲	化工学院	2007-7-12	200710012107.8	发明
68	一种硬脂酸盐干法包覆改性水镁石粉体的方法	宁桂玲	化工学院	2007-7-16	200710012170.1	发明

（续表）

序号	专利名称	第一发明人	单位	授权公告日	专利号	类型
69	一种利用硼泥制备轻质多孔保温砖的方法	宁桂玲	化工学院	2007-8-3	200710012380.0	发明
70	一种利用含硅尾矿制备轻质多孔保温砖的方法	宁桂玲	化工学院	2007-8-24	200710012589.7	发明
71	一种制备溶剂型蓄能发光涂料的方法	宁桂玲	化工学院	2007-12-15	200710159005.9	发明
72	细胞内镉离子检测用氟硼染料荧光探针	彭孝军	化工学院	2007-1-16	200710010109.3	发明
73	一类双氯基二苯乙烯双光子荧光染料	彭孝军	化工学院	2007-3-16	200710010784.6	发明
74	氯代硝基苯加氢合成氯代苯胺的炭纳米材料负载金属催化剂的制备方法	邱介山	化工学院	2007-3-3	200710010542.7	发明
75	用醇类化合物选择性催化氧化制备醛或酮类化合物的方法	邱介山	化工学院	2007-12-6	200710158796.3	发明
76	抗干扰型铜/硫酸铜参比电极	任厚珉	化工学院	2007-7-10	200720013287.7	实用新型
77	一种无氯高效复合增强型固体水泥助磨剂及生产方法	石　勇	化工学院	07-12-21	200710059167.2	发明
78	间二硝基苯选择性还原制备间硝基苯胺的方法	陶　源	化工学院	2007-8-13	200710012478.6	发明
79	控释软膏组合基质及其制备方法	汪　晴	化工学院	2007-4-27	200710011196.4	发明
80	一种双金属磷化物加氢精制催化剂	王安杰	化工学院	2007-1-9	200710010083.2	发明
81	氢等离子体还原法制备金属磷化物加氢精制催化剂的方法	王安杰	化工学院	2007-1-9	200710010082.8	发明
82	一种介-微孔复合材料及其合成方法	王安杰	化工学院	2007-1-9	200710010081.3	发明
83	一种制备碱式碳酸镁三维纳米花结构的方法	王宝和	化工学院	2007-5-26	200710011472.7	发明
84	聚苯胺纳米纤维/高岭土纳米复合材料及其制备方法	王宝祥	化工学院	2007-1-17	200710010116.3	发明
85	氧化钛/聚苯胺纳米纤维杂化材料及其制备方法	王宝祥	化工学院	2007-4-21	200710011078.3	发明
86	杂原子沸石分子筛膜渗透蒸发回收糠醛废水中乙酸的方法	王金渠	化工学院	2007-10-26	200710157800.4	发明
87	用于低品质轻油催化改质催化剂的制备方法和应用	王祥生	化工学院	2007-6-11	200710011689.8	发明
88	一种新型复合固体酸催化剂及应用	王祥生	化工学院	2007-12-29	200710159336.2	发明
89	含羧基侧基聚芳醚共聚物及其制备方法	王忠刚	化工学院	2007-9-19	200710012929.6	发明
90	具有低表面能的含氟聚酯及其制备方法	王忠刚	化工学院	2007-9-30	200710157338.8	发明

（续表）

序号	专利名称	第一发明人	单　位	授权公告日	专利号	类型
91	全氟烷基取代的苷双二亚胺及其衍生物和制备方法	肖　义	化工学院	2007-9-3	200710012728.6	发明
92	一类2,3,6,7-四氨基-9,9'-二烷基取代芴及其制备方法	肖　义	化工学院	2007-9-3	200710012727.1	发明
93	固体燃料催化气化制富氢气的方法	徐绍平	化工学院	2007-5-4	200710011214.9	发明
94	生物质与煤快速共热解制备液体燃料的方法	徐绍平	化工学院	2007-8-29	200710012661.6	发明
95	以坡缕石为载体的镍基生物质焦油水蒸气重整制氢催化剂及其制备方法	徐绍平	化工学院	2007-10-10	200710157439.5	发明
96	液体高效水泥助磨增强剂及生产方法	薛方红	化工学院	2007-12-25	200710159313.1	发明
97	用于染料敏化太阳能电池的磷酸酯类电解质溶剂	杨希川	化工学院	2007-12-6	200710158798.8	发明
98	多级组合式流化-移动床干燥器及其干燥方法	于才渊	化工学院	2007-2-15	200710010474.4	发明
99	一种革兰氏阴性菌微胶囊的制备方法	于才渊	化工学院	2007-4-5	200710010904.2	发明
100	胺糖聚糖负载CD133抗体的金属血管支架涂层与制法	张世轩	化工学院	2007-10-10	200710157449.9	发明
101	一种沸石生长调控大孔载体制备微滤或超滤复合膜的方法	张雄福	化工学院	2007-10-31	200710157885.6	发明
102	一种利用沸石层调控大孔载体制备钯-沸石复合膜的方法	张雄福	化工学院	2007-12-18	200710159082.4	发明
103	一种多用途高效荧光光纤化学与生物传感器组件	赵建章	化工学院	2007-11-21	200710016145.6	发明
104	具有双螺环结构的含溴聚磷酸酯阻燃剂的制备方法	郑玉斌	化工学院	2007-3-16	200710010655.7	发明
105	聚溴化苯乙烯及其单体的制备方法	郑玉斌	化工学院	2007-3-16	200710010654.2	发明
106	一种水热合成硼酸镁的方法	仲剑初	化工学院	2007-11-20	200710158480.4	发明
107	常温常压下等离子体化学气相沉积制备纳米晶 TiO_2 薄膜的方法	朱爱民	化工学院	2007-3-21	200710010707.0	发明
108	大气压冷等离子体低温合成锐钛矿相纳米二氧化钛粉体的方法	朱爱民	化工学院	2007-4-4	200710010884.9	发明
109	二氮杂萘联苯型磺化聚芳醚腈电解质膜材料制备法	朱秀玲	化工学院	2007-2-5	200710010335.1	发明
110	聚对苯撑苯并二噁唑纤维增强聚芳砜酮树脂基复合材料的界面改性方法	陈　平	化工学院*	2007-7-3	200710081665.X	发明
111	面包酵母在制备手性化合物中的应用	崔京南	化工学院*	2007-12-6	200710171858.4	发明
112	一类不对称菁类荧光染料	彭孝军	化工学院*	2007-07-12	200710137258.6	发明

（续表）

序号	专利名称	第一发明人	单位	授权公告日	专利号	类型
113	一类用于染料敏化太阳能电池的吩噻嗪染料	杨希川	化工学院*	2007-6-11	200710011695.3	发明
114	含羧基及磺酰葡糖氨基的水溶性横酰胺型染料及其制法	张淑芬	化工学院*	2007-8-30	200710012664.X	发明
115	煅烧硅酸钠催化制备生物柴油	郭峰	环境与生命学院	2007-12-18	200710159084.3	发明
116	用于治疗内毒素血症的内毒素吸附材料	贾凌云	环境与生命学院	2007-8-17	200710012501.1	发明
117	一种用于抗体清除的血液净化吸附剂及其制备方法	贾凌云	环境与生命学院	2007-8-22	200710012583.X	发明
118	基于生物预处理的生活垃圾综合处理工艺	李爱民	环境与生命学院	2007-4-24	200710011116.5	发明
119	转鼓式压膜污泥干燥机(发明)	李爱民	环境与生命学院	2007-4-24	200710011115.0	发明
120	转鼓式压膜污泥干燥机(实用新型)	李爱民	环境与生命学院	2007-4-24	200720011868.7	实用新型
121	一种制备二氧化钛、二氧化锡及其掺杂复合纤维材料的方法	柳丽芬	环境与生命学院	2007-4-18	200710011055.2	发明
122	利用壳聚糖改性修饰制备抗污染复合膜材料的方法	柳丽芬	环境与生命学院	2007-6-1	200710011532.5	发明
123	一种利用 FeO/TiO_2 光催化还原水中硝酸氮的方法	柳丽芬	环境与生命学院	2007-6-8	200710011653.X	发明
124	一种提高光催化空气净化效果的方法	柳丽芬	环境与生命学院	2007-6-20	200710011832.3	发明
125	一种具有氧化铝涂层的蜂窝状金属丝网载体及其制法	全燮	环境与生命学院	2007-2-7	200710010357.8	发明
126	催化还原氮氧化物的蜂窝状金属丝载体催化剂及制法	全燮	环境与生命学院	2007-2-7	200710010359.7	发明
127	一种催化净化贫燃发动机尾气的催化剂及其制备方法	全燮	环境与生命学院	2007-2-7	200710010360.X	发明
128	一种以废料为主要原料的曝气生物滤池填料及其制备方法	全燮	环境与生命学院	2007-1-22	200710010193.9	发明
129	一种电化学测量水体化学需氧量的方法	全燮	环境与生命学院	2007-6-11	200710011688.3	发明
130	水溶性阳离子多聚物吸附材料及其应用	王志 贾凌云	环境与生命学院	2007-9-29	200710157324.6	发明
131	一种从发酵液中分离1,3-丙二醇的双水相萃取方法	修志龙	环境与生命学院	2007-1-24	200710010201.X	发明
132	一种从发酵液中分离2,3-丁二醇的双水相萃取方法	修志龙	环境与生命学院	2007-1-24	200710010203.9	发明
133	一种从制备海藻酸盐微胶囊的废弃物中回收蛋白的方法	修志龙	环境与生命学院	2007-1-24	200710010200.5	发明
134	一种微生物转化法制备薯蓣皂素的方法	修志龙	环境与生命学院	2007-2-5	200710010336.6	发明
135	一种硅酸盐催化制备生物柴油的方法	修志龙	环境与生命学院	2007-4-20	200710011068.X	发明

(续表)

序号	专利名称	第一发明人	单 位	授权公告日	专利号	类型
136	一种植物型刺参复方免疫促进剂	徐永平	环境与生命学院	2007-11-10	200710158203.3	发明
137	一种皱纹盘鲍用复方中草药诱食及免疫增强剂	徐永平	环境与生命学院	2007-11-10	200710158205.2	发明
138	一种膜吸收法海水脱除烟气中二氧化硫的工艺方法	杨凤林	环境与生命学院	2007-4-21	200710011077.9	发明
139	一种用于植物直接基因转化的组合物	杨 君	环境与生命学院	2007-1-22	200710010192.4	发明
140	利用几丁质生产生物能源物质的方法	杨 青	环境与生命学院	2007-8-6	200710012417.X	发明
141	一种催化氧化法烟气脱硫并催化法副产聚合硫酸铁的工艺	张 玉	环境与生命学院	2007-9-13	200710012851.8	发明
142	一种脱除烟气中二氧化硫并副产铁系复合絮凝剂的方法	张 玉	环境与生命学院	2007-9-13	200710012853.7	发明
143	一种利用聚乙烯醇纳米微球动态膜作为过滤介质的生物反应器	张捍民	环境与生命学院	2007-1-24	200710010204.3	发明
144	一种强化反硝化除磷的序批式膜生物反应器工艺	张捍民	环境与生命学院	2007-5-25	200710011457.2	发明
145	一株具有广谱抗菌活性的海洋链霉菌 S187	赵心清	环境与生命学院	2007-11-20	200710158478.7	发明
146	一种催化氧化法烟气脱硫并氧化法副产聚合硫酸铁的工艺	周集体	环境与生命学院	2007-9-13	200710012852.2	发明
147	一种资源回收铁法烟气脱硫工艺及其一体化装置	周集体	环境与生命学院	2007-9-13	200710012850.3	发明
148	具有新代谢特性的胶红酵母及其在生物降解中的应用	周集体	环境与生命学院	2007-10-24	200710157810.8	发明
149	具有新代谢特性的微白黄链霉菌及其在生物降解中的应用	周集体	环境与生命学院	2007-10-24	200710157811.2	发明
150	具有新代谢特性的藤黄微球菌及其在生物降解中的应用	周集体	环境与生命学院	2007-10-24	200710157803.8	发明
151	利用污水处理厂剩余活性污泥生产生物絮凝剂的方法	周集体	环境与生命学院	2007-12-11	200710158897.0	发明
152	压电变压器并联和并串联联连的电气特性分析方法	白凤仙	机械学院	2007-7-20	200710012231.4	发明
153	一种同位素电池制作方法及结构	褚金奎	机械学院	2007-7-20	200710012230.X	发明
154	一种机器人车体悬挂系统	褚金奎	机械学院	2007-9-14	200710012856.0	发明
155	一种沟槽式同位素微电池上电极的制作方法	褚金奎	机械学院	2007-9-14	200710012855.6	发明
156	一种运动方向角度振敏感检测方法和传感器装置	褚金奎	机械学院	2007-11-1	200710157926.1	发明
157	一种发电鞋	褚金奎	机械学院	2007-11-30	200710158678.2	发明
158	自行车助力装置	褚金奎	机械学院	2007-12-11	200710158898.5	发明

（续表）

序号	专利名称	第一发明人	单位	授权公告日	专利号	类型
159	一种玻璃基片传输机器人	丛 明	机械学院	2007-12-25	200710159314.6	发明
160	压电薄膜悬臂梁式微力传感器的微力加载装置	崔 岩	机械学院	2007-5-10	200710011275.5	发明
161	一种三维电铸微结构的制作方法	杜立群	机械学院	2007-9-14	200710012854.1	发明
162	一种磨料三维多层可控优化排布电镀工具制作方法	高 航	机械学院	2007-4-6	200710010921.6	发明
163	一种低应力磨削殷钢的加工工艺	郭东明	机械学院	2007-9-28	200710157311.9	发明
164	全断面岩石掘进机刀具布局优化设计方法	霍军周	机械学院	2007-7-13	200710012112.9	发明
165	电火花加工放电状态预测方法	贾振元	机械学院	2007-9-14	200710012857.5	发明
166	三维力整体组装式六维测力传感器	贾振元	机械学院	2007-11-1	200710157929.5	发明
167	高温物体观测方法	贾振元	机械学院	2007-11-1	200710157927.6	发明
168	一种不损害殷钢低膨胀特性的薄层镀镍工艺方法	康仁科	机械学院	2007-9-28	200710157310.4	发明
169	空间杆系线笼式储球机构	梁延德	机械学院	2007-11-30	200710158677.8	发明
170	便携式羽毛球训练机器人	梁延德	机械学院	2007-11-30	200710158676.3	发明
171	可动真空装置	刘 冲	机械学院	2007-6-12	200710011709.1	发明
172	平面施压结构中加热器件快换装置	刘 冲	机械学院	2007-6-12	200710011710.4	发明
173	一种用于制备微型燃料电池金属流场板的制作工艺	刘 冲	机械学院	2007-12-4	200710158789.3	发明
174	一种专用微流控芯片及其单次加样连续分离电泳方法	刘 冲	机械学院	2007-12-29	200710159328.8	发明
175	压电式六维大力传感器	刘 巍	机械学院	2007-11-1	200710157931.2	发明
176	一种导能导流和精密定位的聚合物微结构超声波键合结构	罗 怡	机械学院	2007-5-30	200710011530.6	发明
177	大力值压电石英多分量力传感器	孙宝元	机械学院	2007-11-1	200710157932.7	发明
178	行走装置采用车轮和履带的铰接牵引式强夯机	孙铁兵	机械学院	2007-11-1	200710157933.1	发明
179	行走装置为车轮和履带的铰接牵引式强夯机	孙铁兵	机械学院	2007-11-1	200720015664.0	实用新型
180	压电陶瓷正弦激励加速度计的校准方法及装置	王 涛	机械学院	2007-7-21	200710012245.6	发明
181	复合摆动喷淋清洗与吹干大型轴承的装置	王连吉	机械学院	2007-4-6	200710010922.0	发明

（续表）

序号	专利名称	第一发明人	单位	授权公告日	专利号	类型
182	一种小型轴承连续翻转喷淋清洗装置	王连吉	机械学院	2007-11-27	200710158631.6	发明
183	一种小型轴承落差式连续超声清洗方法与装置	王连吉	机械学院	2007-11-27	200710158632.0	发明
184	微动柔性定位锁紧机构	王晓东	机械学院	2007-11-10	200710158202.9	发明
185	一种组合工作台	王晓东	机械学院	2007-9-28	200720014980.6	实用新型
186	一种微小孔分流法电火花加工方法与装置	王续跃	机械学院	2007-11-15	200710158346.4	发明
187	一种多胶囊式医疗微型机器人的磁驱动控制装置及方法	张永顺	机械学院	2007-12-20	200710159159.8	发明
188	爆轰制备片状纳米石墨粉的方法	李晓杰	力学系	2007-1-17	200710010117.8	发明
189	双尾超磁仿生机器鱼	徐新生	力学系	2007-10-26	200710157799.5	发明
190	便携式曲面钢板半自动加工机	纪卓尚	能源与动力学院	2007-4-25	200710011139.6	发明
191	直喷式汽油机采用点火室燃烧系统的燃油喷射方法	隆武强	能源与动力学院	2007-5-17	200710011353.1	发明
192	利用太阳能加热开采天然气水合物的方法和装置	宋永臣	能源与动力学院	2007-4-25	200710011137.7	发明
193	应用于天然气水合物开采的太阳能装置	宋永臣	能源与动力学院	2007-4-25	200720011913.9	实用新型
194	悬臂式水火加工机器人	汪　骥	能源与动力学院	2007-4-25	200710011138.1	发明
195	一种船舶发动机排气余热驱动的船用氨水吸收制冷机	徐士鸣	能源与动力学院	2007-4-20	200710011065.6	发明
196	一种利用直流式水源冷热源的方法	端木琳	土木水利学院	2007-7-6	200710012009.4	发明
197	一种用于基坑支护的护壁桩与降水井合一的方法	贾金青	土木水利学院	2007-8-27	200710012638.7	发明
198	梯型摩擦-屈服钢消能器	李　钢	土木水利学院	2007-7-17	200710012189.6	发明
199	圆孔型摩擦-屈服钢消能器	李　钢	土木水利学院	2007-7-17	200710012191.3	发明
200	梯型摩擦-屈服钢消能器(新型)	李　钢	土木水利学院	2007-7-17	200720013398.8	实用新型
201	圆孔型摩擦-屈服钢消能器(新型)	李　钢	土木水利学院	2007-7-17	200720013399.2	实用新型
202	多维超弹性形状记忆合金阻尼器	李宏男	土木水利学院	2007-4-6	200710010923.5	发明
203	耗能-复位形状记忆合金阻尼器	李宏男	土木水利学院	2007-4-6	200710010924.X	发明
204	自复位超弹性形状记忆合金阻尼器	李宏男	土木水利学院	2007-4-6	200710010925.4	发明

（续表）

序号	专利名称	第一发明人	单　位	授权公告日	专利号	类型
205	金属屈服与摩擦阻尼器联合减震控制方法	李宏男	土木水利学院	2007-7-17	200710012192.8	发明
206	双X型摩擦-屈服钢消能器	李宏男	土木水利学院	2007-7-17	200710012190.9	发明
207	多维超弹性形状记忆合金阻尼器	李宏男	土木水利学院	2007-4-6	200720011607.5	实用新型
208	耗能-复位形状记忆合金阻尼器	李宏男	土木水利学院	2007-4-6	200720011606.0	实用新型
209	自复位超弹性形状记忆合金阻尼器	李宏男	土木水利学院	2007-4-6	200720011605.6	实用新型
210	一种金属摩擦-屈服阻尼器构造（新型）	李宏男	土木水利学院	2007-7-17	200720013401.6	实用新型
211	双X型摩擦-屈服钢消能器（新型）	李宏男	土木水利学院	2007-7-17	200720013400.1	实用新型
212	扩散式曲线挑流鼻坎	倪汉根	土木水利学院	2007-6-8	200710011655.9	发明
213	一种光纤光栅增减敏应变传感器的封装方法	任　亮	土木水利学院	2007-10-19	200710157591.3	发明
214	水泥混凝土路面融雪化冰的电热法	王松根	土木水利学院	2007-12-25	200710159315.0	发明
215	一种超高强砂浆的制备方法	徐世烺	土木水利学院	2007-12-11	200710158900.9	发明
216	开式循环集成式污水取水换热机组	张吉礼	土木水利学院	2007-9-5	200710012771.2	发明
217	开式循环集成式污水取水机	张吉礼	土木水利学院	2007-9-5	200710012772.7	发明
218	污染水体冻融过程中冰内污染物行为物理模拟装置及方法	李志军	土木水利学院*	2007-3-26	200710010783.1	发明
219	共振型射频磁探针	丁振峰	物理与光电学院	2007-10-19	200710157592.8	发明
220	水溶性牺牲层微流控芯片制备方法	姜雪宁	物理与光电学院	2007-11-10	200710158204.8	发明
221	质子交换膜燃料电池不锈钢双极板离子镀膜改性方法	林国强	物理与光电学院	2007-5-28	200710011507.7	发明
222	一种利用驻波共振耦合电能的磁控放电方法	牟宗信	物理与光电学院	2007-12-18	200710159083.9	发明
223	一种光纤法一珀腔的制作方法及装置	于清旭	物理与光电学院	2007-3-22	200710010715.5	发明
224	一种生长ZnO单晶、微晶薄膜及其p型掺杂的方法	张贺秋	物理与光电学院	2007-12-25	200710159316.5	发明
225	一种柔性集流体及其制备方法	张庆瑜	物理与光电学院	2007-6-8	200710011654.4	发明
226	一种自动处理选择类型评测卷的方法	张治宝	组织部	2007-1-24	200710010202.4	发明

注："单位"栏标注"*"为与其他单位共同申报。

2007年学校承办的国际国内学术会议简况

序号	会议名称	时间
1	中-瑞双边分子催化与功能材料学术研讨会	3月28日
2	持久性有机污染物论坛2007暨第二届持久性有机污染物全国学术研讨会	5月17～18日
3	第二届大连理工大学-吉林大学数学研讨会	5月20日
4	中国国家示范性软件学院校企合作工作会议	5月26日
5	结构动力优化与不确定性分析专题研讨会	6月14日
6	第五届中国国际软件和信息服务交易会主题论坛——无处不在的网络社会高层论坛	6月21日
7	第19届国际极区港口与海洋工程学术大会	6月26～30日
8	2007知识管理国际研讨会	7月2～6日
9	中国机构与机器科学国际学术会议(CCMMS)、机械创新设计专题2007大连研讨会	7月13～20日
10	科技伦理与职业伦理国际学术读者讨论会	7月16日
11	哲学理论创新与构建和谐社会	7月22日
12	中国东北地区高等学校电工学研究会2007年学术年会	8月4日
13	第三届全国塑料光纤与聚合物光子学会议	8月16～17日
14	首届中德先进功能材料研讨会	8月20～23日
15	能源战略与学科建设	8月25日
16	“科技孵化与创新”科技论坛	9月6日
17	创新预制建筑技术发展报告会暨展示会	9月7日
18	工业装备结构分析国家重点实验室第三届学术委员会第二次会议	9月27日
19	当代中国建筑创作论坛年度会议	10月13日
20	国家发改委“船舶制造国家工程研究中心”项目会	10月23日
21	“创新型工程科技人才培养研究”第五分课题组报告初稿讨论会	11月12日
22	2007大连理工大学(辽宁)校企合作委员会年会暨发展论坛	11月16日
23	中日国际科学技术产业交流会	11月28日

2007年各类纵向科研项目申请、批准情况汇总表

序号	项目类别	申报数	批准数	批准经费/万元
1	国家自然科学基金项目	576	135	5210.5
2	国家基金委国际合作与交流项目	13	11	35.3
3	国家社会科学基金项目	35	3	22.5
4	863计划项目	127	19	1677.0
5	973计划项目	12	12	2127.0
6	国家重大基础研究前期研究专项	2	1	90.0
7	国家科技支撑计划项目	26	16	2533.0
8	国家软科学计划项目	3	1	3.0
9	教育部"创新团队"项目	2	1	300.0
10	教育部新世纪优秀人才支持计划项目	18	14	640.0
11	教育部高等学校科技创新工程重大项目培育资金项目	2	2	60.0
12	教育部科学技术研究重点项目	3	3	30.0
13	霍英东教育基金会高等院校青年教师基金资助项目	23	1	13.8
14	高等学校博士学科点专项科研基金项目	78	31	135.6
15	教育部留学回国人员科研启动基金项目	35	17	40.0
16	教育部人文社会科学基金项目	47	3	13.0
17	教育部人文社会科学研究应急项目	7	2	10.0
18	教育部哲学社会科学研究后期资助项目	3	1	0.5
19	辽宁省自然科学基金项目	85	18	88.0
20	辽宁省博士科研启动基金项目	155	13	56.0
21	辽宁省科技计划项目	63	10	180.0
22	辽宁省高等学校优秀人才支持计划项目	9	4	40.0
23	辽宁省教育厅高等学校科研计划项目	77	33	152.0
24	辽宁省社会科学规划基金项目	57	19	8.0
25	辽宁省社科联经济社会发展研究课题	46	21	自筹
26	辽宁省财政科研基金项目	7	1	1.0
27	辽宁省高校党建研究课题	5	5	6.0
28	大连市科技计划项目	68	23	306.0
29	大连市科学技术基金项目	4	2	15.0
30	博士后科学基金项目	52	25	87.0
31	石油科技中青年创新基金项目	2	1	10.0
32	国际合作合同	13	13	250.9
33	其他纵向项目	53	53	982.0
合计		1708	514	15 123.1

2007年科技部资助项目一览

国家高技术研究发展计划(863)课题

序号	项目编号	负责人	课题名称	经费/万元	起止时间	备注
1	2007AA09Z302	黄 一	海洋工程防腐系统数值模拟优化设计技术	197	2007.12～2010.12	目标导向类课题,负责
2	2007AA10Z358	白凤武	自絮凝颗粒酵母高密度、高浓度和高强度酒精连续发酵新技术	208	2007.12～2010.12	目标导向类课题,负责
3	2007AA04Z156	王 伟	冷轧薄板生产计划与调度一体化技术及应用	73	2007.12～2010.12	探索导向类课题,负责
4	2007AA04Z405	吴承伟	大型离心压缩机叶轮疲劳寿命可靠性设计与分析	68	2007.12～2010.12	探索导向类课题,负责
5	2007AA04Z335	褚金奎	新型微夹钳的拓扑优化设计及关键技术研究	84	2007.12～2010.12	探索导向类课题,负责
6	2007AA04Z158	韩 敏	转炉炼钢二级过程控制动态模型的研究及应用	71	2007.12～2010.12	探索导向类课题,负责
7	2007AA04Z302	徐 征	微纳尺度电驱动高效离子富集器件设计	76	2007.12～2010.12	探索导向类课题,负责
8	2007AA11Z133	贾金青	基于疲劳和寿命的混凝土桥梁结构设计方法	99	2007.12～2010.12	探索导向类课题,负责
9	2007AA02Z208	修志龙	生物柴油和1,3-丙二醇联产工艺优化	94	2007.12～2010.12	探索导向类课题,负责
10	2007AA03Z345	吕连海	纳米Ru/C催化聚氨酯单体MDA的立体选择性加氢	80	2007.12～2010.12	探索导向类课题,负责
11	2007AA03Z221	林国强	低成本双极板及其制备技术	100	2007.12～2010.12	探索导向类课题,负责
12	2007AA03Z532	李 杨	高性能丁苯透明抗冲树脂及其先进制备技术开发	92	2007.12～2010.12	探索导向类课题,负责
13	2007AA05Z241	马学虎	高温吸收式热泵关键技术及实验样机的研制	100	2007.12～2010.12	探索导向类课题,负责
14	2007AA06Z311	朱爱民	等离子体净化室内空气气态污染物的实用化新技术	100	2007.12～2010.12	探索导向类课题,负责
15	2007AA06Z406	赵慧敏	基于分子印迹电传感技术的便携式抗生素选择性分析仪	100	2007.12～2010.12	探索导向类课题,负责
16	2007AA06Z415	乔显亮	毒害有机物生态风险评价的(Q)SAR支撑技术研究	92	2007.12～2010.12	探索导向类课题,负责
17	2007AA04Z257-1	庄 严	基于多传感器的野外环境实时建模	26	2007.12～2010.12	课题参与
18	2006AA02Z431	唐一源	心-身源性亚健康状态的综合干预方法研究(一)认知-生理调节技术	15	2007.1～2007.12	课题参与
19	2006AA01Z140	马建军	多语言使用新型机器翻译方法关键问题的探索	2	2007.12～2008.12	课题参与

国家重点基础研究发展计划(973)课题

序号	项目编号	负责人	课题名称	经费/万元	起止时间	备注
1	2007CB714006	孙　伟	多场耦合作用下掘进装备的动态协调控制	540	2007.1～2011.12	课题负责
2	2007CB209404	唐春安	采动岩体渗流规律与突变机理	400	2007.1～2011.12	课题负责
3	2007CB613900	董　闯	合金的非晶形成能力	300	2007.1～2011.12	课题负责
4	2007CB714502	刘　冲	高性能微流控芯片/器件的制备方法及相关理论	100	2007.7～2008.12	参加
5	2007CB407302	张耀斌	重点区域水体和土壤环境的复合污染特征	80	2007.7～2010.12	参加
6	2007CB70770103	王　健	双工质冷却涡轮叶片强度分析	50	2007.5～2012.10	参加
7	2007CB210002	解茂昭	柴油机强化低温燃烧机理及燃烧控制的基础研究	40	2007.7～2012.7	参加
8	2007CB714107	周　晶	坝堤溃决风险分析理论与评估方法	35	2007.7～2008.12	参加
9	2007CB714304	修志龙	工业生物过程的系统控制与优化	19	2007.7～2012.6	参加
10	2007CB403405	许士国	基于水循环的生态系统水资源利用效率评价基础理论与方法	8	2007.1～2008.12	参加
11	2006CB202200	王树刚	采动影响下深层煤矿床地温场传播动力学机制研究	5	2007.8～2008.10	参加

国家重大基础研究前期研究专项

序号	项目编号	负责人	课题名称	经费/万元	起止时间	备注
1	2007CB616902	张庆瑜	掺杂 ZnO 结构稳定性及相关能带结构的基础科学问题	90	2007.7～2008.12	课题负责

国家科技支撑计划项目

序号	项目编号	负责人	课题名称	经费/万元	起止时间	备注
1	2006BAJ03B06	欧进萍	城市建筑减震与智能控制技术研究	380	2007.1～2010.12	课题负责
2	2006BAJ06B03	李宏男	村镇建筑抗震和减震技术研究与示范	469	2006.1～2010.12	课题负责
3	2006BAJ06B08	柳春光	村镇灾害监测与应急管理系统研发与应用	452	2007.1～2011.12	课题负责
4	2006BAJ03B05-01	李宏男	重大建(构)筑物健康检测与诊断技术	380	2006.1～2010.12	参与
5	2007BAF21B01	王德伦	多轴联动高速龙门式加工中心系列产品开发	300	2007.7～2009.12	参与

(续表)

序号	项目编号	负责人	课题名称	经费/万元	起止时间	备注
6	2006BAJ04A04	王立久	环保经济型村镇住宅配套建材与产品开发	150	2006.1～2011.1	参与
7	2006BAJ06B04	肖诗云	村镇区域防洪技术研究	100	2007.12～2011.12	参与
8	2006BAJ03B07-02	欧进萍	ERP高耐久性基础设施制品、构建与结构体系	75	2007.1～2010.12	参与
9	2006BAJ06B07-04	柳春光	村镇生命线工程抗灾技术	50	2007.1～2011.12	参与
10	2006BAJ05B07	王立久	乡村经济建筑材料认证体系的研究	45	2007.1～2010.12	参与
11		李　刚	大型自然通风(海水)冷却塔结构优化研究	40	2007.1～2010.12	参与
12	2006BAJ03B01-01	端木琳	管网系统动态负荷分析与预测技术	27	2007.1～2010.12	参与
13	2006BAJ03A03-15	李　钢	消能减震加固改造技术理论与软件研究	15	2007.1～2010.12	参与

国家软科学计划项目

序号	项目编号	负责人	课题名称	经费/万元	起止时间
1	2007GXS1D018	原毅军	大连市外资研发活动的调查及分析研究	3	2007.6～2007.11

2007年教育部资助项目一览

教育部高等学校科技创新工程重大项目培育资金项目

序号	项目编号	负责人	课题名称	经费/万元	起止时间
1	707015	董　闯	活性基材表面改性工艺基础研究	30	2008.1～2009.12
2	707016	彭孝军	细胞内若干重要活性物质的荧光可视化及在诊断中的应用	30	2008.1～2009.12

教育部科学技术研究重点项目

序号	项目编号	负责人	课题名称	经费/万元	起止时间
1	108034	丁洪斌	C_3^+ 和 C_4^+ 分子离子的结构和气相电子光谱	10	2008.01～2010.12
2	108035	徐向舟	城市透水面集水效应试验研究	10	2008.01～2010.12
3	108138	李文翠	载体微纳米结构在金催化转化燃料电池氢源中CO的作用机制研究	10	2008.01～2010.12

霍英东教育基金会高等院校青年教师基金资助项目

序号	项目编号	负责人	课题名称	经费/万元	起止时间
1	114042	蔡喜运	土壤中手性酰胺类除草剂残留规律和消减技术研究(优选资助课题)	13.8	2008.5～2011.5

高等学校博士学科点专项科研基金项目

序号	项目编号	负责人	课题名称	经费/万元	起止时间
1	20070141002	郭东明	脆性材料激光弯曲成形机理与技术	6.0	2008.1～2009.12
2	20070141004	李　杰	用于污染物控制的多相脉冲放电等离子体发生方法	6.0	2008.1～2009.12
3	20070141010	孙　晖	“封闭社区”与“单位大院”的空间形态模式比较与规划设计策略研究	6.0	2008.1～2009.12
4	20070141014	王兴元	基于广义M-J集的分形结构研究布朗粒子的运动规律	6.0	2008.1～2009.12
5	20070141043	刘凤朝	政府R&D投入绩效分析的理论模型与应用研究	6.0	2008.1～2009.12
6	20070141045	胡大鹏	旋转超音速凝结流动及应用基础研究	6.0	2008.1～2009.12
7	20070141046	蒋景阳	有机液/液两相催化过程中 CO_2 的“相转换开关”作用及应用	6.0	2008.1～2009.12
8	20070141060	李新勇	TiO_2 基纳米管阵列电极的制备及光电催化分解典型PTS研究	6.0	2008.1～2009.12
9	20070141062	黄明亮	无铅化电子封装固/液界面反应的基础研究	6.0	2008.1～2009.12
10	20070141067	吴志刚	分布式空间系统的编队控制方法研究	6.0	2008.1～2009.12

以下为“高等学校博士学科点专项科研基金”新教师课题

序号	项目编号	负责人	课题名称	经费/万元	起止时间
11	20070141017	边继明	氧化锌基同质p-n结及其紫外电注入发光性能研究	3.6	2008.1～2009.12
12	20070141020	江　贺	NP-难解问题的骨架理论与算法研究	3.6	2008.1～2009.12
13	20070141026	赵纪军	原子尺度半导体纳米线的结构演化规律和量子特性	3.6	2008.1～2009.12
14	20070141030	潘安成	基于组织冲动理论的企业扩张行为及战略选择研究	3.6	2008.1～2009.12
15	20070141031	宋　刚	激光与电弧低温等离子体相互作用行为及机制研究	3.6	2008.1～2009.12
16	20070141032	唐　军	复杂边界下考虑波流耦合效应的近岸环流模型研究	3.6	2008.1～2009.12

(续表)

序号	项目编号	负责人	课 题 名 称	经费/万元	起 止 时 间
17	20070141034	徐立昕	膜世界的宇宙学	3.6	2008.1～2009.12
18	20070141035	杨志青	三维流形中的代数与组合方法	3.6	2008.1～2009.12
19	20070141036	伊廷华	GPS传感技术在结构健康监测应用中的几个关键问题	3.6	2008.1～2009.12
20	20070141037	张光前	面向事例修改的知识发现方法研究	3.6	2008.1～2009.12
21	20070141038	张贺秋	界面对ZnO薄膜晶体管特性影响研究	3.6	2008.1～2009.12
22	20070141041	关柏鸥	新型光纤水听器阵列技术研究	3.6	2008.1～2009.12
23	20070141042	蒙秋男	基于消耗链模型的钢铁制造成本管理方法研究	3.6	2008.1～2009.12
24	20070141048	梁长海	高比表面过渡金属硅化物的选控合成、表征和加氢脱硫催化性能研究	3.6	2008.1～2009.12
25	20070141050	关　水	原儿茶酸调节神经干细胞分化的作用及机制研究	3.6	2008.1～2009.12
26	20070141052	樊江莉	PET荧光探针中质子干扰的抑制研究	3.6	2008.1～2009.12
27	20070141055	宋克东	多参数模拟骨髓微环境支持造血干/祖细胞有效扩增的机理研究	3.6	2008.1～2009.12
28	20070141059	侯海燕	知识图谱方法在知识管理前沿发展态势中的应用研究	3.6	2008.1～2009.12
29	20070141063	林贵华	关于随机变分不等式与随机互补问题的研究	3.6	2008.1～2009.12
30	20070141071	张素萍	小分子药物与四链DNA相互作用的动态过程	3.6	2008.1～2009.12
31	20070141073	许福友	大跨度自锚式悬索桥施工期颤振分析与试验研究	3.6	2008.1～2009.12

教育部留学归国人员科研启动基金项目

序号	负责人	课 题 名 称	经费/万元	起 止 时 间
1	冯太傅	精确至双圈阶电弱相互作用对轻子的磁偶极矩、电偶极矩的修正	2.5	2007.3～2009.3
2	何　成	单一手性稀土材料的组装和研究	2	2007.3～2009.3
3	洪　勇	滑坡滑带土峰后特性试验研究及水位变动下边坡稳定性分析	2.5	2007.3～2009.3
4	黄　昊	铁磁性纳米粒子增强树脂基纤维复合材料的性能研究	3	2007.3～2009.3

（续表）

序号	负责人	课题名称	经费/万元	起止时间
5	黄明亮	大功率高亮度氮化镓 LED 芯片倒装连接的研究	2	2007.3～2009.3
6	季顺迎	海冰动力-热力作用过程的颗粒流模型	2.5	2007.3～2009.3
7	李寿哲	利用大气压下辉光放电产生的等离子体对细长金属管内表面改性的研究	3	2007.3～2009.3
8	林鸿飞	文本挖掘技术在生物医学领域中的应用	2	2007.3～2009.3
9	刘　春	医用生物材料表面的长效血液亲合性镀层研究	2	2007.3～2009.3
10	刘　迪	树枝状花酰亚胺类红色荧光材料及其非掺杂型电致发光器件的研究	2	2007.3～2009.3
11	刘素玲	基于水层-底栖耦合海洋生态动力学模型的大连湾生物自净能力研究	2.5	2007.3～2009.3
12	孙世国	Cucurbit[8]uril 与三联吡啶钌主客体配位化学及其配位化合物光驱动氧化水研究	2	2007.3～2009.3
13	孙英姬	栎精 2,3-双加氧酶的分子氧的活化及其生物模拟	2.5	2007.3～2009.3
14	王德君	SiC 半导体 MOS 结构界面态研究	2.5	2007.3～2009.3
15	吾　敏	东北地区制造业中小企业现状调查研究	2	2007.3～2009.3
16	赵心清	变铅青链霉菌 TK23 中 S-腺苷甲硫氨酸合成酶基因表达的调控与放线紫红素沉默生物合成的研究	3	2007.3～2009.3
17	周　玲	宏观量子纠缠的研究	2	2007.3～2009.3

教育部人文社会科学研究项目

序号	项目编号	负责人	课题名称	经费/万元	起止时间
1	07JA630019	潘安成	组织变革中企业战略涌现的动因及行为机理研究	5	2008.1～2010.12
2	07JA630068	张志刚	非政府组织文化与和谐文化建设研究	5	2008.1～2010.12
3	07JC790043	孙晓华	业主风险厌恶约束下重大装备制造业自主创新实现路径与规制政策研究	3	2008.1～2010.12

教育部人文社会科学研究应急项目

序号	项目编号	负责人	课题名称	经费/万元	起止时间
1	2008JYJ049	魏晓文	毛泽东思想与中国特色社会主义理论体系关系研究	5	2008.3～2008.12
2	2008JYJ061	洪晓楠	推动社会主义文化大发展大繁荣，提高国家文化软实力研究	5	2008.3～2008.12

教育部哲学社会科学研究后期资助项目

序号	项目编号	负责人	课 题 名 称	经费/万元	起 止 时 间
1	07JHQ0013	邵龙潭	屈伯川教育思想、教育理念和教育实践研究	0.5	2008.1～2009.12

2007年国际合作合同项目

序号	负责人	项 目 名 称	经费/万元	起止时间	合 作 单 位
1	殷福亮	大连理工大学-纳环森联合实验室	200(日)	2007.1～2010.1	Napson Corporation Japan
2	张令荣	科学研究合作协议	340(日)	2007.4～2008.3	日本城西大学大学院经营研究所
3	唐祯安	3次元热解析	500(日)	2007.9～2008.8	日冲信息株式会社
4	杨凤林	冷却水管理和水质分析委托研究可能性的探索	38	2007.1～2008.1	三洋电机株式会社
5	李维仲	冷冻空调机用热交换器评价和模拟技术开发委托研究	39	2007.1～2008.1	三洋电机株式会社
6	王树刚	Virus Washer 气流分析的研究	20	2007.1～2007.7	三洋电机株式会社
7	王树刚	寒冷地区空气源热承的研发现状	10	2007.7～2007.10	三洋电机株式会社
8	孟宪福	社区型交叉语言检索系统	300(日)	2007.8～2007.12	NTT-Com Asia Limited
9	徐　威	日中韩产学共同开发2007研究	150(日)	2007.10～2008.1	日本爱丽思欧雅玛株式会社
10	孟宪福	以SugarCRM为基础OSS产品的功能强化	100(日)	2007.11～2008.3	日本富士通公司
11	高顺德	Individual Research and Development Contract between DUT and Hitachi Sumitomo Heavy Industries	400(日)	2007.6～2008.1	日立住友公司
12	范　悦	日本Pca预制技术对比发现研究	12.5	2007.12～2008.12	芝浦工业大学
13	关振群	Parametric studies of a slotted tube	2	2007.9～2008.1	Schlumberge 公司

2007年100万元以上横向项目

序号	项 目 名 称	负责人	单 位	合同额/万元
1	履带起重机系列产品开发	高顺德	机械学院	2300
2	华亭中熙煤化工有限责任公司煤制60万吨/年甲醇项目脱硫脱碳工艺包	张述伟	化工学院	650
3	贵州桐梓煤化工一期工程低温甲醇洗液氮洗装置工艺设计包	张述伟	化工学院	650
4	大工太阳能相关产业研发中心的协议	刘爱民	电子与信息学院	600

（续表）

序号	项目名称	负责人	单位	合同额/万元
5	东北特钢集团 ERP/MES 工程	刘晓冰	管理学院	600
6	钛硅沸石催化剂生产及年产 4 万吨环氧丙烷生产装置的合作开发	王祥生	化工学院	560
7	轻烃芳构化生产苯、甲苯和二甲苯成套技术	郭洪臣	化工学院	500
8	20 吨伸缩臂履带式起重机 50 吨伸缩臂履带式起重机 90 吨伸缩臂履带式起重机	高顺德	机械学院	480
9	75 吨-210 吨履带起重机系列产品开发	高顺德	机械学院	480
10	60 吨-260 吨履带起重机系列产品开发	高顺德	机械学院	480
11	常减压蒸馏装置模型软件开发	王克峰	化工学院	400
12	蒙大公司 1200kt/a 煤制二甲醚项目首期 600kt/a 甲醇脱硫脱碳装置工艺包	张述伟	化工学院	400
13	常减压蒸馏装置模型软件开发	王克峰	化工学院	400
14	陕西延长石油集团炼化公司 20 万吨/年醋酸及配套项目低温甲醇洗工艺设计包	张述伟	化工学院	398
15	贵州鑫晟煤化工有限公司 60 万吨/年煤制甲醇项目一期工程脱硫脱碳工艺包	张述伟	化工学院	350
16	烟道气回收利用采油配套技术研究	张永春	化工学院	330
17	波流水槽，水池造波机系统开发	李木国	土木水利学院	303
18	煤固体热载体法热解制煤焦油、煤气和半焦成套技术开发	张秋民	化工学院	300
19	离心压缩机及泵类综合技术研发	王安杰	科技处	300
20	辽河左岸典河段洪水风险图编制研究	许士国	土木水利学院	286
21	长公路隧道阻燃沥青混凝土路面应用研究	钟　阳	土木水利学院	280
22	冶炼法制备太阳能级多晶硅技术的研究	李廷举	材料学院	258
23	漩流分离过滤器	胡大鹏	化工学院	229.6
24	漩流分流器	胡大鹏	化工学院	219.4
25	缠绕换热器等设备	胡大鹏	化工学院	214.1
26	氨磷汀的稳定规模批量制备技术	孟庆伟	化工学院	201.6
27	多晶硅提纯技术	谭　毅	材料学院	200
28	大连市开发区梧桐街 8 号建筑规划设计	胡　英	建筑与艺术学院	200
29	80 吨、110 吨、220 吨履带式起重机系列产品开发	高顺德	机械学院	200
30	漩流分流器	胡大鹏	化工学院	194.5
31	造船门式起重系列产品开发	高顺德	机械学院	190
32	安徽临泉化工股份有限公司低温甲醇洗工艺计算包	张述伟	化工学院	180
33	鄂尔多斯蒙华能源有限公司煤制 20 万吨/年甲醇低温甲醇洗工艺计算包	张述伟	化工学院	178
34	光纤式井下压力温度监测系统合作研究	于清旭	物理与光电学院	172

(续表)

序号	项目名称	负责人	单位	合同额/万元
35	乌审旗世林化工有限公司一期工程30万吨/年煤制甲醇项目酸性气体脱除工序技术合作	张述伟	化工学院	168
36	烟道气回收利用自动化控制系统开发	张永春	化工学院	157
37	连续本体法ABS小试技术开发	李　杨	化工学院	150
38	福建电力调度新大楼水调自动化系统高级应用软件分析咨询	程春田	土木水利学院	147.3
39	STX(长兴岛)船厂工程技术咨询	宋向群	土木水利学院	140
40	DCS过程控制系统	王克峰	化工学院	140
41	中科院大连旅顺科技创新园项目凤河两岸环境规划设计及实施NA方案研究	陆　伟	建筑与艺术学院	139.2
42	煤固体热载体法热解制煤焦油、煤气和半焦工业化装置成套技术许可	张秋民	化工学院	130
43	海洋石油平台、船舶克令吊系列产品开发	高顺德	机械学院	130
44	新盛船等散货船结构计算模型开发	林　焰	船舶学院	129
45	京唐港3000万吨煤炭泊位采用防风网抑尘可行性研究	陈廷国	土木水利学院	125
46	50吨桁架臂履带式起重机	高顺德	机械学院	120
47	油污水处理船设计	林　焰	船舶学院	120
48	香炉礁港区新建移动式风雨棚(3座)	高顺德	机械学院	117.6
49	H_2S气体浓缩方案研究及改造设计	张述伟	化工学院	108
50	120万吨/年重油催化裂化装置先进控制与实时优化项目软件产品开发	王克峰	化工学院	105
51	回收精制二氧化碳装置技术设计及吸附剂研制	张永春	化工学院	105
52	新型打印材料-热转印碳带关键材料的研发和先进制造技术	吕连海	化工学院	100
53	锦州圣通化工有限公司-大连理工大学共建精细化工联合实验室和中试基地	张　华	化工学院	100
54	星海公园改造工程环境影响评价	张树深	环境与生命学院	100
55	自絮凝颗粒酵母酒精连续发酵技术建设1万吨/年规模酒精并联产酵母装置	白凤武	环境与生命学院	100

2007年新批科研基地及团队

教育部重点实验室

序号	机构名称	批准时间	批准文号
1	海洋能源利用与节能教育部重点实验室	2007年12月	教技函[2007]103号

辽宁省重点实验室

序号	机构名称	批准时间	批准文号
1	辽宁省工程防灾减灾重点实验室	2007年11月	辽科发[2007]46号

教育部工程(技术)研究中心

序号	机构名称	批准时间	批准文号
1	教育部动物性食品安全保障技术工程中心	2007年10月	教技函[2007]72号

国家体育总局体育文化发展中心

序号	机构名称	批准时间	批准文号
1	体育文化研究基地	2007年12月	体文字[2007]119号

教育部"长江学者与创新团队发展计划"创新团队

序号	负责人	团队名称
1	张淑芬	光转化功能分子设计合成及应用

辽宁省高等学校创新团队

序号	负责人	研究方向
1	王友年	多尺度复杂等离子体物理及应用
2	王　伟	流程工业生产过程的综合自动化

大连理工大学科研创新(试运行)团队

序号	负责人	团队名称
1	刘黎明	先进连接技术及材料
2	张兴国	轻合金电磁改性及其相关技术
3	唐祯安	信息微电子器件及电路系统
4	迟国泰	金融风险管理与科学评价
5	曲景平	分子的高效活化转化
6	孙立成	太阳能制氢与太阳能电池
7	钟万勰	分析结构力学研究
8	隆武强	柴油机性能研究
9	邱瑞锋	核心数学中若干问题的研究
10	王仁宏	计算几何与图形图像中的隐式曲面模型
11	李宏男	工程结构安全性分析与对策
12	欧进萍	深海工程
13	徐世烺	新型材料与结构
14	周　晶	重大工程结构安全
15	王友年	低温等离子体物理研究

2007年新签署全面合作单位、校企合作单位一览

与政府间的全面合作

序号	合作单位	协议名称	我校签约人	对方签约人	时间
1	丹东市人民政府	全面合作协议书	林安西		2007-01-12
2	庄河市人民政府	市校战略合作意向书	林安西	吴　华	2007-01-13
3	台州市路桥区人民政府	大连理工大学(台州)技术转移中心合作协议	李俊杰		2007-03-30
4	张家港人民政府	全面合作协议书	郭东明		2007-05-18
5	旅顺口区人民政府	全面合作协议书	欧进萍		2007-08-08

与企业及其他单位间的科技合作

序号	合作单位	协议名称	我校签约人	对方签约人	时间
1	大连第一汽车集团	战略合作协议书	郭东明	吴绍明	2007-05-25
2	北京华昊中天生物技术有限公司	大工-华昊分子药物与技术研发中心	李俊杰	吴　立	2007-07-18
3	北方重工集团有限公司	科技合作协议	李俊杰	赵凯军	2007-11-16
4	渤船重工渤海造船有限公司	科技研发中心组建协议	李俊杰	李伟凡	2007-11-16
5	海洋石油工程股份有限公司	战略合作协议书	郭东明	姜易军	2007-11-26
6	中国华录集团有限公司	战略合作协议书	李俊杰	韩建国	2007-12-18
7	大连恒田电动轿车有限公司、一汽客车大连客车厂、大连普传科技股份有限公司、新源动力股份有限公司、大连名阳实业有限公司、大连易威电动汽车有限公司	技术合作协议	李俊杰	李寿松	2007-12-18

我校历年人才基金项目

国家杰出青年科学基金

序号	获得者	研究课题	金额/万元	起止时间
1	董　闯	准晶和等电子浓度相关晶体相的微观结构、性能及制备	60	1996～1998
2	唐春安	岩石破裂过程失稳及其岩爆机制研究	60	1996～1998
3	徐世烺	考虑材料断裂特性的结构设计理论	60	1997～2000
4	欧进萍	结构工程学	60	1997～1999

（续表）

序号	获得者	研究课题	金额/万元	起止时间
5	王永学	海冰对结构物作用的理论与试验研究	60	1998～2000
6	王　伟	计算机集散系统设定值优化控制	60	1999～2001
7	滕　斌	非线性波浪与深水海洋结构物相互作用的研究	80	2001～2004
8	李宏男	高层建筑多维地震反应分析与智能控制	80	2001～2004
9	徐永平	类胰岛素生长因子(IGF-I)膜受体结构及其定向表达调控的研究	80	2002～2005
10	沈永明	波流作用下污染物的迁移转化及水质模型	80	2002～2005
11	胡　平	计算固体力学	80	2002～2005
12	张洪武	多相耦合作用下多孔材料局部化失效破坏分析的理论与算法	100	2003～2006
13	郭东明	硬脆材料复杂型面天线罩综合电性能补偿理论与精密修磨加工技术	120	2004～2007
14	张淑芬	超高固色效应中溶涨大分子与小分子的调控与反应机制	160	2006～2009
15	全　燮	环境光化学原理和方法	160	2006～2009
16	邱瑞锋	低维流形	140	2007～2010
17	吕小兵	催化剂、聚合反应及聚合方法	200	2007～2010
18	唐　莉	药物学(外藉)	200	2007～2010
19	邱介山	煤化工	200	2008～2011
20	彭孝军	精细有机化工	200	2008～2011
21	雷明凯	机械表面效应与表面技术	200	2008～2011
22	胡祥培	管理信息系统与决策支持系统	140	2008～2011

海外青年学者合作研究基金

序号	获得者	研究课题	金额/万元	起止时间
1	王安波	用于各种工业环境的新型光纤传感器的研究	40	2001～2003
2	孙立成	光诱导电子转移分子体系及其模拟 PSII 的研究	40	2002～2004
3	陈　震	多重物理现象的建模与仿真-新颖数值算法的研究	40	2003～2005
4	林　郁	日地空间等离子体中的不连续性与边界层现象研究	40	2003～2005
5	宋钢兵	采用智能材料增强混凝土结构的生存能力	40	2004～2006
6	程　亮	海底管线周围局部冲刷的研究	40	2005～2007
7	孔刚玉	大气压辉光放电等离子体特性及杀菌机理研究	40	2006～2008
8	仝立勇	结构优化和可靠性分析(合作者:张洪武)	40	2008～2010

跨世纪优秀人才培养计划基金

序号	获得者	研究课题	金额/万元	起止时间
1	唐春安	岩石破裂过程失稳与微震活动性研究	30	1995～1997
2	王永学	海岸带流场特性可靠性分析的研究	30	1996～1998
3	孔宪京	土石坝抗震关键技术问题研究	30	1997～1999
4	王延章	宏观经济信息管理与决策支持系统的研究	30	1997～1999
5	李洪兴	模糊控制理论及其应用	30	1998～2000
6	栾茂田	岩土非线性变形分析的计算力学模型及工程研究	30	1999～2001
7	周集体	分子克隆技术及其在环境工程中的应用	30	1999～2001
8	李廷举	金属材料电磁成形与电磁加工的研究	30	2000～2002
9	林　焰	研制无模加工成型专家系统和智能机器人系统研究	30	2000～2002
10	胡　平	汽车覆盖件材料成型与冲压模具CAD专家系统	30	2000～2002
11	王友年	等离子体鞘层与固体表面的相互作用	30	2001～2003
12	殷福亮	混合语音盲分离方法与混沌信号处理	30	2001～2003
13	彭孝军	生物活性超分子化合物研究	30	2001～2003
14	宁桂玲	无机超分子化合物的合成与性能研究	30	2002～2004
15	张淑芬	创新染料和助剂的科学与技术	30	2003～2005
16	雷逢春	Haken球面及相关问题	30	2003～2005
17	郭东明	面向快速制造的特种加工理论与技术及理想材料的数字化设计制造理论与方法	30	2004～2006
18	全　燮	电磁波技术在处理水中难降解性有机污染物的应用原理	30	2004～2006

高等学校优秀青年教师教学科研奖励计划

序号	获得者	研究课题	金额/万元	起止时间
1	程春田	智能化的流域防洪调度决策支持系统建模方法研究	50	2000～2004
2	陈景文	环境化学、环境工程	50	2000～2004
3	雷明凯	等离子体低温表面工程技术研究	50	2002～2006

教育部新世纪优秀人才支持计划

序号	编　号	获得者	经费/万元	起止时间
1	NCET-04-0265	贾振元	50	2005～2007
2	NCET-04-0266	褚金奎	50	2005～2007
3	NCET-04-0267	董国海	50	2005～2007

（续表）

序号	编　号	获得者	经费/万元	起止时间
4	NCET-04-0268	郭新闻	50	2005～2007
5	NCET-04-0269	郭　旭	50	2005～2007
6	NCET-04-0270	李　钢	50	2005～2007
7	NCET-04-0271	刘黎明	50	2005～2007
8	NCET-04-0272	刘书田	50	2005～2007
9	NCET-04-0273	罗钟铉	50	2005～2007
10	NCET-04-0274	邱介山	50	2005～2007
11	NCET-04-0275	王安杰	50	2005～2007
12	NCET-04-0276	衣学喜	50	2005～2007
13	NCET-05-0275	苏志勋	50	2006～2008
14	NCET-05-0276	李　刚	50	2006～2008
15	NCET-05-0277	吕小兵	50	2006～2008
16	NCET-05-0278	薛冬峰	50	2006～2008
17	NCET-05-0279	修志龙	50	2006～2008
18	NCET-05-0280	马学虎	50	2006～2008
19	NCET-05-0281	宋永臣	50	2006～2008
20	NCET-05-0282	柳淑学	50	2006～2008
21	NCET-05-0283	董星龙	50	2006～2008
22	NCET-05-0284	王晓明	50	2006～2008
23	NCET-05-0285	孙　伟	50	2006～2008
24	NCET-05-0286	秦学志	50	2006～2008
25	NECT-05-0443	段春迎	50	2006～2008
26	NCET-06-0270	陈健云	50	2007～2009
27	NCET-06-0271	关柏鸥	50	2007～2009
28	NCET-06-0272	贺高红	50	2007～2009
29	NCET-06-0273	黄明亮	50	2007～2009
30	NCET-06-0274	亢　战	50	2007～2009
31	NCET-06-0275	李风泉	50	2007～2009
32	NCET-06-0276	刘西民	50	2007～2009
33	NCET-06-0277	唐一源	50	2007～2009
34	NCET-06-0278	王德君	50	2007～2009
35	NCET-06-0279	王晓东	50	2007～2009

（续表）

序号	编　号	获得者	经费/万元	起止时间
36	NCET-06-0280	王忠刚	50	2007～2009
37	NCET-06-0281	赵纪军	50	2007～2009
38	NCET-06-0282	朱爱民	50	2007～2009
39	NCET-06-0283	董大海	20	2007～2009
40	NCET-06-0284	苏敬勤	20	2007～2009
41	NCET-07-0128	陈飙松	50	2008～2010
42	NCET-07-0129	洪晓楠	20	2008～2010
43	NCET-07-0130	胡祥培	20	2008～2010
44	NCET-07-0131	贾凌云	50	2008～2010
45	NCET-07-0132	李克秋	50	2008～2010
46	NCET-07-0133	梁长海	50	2008～2010
47	NCET-07-0134	潘景喜	50	2008～2010
48	NCET-07-0135	任　冰	50	2008～2010
49	NCET-07-0136	石　川	50	2008～2010
50	NCET-07-0137	王同敏	50	2008～2010
51	NCET-07-0138	王艳华	50	2008～2010
52	NCET-07-0139	温　斌	50	2008～2010
53	NCET-07-0140	杨　青	50	2008～2010
54	NCET-07-0141	张捍民	50	2008～2010

我校历年获国家奖成果名录

序号	成果名称	获奖类别	等级	我校获奖单位、人员及排序	时间
1	低压铸造包内液面控制	国家发明奖	三等	材料工程系 高　钦　张国梁	1981
2	关于结构力学中的群论与广义对称论	国家自然科学奖	四等	工程力学系 钟万勰　裘春航等	1982
3	交感和拟协调元有限元分析	国家自然科学奖	四等	工程力学所 唐立民　吕和祥　陈万吉　刘迎曦	1982
4	潜水耐压椎柱结合壳的强度和稳定性	国家自然科学奖	三等	工程力学所 钱令希　钟万勰　邓可顺　裘春航	1982
5	港口工程技术规范——海港水文	国家科学技术进步奖	二等	第一航务工程设计院等13个单位　大工(3) 土木系　俞聿修(3)	1985
6	丰满水电站泄水洞进水口水下岩塞爆破	国家科学技术进步奖	一等	土木工程系 林　皋	1985

（续表）

序号	成果名称	获奖类别	等级	我校获奖单位及人员	时间
7	动力机械基础设计规范	国家科学技术进步奖	二等	一机部等22个单位　大工　力学研究所 程耿东　林家浩	1985
8	工程结构优化程序系统DDDU	国家科学技术进步奖	三等	工程力学所 钱令希　钟万勰　隋允康　程耿东　王希诚 张近东　林家浩	1985
9	电化学机械加工新工艺	国家科学技术进步奖	三等	机械工程系 周锦进　李有年　徐中耀　范若松　梁延德	1985
10	球磨机磨球新型耐磨材料	国家科学技术进步奖	三等	材料工程系 徐延伟　聂永福	1985
11	水工钢筋混凝土结构设计规范	国家科学技术进步奖	三等	土木工程系 赵国藩　李树瑶　李志秀	1985
12	10万吨级半坞式船台设计	国家科学技术进步奖	三等	大连造船厂等3个单位　大工(3) 土木工程系 洪承礼(3)	1985
13	两类新型浇注系统	国家发明奖	三等	材料工程系 邓兆豪　李福全　张恩涛	1985
14	滚刀齿型铲磨原理的研究及应用	国家科学技术进步奖	三等	机械工程系 姚南珣　王荣林　汲　勇　欧星裘　王殿龙	1986
15	南京长江大桥建桥新技术	国家科学技术进步奖		大工获协作集体奖 钱令希获荣誉纪念奖	1987
16	滑行舰艇体结构强度与振动设计计算规则研究	国家科学技术进步奖	二等	中船总公司702所等16个单位　大工(9)	1987
17	网络计划技术·新方法应用与程序库的研究	国家科学技术进步奖	三等	管理学院 王众托　张　军　邓贵仕　汪克夷　夏元富	1987
18	潜艇结构设计计算规划	国家科学技术进步奖	三等	702所等14个单位　大工(7) 工程力学研究所 钱令希等	1987
19	顺丁橡胶工业生产新技术	国家科学技术进步奖	特等	化工学院(28)	1987
20	塔式多效蒸馏水器	国家发明奖	三等	化工学院 林载祁　霍荣文　韩双燕　谭广福	1987
21	活塞用新型变质剂及工艺	国家发明奖	四等	大连有色金属铸造厂　大工(2) 材料系 杨书祥　赵志国	1987
22	多变量拟协调有限元法	国家自然科学奖	三等	工程力学所、应用数学所 唐立民　陈万吉　刘迎曦　张鸿庆　吕和祥 蒋和洋	1987
23	磁控溅射离子镀技术	国家发明奖	二等	材料工程系 陈宝清　朱英臣　王玉魁　王裴杰	1988

(续表)

序号	成果名称	获奖类别	等级	我校获奖单位及人员	时间
24	HK40 炉管超声检测技术	国家科学技术进步奖	三等	材料工程系 曹智本　李喜孟　邢玉生　孙井方　王　来 洪凤英	1989
25	热敏及易结疤型溶液的载气蒸发法	国家发明奖	三等	化工学院 沈自求　徐维勤　丁　洁　刘长厚　黄玉华	1990
26	8160 型拖网渔船	国家科学技术进步奖	三等	中国水产联合公司等　大工(3) 船舶工程系	1990
27	结构优化设计的理论与方法	国家自然科学奖	二等	工程力学研究所 钱令希　程耿东　隋允康　钟万勰　林家浩等	1991
28	气波制冷机	国家发明奖	三等	化工学院 方耀奇　朱　策　刘润杰　史启才	1991
29	钢锭模及其冒部结构的优化设计软件系统	国家科学技术进步奖	三等	材料系 金俊泽　郑贤淑　于功利　韩万有　张兴国	1991
30	320 吨鱼雷型混铁水车	国家科学技术进步奖	三等	大连重型机械厂　大工(2) 工程力学系	1991
31	高混凝土拱坝防裂技术及其在东风工程中的应用	国家科学技术进步奖	二等	大工(3)　土木工程系 赵国藩(4)	1992
32	化工装置安全泄放技术：特种爆破片与新型双作用先导式安全阀	国家科学技术进步奖	三等	化工学院 贺匡国　丁信伟　王淑兰　李志义　喻建良	1995
33	工程结构可靠度理论及其应用	国家科学技术进步奖	二等	土建学院 赵国藩　李云贵　李清富　王恒栋　张爱林 佟晓利　贡金鑫	1998
34	高等级公路无损检测 CAE 技术	国家科学技术进步奖	三等	大工(2)　土建学院 周　晶(3)	1998
35	预应力混凝土结构设计基本问题研究	国家科学技术进步奖	二等	大工(6)　土建学院 赵国藩(8)	1998
36	高强度大体积混凝土材料特性研究	国家科学技术进步奖	三等	电力部成都勘测设计院等 5 个单位　大工(2) 土建学院赵国藩(2)	1998
37	普定碾压混凝土拱坝筑坝新技术研究	国家科学技术进步奖	一等	电力部贵阳设计研究院等 6 个单位　大工(6) 土建学院 赵国藩(10)	1998
38	波浪谱在缓坡上的变形及破碎	国家科学技术进步奖	三等	土建学院 李玉成　董国海　滕　斌　王永学	1999
39	砼静态及动态断裂特性研究	国家科学技术进步奖	三等	土建学院 赵国藩　徐世烺　吴智敏　胡蓓雷　宋玉普	1999
40	高土石坝动力分析及抗震工程措施研究	国家科学技术进步奖	三等	南京水科院等 5 个单位　大工(2)　土建学院 孔宪京(3)	1999

（续表）

序号	成果名称	获奖类别	等级	我校获奖单位及人员	时间
41	RY-IA型乏燃料运输容器	国家科学技术进步奖	二等	大工(4)　工程力学系 李桂华(8)	1999
42	GLS410型水陆两用雷(抗登陆水陆两用雷)	国家科学技术进步奖	三等	大工(3)　物理系 栾文彦(2)	1999
43	船体外板水火加工成型技术研究	国家科学技术进步奖	二等	大工(1)　船舶学院 纪卓尚(1)　刘玉君(3)等	2000
44	从活性染料到反应性染色的理论与实践	国家科学技术进步奖	二等	化工学院 杨锦宗　张淑芬　赵德丰　张红兵等	2001
45	深水防水波堤新型结构形式研究和斜向波与直立式防波堤相互作用研究	国家科学技术进步奖	二等	中交水运规划设计院等5个单位　大工(2) 土木水利学院 李玉成(3)　孙昭晨(8)	2002
46	含二氮杂萘酮联苯结构新型聚芳醚砜酮(PPESK)及其制备法	国家发明奖	二等	化工学院 蹇锡高　朱秀玲　张守海　廖功雄　陈　平 王　艳	2003
47	高硅择形沸石的研制及其在烃转化中的应用	国家科学技术进步奖	二等	化工学院 王祥生　郭洪臣　郭新闻　李　刚　王桂茹 刘　靖　王学勤　李连华　陈黎行　郭汝生	2003
48	全国水库防洪调度决策支持系统工程	国家科学技术进步奖	二等	大工(第2)　土建学院 王本德(2)　周惠成(6)	2003
49	海洋平台结构检测维修安全评定与实时监测系统	国家科学技术进步奖	二等	欧进萍　大工(6)　工程力学系 王全增(7)	2003
50	大批量定制的技术体系及其在国产重要装备设计中的应用研究	国家科学技术进步奖	二等	大工(3)　管理学院 刘晓冰(6)	2004
51	压电石英现代测试理论、方法、系列化新型测量仪及其应用	国家技术发明奖	二等	机械学院 孙宝元　钱　敏　郭东明　张　军　贾振元	2005
52	大型旋转机械和振动机械重大振动故障治理与非线性动力学设计技术	国家科学技术进步奖	二等	大工(6)　力学系 吕和祥(9)	2005
53	碾压混凝土拱坝筑坝配套技术研究	国家科学技术进步奖	二等	大工(6)　土木水利学院 赵国藩(19)	2005
54	结构拓扑优化中奇异最优解的研究	国家自然科学奖	二等	力学系 程耿东　郭　旭　顾元宪	2006
55	大幅面数码喷墨染料及其应用	国家技术发明奖	二等	化工学院 彭孝军　崔京南　张　蓉　王力成　樊江莉 王立军	2006
56	公安交通紧急事件快速反应系统	国家科学技术进步奖	二等	电子与信息学院(2) 谭国真(2)	2006

(续表)

序号	成果名称	获奖类别	等级	我校获奖单位及人员	时间
57	基于智能计算的产品概念设计与虚拟样机技术研究及应用	国家科学技术进步奖	二等	管理学院(4) 蒙秋男(9)	2006
58	基于能源节约型低能耗激光增强电弧高效焊接集成技术	国家技术发明奖	二等	材料学院 刘黎明　刘顺华　宋　刚　王　来　张兆栋	2007
59	多高层建筑多维抗震分析与振动控制-理论及工程应用	国家科学技术进步奖	二等	土木水利学院 李宏男　李云贵　滕　军　冼巧玲　霍林生 李　钢　李　兵　王苏岩　贾　影　孙　丽	2007
60	开孔消浪沉箱结构波浪力计算方法的研究及应用	国家科学技术进步奖	二等	土木水利学院 李玉成　滕　斌　孙大鹏　陈雪峰　刘洪杰 孙　路　张宁川　刘　勇　姜俊杰　马宝联	2007
61	不同水动力条件下污染物输移过程及系统耦合模型研究	国家自然科学奖	二等	土木水利学院(2) 沈永明(2)	2007
62	电子聚合物薄膜气湿敏传感器技术	国家技术发明奖	二等	电子与信息学院 唐祯安(6)	2007

校　办　产　业

产业投资公司2007年全面落实董事会通过的“十一五”规划和年度工作计划，以教育部部署的产业规范化建设为核心，以科技、现代出版、工程设计与建设三大主导产业链为主线，以充分发掘优质资产保值增值能力，追求效益最大化为重点，通过一系列扎实有效的工作，取得了优异的成绩。

一、按教育部统一部署继续完成高校科技产业规范化建设工作

2007年重点做了三项工作：

1. 进行了企业冠名权的清理和变更工作

对不符合教育部冠名规定的控股企业及第三层企业进行了清理和工商变更：

“大连理工大学领先集团有限公司”更名为“大连理工领先集团有限公司”

“大连理工大学模具研究所有限公司”更名为“大连理工模具研究所有限公司”

“大连理工大学科技园旅行社有限公司”更名为“大连理工科技园旅行社有限公司”

2. 以法人治理结构为核心，建立了系列管理制度并汇编成册

现已形成的管理制度11项：

“关于进一步规范与完善控股公司法人治理结构的意见”

“控股公司董事会、监事会及经营班子考核及换届办法”

“控股公司管理者年薪制的有关规定”

“控股公司财务管理办法”

“大连理工大学企业冠名权管理规定”

“关于核定企业年度预算中工资总额的规定”

“关于派出董事、监事及企业职工代表董事监事认真履行职责有关问题的规定”

“控股企业资金管理办法”

“投资公司董事会议事规则”

“投资公司监事会议事规则”

“投资公司经理办公会议事规则”

3. 完成规范化建设工作的自检并接受了教育部组织的规范化建设检查

从总体情况看，我校在清产核资、资产管理公司建立、以法人治理结构为核心的制度化建设等方面走在了全国高校的前面，但在企业改制中的人员问题尚无明确的规定，科技产业发展上还存在一定问题。

4. 开始着手探索国有资产投入增值后退出的可持续发展机制

在我校化工学院化机学科基础上形成的产学研一体化的科技型企业——大连理工安全装备有限公司，经过企业自身滚动发展，在安全防爆产品方面已取得国内及国际市场相当份额。该公司从2006年起开始进行股权退出的工作，通过股权转让，取得投资收益608万元，2007年资金已全部到位。

这一实例，为我校科技产业发展模式和增值后的退出机制，积累了一定的经验。

二、投资公司本部负责经营的两座科技园大厦取得优异成绩

1. 南北两座科技园大厦，是教育部、科技部授予的大连理工大学—七贤岭大学科技园的重要载体。已入住的科技企业2007年达到53家，通过科学有效的组织与管理，保持了科技园大厦的安全运行。全年实现写字间出租率达到99%，

实现产业投资公司本部经营收入1576万元，全面完成年初预算任务。实现经济效益和社会效益双丰收。

2. 两座科技园大厦总投资1.24亿元，总贷款额6500万元，从2005年10月运营至2007年末，总计还本金1850万元，以此速度，预计5年内将还清全部贷款，比大厦建设之初设计的还贷年限将缩短三分之二。

三、产业投资公司新增投资及股权变化情况

2007年新增投资4465万元，其中，货币资金1245万元；无形资产3100万元；固定资产120万元。其中：

对大连理工大学振动与强度测试中心有限公司增资190万元(其中120万元固定资产，70万元货币资金)；

对大连理工招标代理有限公司增资货币资金75万元；

对大连船舶制造国家工程中心有限公司投资3300万元(其中2500万元无形资产，800万元现金)；

对大连理工大学技术转移中心投资900万元(其中300万元货币资金，60万元无形资产)。

截止2007年底，产业投资公司下属控股公司由上年的9家增至11家，长期投资由上年的9101万元增至13 440万元。

四、下属主要控股企业经营状况良好

振动与强度测试中心：自2007年实行公司化运作后，通过加强队伍建设、资质建设和人员培训，公司经营业绩大幅提高，2007年签订合同535份，合同总额达到2125.53万元。

实现收入1574万元，比上年1255万元增长了319万元，增长率为25%。

实现利润总额56万元，比上年增长61万元。

出版社：自2006年末被中宣部、省委宣传部、市委宣传部正式批准为中央文化体制改革试点单位以来，在扩大图书出版种类，提高出版质量，追求经济效益和社会效益的统一上下力气，先后有36种图书获国家、省及行业奖项；5种图书获2007年度普通高等教育精品教材，位居全国出版社总排序第10位，高职高专类排序并列第3位；71种图书获“十一五”国家级规划教材。

实现收入7289万元，比上年6497万元增长了792万元，增长率为12%。

实现利润总额1552万元，比上年增长1232万元，增长率为385%。

上交学校冠名费285万元(2006年为239万元)，增长19%。

监理公司：在2007年停业整顿半年，不允许承揽新项目，面临严重的挑战形势，公司经营班子团结一致，群策群力，共渡难关，及时调整经营思路，向水运工程项目倾斜，有效地避免了经营和财务风险，化解了危机，不但保证了公司的正常运营，而且实现公司成立以来新的历史突破，为公司下一步发展奠定了坚实基础。

共签订监理合同43项，合同总额1868.7万元，比上年增加597.6万元，增长47%；在受到停业整顿半年行政处罚的严峻形势下，实现公司成立以来历史性的突破。

实现收入1472万元，比上年1371万元增长了101万元，增长率为7.3%。

实现利润总额349万元，比上年增长227万元，增长率为186%。

上交学校冠名费57万元(2006年为52万元)，增长9.6%。

设计院：2007年，“30万吨级进口原油码头栈桥”设计项目获国家银质奖；单项设计合同额在100万元以上达24项；设计产值比2006年增加1000万元，在大连市156家设计单位中，人均产值名列第一位，总产值名列第二位；获得辽宁省诚信设计单位称号(大连市共三家)。

实现收入4750万元，比上年4431万元增长了319万元，增长率为7.2%。

实现利润总额117万元，比上年31万元增长86万元，增长率为36%。

上交学校冠名费174万元(2006年为143万元)，增长22%。

技术转移中心：2007年1月公司注册后，工作开展迅速而富有成效。通过积极争取政府支持，取得资助项目3项；启动并开始实施旅顺科技城项目。目前，科技城总体规划设计、一期项目筛选已经完成，与旅顺口区人民政府正式签订

协议，并在开发区、营口、普兰店及沈阳等地开展了拓展园区空间的前期工作。

同时，该公司还承办了达沃斯年会国际科技论坛，通过达沃斯年会的窗口，显示了我校在大连地区的科技地位和实力。

公司成立当年，实现的收入为 264 万元。比年初计划 140 万元超出 124 万元。

五、国有资产保值增值情况

2007 年投资公司及控股企业财务情况（主要财务指标）：2007 年产业投资公司及控股企业主营业务收入为 1.9 亿元，比上年增长 18%；净资产为 1.68 亿元，比上年增长 12%。上交学校冠名费 621 万元，比上年增长 21%。

国际交流合作与港澳台工作

国际交流合作与港澳台工作综述

2007年,我校国际合作和交流更加广泛和活跃,与欧美日和独联体国家等一批高水平研究型大学建立了全面合作关系,派出人员、来访人员、外国留学生的数量快速稳定增长,国际交流合作与港澳台工作呈现了新局面。

一、国际化基金组织与管理工作

2007年是"大连理工大学国际化基金"实施的第二年,6月出台了《大连理工大学"海天学者"基金管理办法及实施细则》(修订版),在具体实施过程中严格执行《大连理工大学国际化基金管理办法》和《大连理工大学国际化基金资助项目实施细则》,分别在3月和9月组织了"海外学术大师"和"海天学者"评审会,共聘请了6位海外学术大师和39位海天学者,其中含延聘海天学者5位。除海外学者聘请项目外,国际化基金共接收申请95份,通过评审共有63份申请获得资助。其中:资助出国参加重要国际学术会议51人次;资助承办国际会议8项;资助国际学生联谊项目2项;其他项目2项。2007年开始执行由校友邹德海先生设立的《大连理工大学顺天海川慈善教育发展基金》项目,成立了由主管外事工作的校领导和相关职能部门组成的基金管理委员会,规范管理该基金的使用。该基金每年额度100万元,主要资助三个项目:资助优秀学生开展国际联合创新性科学研究和学术活动;资助优秀学生出国(境)短期学习及参加国际交流活动;资助基础学科青年教师出国(境)参加业务培训。

二、出国(境)人员的选派及管理工作

2007年国际合作与交流处协助学校共派遣各类出国(境)人员690人次,其中长期国家公派、单位公派出国(境)留学项目149人;因公临时出国(境)参加国际会议、访问考察、学术交流、合作研究等541人。派出及录取人数均出现历史新高,"中国大学生赴英国实习项目"、"富布赖特英语外教子项目"等向十几个国家公派出国(境)留学项目的录取实现了零的突破,2007年底大连理工大学被评为全国出国留学工作优秀单位。

三、国外及港澳台来访日趋频繁

2007年共接待国外及港澳台来访团组173个,来访1074人次,分别来自24个国家和地区:亚洲地区来访团组109个,875人次;美大地区来访团组32个,106人次;欧洲地区来访团组32个,93人次。在来访团组中有美国英特尔公司总裁、普洛斯公司总裁、Mentor Graphics公司副总裁、美国自然基金委员会考察团、明尼苏达大学副校长、蒙大拿理工学院副院长、美国科学院院士、加拿大滑铁卢大学副校长、瑞典皇家工学院院长、英国心理学会院士、意大利国家科学院院士、德国多特蒙德大学校长、大众汽车集团全球副总裁、挪威布斯克鲁省省长、乌克兰第聂伯彼得罗夫斯克国立大学校长、白俄罗斯国立大学副校长、日本东北大学总长、野村综合研究所理事长、日新电机株式会社代表取缔役社长、韩国成均馆大学副校长、建国大学校长、中国台湾中华电信集团总裁等重要来宾。

四、校际交流与合作进一步加强

2007年大连理工大学与来自9个国家共23所国外知名大学及研究机构签订校际合作协议。其中有:瑞典皇家工学院、俄罗斯鲍曼国立技术

大学、白俄罗斯国立大学、韩国成均馆大学、日本东北大学、日本东京大学、美国明尼苏达大学、美国纽约州立大学、美国莱斯大学、美国休斯顿大学等。在校级合作协议平台上学校各学院(部、系)加大了与国外高校学术交流、教师互访、联合培养学生的力度。例如,与瑞典皇家工学院签署学生交流协议书等。

国际合作与交流处多次协调与陪同校领导访问国外高校、参加海外高校校庆活动和大学校长论坛活动。主要包括欧进萍校长赴美国访问纽约州立大学、莱斯大学、休斯敦大学并赴华盛顿参加中美关系研讨会中美高等教育论坛、赴日本出席东北大学百年校庆,孔宪京副书记赴日本出席东京电机大学百年校庆,宁桂玲副校长赴日本出席早稻田大学 125 周年校庆,薛光副校长参观访问美国华盛顿大学、加州大学伯克利分校、斯坦福大学、UCLA 等,卢中昌副校长带队访问英国 UCL、爱丁堡大学、法国斯特拉斯堡大学等。另外,欧进萍校长与日本东北大学井上明久总长共同赴沈阳出席第二届中国辽宁沈阳大学校长论坛、校长助理李俊杰赴日本出席环黄海大学校长论坛等活动。

五、加大引智力度,聘请高水平专家学者,举办高水平国际会议

2007 年大连理工大学共聘请语言外教 22 人,其中英语 18 人,日语 4 人;具有博士学位的 2 人,硕士学位的 4 人,学士学位的 16 人,完全满足学校外语教学的需要。2007 年大连理工大学共聘请客座教授 23 人、名誉教授 10 人。

2007 年获教育部、国家外国专家局"聘请外国文教专家经费"及"教育部聘请外籍教师重点项目"等经费 378 万元。完成教育部聘请外籍教师重点项目 14 项,申请 2008 年教育部聘请外籍教师重点项目 10 项。

2007 年继续执行国家外国专家局和教育部批准的"高等学校学科创新引智计划"(简称"111 计划")《功能超分子与纳米材料》项目,由化工学院承担,总体执行情况良好。

2007 年组织土木与水利工程学科和力学学科联合申报"111 计划",项目名称《重大土木水利工程防灾减灾学科创新引智基地》,并作为 2008 年度建设项目予以立项。

2007 年国际合作与交流处积极协助各学院(部、系)申报国际会议 19 个,配合承办或举办大型国际会议 11 个。

六、学生交流更加活跃

2007 年学生交流项目增加,使更多的学生走出国(境)门到海外(境外)学习交流。目前大连理工大学学生交流项目共 20 余项,包括交换学生项目、自费留学生项目、社会奖学金项目、海外(境外)实习项目 4 大类。2007 年通过各种学生项目累计派出长期交流学生(交换学习、自费留学、社会奖学金)30 名,短期交流学生(海外(境外)实习及短期访问)33 名,另外有 74 名学生作为长期交流学生、48 名作为短期交流学生已经完成申请手续,将在 2008 年派出。2007 年累计完成 185 人次的学生派出工作,学生交流工作取得了前所未有的飞速发展。

2007 年聘请的国外和港澳台地区客座教授

序号	姓　名	国 籍	现　职	授予时间
1	結城忠信	日本	日本纳珀森株式会社社长	2007-01-16
2	Loewe Holger (洛伊霍格)	德国	德国美因茨微技术研究所技术研发部总监,德国美因茨大学教授	2007-01-25
3	Someya Satoshi (染失聪)	日本	东京大学院新领域创成科学研究科 环境学副教授	2007-01-25
4	袁雨飞	加拿大	加拿大 McMaster 大学 DeGroote 商学院信息系统终身教授,Wayne C. Fox 企业创新首席教授	2007-03-08

（续表）

序号	姓　名	国 籍	现　职	授予时间
5	Tsao De-bi （曹德弼）	日本	日本庆应大学理工学院管理工程教授，日本庆应大学研究生院理工学研究科开放环境科学专业开放系统经营管理教授	2007-03-08
6	Patrick Chau （周荫强）	中国香港	香港大学资讯系统学教授及香港大学商学院副院长	2007-03-20
7	Roger A. Sheldon （罗杰 谢尔顿）	荷兰	代尔夫特理工大学，生物催化和有机化学教授，CLEA Technologies 的主席、CEO 和创始人之一	2007-04-04
8	李卫平	美国	美国里海大学教授	2007-04-11
9	Bhushan L. Karihaloo	英国	卡蒂夫大学理论，应用与计算力学研究所所长	2007-04-18
10	Ogaya Kiyoshi （绪方 洁）	日本	日本新电机株式会社技术开发研究所所长兼 FC 装置事业部工程师	2007-04-27
11	Kim Jraiw （吉诺）	澳大利亚	亚洲发展银行:高级交通问题专家	2007-05-09
12	Hollaender Robert （罗伯特・郝兰德）	德国	德国莱比锡大学副校长	2007-05-23
13	Akihisa Fujinuma （藤沼 彰久）	日本	野村综合研究所社长(CEO)兼首席运营官	2007-06-19
14	Tonooka Yutaka （外冈 礼）	日本	埼玉大学经济学部、社会环境设计学科教授	2007-06-20
15	Yokoi Hidetoshi （横井 秀俊）	日本	东京大学国际产学共同研究中心教授、主任	2007-06-20
16	Robert P. Leone （罗伯特・莱奥内）	美国	俄亥俄州立大学 Fisher 商学院营销与物流系首席教授	2007-07-03
17	Robert E. Burnkrant （罗伯特・伯肯特）	美国	俄亥俄州立大学 Fisher 商学院营销与物流系教授、系主任	2007-07-03
18	关中	台湾	中国国民党副主席	2007-07-03
19	Carl Mitcham （卡尔・米切姆）	美国	科罗拉多矿业学院人文与国际学院教授	2007-07-22
20	Masaru Kitsuregawa （喜連川優）	日本	东京大学生产技术研究所教授	2007-09-03
21	Takashi Kyotani （京谷隆）	日本	东北大学多元物质科学研究所教授	2007-10-10
22	Lih-Sheng(Tom) Turng （童立生）	美国	Wisconsin Madison 机械工程系教授	2007-10-22
23	Meinhard von Gerkan （曼哈得冯格康）	德国	德国布伦瑞克理工大学建筑设计教授，冯格康、玛格及合伙人建筑师事务所	2007-11-6

2007 年聘请的国外名誉教授

序号	姓　名	国 籍	现　职	授予时间
1	Brian Butterworth（布赖恩・巴特沃思）	英 国	英国伦敦大学院教授	2007-05-28
2	村上辉康	日本	野村综合研究所理事长，首席合作顾问	2007-06-22
3	George Oster（乔治・奥斯特）	美 国	美国加州大学伯克利分校教授美国科学院院士	2007-07-19
4	Ferdi Schuth（福迪 舒特）	德 国	德国学术研究会（DFG）副主席	2007-07-22
5	Bernard Schrefler（史莱弗勒）	意大利	意大利帕多瓦大学结构工程教授	2007-08-15
6	Jeffrey Schwartz（司马景瀚）	美 国	普罗斯（Prologis）董事长兼首席执行官	2007-09-05
7	Craig Barrett（克瑞格贝瑞特）	美 国	英特尔公司董事会主席	2007-09-07
8	Cheuk-Yin Wong（黄卓然）	美 国	海外华人理事会，理事	2007-09-30
9	Roeland Baets（罗兰德・巴斯）	比利时	比利时根特大学工学院教授	2007-11-07
10	Volker Schindler（福尔克 辛德勒）	德 国	柏林工业大学机械与交通系系主任	2007-12-12

2007 年大连理工大学聘请的海外学术大师

序号	姓　名	国籍	职　称	校内合作人	批准时间
1	托马斯 E 格瑞德尔	美国	教授，美国工程院院士	全　燮　杨凤林 陈景文　张树深	2007 年 9 月
2	堵丁柱	中国	教 授，Journal of Combinatorial Optimization 主编、三套丛书主编	王　军	2007 年 9 月
3	Andrew Clennel Palmer	英国	教授，英国皇家科学院院士	岳前进	2007 年 9 月
4	Tien Yien Li	美国	distinguished professor	罗钟铉	2007 年 3 月
5	渡边千仞	日本	教授，日本工程院院士	王众托	2007 年 3 月
6	Brian Lewis Butterworth	英国	教授，英国皇家科学院院士	唐一源	2007 年 3 月

2007 年接待临时来访来宾情况统计

国别或地区	日本	韩国	俄罗斯	美国	加拿大	澳大利亚	德国	法国	英国	瑞典	港澳台	其他	合计
人数	637	44	21	81	5	13	37	5	10	9	170	42	1074

2007 年度因公临时出国(境)情况统计

项目＼分类	合计/人次	人员		地区		
		教师	学生	欧美大	亚非	港澳台
参加国际会议	240	209	31	94	133	13
访问考察学术交流	176	150	26	50	99	27
合作研究讲学	70	55	15	21	36	13
培训及其他	55	53	2	27	2	26
合计/人次	541	467	74	192	270	79

注:1.临时出国(境)系指出国(境)时间在3个月以内(含3个月);

2."教师"内含管理人员,"学生"系指全日制在校本科生、研究生。

2007 年签订校际合作协议大学

编号	合作院校	签署文本性质	生效日期	有效期
1	日本群马大学	关于教学和学术交流协议书及学术交流协议书备忘录	2007-01-30	5年
2	韩国建国大学	友好关系协议书	2007-04-25	5年
3	日本学校法人城西大学	校际学术交流协议书	2007-05-25	5年
4	俄罗斯鲍曼国立技术大学	学术交流合作协议	2007-05-29	5年
5-1	白俄罗斯国立大学	友好合作协议	2007-06-01	6年
5-2	白俄罗斯国立大学	关于互建国际文化交流中心	2007-09-03	长期
6	瑞典皇家工学院	合作协议书和谅解备忘录及附录	2007-06-04	5年
7	日本东北大学	学术交流协议和学生交换备忘录	2007-06-16	5年
8	韩国成均馆大学	学生交流协议书	2007-08-02	
9	德国马普煤化工研究所	科研教育协议	2007-08-21	3年
10	美国蒙大拿大学理工学院	合作谅解备忘录	2007-08-23	5年
11	第聂伯彼得罗夫斯克国立农业大学	中乌联合科学教育中心谅解备忘录	2007-09-18	
12	第聂伯彼得罗夫斯克国立铁路运输工业大学	中乌联合科学教育中心谅解备忘录	2007-09-18	
13	第聂伯彼得罗夫斯克国立大学	中乌联合科学教育中心谅解备忘录	2007-09-18	
14	乌克兰国立冶金学院	中乌联合科学教育中心谅解备忘录	2007-09-18	
15	德国美因茨约翰内斯古藤堡大学	谅解备忘录	2007-10-01	3年
16-1	日本东京大学工学部	学生交流备忘录	2007-10-03	6年
16-2	日本东京大学工学部	学术交换协议书	2007-10-11	5年
17	美国明尼苏达大学	协议备忘录	2007-10-16	5年
18	纽约州立大学 SUNY	全面合作协议	2007-10-22	5年
19	美国公立大学协会	谅解备忘录	2007-10-24	5年
20	美国莱斯大学	合作备忘录	2007-10-26	长期
21	美国休斯顿大学	合作备忘录	2007-10-26	5年
22	新西伯利亚国立技术大学	学术交流合作协议	2007-11-01	5年
23	俄罗斯托木斯克理工大学	教学与科研合作协议	2007-11-20	5年

2007年我校承办的国际会议

序号	会议名称	举办时间	人数规模(国外/国内)	承办人
1	第二届中-德工业园可持续发展与管理国际研讨会	2007-05-15～05-16	50(13/37)	武春友
2	第19届国际极区港口与海洋工程会议 POAC07	2007-06-26～06-30	80(40/40)	岳前进
3	互联网环境下的关系营销理论创新研究专题研讨会	2007-07-06～07-07	56(5/51)	董大海
4	第五届国际表面工程学术会议 ICSE2007	2007-07-07～07-10	206(50/156)	雷明凯
5	科技伦理与职业伦理国际学术读者讨论会	2007-07-16～07-18	45(20/25)	王　前
6	国际酶工程学术会议 CEE	2007-07-22～07-27	280(130/150)	包永明 杨　君
7	德国弗劳恩霍夫工业经济与组织研究所第四次论坛 IAO	2007-07-30～08-05	22(7/15)	刘黎明
8	中德先进功能材料研讨会 AFM	2007-08-19～08-20	25(5/20)	李文翠
9	第七届环太平洋铸造及凝固过程模型化国际会议 MCSP7-2007	2007-08-19～08-22	116(50/66)	金俊泽
10	公共事业/基础设施项目特许经营国际会议 IWCPIP	2007-08-24～08-26	80(15/65)	戴大双
11	第九届国际光整加工技术会议暨第六届亚太地区光整加工技术会议 9th ICSD&6th APFSD	2007-11-05～11-07	120(40/80)	高　航 金洙吉

2007年长期国家公派、单位公派出国(境)留学人员情况统计

年度	派出国别或地区										派出类别						
	合计	美国	英国	加拿大	德国	法国	澳大利亚	日本	港澳台	其他	合计	本科生	研究生	访问学者	高级研究学者	博士后	其他
2007	149	59	19	8	8	9	8	16	8	14	149	97	1	41	2	2	6

注:长期出国(境)系指出国(境)时间在3个月以上。

2007年大连理工大学聘请的海天学者

序号	姓　名	国　籍	职　称	校内合作人	批准时间
1	史　蹟	中国	副教授	赵　杰	2007-09
2	曹德弼	中国	教授	刘晓冰	2007-09
3	Joseph Sarkis	美国	教授	朱庆华	2007-09
4	程　斌	中国	研究员	李志军	2007-09
5	Pang, Yi	美国	副教授	孙世国	2007-09
6	吕　力	新加坡	教授	薛冬峰	2007-09
7	马正东	美国	研究员	胡　平	2007-09

（续表）

序号	姓　名	国　籍	职　称	校内合作人	批准时间
8	夏相根	美国	教授	罗钟铉　覃振权	2007-09
9	马国泉	美国	教授	洪晓楠	2007-09
10	杨宏戟	英国	教授	郭　禾	2007-09
11	Hong Shen 沈鸿	澳大利亚	教授	张宪超	2007-09
12	宋崇民	澳大利亚	高级讲师	林　皋	2007-09
13	Jose L. Galvan	美国	教授	王慧莉	2007-09
14	郑　劼	中国	助理教授	孙长森	2007-09
15	Shi，Fu－Dong	中国	重点实验室主任	唐一源	2007-09
16	王安波	美国	教授	于清旭	2007-09
17	Heinz Kohler	德国	教授	林钧岫　于清旭	2007-09
18	cheng YAN	澳大利亚	高级讲师	陈浩然　白瑞祥	2007-09
19	吴　杰	中国	副教授	邱瑞锋　雷逢春	2007-09
20	王印海	美国	副教授	赵胜川	2007-09
21	殷　澍	中国	副教授	薛冬峰	2007-03
22	徐　旬	中国	副教授	贾振元	2007-03
23	陈延伟	中国	教授	卢湖川	2007-03
24	陆安慧	中国	教授	胡浩权	2007-03
25	朱世杰	中国	教授	董　闯	2007-03
26	苏党生	奥地利	高级研究员	邱介山	2007-03
27	J A. van Bokhoven	荷兰	助理教授	梁长海	2007-03
28	娄慧如	中国	副教授	孙　力	2007-03
29	李晓东	中国	副教授	吴承伟	2007-03
30	Kwun Lon Ting	美国	教授	王德伦	2007-03
31	Shi Peng	澳大利亚	教授	王　伟	2007-03
32	赵坤民	美国	高工	胡　平	2007-03
33	陈　柯	英国	教授	于　波	2007-03
34	Holger Loewe	德国	教授	王安杰	2007-03
35	李文潮	德国	客座教授	刘则渊　洪晓楠	延聘
36	Klaus Genthner	德国	教授	沈胜强	延聘
37	H. Kretschmer	德国	客座教授	刘则渊	延聘
38	张　伟	日本	研究员	张兴国	延聘
39	陈国华	中国	副教授	全　燮	延聘

人　事　工　作

人事工作综述

2007年，紧密围绕学校发展的总体目标，以教师队伍建设为重点，坚持“以人为本、开拓创新、完善制度、精细管理”，继续深入推进人事制度改革。一年来，专任教师数量明显增加，师资队伍的职务结构进一步优化，学历层次进一步提高，年龄结构更加合理，学缘结构明显改善。

截至2007年12月31日，我校教职员工总数为3378人，其中专任教师1825人（含博士后154人），比2006年同期增加137人，45岁以下的青年教师占75.3%（1374人），具有博士学位的占专任教师总数51.6%（941人），增加4.9%。具有非本校学位人员1043人，占57.2%，增加1.7%；正高级职务岗位417人，比上年增加38人，副高级职务岗位573人，比上年增加31人。新增百千万人才工程国家级人选1人，教育部长江学者3人，国家杰出青年科学基金获得者4人。目前有百千万人才工程国家级人选9人，长江学者18人，国家杰出青年科学基金获得者30人。

一、召开全校人才队伍建设研讨会，积极推进人事制度改革

经过长期准备，7月11～13日顺利召开了人才队伍建设研讨会，全体校领导、各职能部处领导、各院系领导、校民主管理委员会成员、校学风建设委员会成员、教授代表、青年教师代表参加了会议。会议讨论了包括核编定岗、考核与激励、职员职级等事关未来学校人才队伍发展和人事管理体制改革的重大政策，形成了以公开招聘和择优竞争为导向选拔人才，以优化结构和提高效益为导向配置人才资源，以业绩贡献和能力水平为导向评价人才，以鼓励劳动和创新创造为导向激励人才的师资队伍建设思路，审议了《大连理工大学编制核定（2007）》、《大连理工大学人员补充暂行办法》、《大连理工大学职员职级聘任实施办法（试行）》、《大连理工大学流动编制人员管理办法（试行）》、《大连理工大学兼职教师聘任管理暂行规定》等一系列人事改革文件，对学校发展具有现实和长远意义。

二、进一步增强人才队伍建设的使命感和紧迫感，大力加强人才引进工作

2007年，为进一步加强海外人才招聘和宣传力度，学校成立海外人力资源开发部，选派多名教师赴北美、欧洲和日本，初步建立起了与使领馆、高校的联系与信息平台，强化了海外人才招聘的宣传、联络与洽谈工作，扩大了我校在海外的影响，取得了较好的效果，海外求职人员较往年明显增多。

2007年参加大连市人事部门、全国博管会和各地高校组织的招聘会10余次，发布需求信息1200余份，洽谈500余人次。同时继续组织院系到国内著名高校举行专场招聘会。全年共收到求职材料2000余份，其中符合我校补充人员基本条件转发到各院系1300余份，占65%；具有博士学位求职者1200余人，国外求职者200余人。组织召开7次人事工作小组会议，上会讨论278人次，通过210人，其中高层次人员117人（杰出青年基金获得者1人，正高职14人、副高职14人，留学回国人员26人，博士116人）。

三、以编制核定为基础，以岗位需求为牵引，稳步推进专业技术岗位评聘机制改革

经过近一年的基础工作、反复沟通、广泛讨论和审议，出台了《大连理工大学编制核定(2007)》和《大连理工大学岗位设置实施意见》。在此基础上，组织了正高级岗位论证，通过了院系现有的383个正高级岗位和2个直属单位现有的6个正高级岗位，同时表决通过了各学院(系)中长期规划的293个新增正高级岗位和教务处论证的33个教授教学岗位。各院(系)、直属单位对今后的学科发展和人才队伍建设进一步理清思路，明确发展方向，充分合理地利用岗位资源，为2007年教学科研系列正高级职务评聘工作提供了重要依据。

2007年全校共下达62个正高职推荐限额，首次实现了面向校内外公开招聘。评聘程序做了大幅度改革，包括增设外院(系)特邀评委、校外同行专家评议等。

经过个人申请、教授会评议推荐、学院(系)专业技术评审分委员会评议，各学院(系)共推荐68名教学科研系列副高级人员参加学校组织的评审。首次组织了校外同行专家评议，邀请西安交通大学、哈尔滨工业大学、天津大学等60余名专家进行了阅卷评审。根据外审结果，在校内专家网上预审的基础上，有61人参加校教授岗位竞聘答辩，经投票表决，共通过教授任职资格33人。

在副教授岗位竞聘中，启动了“非升即转，非升即走”的运行机制。在充分做好动员和调查的基础上，今年有251人参加副高职的评审。经各学院(系)分委员会评议，共有78人被推荐参加学校组织的副教授岗位竞聘答辩，12人参加学校组织的实验技术高级工程师岗位竞聘。经学校评议组评议，通过副教授岗位任职资格57人，通过副研究员岗位任职资格2人，通过实验技术高级工程师岗位任职资格8人。有12人转岗安置、解聘或调离。

四、按照人事部和教育部的统一部署，高效率、平稳地实施了专业技术岗位分级聘任工作

学校根据人事部和教育部有关文件精神，出台《大连理工大学专业技术岗位分级聘任试行方案》。岗位分级聘任采取履职考核方式，聘任教授一级岗人，二级岗人，三级岗人，四级岗人；聘任副高职五级岗169人，六级岗277人，七级岗249人；810人参加中级履职考核，127人参加助理级履职考核。

五、首次实施管理人员职员职级聘任工作，初步建立了管理人员发展和晋升的长效机制

出台《大连理工大学职员职级聘任实施办法(试行)》和《大连理工大学管理人员职员岗位聘任试行方案》。职员岗位聘任工作分两个部分进行，符合竞聘五六级非领导职务职员岗位基本条件的管理人员竞聘五级或六级职员，符合相应条件的管理人员按规定套定相应职级。

本次竞聘，共有26名竞聘五级岗位人员、104名竞聘六级岗位人员参加竞聘评审。经学校评议组进行阅卷评审、投票表决，评出五级非领导职务职员岗位拟聘人选8人，六级拟聘人选38人。其他管理人员根据文件规定填写了《大连理工大学职员岗位聘任表》，按照文件规定套入相应职级。

截止到12月31日，专职管理人员拟聘任职员岗位人员共621人，其中五级40人，占6.3%，六级150人，占23.7%，七级334人，占53.8%，八级67人，占10.8%，九级28人，占4.5%，十级2人，占0.3%。另有双肩挑人员37人(含校领导)。

六、博士后工作

为提高博士后工作质量，出台了《大连理工大学博士后管理工作实施细则(试行)》、《大连理工大学博士后经费管理办法(试行)》、《大连理工

大学博士后研究人员考核办法(试行)》等三个文件,规范了博士后工作的管理;于2007年7月和10月分别对进站满1年的博士后进行了两次中期考核,共有37名博士后参加了考核。实现了考核结果与待遇相联系。

新建了博士后网站,加大我校博士后和招收的宣传力度;召开了新一届博士后联谊会;截至2007年年底,我校在站博士后共218人,其中统招统分46人,外籍4人,企业博士后56人,在职博士后112人。2007年进站人数为60人,出站27人,退站2人。在2007年招收的博士后中,统招统分博士(工资关系转入我校的)22人(其中1人是留学回国人员,2人是外籍博士后),企业博士后9人,在职博士后29人。

经过精心准备和多方工作,组织了新增博士后流动站的申报工作。经人事部全国博士后管委会评审,我校新增加化学、仪器科学与技术、电子科学与技术、生物医学工程4个博士后流动站,使我校博士后流动站总数增加至20个。

七、常规性工作

1.教师培养与培训工作

(1)组织教师英语培训班三期;

(2)接受进修教师141人(100+41)。其中:国内访问学者37人,骨干教师100人,单科进修教师4人。

(3)组织申办教师资格证148人。更换教师资格证10人。

(4)2007年在职博士33人,其中,校外在职攻读博士4人。在职博士后培养1人,硕士10人。在职培训20人次。

(5)组织召开校青年教师座谈会2次。

(6)组织2007年国家留学基金委出国人员选拔工作,共选拔推荐79人,获得国家全额资助23人,基金委与学校共同资助22人,辽宁省教育厅访问学者项目1人。

2.评优报奖及人才计划

(1)长江学者通讯评审专家推荐50人。

(2)《教育部优秀青年教师资助计划》总结报告1人,郭新闻。

(3)选拔推荐2007年度"新世纪百千万人才工程"国家级人选3人,贾振元、孟长功、沈永明。获得批准1人,贾振元。

(4)教育部2007年援疆工作计划。

(5)辽宁省2007年百千万人才工程选拔,推荐"百人"46人(18人千晋百),"千人"51人。获得批准"百人"20人,"千人"32人。

(6)大连市物流专家推荐3人:胡祥培、张令荣、金淳。

(7)大连市科教专家年鉴9人图片及文字材料:张淑芬、邵龙潭、张洪武、陈震、洪晓楠、李志义、徐世烺、吴微、杜凤刚。

(8)发放2003、2004年度大连市政府特殊津贴5760元/年,共6人:刘凤朝、原毅军、邱介山、李廷举。

3.人事管理工作

依据国家新颁布的合同法,规范学校临时用工制度。

与新入校人员签订新合同186份,为今年已到期的高校教师续订合同513份。

离校人员96人,其中,调出41人,博士10人,占24.39%;硕士12人,占29.27%;学士19人,占46.34%;退休55人,其中正高职5人,占9.1%;副高职14人,占25.45%;中级及以下36人,占65.45%。

4.工资保险等支出情况

发放在职人员工资和岗位津贴等1.4亿元,退休人员工资和生活补贴等8500万元。2008年预计在职人员增资730万元,其中工资预计增加350万元,岗位津贴预计增加120万元,领导责任津贴增加260万元。丧葬费、抚恤金、精简职工补助等其他支出120万元。支付各类保险合计1300万元。

按照规定及时为新报到的引进人才分配住房(人才公寓或周转房),发放安家补贴、科研启动经费和租赁住房补贴。2007年全年共发放安家费965万元,科研启动费555万元。

为返聘的退休教师70人(其中学校返聘10人,课题组返聘60人)发放返聘金126万元(其中学校支出5.26万元);发放临时工工资183万元,大集体混岗人员工资40万元。

缴纳2007年退役士兵有偿转移金20万元，残疾人就业保障金7.26万元。

5.其他常规工作

2007年，到大连市有关部门办理签订就业协议和调入、迁户审批手续300余人次；解决了14位教工的两地分居问题；完成了部分教职员工数据核对工作，核对出生日期和参加工作时间数据约100条；配合住宅办办理住房产权证，出具工龄认证400余份；双聘院士聘任、管理和考核工作；付薪兼职教授聘任、管理和考核工作；组织各类考试考务工作，288人参加考试；校外委托评审合计100份；校内委托评审7人；办理职称证书100人。

2007年退休人员

刘翠凤　李宝元　李曼俐　刘瑞华　李景荣
徐静娟　武其芳　陆淑环　王世卓　李 鸽
李荣华　孙美芬　章 隆　张可顺　曹利平
李宝全　高彩文　张淑霞　李淑华　张晓燕
王 敏　李 铭　肖爱英　从树秀　庞云凤
崔玉华　赵丽华　王云萍　刘秀清　邓美玉
李 楠　金 镝　王守新　任连伟　刘连金
毛德祥　张景海　杨绍文　董惠新　周秀芬
顾乐频　邓晓耀　李崇实　姜忠莲　林 华
王国荣　于笑真　赵又林　李兴斯　周建芳
王成基　杨俊云　王 锐　李桂玲　雷玉香

(共计55人)

2007年进校人员

伊廷华　姜韶华　朱 明　邹赫麟　刘海龙
武新宇　赵 蕊　李洪兴　马廷丽　孟秀英
王书诏　李 钢　蒋光远　邱 铁　刘辰光
孙继忠　王建军　胡 平　申国哲　张晓莉
韩小强　孙 钢　王 楠　石忠博　辛永亮
岳 崇　张 昭　高 强　曲 刚　李克秋
杨 光　黄正兴　刘 越　刘 巍　阮诗伦
雷善玉　李金海　王 征　张 宏　张万喜
张振宇　杜 墨　袁 媛　杨洛鹏　孙 岩
高晓平　汪 骥　王会利　戚金清　李连崇
张新艳　金东旭　张 崎　沈晓云　高振钧
石 磊　鲍益东　宋江卫　喻 言　侯文彬
孟兆良　刘维峰　彭 勇　俞小怡　刘 惠
王 洁　王月丹　徐洪峰　王 缙　李 嘉
李善锋　王大勇　戴瑶琴　颜 俊　张希珍
姚荣涵　李秉强　王 博　徐 翔　安海艳
李国玉　覃振权　孙伟峰　张兆栋　于长水
王泽武　张茂军　李占英　李慧莉　程传辉
王玉翠　赵云鹏　陈哲夫　李怡宁　张环月
常葆荣　高志刚　马国军　武素丽　陆 凯
巴雪冰　杨艳华　王 雷　于聪聪　张 亮
郭景晨　王 哲　宋晓旭　魏 力　许 剑
燕 翔　李 琳　武 恒　张玉伟　国翔宇
赵茂佳　王东洋　李丽丽　朱晏辰　李文宗
唐明燕　桑 勇　姚卫国　高 超　覃 雪
丁洪斌　王晓光　付 如　靳春宁　周红秀
阎 军　徐铁齐　叶俊伟　李冬生　曲 英
姜 群　吴 硕　马良栋　牟宪民　赵雪峰
张 宇　张昕悦　王 冲　张腾飞　唐 洪
陈志奎　李伟东　张明星　马春燕　李建明
耿 阳　王桂云　施志聪　商 华　谭 峰
武锦涛　张吉礼　袁学海　王保民　胡 燕
翁国标　张永彬　孔凤君　邢 蕊　刘建卫
杨中楷　潘雄锋　姚 宏　梁春鸣　张德祥
耿晓丹　宁亚东　王 宁　叶志强　张 盛
张文珍　潘路军　陆丛红　赵洪霞　于艳敏
张明恒　徐喜荣　甄 珍　张文珠　蒋 玮

(共计185人)

2007 年离校人员

魏立明	王春立	刘素玲	祝全华	曲晓飞	谢洪勇	王宝祥	李　冰	周　美	王　维
李成求	徐　爽	张　剑	杜　冲	李正阳	王立平	蒋　玮	颜　俊	徐　健	王　卫
孙毅超	金　亮	李　威	吕其韬	吴焕超	田树军	陈　锋	万志全	付　如	李碧英
李　毅	吕伟华	周广宇	亢丽芳	赵　野	魏　敏				
高　杲	秦　铭	杨卫身	郭　宁	宋大根					

（共计 41 人）

2007 年逝世的在职教职工

单　位	姓名	逝世时间
机械学院	马孝江	2007-01-24
物理与光电学院	王美田	2007-03-30

两院院士和教授副教授

中国科学院　中国工程院院士简历

钱令希院士

钱令希,著名力学家。男,1916年7月生,江苏无锡人,汉族。1936年毕业于上海中法国立工学院(现上海理工大学)。1938年获比利时布鲁塞尔自由大学最优等工程师学位。回国后历任铁路桥梁工程师,云南大学、浙江大学教授,1952年起在大连工学院(现大连理工大学)工作,任教授、系主任、研究所所长、院长等职。1955年当选中国科学院院士。1988年获比利时列日大学以国王名义授予的名誉博士学位。

钱令希教授自工程实践转向力学的科学研究和教学工作,在推动科技进步和培养人才两方面做出了重要贡献。在学术上,他在结构力学、极限分析、变分原理、结构优化设计等方面有深入研究并获得重要成果。他努力为工程服务,在桥梁、水坝、港工、造船等工程都发挥了力学研究的作用。60年代电子计算机冲击科技领域,钱令希教授大力倡导建立计算力学新学科,他身体力行,更新知识,开展研究,并在大连理工大学带领和培养出一支优秀计算力学队伍。著有《静定结构学》、《超静定结构学》、《工程结构优化设计》三部著作。研究成果曾多次获国家自然科学奖及国家科学技术进步奖。

他曾任国务院学位委员会委员,中国力学学会理事长,中国高等教育委员会副会长等多种职务。他曾任第二、三届政协全国委员会委员,第三、四、五、六、七届全国人民代表大会代表。1979年被评为全国劳动模范。1993年应邀赴香港理工大学接受"杰出中国访问学人奖励计划"授奖。荣获1994年辽宁省"功勋教师"称号。1995年获"何梁何利"科学与技术进步奖。1998年获陈嘉庚技术科学奖。2005年获大连市"最高科学技术奖"。

邱大洪院士

邱大洪,教授,海岸及近海工程专家,1930年4月出生于上海,浙江湖州人,1951年毕业于清华大学土木系。第八届全国政协委员,第九届全国政协常委,1991年当选为中国科学院院士(学部委员)。现任大连理工大学教授、博士生导师,大连理工大学土建勘察设计研究院总工程师,曾任大连理工大学海岸及近海工程国家重点试验室主任和学术委员会主任。历任国务院学位委员会第二、三、四届学科评议组成员,国家自然科学基金会第二、三、四、六、七届学科评审组成员,中国海洋湖沼学会、中国海洋学会常务理事,中国海洋工程学会名誉理事长。

在波浪理论和试验研究方面,发展了浅水区非线性椭圆余弦波的工程应用理论和试验验证,得到了不规则海浪和椭余波对常见海工结构作用力的实用计算法。系统地研究了波浪在海床中的渗流与海工结构的相互作用,1996年获国家教委科技进步二等奖。专著《波浪理论及其在工程上的应用》,1989年获交通部港航专业优秀教材二等奖。1979年以来共发表论文100余篇。

在工程设计方面,1958～1964年,主持并参与大连渔港的工程设计;1973～1976年主持并参与大连新港的我国第一个10万吨级油轮深水码头的工程设计,其后获国家建委全国优秀设计金质奖;1983～1984年主持组织混凝土多用平台可行性研究,编制完成《钢筋混凝土多用平台可行性研究报告》,该项成果于1986年获国家教委科技进步一等奖。

在实验室建设方面,主持建设海岸及近海工程国家重点实验室。

钟万勰院士

钟万勰,著名力学家。1934年生于上海。

1956年上海同济大学桥梁与隧道专业毕业。现任大连理工大学工程力学系教授、博士生导师，英国威尔士大学名誉教授。曾任中国力学学会副理事长。国际计算力学学会（IACM）常务理事。香港大学名誉教授。1993年当选为中国科学院院士。

钟万勰教授几十年来立足于工程力学与计算力学，致力于相关新兴学科之间的交叉与渗透，拓宽研究领域，并用于工程实际。早年研究潜水耐压壳时提出了椎柱结合壳失稳的不利形式，已反映于我国潜艇设计规则。以群论研究有广义对称性的结构，已用于电视塔及水塔系列标准设计。70年代，结合国情发展计算力学，研制开发国产集成程序系统JIGFEX，DDJ－W及DDDU等，广泛应用，成为工程师手中工具。在极限分析广义变分原理基础上提出新上、下限定理。80年代，进而提出参变量变分原理，解决了一批土壤力学、弹塑性、摩擦接触、润滑等非线性问题。在结构优化研究中提出最有效的序列二次规划。近几年，他发现了结构力学与最优控制的模拟关系，已出了一批成果，如串联式子结构的波传播问题、反对称矩阵辛本征问题的算法、精细积分算法、弹性力学求解辛体系，应用力学与最优控制的对偶体系等。最近他提出分析结构力学，致力于应用力学教学改革，提倡辛数学体系。他勇于探索，勤奋敏捷，能带动大家共同前进。

钟教授曾获国家自然科学2、3、4等奖。他已发表论文近300篇。出版专著10本：《计算杆系结构力学》、《计算结构力学微机程序设计》、《结构化程序设计与DITSF语言》、《计算结构力学》、《数值计算方法》、《计算结构力学与最优控制》、《弹性力学求解新体系》、《参变量变分原理及其在工程中的应用》、《辛弹性力学》、《应用力学对偶体系》。

程耿东院士

程耿东，1941年9月出生，江苏苏州人。1964年毕业于北京大学数力系，1968年大连工学院研究生毕业，1980年10月获丹麦技术大学博士学位。1985～1995年担任大连理工大学副校长，1995年起担任大连理工大学校长。1995年当选为中国科学院院士。

程耿东教授现任国际结构和多学科优化协会副主席，国际理论和应用力学协会大会委员会委员，中国科学院主席团成员，中国力学学会副理事长，辽宁省科协副主席，大连市科协主席，1998年、2003年当选为九届、十届全国人大代表。

程耿东教授长期从事工程力学、计算力学和结构优化设计研究。20世纪70年代研究结构分析的群论方法并成功地完成了水塔支架的标准设计，开发的汽轮机基础强振分析程序被很多设计院所采用。参与研制了多设计变量、多工况、多约束的结构优化程序DDDU。对实心弹性薄板的研究被称为近代布局优化的先驱。提出了结构灵敏度分析的半解析法，并提出提高精度的方法，为很多结构优化程序采用。在结构拓扑优化研究中指出奇异最优解可行域的正确形状，并提出求解奇异最优解的松弛算法，被认为在该问题的研究上具有里程碑意义的贡献。

程耿东教授著有论文200多篇、著作三部、译著二部。曾获国家自然科学二等奖，国家科技进步三等奖，国家教委科技进步一等奖和二等奖，光华科技基金二等奖，高等教育国家级教学成果一等奖，IET教育基金“大学校长奖”，何梁何利基金“科技进步奖”等多项奖励。1999及2000年先后荣获丹麦阿尔堡大学及比利时列日大学的名誉博士学位。

王立鼎院士

王立鼎，男，1934年12月2日生于辽宁省辽阳市。1960年毕业于吉林工业大学。1995年当选为中国科学院院士。在1999年以前长期在中国科学院长春光学精密机械研究所从事机械工程研究工作，从1999年起调到大连理工大学继续从事研究工作。现任大连理工大学教授、博士生导师，校学位评定委员会副主席，机械学院学术委员会主任，微纳米技术及系统辽宁省重点实验室主任；任中国微米纳米技术学会副理事长，中国机械工程学会特邀理事，中国仪器仪表学会和中国计量测试学会常务理事；哈尔滨工业大学等七所高校兼职教授；《中国机械工程》等8个期刊的编委；国家自然科学基金委员会SOC重大研究计划专家，2020年国家中长期科学与技术发展规划规划专家，国家973信息领域评审专家，机械领域国家技术发明奖和科技进步奖评奖专家；沈阳市与大连市科技咨询专家等职。评为2002～2003年度大连市特等劳动模范，2004年辽宁省五一劳动奖章。

王立鼎教授长期从事精密机械和微机电系统(MEMS)领域的研究，是我国著名的超精密齿轮专家和MEMS专家。

在精密齿轮制造方面，创造自己特色齿轮工艺，使齿轮精度达到国际最高水平，研制成功基准标准齿轮、精密谐波传动齿轮和雷达的编码齿轮等，获得了国家科技进步二等奖；研制的高精度渐开线样板用于国家基准级渐开线传递，获得国家科技进步三等奖。在齿轮方面共获得近10项省部级以上奖励。

在精密机械工程方面，他组织近百名科技人员，研制成功集光、机、电、算为一体的我国第一台刻录光盘母板的纳米级精密设备，在技术上具有国际先进水平，获国家科技进步二等奖。

在MEMS领域，于1992年在长春光机所组建了中国第一个微机械工程研究室，1999年又在大连理工大学组建了微系统研究中心。他组织承担了近30项科研任务，在微驱动器、微执行器、微传感器、微测试仪和微系统的研究中，取得6项具有国际先进水平的科研成果。他培养硕士研究生9名，博士研究生22名，博士后5名。发表论文130余篇，主编译著1本。

林皋院士

林皋，男，1929年1月出生，江西南昌人，中共党员。大连理工大学教授，振动与强度中心主任。1997年当选为中国科学院院士。

林皋教授1951年毕业于清华大学土木工程系结构工程专业。1951年至1954年在哈尔滨工业大学及大连工学院水能利用研究班学习并毕业。1962年任副教授，1980年任教授。1981年为我国首批博士生导师。他长期从事水工结构工程领域的教学和科学研究工作，是我国大坝抗震学科领域的开拓者之一。在水坝等工程建筑物的抗震理论和模型试验技术、地下结构抗震分析、混凝土的率敏感特性与动态本构关系及其对结构地震响应的影响等技术理论和工程实际问题的研究方面均有所建树。在国内外主要学术刊物和国际会议论文集上发表了研究论文260余篇。培养硕士研究生42名，博士研究生40名。

林皋教授的科研工作密切结合工程需要。他多次在解决大坝、核电厂海域工程、桥梁、高层建筑的抗震安全评价等关键技术问题中作出了贡献，获得工程界的信任。为此获得国家科学技术进步一等奖、能源部电力科技进步一等奖、中国地震局(省部级)科技进步一等奖、云南省科技进步一等奖，以及国家教委、辽宁省、电力部科技进步二等奖等10余项省部级以上奖励。并获辽宁省劳动模范，大连市特等劳动模范，全国高校先进科技工作者，全国优秀科技工作者，全国模范教师，辽宁省优秀专家等荣誉称号。

赵国藩院士

赵国藩，1924年12月29日出生，山西省汾阳市人，大连理工大学土木水利学院教授，结构工程专业博士生导师，土木建筑工程专家，中国工程院院士。

曾任《土木工程学报》、《水利学报》编委；现任《国际水泥及混凝土制品》、《建筑结构学报》、《工程力学》等五种学术刊物编委；1994年起担任《亚洲混凝土模式规范》研究委员会执行常委和第1～10届国际会议委员及1996年第6届国际会议组委会主席、国家科委攀登计划一工程技术重大基础研究项目“重大土木及水利工程安全性与耐久性的基础研究”专家委员会委员；现任中国土木工程学会理事、混凝土及预应力混凝土学会理事、纤维混凝土专业委员会主任委员、结构可靠度委员会名誉委员等十多个学术职务。

曾先后20余次担任国际学术会议主席、委员，10余次应邀赴美国、瑞士、日本、捷克、新加坡、香港等地大学讲学。同时，兼任上海交通大学、浙江大学等25所院校的兼职教授/顾问教授/名誉教授。

参与制定我国水利、水电、港口、建筑、桥梁等专业的工程结构规范，参与解决国家“七五”、“八五”、“九五”重大工程项目中的关键技术问题。获第8届“陈嘉庚技术科学奖”，国家级科技进步一等奖1项，二等奖3项，三等奖3项和省部委一、二等奖21项。培养硕士生87名，博士生71名、博士后10名、访问学者2名；专(合)著论文400余篇，主(合)编规范7本，专(合)著著作15部。

王众托院士

王众托，教授，中国工程院院士，博士生导师，1928年8月出生。1951年毕业于清华大学电机系后，长期在大连理工大学工作。50至60年代从事自动化专业建设和自动控制理论与计算机应用方面的引进与研究工作，70年代后期从事系统工程专业与学位建设，是我国系统工程学科研究与学位教育的创建人之一。现任大连理工大学知识科学与技术研究中心主任，曾任系统工程研究所所长，管理学院第一任院长（1986～1989）。国务院学位委员会工科评议组成员（第一、二、三届），中国系统工程学会副理事长，中国软件行业协会系统工程分会理事长。曾在维也纳国际应用系统分析研究所（IIASA）任研究员，主持国际合作项目。

王众托教授早期在自动控制理论与工业应用的研究与技术推广方面作过大量艰苦的开拓工作，在国内产生过重大影响。在系统工程领域内，曾在社会经济发展战略研究、元决策理论与应用、决策支持系统研究与开发、炼油厂加工方案、产品结构的优化、网络计划的新方法与应用、信息化与管理变革的相互促进等方面做过大量工作，取得许多实用成果。当前他集中注意力于知识科学与知识管理的理念、方法、技术与工具的研究。王众托教授曾编写出版过10种教材与专著，9种译著，在国内外发表过140多篇学术论文与科学报告。

其科研成果曾获国家科技进步三等奖，国家级优秀教材奖、部委科技进步一、二等奖，全国计算机应用成果一等奖等。1984年第一批获国家级有突出贡献中青年科技专家称号。1998年获全国模范教师称号。两次获辽宁省劳动模范、三次获大连市劳动模范称号。曾获辽宁省优秀专家称号并两次获大连市优秀专家称号。

杨锦宗院士

杨锦宗，教授，博士生导师，中国工程院院士。原籍福建莆田，1932年8月生。1955年毕业于大连工学院化工系；1959年于大连工学院四年制副博士研究生毕业；1983～1984年在瑞士联邦高等理工学院ETHZürich做访问学者；现任中国化工学会理事，中国精细化工专业委员会副主任委员；《精细化工》、《感光科学与光化学》、《化学与粘合》等多种期刊编委会主任委员和委员；华南理工大学、北京工业大学等校兼职教授。

杨锦宗教授长期从事染料、表面活性剂、精细化工方面的教学和科研工作：50年代末成套剖析合成世界上刚出现的活性染料和分散染料，推动我国染料工业高起点快速发展；此后开展创新染料研究，对“染料-纤维-助剂”相关性进行系统理论和实验研究，在活性染料固色率与反应性及亲和力关系研究中首先提出后两者同等重要，为提高固色率及降低污染开辟了一条新路；在世界上率先研究可反应性高分子染料，首次把染料在皮革上的固色率提高到99%以上，获得国家发明专利、德国发明专利，公开和申请了美国发明专利。在国内外首先发现分散剂分子量分布对分散染料分散性和热稳定性有重要影响；在国内首先开展新型表面活性剂烷基糖苷的研究和生产。

获国家及省部级科技进步奖共8项；获国内外发明专利6项；著有《染料的分析与剖析》一书，获1990年第五届国家优秀科技图书二等奖；1998年，《工业有机合成基础》出版。发表研究论文近400篇；指导博士后9名，国内外访问学者14名，培养博士生和硕士生百余名。

欧进萍院士

欧进萍，男，1959年3月出生，汉族，湖南宁远人，中共党员，结构监测、控制与防灾减灾工程专家。1978年毕业于湘潭大学水电系。1983年于武汉理工大学结构工程专业获工学硕士学位；1987年在原哈尔滨建筑大学获工学博士；2000年起任哈尔滨工业大学副校长；2003年当选为中国工程院院士；2006年4月起担任大连理工大学校长。

欧进萍教授曾任国家杰出青年科学基金评审委员会委员、国家高科技计划（863计划）海洋资源开发技术领域专家组副组长。现任国家自然科学基金学科评审组组长、国际结构控制与监测学会（IASCM）理事、国际结构智能健康监测学会（ISHMII）执行理事、国际结构控制与监测学会中国分会主席、中国建筑学会副理事长、中国振动工程学会副理事长、中国海洋工程学会副理事长。

欧进萍教授长期从事结构监测、控制与防灾

减灾工程研究，在结构动力可靠性与地震损伤、结构振动控制、重大工程结构健康监测以及海洋平台结构安全保障技术等方面取得了系统的研究成果。部分成果已被我国有关规范规程采纳，已经应用于或正在实施应用于直接参与的实际工程19项。

主持或执笔国家“十五”、“十一五”有关专项科研规划；主持完成国家自然科学基金重大项目课题和国家杰出青年基金项目等24项；发表学术论文160篇，出版著作4部；获得国家科技进步二等奖1项(排名第一)；省部级科技进步一等奖3项(分别排名第一、第一、第二)、二等奖3项(分别排名第一、第二、第七)；省部级科学技术发明一等奖1项(排名第一)；两次分别获得霍英东教育基金会青年教师研究基金和研究一等奖(独立)；获得国家发明专利10项；获得教育部“做出突出贡献的中国博士学位获得者”、黑龙江省劳动模范、“国家级有突出贡献的中青年专家”、“全国优秀博士后”等称号。

历届部分担任全国性重要学术职务的我校教师名单

国务院学位委员会学科评议组成员

程耿东　纪卓尚　杨德礼　吴　微　王友年

[顾元宪]　李廷举　周　晶　钱旭红

国家自然科学基金委员会第十届评审专家

金子林(化学科学部：化学工程)

[顾元宪](数力科学部：力学)

郭东明(工程与材料科学部：机械学Ⅱ)

李宏男(工程与材料科学部：建筑环境与结构工程)

董　闯(工程与材料科学部：金属材料Ⅱ)

沈永明(工程与材料科学部：水力学)

第三届“973”计划专家顾问组成员

程耿东

第五届教育部科学技术委员会委员

钟万勰

第五届教育部科学技术委员会学部委员

钟万勰(数理化部)

彭孝军(化学化工学部)

安利佳(生命科学二部)

殷福亮(信息学部)

孔宪京(工程技术一部)

郭东明(工程技术二部)

“何梁何利”科学与技术进步奖获得者

1995年　钱令希　　2001年　钟万勰　　2004年　程耿东

陈嘉庚技术科学奖获得者

1998年　钱令希　　1999年　赵国藩

辽宁省功勋教师

1994年　钱令希　　1999年　赵国藩

全国高等学校百名教学名师奖获奖者

2003年　高占先

辽宁省高等学校教学名师奖获得者

2003 年　高占先　孟长功　　　2006 年　贺高红　刘志广

国家级有突出贡献的中青年专家

1984 年　王众托　钟万勰
1986 年　洪承礼　林钧岫
1988 年　邱大洪　林　皋
1990 年　程耿东
1992 年　马腾才
1994 年　宋玉普　蹇锡高
1996 年　顾元宪　胡家升
1998 年　王永学　李宏男

历届“长江学者奖励计划”特聘教授名单

姓名	性别	出生年月	专业技术职务	业务专长
顾元宪	男	1954-07-31	教授	工程力学计算力学
钱旭红	男	1962-02-19	教授	应用化学
唐春安	男	1958-03-05	教授	岩石破坏机理及其在矿山动力灾害的应用
徐世烺	男	1953-08-13	教授	钢筋砼结构设计理论
王友年	男	1958-06-07	教授	等离子体与固体材料相互作用;材料表面微结构及性能的模拟
滕　斌	男	1958-07-05	教授	波浪与结构的作用及结构响应;海岸及近海工程
孙立成	男	1962-08-25	教授	人工光合作用
李宏男	男	1957-08-29	教授	结构抗震理论与实验;高层建筑多维抗震分析;结构减震控制;重大工程健康监测与损伤评估
沈永明	男	1963-02-01	教授	环境水力学;环境模拟与污染控制;环境评价与管理
董　闯	男	1963-06-26	教授	金属材料;载能束材料改性;准晶非晶;固体微结构
张洪武	男	1964-06-25	教授	工程力学;计算力学;多相多孔介质力学
全　燮	男	1960-06-21	教授	环境工程、环境化学
张淑芬	女	1960-04-30	教授	精细化工、染料化学
彭孝军	男	1962-10-06	教授	功能性染料、颜料及其工业应用;生物分子荧光探针

历届“长江学者奖励计划”讲座教授名单

姓名	性别	出生年月	专业技术职务	业务专长	当选年份
崔占峰	男	1962-11	教授	化学工程;生物化工;组织工程	2004
江　辛	男	1960-11	教授	材料、表面薄膜、纳米材料	2005
宋春山	男	1961-02	教授	能源化工	2005
陈　震	男	1958-06	教授	工程力学、计算力学	2006
侯召民	男	1961-10	教授	金属有机化学	2007
陈超美	男	1960-09	教授	信息科学、信息可视化和科学计量学	2007

“百千万人才工程”国家级入选人员名单

董　闯(1996)　郭东明(2002)　全　燮(2002)　张洪武(2002)　胡祥培(2006)　贾振元(2007)

全国优秀博士学位论文作者专项资金

序号	获得者	项 目 名 称	金额/万元	起止时间
1	孙东科	湍流场中的桥梁气动弹性研究	75	2003-01～2007-12
2	黄洪钟	基于广义可靠性的机电产品全寿命周期设计理论、方法与技术	55	2003-01～2007-12
3	李　钢	汽、柴油催化氧化深度脱硫研究	50	2004-01～2008-12
4	薛冬峰	含B、Nb和P元素晶体的微结构与光学倍频调控	40	2004-01～2005-12
5	吕小兵	纳米孔道限制的手性催化剂设计合成及其在不对称环加成反应中应用	46	2007-01～2010-12

霍英东教育基金会高等院校青年教师基金资助项目及青年教师奖

序号	获得者	获奖类别	研究课题(获奖级别)	金额/万美元	时间/年
1	陆　伟	教学奖	三等奖	0.1	1987
2	江崇礼	教学奖	三等奖	0.1	1989
3	徐世烺	研究奖	三等奖	0.1	1989
4	朱　敏	研究奖	三等奖	0.1	1991
5	陈廷国	教学奖	三等奖	0.1	1993
6	施锡泉	基 金	样条曲线的研究	1.22	1995-07～1998-06
7	孟长功	教学奖	三等奖	0.1	1997
8	程春田	基 金	网络环境下流域防洪调度决策支持系统建模方法研究	1.28	2000-01～2002-12
9	陈景文	基 金	典型有机污染物蒸气压的定量预测模型	1.9	2002-01～2004-12
10	董国海	基 金	海岸低频波浪及其对系泊船作用问题研究	1.75	2002-01～2004-12
11	冯　林	教学奖	二等奖	0.3	2001
12	刘志军	教学奖	三等奖	0.1	2001
13	王艳华	基 金	非水液/液两相催化及其应用	1.84	2003
14	朱庆华	基 金	基于博弈论的绿色供应链管理模型与方法研究	1.82	2003
15	朱爱民	基 金	无氧气氛中甲烷“超平衡”转化制乙烯和氢的研究	2.0	2003
16	王雪华	教学奖	三等奖	0.1	2003
17	杨　青	基 金	生物催化芳香硝基选择性还原中酶的作用	2	2005
18	李延喜	基 金	信息失真背景下企业价值增长评价模型与方法研究	1.8	2005
19	耿　勇	优选资助	城市经济发展模式与环境功能改善	2	2005
20	吕小兵	优选资助	温和条件下将二氧化碳转化为光学活性环状碳酸酯	2	2005
21	吕小兵	教学奖	研究类二等奖	0.3	2005
22	蔡喜运	优选资助	土壤中手性酰胺类除草剂残留规律和消减技术研究	2	2007
23	刘文宇	教学奖	三等奖	0.1	2007

正高职人员名单

力学系(共计 26 人)

钱令希　程耿东　钟万勰　林家浩　陈浩然
刘迎曦　吴承伟　李锡夔　王希诚　徐新生
张洪武　岳前进　李晓杰　杨海天　刘书田
郭杏林　张文首　杨春秋　姚伟岸　齐朝晖
李　刚　郭　旭　关振群　吴志刚　亢　战
王跃方

土木水利学院(共计 56 人)

赵国藩　林　皋　邱大洪　欧进萍　张　哲
孔宪京　邵龙潭　王立久　唐春安　宋玉普
周　晶　李宏男　王永学　栾茂田　王清湘
陈廷国　孙昭晨　马震岳　徐世烺　李俊杰
滕　斌　沈永明　钟　阳　周惠成　康海贵
李志军　邹志利　姜　峰　李木国　许士国
金　生　张宁川　董国海　程春田　杨　庆
吴智敏　丁一宁　杜志达　黄才良　柳淑学
柳春光　王树刚　张日向　迟世春　张吉礼
袁永博　贾金青　孙大鹏　王子茹　陈静云
陈健云　贡金鑫　陈　滨　端木琳　宋向群
郭子坚

汽车工程学院(共计 3 人)

胡　平　王　健　张万喜

化工学院(共计 62 人)

杨锦宗　杨学锋　蹇锡高　王金渠　胡浩权
高占先　辛　剑　陈嘉宾　赵德丰　彭孝军
郑玉斌　刘天庆　宁桂玲　李志义　邱介山
张淑芬　孙立成　袁景利　薛冬峰　贺高红
郭新闻　孟长功　马学虎　匡国柱　胡大鹏
王安杰　王　梅　段春迎　吕连海　毕明树
刘志广　赵伟杰　王新平　赵宗昌　张世轩
曲景平　王忠刚　包　明　蒋景阳　郭洪臣
吕小兵　安永林　朱秀玲　张述伟　赵建章
李　杨　李　钢　王桂兰　梁长海　张永春
喻健良　王艳华　宾月珍　唐　莉　马廷丽
王保民　陈宏博　刘志军　史启才　崔京南
张雄福　陈　平

环境生命学院(共计 20 人)

杨凤林　周集体　安利佳　全　燮　王长海
白凤武　李爱民　陈景文　徐永平　李新勇
修志龙　金一和　张　芸　张树深　贾凌云
伍会健　王　栋　邱荣国　杨　青　柳丽芬

机械工程学院(共计 27 人)

王立鼎　孙宝元　张弘弢　郭东明　贾振元
赵福令　高　航　王德伦　屈福政　梁延德
康仁科　刘　冲　丛　明　王殿龙　吴东江
徐文骥　王晓明　孙　伟　邹赫麟　王晓东
余祖元　杜立群　金洙吉　王丹虹　高顺德
王敏杰　褚金奎

船舶系(共计 6 人)

纪卓尚　林　焰　刘玉君　黄　一　宗　智
马　坤

动力系(共计 14 人)

解茂昭　高希彦　宋希庚　沈胜强　孙文策
徐士鸣　隆武强　李维仲　白敏丽　宋永臣
穆海林　王晓放　尹洪超　李素芬

材料系(共计 22 人)

张俊善　董　闯　王　来　刘顺华　李廷举
雷明凯　齐　民　张兴国　李喜孟　姚　曼
董星龙　张立文　张贵锋　曹志强　刘黎明
赵　杰　周文龙　姚　山　黄明亮　谭　毅
王轶农　张维平

电信学院(共计 36 人)

胡家升　江崇礼　杨元生　李洪兴　王　伟
殷福亮　王秀坤　钱昆明　郭成安　顾　宏
邵　诚　刘军民　金明录　刘晓东　邱天爽
唐祯安　王　兢　杨建华　闫卫平　孔祥维
仲崇权　谭国真　孙　怡　韩　敏　王洪玉
王德君　林鸿飞　王兴元　王金城　黄德根
李克秋　袁学海　林秋华　郭　禾　董维杰
蒋国平

电气与应用电子系(共计 8 人)

邹积岩　吴　彦　王宁会　李卫东　陈希有
孙建忠　孙　辉　李　杰

软件学院(共计 5 人)

沈宏书　乔国钧　李明楚　薛　强　陈志奎

建筑艺术学院(共计 11 人)

孙　彪　孔宇航　陆　伟　王　琪　唐　建

胡文荟　胡　英　范　悦　孙　晖　张险峰
梁　江

数学系(共计 23 人)

林安西　王仁宏　郑斯宁　王　军　吴　微
罗钟铉　苏志勋　张立卫　雷逢春　宋立新
于　波　南基洙　邱瑞锋　侯中华　刘西民
李风泉　金正国　贺明峰　卢玉峰　王　毅
韩志清　曹铁川　张宏伟

物理系(共计 34 人)

宋鹤山　桂元星　王德真　王友年　李国卿
张卫宁　胡礼中　韩福祥　张庆瑜　刘宏亚
潘　石　于清旭　丁建华　余　虹　丛书林
白亦真　衣学喜　刘爱民　唐一源　刘金远
姜东光　赵明山　王文春　周　玲　朱爱民
关柏鸥　赵纪军　冯太傅　林国强　丁洪斌
丁振锋　刘　悦　杜国同　潘路军

管理学院(共计 27 人)

王众托　杨德礼　王延章　武春友　张国梁
邓贵仕　肖洪钧　刘晓冰　戴大双　汪克夷
胡祥培　党延忠　王　宇　韩大卫　苏敬勤
迟国泰　董大海　陈树文　赵胜川　仲秋雁
秦学志　王雪华　李延喜　荣莉莉　王尔大
吴江宁　张米尔

经济系(共计 4 人)

侯铁珊　原毅军　刘凤朝　逯宇铎

人文社会科学学院(共计 19 人)

张德祥　刘则渊　王续琨　王　前　刘元芳
姜青春　胡　光　杨连生　洪晓楠　王子彦
刘乃仲　戴艳军　魏晓文　刘鸿鹤　郑保章
张志刚　迟景明　王国豫　费艳颖

外国语学院(共计 12 人)

杜凤刚　宋　黎　王义静　秦明利　高桂珍
姜　怡　姜　欣　张学忠　姜　群　陈海庆
时真妹　王慧莉

创新院(共计 1 人)

冯　林

体教部(共计 4 人)

金若中　田爱华　元文学　张树山

国际文化交流学院(共计 1 人)

白忠孝

城市学院(共计 1 人)

唐志宏

学校办公室(共计 4 人)

卢中昌　薛　光　姜德学　李成恩

产业投资公司(共计 2 人)

王海山　黄　勃

档案馆(共计 1 人)

尉洪光

发展规划处(共计 1 人)

刘志杰

附属高中(共计 1 人)

姚世官

工会(共计 1 人)

周秀华

计算中心(共计 2 人)

李英壮　朱鸣华

监理公司(共计 1 人)

李大臣

教务处(共计 1 人)

朱泓

人才交流中心(共计 1 人)

张晓莉

设计院(共计 4 人)

李中军　贺南光　曾昭华　董瑞符

图书馆(共计 5 人)

刘　旭　金玉玲　马克芬　刘　斌　陈　陶

振动与强度测试中心有限公司(共计 1 人)

杨文超

副高职人员名单

运载工程与力学学部(共计 1 人)

曲　牡

力学系(共计 32 人)

李金平　李　锋　奚进一　李丽华　王喜闻
张小鹏　李守巨　李　汶　蔡志勤　周　霞
董守华　蔡贤辉　陆　杰　张亚辉　卞永宁
毕祥军　刘维波　赵　明　朱祎国　陈飙松
雷振坤　李云鹏　马红艳　赵国忠　白瑞祥

许　洁　季顺迎　武文华　杨迪雄　闫鸿浩
刘增利　冯　颖

土木水利学院(共计48人)

戴倩云　王国新　杨　微　宋永发　贾艾晨
王苏岩　郭　莹　沈成能　朱　彤　张金利
杨晓昕　殷福新　李广伟　洪　雷　王国利
关增伟　赵　维　陈　兵　李　昕　郭美谊
娄树莲　张英华　伊晓东　刘亚坤　王庆国
冯　新　刘　君　肖诗云　任　冰　潘宝峰
宋元诚　王立成　赵艳华　许　青　梁书秀
邱文亮　黄丽华　车　轶　李英敏　鲁桂荣
唐小微　徐向舟　邹德高　年廷凯　王宝民
司炳君　李玉华　刘　毅

汽车电子(共计1人)

牛志明

汽车工程学院(共计5人)

周雅夫　曹希山　申国哲　梅玉林　侯文彬

化工学院(共计103人)

宋志民　李淑英　邹久朋　宋志玉　孙洪玉
于志家　张明嘉　李惠荣　牟文生　于才渊
徐绍平　马　源　彭　乔　韩　梅　高欣钦
潘艳秋　王金惠　张乃文　郝　策　都　健
刘贵昌　刘　靖　李亚明　王宝和　贾晓津
崔丽钧　纪　敏　马　伟　殷德宏　由宏新
张　华　王同华　张秋民　徐　勇　姜文凤
周　颖　王益龙　徐晓英　张红兵　杨希川
王克峰　具本植　乔卫红　孟庆伟　杨大令
仲剑初　张守臣　于永鲜　王　瑶　王旭珍
刘延来　任厚珉　刘建辉　汪　晴　石　川
李晓莲　吕荣文　王锦艳　刘毅慧　银建中
孙　力　陈永英　朱　彻　赵宗彬　宫国梁
田福平　申凯华　张春庆　张志超　肖　光
朱盛维　修景海　肖　义　刘　春　杨建华
李久艳　刘　迪　张素萍　潘景喜　孙世国
熊　光　孙英姬　董宏光　王慧龙　赵艳秋
李　翔　张守海　贾翠英　刘润杰　肖金秋
何　成　李文翠　李战胜　施志聪　刘淑芹
刘学武　王　梅　周宇涵　廖功雄　叶志强
靳　焜　张　蓉　张晓冬

环境生命学院(共计34人)

刘志军　赵亚芝　栾雨时　包永明　谢　健
张爱丽　张耀斌　李晓晖　张兴文　徐品三
姜　波　陈丽杰　赵慧敏　张捍民　苏　乔
王　竞　段景丽　曹同川　李文利　赵心清
项学敏　金礼吉　王静云　黄丽萍　张代佳
徐　丽　曲振平　董悦生　乔显亮　沈晓云
夏秀英　郑洪波　杨　君　陈　硕

机械工程学院(共计72人)

马　勇　张世琳　邢英杰　刘克成　王续跃
刘　欣　高艳明　冯　刚　季亚男　安立帮
杨　晶　张晓丽　张元良　朱林剑　胡青泥
方加宝　佟　宇　张应中　陈宗毅　苗　明
董惠敏　李　喆　郭丽莎　阎长平　胡延平
张守魁　钱　敏　杨连文　徐志祥　马雅丽
华顺刚　王连吉　张永顺　宋洪侠　于同敏
虞慧岚　宋满仓　金仁成　徐　中　罗晓芳
曹利新　梁　丰　王永青　姜开宇　马　跃
李　曼　高　媛　陈伯力　罗　怡　张　军
孙守林　李剑中　戴恒震　崔　岩　徐　力
孙玉文　王　欣　毛范海　陈　星　董　海
程晓萍　刘伟伟　孙旭光　刘　越　张振宇
徐　征　杨　睿　王奉涛　王福吉　李宏坤
刘军山　郝　纲

船舶系(共计13人)

洪　明　林　哲　阎艳萍　刘　艳　马　骏
李铁骊　邓燕萍　黎　胜　周　力　李贤徽
倪少玲　陈　明　刘　刚

动力系(共计22人)

陈　石　郭晓平　满长忠　王　正　王　平
薛冬新　冀春俊　刘卫国　郭万慧　王　巍
于学兵　谢　蓉　孙培岩　杨凤珍　冯立岩
李文蛟　刘晓华　金东旭　宁亚东　邱庆刚
张　博　陈贵军

材料系(共计29人)

刘旭麟　马红军　潘国威　韩会民　邹龙江
王桂芹　谭家隆　赵　红　季首华　王存山
祝美丽　杨春平　陈　军　李晓娜　林　莉
李　萍　郝　海　王同敏　王秀敏　羌建兵
邓德伟　温　斌　徐卫平　朱小鹏　杨雪岩
陈国清　马海涛　李长茂　项　礼

电信学院(共计60人)

刘华毅　孟宪福　牛纪桢　江荣安　唐　达

李秀花　王建国　孙效里　马洪连　马灵芝
陈　昌　李亚芬　王树义　王　林　孟　华
李明伟　宋玉洁　张志君　吕蕾蕾　杨素英
孟　军　陈育斌　王孝良　王　瑛　李建华
王占杰　宋　彤　王丹宁　张大波　周东清
刘　萍　潘学军　孙旭东　朱瑞军　马晓红
董　明　杨　斌　吴　迪　张　利　解永平
郝应光　林建英　王宏伟　刘文琦　王　健
林晓惠　魏东兴　马幼军　王哲龙　冯　毅
李丽双　卢湖川　陈　喆　高仁璟　戚金清
张绍武　于海晨　刘全利　庄　严　刘　军

电气与应用电子系(共计 17 人)

刘凤春　戚　栋　李　阳　丛吉远　张　莉
杨振强　李　锻　刘　娆　李国锋　刘蕴红
段雄英　盛贤君　庄　海　王　宁　廖敏夫
董恩源　孙长海

软件学院(共计 10 人)

惠晓丽　柏建阁　周建阳　周宽久　刘玉琴
田　园　徐胜君　周　勇　吴国伟　江　贺

建筑艺术学院(共计 13 人)

梁圣复　柳长洲　李世芬　曲敬铭　王时原
索　健　邓　威　周　博　高德宏　蔡　军
祝培生　胡沈健　张　滨

数学系(共计 26 人)

吴大为　梁传广　冯　红　邓新梅　杨彦春
于洪全　钱晓元　李正学　曹后伟　刘秀平
王　颖　冯敬海　蒋志刚　赵凤珍　赵立中
金光日　庞丽萍　赵国辉　杨志青　代万基
沈玉波　张学胜　孙大为　张海文　李崇君
张洁琳

物理系(共计 44 人)

刘　伟　赖康生　赵艳秋　王雪莹　荆亚玲
单　明　张　毅　郑　殊　马春利　詹卫伸
初世超　李雪春　李叶芳　庄　娟　温小琼
周　平　宋远红　姜雪宁　秦福文　任春生
李淑凤　戴忠玲　郭淑红　张家良　徐　军
秦　颖　孙长森　梅显秀　滕永杰　邱晓明
宋士惠　卜寿亮　王艳辉　牟宗信　边继明
陈茂笃　翟　峰　郝胜智　陆文琪　刘艳红
梁秀萍　李寿哲　张鹏云　李　崇

管理学院(共计 48 人)

王刚义　王　敬　吴力文　张启銮　唐丽艳
潘东华　王　勇　王学先　张令荣　李　弘
王旭坪　王东华　陈耀华　俞明南　李明斐
李丽明　张醒洲　郭文臣　李新然　卢　涛
杨德权　易学东　那日萨　李　铭　王淑娟
裘江南　王国红　朱庆华　金　淳　冯长利
夏昊翔　周　颖　耿　勇　肖贵蓉　郭崇慧
李文立　于惊涛　乔　坤　张　旭　周英楠
刘彦文　王明征　潘安成　徐雨森　李怀明
宋明秋　刘艳萍　杨光

经济系(共计 6 人)

黄飞雪　宿长海　梁　艳　兆文军　任曙明
陈艳莹

人文社会科学学院(共计 27 人)

孙建平　解兰春　董　锋　朱　航　张旭泉
杨炳君　赵　岩　刘宏伟　丁　堃　韩秀艳
张秀萍　杨姗姗　荆蕙兰　蔡小慎　周文杰
陈晓晖　王丽丽　梁　海　马莹华　刘　洁
刘　伟　葛丽君　文成伟　姜春林　朱琳琳
陈　悦　杨慧民

外国语学院(共计 41 人)

许淑清　钟淑芳　赵秋娜　刘艾云　王　婺
高　鹏　李丽媛　马忠孝　隋玉玮　张丽娟
秦铁力　吴卓娅　张　敏　杨　莉　周　刚
夏晓梅　许艳秋　李　荣　牛晓春　宋艳伟
李筱平　李秀英　刘　卉　殷晓芳　张治中
孟庆荣　韩秀丽　栗　红　于风军　张艳敏
蒋立真　刘文宇　钱　进　程丽霞　陈宏俊
齐丽霞　仝益民　由志慎　孙莲花　马泽军
王　悦

创新院(共计 1 人)

吴振宇

体教部(共计 21 人)

杨佳宁　王正树　袁　丽　金宝玉　吕永新
夏培玲　孟昭莉　郑秀丽　王有庆　谭希颖
王洁群　王宝智　张晓萍　曹　平　刘友范
丛培信　佟贵锋　孙喜和　胡　谊　李芃松
张运江

国际文化交流学院(共计 1 人)

徐　丹

继续教育学院(共计 6 人)

梁宏伟　于黎明　岩江月　姜香云　翟钢军
梅　雨

城市学院(共计 2 人)

郭玉铸　马建军

研究生院(共计 2 人)

宋　丹　刘晓梅

图书馆(共计 14 人)

王　红　罗远环　王瑞云　郑　玲　殷敬华
赵连明　夏立娟　李元鸣　刘凡儒　代玉美
刘建华　张　建　赵晓红　王　红

计算中心(共计 3 人)

姜文周　张晓景　刘化总

宣传部(共计 5 人)

姜再华　许梅杰　陈志强　郭金明　吕东光

学生处(共计 3 人)

苟福衍　薛　徽　房志明

学生就业中心(共计 2 人)

梁　茵　于晓君

学校办公室(共计 1 人)

张世红

教务处(共计 4 人)

郝云忱　付冬娟　张晓君　于迎昕

科技处(共计 6 人)

嵇忆虹　刘书孟　韩丽洁　侯明远　卢　新
郑学锋

对外合作与交流处(共计 1 人)

张　宪

发展规划处(共计 1 人)

韩贵秋

统战部(共计 1 人)

冯振业

组织部(共计 1 人)

刘宇彤

保密办公室(共计 1 人)

康旭东

财务处(共计 3 人)

张积勇　冯宝军　陈桂妍

档案馆(共计 2 人)

吕可路　周景伟

基建处(共计 7 人)

高　展　李海春　芮耳东　纪大海　郑庆信
宋金玉　查建明

监察处(共计 3 人)

孙景利　尹世泽　许运涛

监理公司(共计 12 人)

刘永泰　吕　昌　孟　德　孙晓滨　李鸿安
贾生富　赫娉芝　王树林　张锡宁　王培庄
李福雁　李　岩

科技园(共计 1 人)

昌　锋

离退休处(共计 5 人)

常　俐　于泽涛　周胜军　陈　达　张程江

理工科技(共计 2 人)

李敬安　王秀波

附属高中(共计 25 人)

李万义　李凤茹　齐　静　张继明　孙桂芝
于淑华　郑秋文　林中秋　高俊生　丛　彦
董福贤　李凤华　刘淑娟　李玉梅　张淑芳
牛素芹　邢月玲　朱晓东　于秀娟　姜淑清
李　东　杨茂君　刘敬东　李　满　孔凤君

附属学校(共计 8 人)

杜　欣　闫春玉　周　杰　邹艳娉　赵　环
李汤斌　姜声河　郝　焱

工会(共计 2 人)

王晓波　李叶青

公安处(共计 2 人)

李英华　周福战

国有资产处(共计 5 人)

周德华　李文刚　关佳茹　扈仪馨　金　锋

后勤办(共计 3 人)

王连焕　韩忠顺　王全和

绿化公司(共计 1 人)

刘会霖

设计院(共计 23 人)

许永真　李　松　李伯军　杨化阁　张　震
任玉彦　王　宁　侯文玉　范路安　朱　浩
苏志军　代　斌　王　焱　苏　萍　高　峰
张　珍　王　勇　李凌云　邴　晓　张鸿飞
阳　辉　贾忠慧　张金库

医院(共计 8 人)

李　孚　王　放　宋　凯　陈丹梅　王旭东

岳宗阁　杨泽信　荆润宏

幼教中心(共计 1 人)

刘　洁

振动与强度测试中心有限公司(共计 3 人)

吴晓媛　姜文潭　沈吉纳

住宅办(共计 2 人)

唐明春　张永利

出版社(共计 13 人)

傅　平　刘新彦　王佳玉　张剑宇　韩　露

张　凤　刘宪芹　刘晓晶　金英伟　逄东敏

刘新锋　袁　斌　吕志军

市内管委会(共计 3 人)

朱相寅　吴文信　韩　轶

审计处(共计 4 人)

王发业　程家旗　杨玉新　李淑贞

唐山街市场(共计 1 人)

徐晓惠

安全装备厂(共计 1 人)

温殿江

学　生　工　作

学生工作综述

2007年，学生工作以十七大精神为指导，积极面对新形势、新情况和新问题，坚持走科学化、规范化建设的道路，以学生为本，以学生健康成长需求为导引，以学生综合素质提高为着力点，充实内容、创新载体、改进方法、科学教育、规范管理、倾心服务、全力助推，切实为学生成长成才做好导航服务。

一、教育管理工作

1.以十七大精神统领大学生思想政治教育。紧密联系广大青年的思想实际，把用党的十七大精神武装头脑、指导实践、推动工作作为学习的出发点和落脚点。积极开展学习贯彻十七大精神主题教育系列活动；采取立项的方式资助各院系，营造学习宣传十七大精神的良好环境氛围；邀请五位专家学者开设系列专题讲座报告，让广大师生更直观、深入地了解十七大精神，使十七大精神深入人心。

2.推进学生工作科学化、规范化建设。围绕精英人才培养，加强各院系工作交流，不断探索和完善学生工作“八项工程”的内容和内涵；组织召开专门工作会议，对《学生工作规范》提出合理意见和建议，组织骨干力量进行修订和完善；对学校学生各项工作特点及学生处原网站认真分析，开发完成新学生工作网，突出教育和服务功能。

3.构建全方位思想教育体系。在广大学生中组织开展学习方永刚同志先进事迹，构建社会主义核心价值体系主题教育活动；开展和谐文明校园建设活动，通过举行主题为“铭记校规校纪，共建和谐大工”的校规校纪教育月，和以“迎奥运、讲文明、树新风”为主题的校园文明建设活动月，努力建设和谐文明的校园风气。

4.创新新生教育和毕业教育工作。制订《新生入学教育实施办法》，通过学校集中教育与院系分散教育相结合的方式，以入学“六课”教育为主要内容，引导新生上好大学第一课。以“饮水思源、爱校报国”为主题开展毕业教育。围绕培育外在环境氛围、开展情感教育、唱响母校学子情三个主题开展教育活动；发挥毕业生党员和党支部的先锋模范作用和战斗堡垒作用，实现了毕业生连续8年文明离校。

5.建立网络舆情报送制度。2007年继续组织学校BBS工作小组进行我校相关网络论坛的监控和论坛上思想及言论的引导工作，维护了我校相关网络论坛的良好氛围。

6.推进敞开式献血工作模式。将无偿献血作为学生日常思想政治教育中一项重要内容，精心组织、科学安排、周到服务，充分调动广大学生无偿献血积极性，圆满完成了学校的无偿献血工作。本年度共有1271人（校本部1110人，开发区校区161人）参加无偿献血。

7.强化大学生自我教育、管理、服务模式。完善自管会运行职能，进一步加强大学生自我管理委员会的组织建设、制度建设，完善校、学院（系）两级指导体制，充分发挥学生自我管理委员会在学生激励体系中的积极作用。

8.实施本科生集中住宿。根据学校在2009

年实现本科生在西山集中住宿，研究生在北山集中住宿的工作思路，学生处主动与后勤集团、研究生院沟通，多次召开协调会，通过大量的调查、分析、统计，利用暑假时间，平稳顺利地完成了2006级本科生从北山生活区到西山生活区的搬迁，逐步实现了本科生向西山生活区集中住宿的目标。

9.加强社区环境建设。为给学生提供整洁文明和谐的生活环境和文化氛围，学生处与后勤集团密切配合，对2007级学生宿舍楼进行整体装修，协助生活中心完成了学生寝室床垫的更换工作；开展"社区环境日"建设活动，充分发挥社区内党员的模范带头作用，发动广大学生参与到社区环境建设工作中。同时，开展了"金色校园"摄影大赛、摄影作品展、防火消防演习等活动。

二、招生录取工作

1.强化招生宣传责任制，编印了《大连理工大学2007年招生宣传工作指导手册》，对责任省区的招生形势进行全面分析，制定具有针对性的招生宣传工作实施方案；动员教师参与招生宣传，对招生宣传人员进行全面培训，并首次对招生宣传人员进行业务考试，保证招生宣传工作的质量；各院系采取多种措施加强与责任省区重点高中的联系，扩大我校在中学生中的影响力。

2.全方位、多角度、多层面开展招生宣传工作。在对2006级新生进行《招生宣传问卷调查》的基础上，重点加强网上咨询工作；组织策划新华社等多家媒体专题采访活动；在《中国青年报》等报刊上进行专题宣传；采用电话及现场咨询等多种方式，为考生提供真实详尽的信息。从4月到7月，共派出招生宣传现场咨询人员47批，135人次，分别参加咨询会53场，走访中学288所，有效地宣传了学校的优秀品牌。

3.加强与重点中学的联系，巩固"优秀生源基地"建设。为进一步密切与重点中学的联系，提高我校生源质量，2007年5月，邀请了湖南、湖北、江苏、浙江等南方四省的部分重点中学校长，召开"大连理工大学重点中学校长座谈会"；在部分省区聘请了7位招生宣传工作顾问。

4."大工学子母校行"活动效果显著。学生处与校团委以"服务母校、宣传大工，展示学子风采"为宗旨，开展了"大工学子母校行"寒假社会实践活动。2007年共计有160支学生团队，走访179所母校中学，进一步搭建起我校与各重点高中间的纽带和桥梁。

5.圆满完成各项招生考试和录取工作，生源质量稳步提升。2007年，学生处认真贯彻落实招生工作"阳光工程"的要求，本着公平、公正、公开的原则，确保各项招生工作程序规范、制度严密，圆满完成了保送生、艺术类、文艺特长生、高水平运动员、自主招生和暑期录取工作。2007年生源质量良好，特别是占分省计划总数近40%的辽宁省，理科的最低录取线高出一本控制线53分，再创历史新高。文科最低录取线高出一本控制线22分，是我校生源质量最好的一年。在做分省计划的30个省区中，有18个省区最低录取分数线高出一本线的幅度大于去年，有23个省区最低录取分数线高于当地一本控制线30分以上。

三、学生激励工作

1.加强学习过程管理。主动协助、密切配合教务处深入推进学风建设，组织召开了各年级学风建设专题研讨会，分别就不同年级学生的学业状况、学风建设举措等进行了研讨，有效提高了学风建设的针对性和实效性。举办学科前沿知识与发展趋势讲座、鼓励学生担任科研助手、积极参与创新性试验计划、加强学生考风、考纪和诚信教育，开展"我最喜爱的老师"评选等活动，积极营造加强学风建设的良好氛围。要求各院系建立学习预警制度、学习困难学生档案、学风建设联席会议制度、与家长联系沟通制度，进一步加强学生学习过程管理。

2.实施学业指导与咨询。要求各院系学办

加强与教务部门配合协作，组织一批教学经验丰富的教授和资深的学生工作者开设“学习指导”讲座。要求各院系积极推行“一对一”教师咨询计划，如电子与信息学院“心语坊”、土木学院“春雨师恩”等众多在学生中产生良好影响的学习咨询形式，并以此为载体，积极推进普适性学习辅导。要求辅导员建立与学习困难学生谈话制度，认真排查学习干扰因素，加强个体学生咨询式辅导。

3.继续开展新生学风“八个一”活动。为进一步帮助新生明确大学学习目标，了解大学学习特点，掌握大学学习规律，增强自主学习动力，学生处继续在全体新生中开展了“召开一系列学习经验交流会”、“制定一份学习计划”、“宣讲一组学习案例”、“举行一次阶段验收考试”等活动(简称“八个一”活动)，较好地促进了新生学风建设。

4.科学规范评定奖学金。2007年是国家实施国家奖学金和国家励志奖学金制度的第一年，同时也是新的奖励办法扩大试行范围的第一年。学生处制定了《大连理工大学专项奖学金管理办法》，对专项奖学金的设立、管理、申请和评审都做了详细的规定。组织编写《专项奖学金项目手册》，便于更好地管理、评定、使用专项奖学金。2007年，在全校可参评的13 679名本科学生中，共有4286人分别获得各项奖学金，获奖学生占可参评学生总数的31.3%，受奖面增加2.6个百分点，奖学金发放总金额为1056.7万元。

5.表彰先进，做好典型树立工作。在评定好奖学金的基础上，通过宣传板、网站等媒体，将学生先进集体、优秀个人的事迹在校内广泛宣传，树立优秀典型，引导在校学生努力学习、健康成才、奉献社会。承办了教育部“励志青春”——全国大学生先进事迹报告会。

四、扶贫助学工作

1.学习贯彻资助新政策。2007年是国家实施新资助政策的第一年。根据上级文件精神，结合实际情况，学生处全面修订了我校的扶贫助学政策。随录取通知书寄发《新生家长指南》、《助学政策问答》等材料，广泛宣传各项资助政策，并开通“爱心专线”，有效避免了部分经济困难新生因经济顾虑而不按时报到入学的情况发生。新生报到期间，学生处继续开设了“绿色通道”及“爱心超市”，实施了“八送新生”资助计划。

2.科学认定管理家庭经济困难学生。2007年，根据教育部文件，结合我校实际，对全校家庭经济困难学生的自然状况、学业状况、资助状况、奖惩状况等进行了全面摸底调查和科学认定，并将学生情况录入《大连理工大学家庭经济困难学生管理信息系统》，实现了对经济困难学生资助情况的动态跟踪。截至2007年11月，全校家庭经济困难学生为3896人，占本科生人数的20.56%；其中一般经济困难学生为2393人，占本科生人数的12.63%；特殊经济困难学生为1503人，占本科生人数的7.93%。

3.经济资助项目优势互补。学生工作处结合多年资助工作实际，认真总结分析不同资助项目的特点，将经济资助划分为有偿资助、无偿资助和奖励资助三种类型。在实际工作中三者良性运行，达到优势互补。据统计，本学年经济困难学生人均资助额度为4245元(此数字为不含国家助学贷款资助额度，含国家助学贷款人均资助额度为8481元)。受助金额超过1万元的有86人，最高受助金额达14 300元。通过“有偿资助、无偿资助、奖励资助”三位一体的资助体系，每一名家庭经济困难学生至少获得一项资助，实现了全方位、全覆盖资助。

4.精神激励措施并行。学生工作处注意将资助工作与精神激励相结合，依托自强社，通过自立自强标兵评选、“自强精神激励我”主题活动、诚信教育月、“爱心奉献、回报社会”、“给我三分钟”、“好书接力”等活动，开展励志教育、诚信教育、感恩教育、心理健康教育和勤俭教育。目前，自强社不仅已经是家庭经济困难学生树立自强、自立、自信精神的家园，更成为他们提升自我、锻炼自我和加速自我成长的互助平台。

5.贷款催缴和学费清缴工作卓有成效。多年来，学生处一直高度重视国家助学贷款贷后管理工作，坚持并完善了国家助学贷款工作助理制度、还息提醒制度、欠息欠款追讨制度、违约学生曝光制度等，把诚信教育与贷款办理和对学生的关心、教育有机结合。截止到2007年12月，我校共有2165名本科学生在建设银行申请贷款，现已有1106人还清贷款，按期归还本息人数为2022人，按时还贷率为93.4%；在中国银行贷款进入还款期的本科生数为395人，373人按期归还本息，按时还贷率为94.4%，按时还贷率一直在全国高校中保持领先。

学费清欠工作中全体学生工作者做到分别对待、细致到人，在清欠的同时做好耐心细致的思想工作。截至目前，只有12人欠费，欠费总额6.7万元，学费收缴率达到99.92%。

五、国防教育工作

1.加强国防生日常教育。在对国防生实行集中住宿管理的基础上，对国防生宿舍命名“铸剑阁”，建设了多媒体活动室、健身室、图书室、荣誉陈列室等，增强国防生的团队意识和荣誉感，建立模拟营连制度、骨干轮换制度和一日生活养成制度，强化国防生的军人意识。有针对性开展毕业国防生专题教育、国防生演讲比赛、国防生毕业典礼等一系列教育活动，强化国防生携笔从戎，献身国防的意识。2007届毕业国防生涌现出了物理与光电学院国防生班这一先进集体，他们的事迹在《中国教育报》、《前进报》、《大连日报》等多家媒体上整版报道。

2.完善国防生管理协调机制。按照上级机关文件要求，完善了《大连理工大学国防生教育管理规定》等相关规定，对国防生的日常学习生活进行规范管理。完善国防教育学院领导班子例会制度、国防教育学院工作人员例会制度、各院系国防生辅导员沟通例会制度、国防生学风建设研讨会制度等，进一步落实了各部门和工作人员的职责，科学规范地开展日常工作。

3.开展好军事理论课教学。以军事教研室为依托，积极配合教务部门制订军政理论课教学计划，开设了10门军政理论课，通过完善教学制度，建立听课查课制度，开展优质课程评比等活动对教学质量进行监督。

4.继续开展好新生军训和征兵工作。本学期，经过广泛宣传，积极发动，我校共有12名同学参军入伍。

六、心理健康教育与咨询工作

1.健全大学生心理健康教育与咨询运行机制。2007年派出心理中心负责同志到清华等5所高校学习调研，召开专题研讨会，完善和制定了学校心理健康教育与心理咨询工作实施办法、值班与案例督导制度、咨询师会诊制度，初步建立了学校、学院两级工作机制。

2.做好日常教育和咨询工作。完成了2007级新生的心理健康普测工作；通过讲座、报纸、海报、网络、心理服务热线、心理知识宣传日等形式对学生开展心理健康教育；2007下半年进行个体咨询近600人。

七、队伍建设工作

1.做好辅导员的选聘和配备工作。2007年学生处会同各相关部门和学生工作专家按照思想政治素质和道德品质过硬，责任心强，具有较高综合素质和较强组织管理能力的标准，选留29名新辅导员。采取到海军大连舰艇学院集中军训与校内岗前教育、业务学习相结合的方式对新上岗同志进行了为期一个月的培训，为其工作打好基础，此项工作已坚持了16年。同时，学生处建设完成了“学生工作队伍管理信息系统”，对学生工作者的信息实现动态管理。

2.建立分层次、多形式的辅导员培训体系。学生处积极贯彻落实教育部工作要求，制定了科学、周密的培训计划，通过讲座、报告会、学习例会等形式，不断提升学生工作者的理论与实务水平。2007 年继续实行辅导员分年级研讨培训制度。全年派出 61 人参加教育部和省市的辅导员工作培训，学校还资助了 6 位学生工作者到国外学习，推荐 5 名同志参加硕士研究生单独考试，4 名同志参加博士生考试，完成学历提升。

3.加强学生工作研究和理论探讨。不断加强学生思想政治工作理论研究，建立学生工作科研立项制度，旨在鼓励学生工作者结合实际工作，不断研究新情况，总结新经验。2007 年，有 28 项学生工作研究课题获得教育部、省市和学校的立项资助。多篇论文在核心期刊发表、在重要会议和征文中获奖。

4.承办好相关会议工作。5 月，承办了全国高校辅导员队伍建设研讨会。7 月，承办辽宁省新任辅导员岗前培训班。

在全国30个省市自治区录取新生情况统计表

专业＼分数＼地区	北京	天津	河北	山西	内蒙古	辽宁	吉林	黑龙江	上海	江苏	浙江	安徽	福建	江西	山东	河南	湖北	湖南	广东	广西	海南	重庆	四川	贵州	云南	陕西	甘肃	青海	宁夏	新疆	新疆定向	西藏班	新疆班
招生人数	40	121	234	100	108	1703	215	201	10	152	125	118	50	125	194	195	130	139	15	30	10	35	55	10	16	51	41	5	5	58	7	15	10
控制分数线(理科)	531	509	587	572	559	519	574	588	461	588	568	563	562	571	573	596	548	535	557	545	614	505	533	536	560	527	562	467	531	518	518		
我校录取最低分(理科)	572	570	623	592	614	572	616	620	466	625	620	608	594	609	617	616	580	543	582	550	701	565	581	602	624	582	590	534	570	590	551	282	463
数学与应用数学	617	589	640	610	624	581	626	631		630	624	613	597	619	623	638	590	573	582	550		570	600			608							
信息与计算科学	586	573	637	601	622	581	635	631		630	622	618	611	620	625	623	591	586	604	607	716	573	611			609							
应用物理学		575	629	603	619	583	628	631		630	621	615	614	611	623	626	581	571	584			582	593	605		586	594			608			
电子科学与技术		590	645	609	629	595	637	637		628					627	645	589	586					593										
光信息科学与技术	589	583	635	615	627	589	639	645		630	621	617		616	628	627	593	570	585			577	591		626	627				617			
工程力学	601	595	637	616	629	590	634	648		631	623	616	613	617	625	630	591	574		579		574	595		650	599	628			603			
应用化学	587	582	632	605	630	579	637	637		629	625	615		618	623	640	589	587		589	737		588			602	609			601			
应用化学(精细化工)	586	588	633	605	625	580	641	631		630	622	610		617	627	631	593	565					596			602	610			602	560		
化学工程与工艺(英语强化)	593	594	627	645	620	583	637	626		628	622	608		610	618	627	586	595					589							601			
化学工程与工艺(化学工程)	581	574	631	611	623	577	625	632	466	632		613	596	614	623	624	591	566	588	576		579	586	610	632	586	631			599			
化学工程与工艺(化学工艺)		577	623	606	616	573	631	635	468	627	624	609	595	611	622	621	587	555							630	583	599						
化学工程与工艺(催化化学与工艺)		576	631	609	620	574	633	631		629	621	611		613	628	619	585	563								582	596						
化学工程与工艺(电化学)		573	629	610	614	572	629	627		626	620	609		609	622	622	582	562								585	623						

高分子材料与工程	590	571	638	607	630	578	626	635		631	625	624	601	614	630	626	590	583					595			591	622			601			
制药工程		582	634		619	574	634	631		627	623	617		616	632	646	588	555					586										
过程装备与控制工程	580	590	632	612	617	572	636	633		625	622	614		610	618	618	583	552		564		582	583	602		591	642			592	551		
无机非金属材料工程(材料化学)		587	636		627	572	633	622		630	621	610		615	622	623	589	560															
环境工程	574	586	633	636	623	577	639	634		630	628	609	604	622	633	629	587	573		559		589			640	599	615			598			
环境科学		575	634	633	622	577	629	632		629	621	611		622	629	624	586	551							624		607			620			
生物工程	588	579	634		622	588	636	639		630	629	619		614	624	658	597	581		570		576	584			584	611			598			
生物技术		572		614	620	574	632	633		629	625	620		618	621	628	590	581							625		615			614			
机械设计制造及其自动化	605	603	639	623	633	606	639	645		635	629	623	615	624	636	643	598	593	605	595	738	598	599	622	628	614	634	561	601	624		318	465
机械设计制造及其自动化(日语强化)	602	587	644		640	612	659	655		630	630	622		622	627	649	590	590															
机械设计制造及其自动化(英语强化)	595	588	638	624	631	607	638	646		634	628	617		620	628	631	587	589															
工业设计		590	623		617	575	626	625		626	621	613		613	618	620	583	543															
测控技术与仪器	583	582	637	624	623	576	636	642		630	622	618		616	618	626	592	564															
物流工程	599	586	636	620		595	646	636		627	624		596	612	630	635	589	586															
材料成型及控制工程	579	577	631	603	622	575	627	628		628	625	612		612	621	624	592	543		588		573	590		627	584	623			599			
金属材料工程	577	572	627	592	624	573	632	621		628	623	611		614	620	621	584	577		580		566	589			585	606			590			
金属材料工程(日语强化)			631	604	631	597	621	625		625	620	613		611	619	620	588	548															
材料物理		583	637	603	625	572	631	629		628	624	611		615	622	618	585	579		595		571	592			583	614						
水利水电工程	577	583	636		629	585	645	635		630	620	613		617	625	626	590	590		562		585	595			599	628			629			

(续表)

专业＼分数＼地区	北京	天津	河北	山西	内蒙古	辽宁	吉林	黑龙江	上海	江苏	浙江	安徽	福建	江西	山东	河南	湖北	湖南	广东	广西	海南	重庆	四川	贵州	云南	陕西	甘肃	青海	宁夏	新疆	新疆定向	西藏班	新疆班
港口航道与海岸工程		591	635		629	593		643		636	627	618	614	610	628	628	595	590		606		587	623										
土木工程	608	587	637	616	629	606	649	647		633	633	619	617	618	638	643	594	603		614		588	597			603	626			626	569		
土木工程(英语强化)		580	630		630	592	629	636		630	632	617		617	623	643	582	585					606										
建筑环境与设备工程		577	633	612	623	579	635	629		629	621	617		615	618	627	594	546								585							
工程管理	616	613	637		626	581	627	654		630	621	615	606	612	625	626	589	578		614		583	585			589							
交通工程		573	634	611	625	573	625	626		625	621	615	605	611	620	624	587	584				574	591			583				637			
建筑学	616	588	640	639	632	599	634	643	489	628	627	609		616	623	633	590	551		588		565	589	620						615	600		
城市规划	617	584	633	615	636	585	625	628		628	627	608		620	620	631	584	563															
工业设计		571	632		620	578	630	626		628	623	619		610	627	626	591	566															
船舶与海洋工程(船舶工程)	584	592	639	618	628	591	639	645	488	632	625	619	594	616	634	633	596	587	623	595	730	581	594										
船舶与海洋工程(海洋工程)		580	623			605	650	633		630	623	617	605	610	618	644	595	575	599	585	701												
热能与动力工程	592	590	635	600	628	578	633	632		631	623	609	604	614	624	628	593	564	598			578	598	604		586	617			599	580		
机械设计制造及其自动化(汽车工程)		591	638	625	636	602	658	637		634	626	618		618	637	647	597	596					615			603	623			636		333	
电子信息工程(英语强化)		614	638		630	614	639	651		630	625	622		615	628	626	589	589															
电子信息工程	609	610	639	634	628	609	648	649	474	630	628	626	609	616	632	632	594	591	590	608	732	586	591	619	631	612	646			622	572		
电子信息工程(集成电路)		584	643			594	638	642		633	625	629	612	622	631	654	592	564								588							
测控技术与仪器	572	570	635	605	627	582	630	639		629	621	613		610	627	625	584	578															

自动化	612	588	638	610	629	592	637	637		629	624	620	612	612	628	630	594	577		581		578	595	621	625	591	643	560	570	597		282	463
计算机科学与技术	588	586	635	615	628	581	634	628	477	626	622	621	611	614	617	629	591	583	596	588	719	575	588	609	625	595	618	540	572	593		301	472
生物医学工程			634	609	624	586	624	628		627	621	610	597	611	627	626	586	580				577	592										
电气工程及其自动化	591	592	639	621	633	595	646	643		634	627	620	611	616	629	635	592	589	596	572		579	599			614	630			605			
英语		575	623			574	616	623	485	625	620	612		614	624		583																
日语		594	633			579	616	625		626	621				617		590																
新闻传播学类		571	631	621	618	573	618	623		625	623	608	596	612	618	622	585	565												591			
信息管理与信息系统	574	584	636	623	626	597	632	630		631	628	622	599	617	625	636	598	587					591										
人力资源管理		577			624	581	620	628		626	622			615	632	621	591	596			723									604			
金融学	578	600	636		627	591	632	634	466	631	624	616	605	611	629	632	590	585										534	598	638		339	582
国际经济与贸易(英语强化)	595	595	638		626	598	629	631	490	629	627		608	610	627	627	589	587	613	583	726		600				593	542	600			437	501
软件工程	573	572	623	594	614	572	617	621	474	625	620	608	599	611	617	616	580	550	586	607	716	577	587	608	624	584	592			625			
软件工程(日语强化)	591	583	625	596	619	572	617	620		626	620	608		610	617	616	580	545		601		576	595			586	639			632			
网络工程		572	624	599	621	572	616	620		625	620	609	594	609	617	619	584	579	582	599		575	581			583	590			639			

2007年录取分数(文科)

分数 专业 地区	河北	辽宁	吉林	黑龙江	山东	西藏班
招生人数	11	81	15	12	20	2
控制分数线(文科)	566	538	567	567	593	
我校录取最低分(文科)	577	560	582	569	600	313

2007年录取分数(艺术类理科)

分数 专业 地区	河北	辽宁	山东
招生人数	1	8	3
控制分数线(艺术类)	300	190	290
我校录取最低分(艺术类)	346.2	505	378.1
艺术设计	346.2	551.6	378.1
雕塑		505	

2007年录取分数(艺术类文科)

分数 专业 地区	河北	辽宁	山东
招生人数	9	28	12
控制分数线(艺术类)	300	190	300
我校录取最低分(艺术类)	366.4	495.6	420.4
艺术设计	366.4	495.6	429.7
雕塑	390.6	550.6	420.4

2007年录取分数(预科)

分数 专业 地区	内蒙古	广西	贵州	甘肃	宁夏	新疆
招生人数	10	6	6	6	2	30
我校录取最低分(少数民族预科班)	583	522	555	530	528	499

2007年入学新生(理科)各省市自治区第一名

省(市、区)	学号	姓　名	性别	民族	考分	院　系	专　业
北京市	200711003	魏　超	男	汉族	617	应用数学系	数学与应用数学
北京市	200757102	李丹丹	女	汉族	617	创新实验学院	信息大类
天津市	200781026	王　欣	女	汉族	637	创新实验学院	信息大类
河北省	200731009	吴明飞	女	汉族	651	创新实验学院	信息大类
山西省	200742003	申　坤	男	汉族	654	创新实验学院	机械大类
内蒙古自治区	200761075	崔添棋	男	汉族	643	创新实验学院	机械大类
辽宁省	200711043	于振宇	男	汉族	646	创新实验学院	信息大类
吉林省	200781060	齐　林	男	汉族	665	创新实验学院	信息大类
黑龙江省	200794037	韦　娜	女	汉族	665	创新实验学院	信息大类
上海市	200705013	秦　蔚	男	汉族	490	创新实验学院	机械大类
江苏省	200761719	马　震	男	汉族	642	创新实验学院	机械大类
浙江省	200755030	麻宇翔	男	汉族	638	建筑与艺术学院	建筑学
安徽省	200781129	陈　功	男	汉族	629	创新实验学院	信息大类
福建省	200785030	林　强	男	汉族	624	创新实验学院	机械大类
江西省	200761027	李　鹏	男	汉族	626	创新实验学院	机械大类
江西省	200712001	王佳文	男	汉族	626	创新实验学院	信息大类
山东省	200754036	张菲飞	男	汉族	643	创新实验学院	机械大类
河南省	200761712	李俊峰	男	汉族	670	机械学院	机械设计制造及其自动化
湖北省	200761098	刘国良	男	汉族	611	创新实验学院	机械大类
湖南省	200754022	李忠灵	男	汉族	603	创新实验学院	机械大类
广东省	200771008	刘　鎏	男	满族	623	创新实验学院	机械大类
广西壮族自治区	200753016	金　飙	男	汉族	614	创新实验学院	机械大类
广西省	200754025	黄　宁	男	汉族	614	创新实验学院	机械大类
海南省	200761087	王澄律	男	汉族	738	创新实验学院	信息大类
重庆市	200761060	吕宗阳	男	汉族	598	创新实验学院	机械大类
四川省	200752011	何蔚华	男	汉族	623	创新实验学院	机械大类
贵州省	200761042	黄小乖	男	布依族	622	创新实验学院	机械大类
云南省	200731038	何　航	男	汉族	650	创新实验学院	信息大类
陕西省	200723031	郭　青	女	汉族	627	创新实验学院	信息大类

(续表)

省(市、区)	学号	姓　名	性别	民族	考分	院　系	专　业
甘肃省	200782036	章婉霞	女	汉族	651	创新实验学院	信息大类
青海省	200761090	林　源	男	汉族	561	创新实验学院	机械大类
宁夏回族自治区	200761134	李　越	男	汉族	601	创新实验学院	机械大类
新疆维吾尔自治区	200761201	章　康	男	汉族	659	创新实验学院	机械大类
新疆班	200704004	宋明君	女	锡伯族	631	经济系	金融学
西藏班	200761021	旦增欧珠	男	藏族	485	机械学院	机械设计制造及其自动化

2007年入学新生(文科)各省市自治区第一名

省(市、区)	学号	姓　名	性别	民族	考分	院　系	专　业
河北省	200700112	佟　露	女	汉族	592	人文社会科学学院	新闻传播学类
辽宁省	200700198	张峻华	女	汉族	594	人文社会科学学院	新闻传播学类
辽宁省	200700199	张笑男	女	汉族	594	人文社会科学学院	新闻传播学类
辽宁省	200700200	赵佳琪	女	满族	594	人文社会科学学院	新闻传播学类
吉林省	200700162	王关予	女	满族	593	人文社会科学学院	新闻传播学类
黑龙江省	200700127	孔祥晶	女	汉族	625	人文社会科学学院	新闻传播学类
黑龙江省	200700128	李明洋	女	汉族	625	人文社会科学学院	新闻传播学类
山东省	200700174	杨耐寒	女	汉族	626	人文社会科学学院	新闻传播学类
西藏班	200700290	格桑卓玛	女	藏族	365	人文社会科学学院	新闻传播学类

2007年入学新生(艺术类理科)各省市自治区第一名

省(市、区)	学号	姓　名	性别	民族	综合成绩	院　系	专　业
河北省	200757051	吕双双	女	汉族	346.2	建筑与艺术学院	艺术设计
辽宁省	200757039	孙　璐	女	满族	579.7	建筑与艺术学院	艺术设计
山东省	200757012	赵震鹏	男	汉族	386.8	建筑与艺术学院	艺术设计

2007年入学新生(艺术类文科)各省市自治区第一名

省(市、区)	学号	姓　名	性别	民族	综合成绩	院　系	专　业
河北省	200757048	温圆圆	女	满族	473	建筑与艺术学院	艺术设计
辽宁省	200757014	李月心	女	汉族	585	建筑与艺术学院	艺术设计
山东省	200757001	高小聆	女	汉族	500.2	建筑与艺术学院	艺术设计

2007年入学新生各省市和特别行政区保送生

省(市、区)	学号	姓 名	性别	民族	院 系	专 业
吉林省	200709001	冯筱舒	女	汉族	外国语学院	日语
吉林省	200709002	张紫情	女	汉族	外国语学院	日语
吉林省	200709003	彭 瑶	女	汉族	外国语学院	日语
上海市	200708001	吴一飞	男	汉族	外国语学院	英语
上海市	200708002	张 安	女	汉族	外国语学院	英语
上海市	200709004	江若愚	男	汉族	外国语学院	日语
上海市	200709005	冯思源	男	汉族	外国语学院	日语
上海市	200709006	李 音	女	汉族	外国语学院	日语
浙江省	200708003	吴 迪	男	汉族	外国语学院	英语
浙江省	200709007	顾雪榕	女	汉族	外国语学院	日语
湖北省	200709011	周圣杰	男	汉族	外国语学院	日语
山东省	200708004	曹 硕	男	汉族	外国语学院	英语
山东省	200708005	燕 文	女	汉族	外国语学院	英语
山东省	200709008	宫鹏飞	男	汉族	外国语学院	日语
山东省	200709009	张慧煜	女	汉族	外国语学院	日语
山东省	200709010	张 焱	男	汉族	外国语学院	日语
澳门特别行政区	200753001	梁郁康	男	未采集	土木水利学院	工程管理
澳门特别行政区	200754060	杨历祺	男	未采集	土木水利学院	土木工程

就业工作综述

2007年,学校以"市场建设年"、"就业服务年"为工作定位,坚持不断完善毕业生就业指导服务体系,多渠道开展毕业生就业指导与教育,着力建设毕业生就业市场,圆满完成了2007届毕业生的就业工作;并积极应对2008届毕业生就业工作严峻的形势,抓住重点、开拓创新,取得了2008届毕业生就业工作的阶段性成果。学校荣获2006～2007年辽宁省普通高校毕业生就业工作先进集体,21位同志荣获辽宁省普通高校毕业生就业工作先进工作者称号,4位同志受聘为辽宁省首批大学生就业创业指导培训、科研专家。

一、集中力量建设毕业生就业市场

1.走出去、请进来,加大就业市场开拓力度

2007年,学校加大了毕业生就业市场开拓力度,主动走出去,分行业、分地域,有层次地开展毕业生推介活动。学校联合吉林大学、东北大学、哈尔滨工业大学等高校,先后率队组织了广

州、深圳、北京、天津等地区的毕业生推介会，在搜狐网开展了网上现场推介会。组织院系就业工作者走访了宝洁、本田、腾讯、华为、中广核等广州和深圳地区著名企业。通过走访活动，进一步密切了学校与走访单位的关系，巩固了学校毕业生就业基地。学校根据各专业与单位隶属行业的相关性，“定向”派出院(系)就业工作主要负责人参加了中石油集团、核工业集团、中建集团、中国航天科技集团等行业集团举办的人才交流洽谈会，促进了校、系两级就业市场的建设。

为巩固大连本地就业市场，听取在连重点用人单位对学校人才培养、毕业生职业指导、就业服务等工作的意见和建议，组织了2007年大连理工大学—大连市重点用人单位研讨会，会议邀请了大连市人事局、各县市区人事局等相关单位领导和20余家在连重点用人单位参会，招生就业处、学生处、教务处等相关部门出席了会议，会上，学校还向惠普、IBM、东软、大连机床厂等27家单位颁发了“毕业生供需最佳合作伙伴”牌匾，进一步巩固了学校在连毕业生的就业市场。

2.创新工作理念，优化招聘服务，充分发挥校园就业市场的主渠道作用

为了调动准毕业生们主动关注就业、主动准备择业的积极性，解决毕业生求职时缺乏“从业经验”的难题，增强择业竞争力，同时提前抢占毕业生就业市场，学校创新工作理念，于6月成功举办了“大连理工大学首届实习生招聘月”活动，为学生和用人单位提供了优质的服务和广泛的交流平台。组织完成了网上实习生招聘专栏的开发，发放实习生招聘会邀请函1500余份，网上发放邀请函3000余份。共计收到50余家单位的实习信息，岗位共计600余个。GE、联合利华、德勤、Intel、大连港集装箱集团、大连机床集团、大连市政设计研究院、大连建发建筑设计院、阿尔派电子等公司纷纷到校组织专场实习生招聘说明会及笔试面试活动。阿尔派电子一家就录用了38名实习生。为了维护实习学生的权益，学校还专门设计了《大连理工大学实习生协议书》。

为提高毕业生就业层次，把优秀的毕业生输送到国家急需行业、重点企业、重要岗位上去，招生就业处联合校团委、学生处启动了优秀学生干部、优秀流转辅导员推荐计划，以抢占高端毕业生就业市场为目标，为他们提供针对性就业指导和针对性推荐。初次计划共涉及三名流动专职辅导员和八名校学生会部长级以上的学生干部，截止到年底，绝大部分都被推荐到中央直属国家大型企业集团总部工作。此项工作的成功开展为以后优秀毕业生推荐工作的开展奠定了基础，积累了宝贵经验。

2007年，学校以提供优质服务、搭建优质平台为目标，不断优化招聘服务工作。对每场专场招聘会、组团招聘会均安排专人接待用人单位，为用人单位提供专业化、全程化、一站式服务。全年共接待用人单位2000余家，组织50家以上用人单位的大型招聘会4场，10家以上用人单位的组团招聘会20余场，专场招聘会500余场。调查显示，超过86%的毕业生是通过校内就业市场落实工作单位的，校内就业市场的主渠道作用进一步得到了发挥。

二、多载体、多渠道开展形式多样的全程化的就业指导

我校以系统化的职业指导课程和职业指导讲座为基础，以职业测评、职前教育网络学堂和职业咨询为补充，以全程化的职业指导为特色，以多样化的就业实践环节为辅助，多载体、多渠道开展形式多样的职业指导。

我校坚持“从大一入手，贯穿大学全过程”的职业指导工作理念。根据各年级学生的不同特点和需要，有针对性地开展职业指导工作。

针对新生，我校专门编辑了新生职业指导手册——《赢在起跑线》，在新生报到处设立职业发展咨询处，聘请专家对新生开展职业生涯规划的指导，结合各院系针对新生开展的专业发展说明会，提高新生的职业生涯规划意识和职业生涯规划的科学性。

针对在校生，我校开设了每年32学时的《大学生就业与创业指导》课程，从不同角度帮助在校生进行职业生涯规划、做好求职择业前的准备。为弥补课堂讲授的局限性，学校还邀请国内外知名企业的人力资源专家开展了丰富多彩的就业指导讲座，每年安排此类讲座40余场，通过多种形式为学生职业生涯规划进行现场指导，这些讲座的开展对于提高毕业生就业竞争力有着

显著的作用。

针对毕业生，我校定期出版《大学生就业》报，免费发放到每个学生宿舍，2007年共出版10期，发行超过四万份；开设了就业资料室，订阅了上百种报纸、杂志，面向在校生开放；开设了就业咨询室，聘请了20余名国家级职业指导师，定期为毕业生提供“一对一”针对性指导；开通了就业咨询热线并利用就业信息网、BBS等网络渠道，对毕业生进行咨询和指导。

学校举办了“职业生涯规划设计大赛”、“求职挑战精英赛”等学生赛事，邀请国内外知名企业人力资源专家对学生进行培训与指导，帮助学生及早树立正确的择业观，进行科学的职业生涯规划。这些活动得到了全校学生的积极关注和踊跃参与，在全校形成了浓厚的职业规划氛围。

此外，我校组织了“报国企业行”暑期社会实践活动，组织在校生走出校门、走进社会、走向基层，并组织了实习实践报告会，极大地开阔了学生视野，增强了毕业生的择业竞争力，缩短了毕业生从“学校人”到“职业人”的过渡期。

全程化、多样化的职业指导工作对于提高毕业生择业竞争力、提高毕业生就业层次、构建合理的就业结构起到了极大的作用。2007年我校本科毕业生继续深造比例高达35%，其余主要就业于国家重点建设的大中型企业；毕业研究生中30%以上就业于高等学校和科研院所。

2007年，为深入贯彻全国普通高校就业工作会议精神，我校进一步加大了奖励力度，将就业奖学金额度提高为每人1万元，继续加强引导和鼓励毕业生面向基层就业。为了在校园内唱响“到祖国最需要的地方去建功立业”的主旋律，积极营造良好的舆论氛围，学校还深入挖掘、大力宣传“服从国家需要优秀毕业生”的先进事迹，通过在校园内设立图文并茂的光荣榜、召开表彰大会、在学生毕业典礼上颁发荣誉证书等方式予以宣传，以引导更多的在校生确立投身到祖国建设事业的职业目标。

三、加强信息化建设，搭建网络平台，提高工作效率

2007年招生就业处加强了就业工作信息化建设，注重搭建网络交流与双选平台，提高工作效率和服务质量。完成了就业管理信息系统院系客户端开发测试工作并指导相关院系使用，为促进就业工作重心下移、方便毕业生业务管理进行了有益尝试与实践。

组织开发完成了新版大工就业网，优化了网站布局，与2006年开发完成的大工就业管理信息系统更有机地结合起来，提供了一个完整的毕业生管理、服务、信息发布和网络双选平台。调查显示，97.7%的毕业生对我校就业网表示满意。

四、加强业务素质培养和专家化队伍建设、加强理论研究和实践探索

为加强就业指导工作的专家化建设，提高就业指导工作者的理论水平和指导技能，2007年学校选送了4名学生就业工作者参加了辽宁省2007年职业指导教学训练实验班学习，还选送了4名学生就业工作者参加了辽宁省2007年首期KAB创业指导培训班的学习。2007年，我校有5篇就业工作论文在第七届全国就业工作改革优秀论文评比中获奖；承接了辽宁省“十一·五”规划课题；组织完成了两项大连市思想政治研究课题的研究与结题鉴定工作，共完成课题论文6篇，结题材料近26万字。

2007年，学校针对2007届本科毕业生进行了全口径问卷调查，以深入研究2007届本科毕业生的就业情况以及未落实工作的原因，同时也为全面分析掌握大连理工大学毕业生就业状况，及时把握学生就业志愿和心态，进一步探索就业形势和就业市场的发展变化规律提供可靠借鉴。此次调查分为两个部分，分别针对已签约的应届本科毕业生和未落实工作的本科毕业生，分别回收了3215份和598份有效问卷，并结合统计分析结果和就业工作实际进行了分析、总结，形成了《大连理工大学2007届毕业生就业状况白皮书》。

2007届本科毕业生流向

	单位性质	人数	百分比/%		地区	人数	百分比/%
按单位性质划分	国有企业	697	16.90	按地域划分(不含升学、出国)	大连	978	39.04
	部队	60	1.45		辽宁(不含大连)	474	18.92
	党政机关	9	0.22		深圳	143	5.71
	地方基层项目	10	0.24		江苏	129	5.15
	高等教育单位	20	0.48		天津	89	3.55
	医疗卫生单位	1	0.02		北京	73	2.91
	国家基层项目	3	0.07		河北	68	2.71
	艰苦行业企业	1	0.02		广东(不含深圳)	64	2.55
	科研设计单位	58	1.41		山东	54	2.16
	其他灵活就业	387	9.38		浙江	53	2.12
	三资企业	430	10.42		吉林、黑龙江	79	3.15
	其他企业	561	13.60		西部十二省市	119	4.75
	其他事业单位	11	0.27		其他	182	7.27
	升学	1406	34.08		总　计	2505	
	出国、出境	214	5.19				
	自主创业	4	0.10				
	待就业	215	5.21				
	不就业拟升学	38	0.92				
	总　计	4125					

2007届毕业研究生流向

	单位性质	人数	百分比/%		地区	人数	百分比/%
按单位性质划分	国有企业	335	13.33	按地域划分(不含升学、出国)	大连	876	40.07
	部队	68	2.71		辽宁(不含大连)	209	9.56
	机关	21	0.84		北京	156	7.14
	地方基层项目	9	0.36		深圳	154	7.04
	高等学校	394	15.68		山东	131	5.99
	科研设计单位	226	8.99		天津	82	3.75
	其他事业单位	50	1.99		上海	67	3.06
	艰苦行业企业	1	0.04		江苏	65	2.97
	金融单位	2	0.08		吉林、黑龙江	61	2.79
	其他	51	2.03		河北	55	2.52
	其他教学单位	15	0.60		浙江	49	2.24
	其他灵活就业	30	1.19		河南	45	2.06
	三资企业	283	11.26		广东(不含深圳)	38	1.74
	其他企业	613	24.39		湖北	26	1.19
	医疗卫生单位	1	0.04		其他	83	3.80
	自主创业	7	0.28		西部十二省市	89	4.07
	升学	272	10.82		总　计	2186	
	出国、出境	55	2.19				
	待就业	78	3.10				
	其他暂不就业	2	0.08				
	总　计	2513					

国　有　资　产　管　理

根据学校 2007 年工作要点的精神和部署，资产管理处（原国有资产处，2007 年 12 月更名）以保障学校质量工程实施和学科建设为核心，以建设和谐校园（节约型校园、安全校园、绿色校园）为重点，以强化机关作风建设和提高管理效率与服务水平为保障，在完成常规工作的基础上，全面推进和完成了资产管理、条件保障和校园维护三项工作。

一、继续深化资产管理方式的探讨和改革，为提高资产管理水平打好基础

1. 以完成财政部、教育部布置的资产清查工作为动力，加快推进学校固定资产和其他物质资产的清查工作。在反复核查，通过了教育部委派的审计组审核和验收之后，资产管理处继续与各院系配合进行了资产的核实、建账、调整数据库的工作，截至 2007 年底，资产普查工作基本完成，达到了摸清情况的初步目的，为下一步分析存在的问题，研究改进的措施提供了依据。同时，根据财政部、教育部有关文件精神，颁布了《大连理工大学固定资产处置暂行办法》。

2. 以制定《大连理工大学公用房管理条例》为先导，推动水电管理办法和大型设备资源共享办法的研究与制定工作。

经过一年多的调研和反复讨论，在借鉴兄弟院校经验并结合学校的实际的基础上，资产管理处起草了《大连理工大学公用房管理条例》和相配套的六个实施细则。2007 年下半年召开四次院系代表座谈会听取意见，并与校工会联合召开学校民主管理委员会成员座谈，经反复修改后报送校领导审定，拟于 2008 年起执行。《公用房管理条例》制定充分体现了校务公开、民主管理的要求，借鉴其出台的经验，经反复调研和讨论，水电管理办法也将在 2008 年酝酿提出。

3. 截至 2007 年末，大连理工大学现有土地面积3 006 969 m^2（包括凌水校区新征用土地692 274 m^2）；现有公房建筑面积937 208 m^2；设备资产总值 77 928 万元，其中 10 万元以上大型设备总值34 906万元（历年数据如图 1～图 6 所示）。

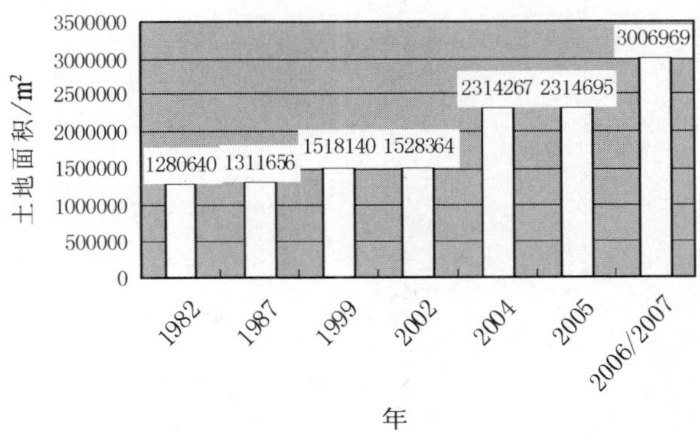

图 1　土地面积随年变化

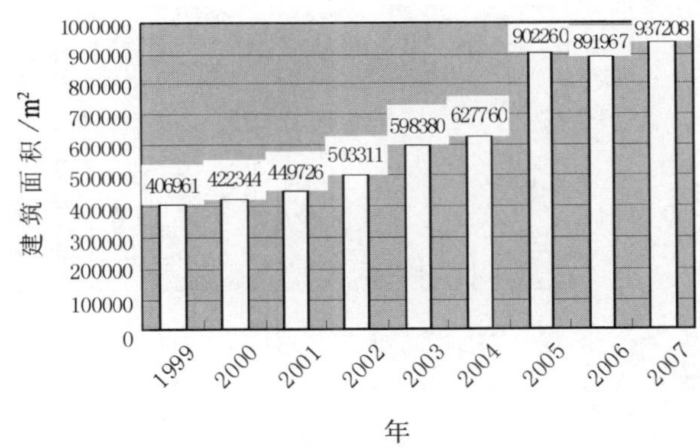

图 2　公房面积随年变化

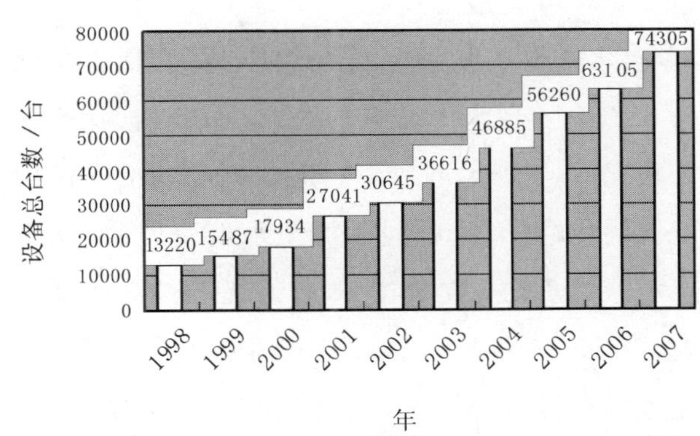

图 3　设备总台数随年变化

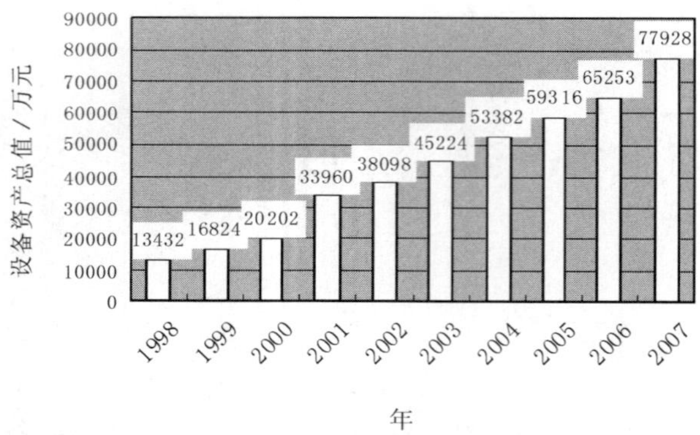

图 4　设备资产总值随年变化

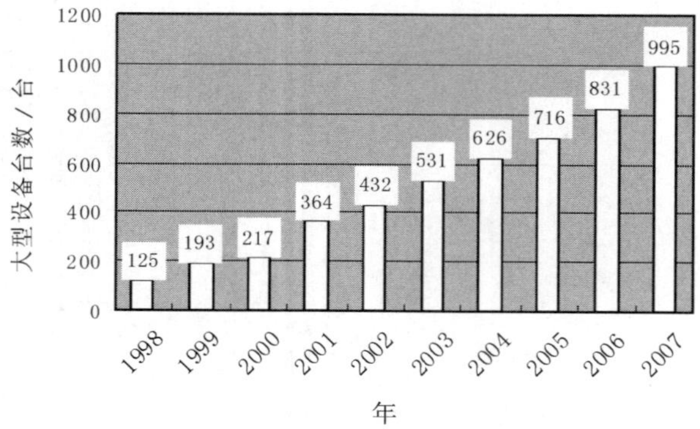

图 5　大型设备台数随年变化

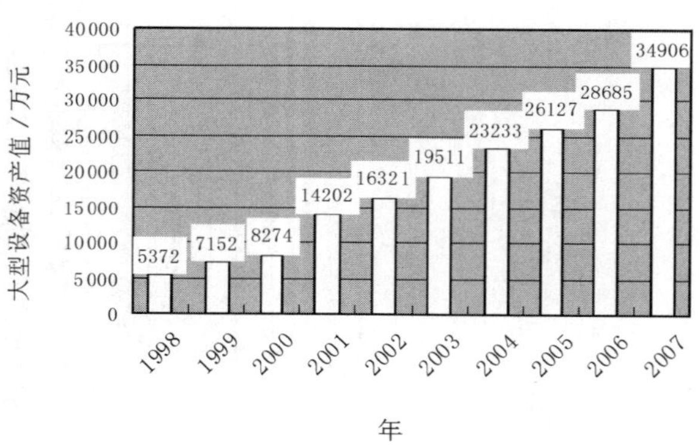

图 6　10 万元以上大型设备资产值随年变化

2007 年全校总耗电 3839 万度，总耗水量 148 万吨，水电煤气费总支出为 3045 万元，比去年增长 8.42%。在水电价格上涨、耗用数量同比增加的状况下，资产处与供电公司谈判和争取居民用电比例和电价比例，同时加强水电费回收，使得年水电费净支出控制在 1800 万元的预算额度以内。在 2007 年排污费收费标准提高的背景下，经过多方努力，减低了排污费的增长幅度，仅比去年预算增加了 5 万元。

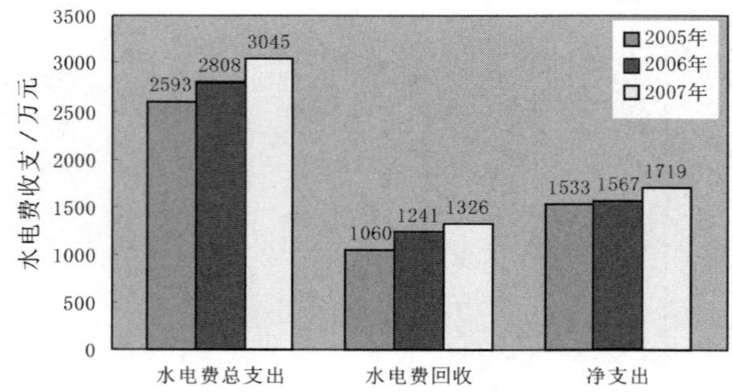

图 7　水电费收支变化

二、做好条件保障工作，改善教学、科研条件和环境

1. 及时做好教学、科研设备等物资采购工作

根据学校关于设备仪器采购的规定以及学科建设的实际，资产管理处设备采购中采用既坚持采购原则，又适当灵活处理；既要体现集中采购的要求，又相信和充分发挥院系或学科和教师的主导作用的方针。截至 2007 年底，经资产管理处的设备招标 42 项，中标金额 1738 万元。

2. 精心组织，严格管理，完成公房大修改造任务

根据大修改造计划，2007 年完成了如下的大修改造项目：三束实验室二期装修和周围环境改造工程、工业装备实验室改造工程、东山住宅(32户)改造工程、创新园大厦报告厅及相关房间改造工程、汽车实验室改造工程(三束西平房)、图书馆北侧入口吊顶工程、主楼电梯安装工程、大学生活动中心楼屋面工程和室内改造装修工程、主楼局部改造工程、沿岸工程国家重点实验室的改造维修工程、电气与应用电子技术系基础部楼修缮、三束实验室等离子体室的改造工程、西山部分宿舍卫生间改造、部分宿舍和部分实验室的屋面大修。这些改造维修工程的实施，为学生生活、学科建设和顺利通过实验室评估提供了支持和保障。

3. 除维系多媒体教室正常运行外，2007 年，资产管理处新建多媒体教室 30 间，完成了研究生教育大楼报告厅多媒体系统的改造、音响系统改造 45 套、老化计算机更换 44 台、老化投影机更

换40台、清洗维护投影机196台次、更换灯泡118支，此外进行了网络中控设备调试和三合一中控设备研制工作，并在25个教室中应用，大幅降低了中控系统的成本。这些工作较好地保证了多媒体教学的教学效果，得到了师生们的认可。

4. 坚持主动维护和及时处理相结合的工作方式，保证教学、科研和学生生活的水电供应。

三、“促和谐，迎校庆”，加强校园维护与管理，改善环境，提高功能

1. 美化和绿化校园

通过招标，确定了校园南区主楼周边的绿化和美化方案。并根据树木花卉的种植规律，完成了2007年度春季和秋季施工任务。

2. 基础设施改造

完成了由中心变电所到西山学生区的电缆更换落地改造任务(1430延长米)；十一期间完成了学府路、育才路等路的路灯改造，更换和增补路灯57套，线路总长1054米；除完成给水、污水管线的局部改造外，利用假期完成了校园中部的雨水管网改造(5630延长米)和康宁路、迎宾路、北校门路段的维修工程(870延长米)；完成了中心教学楼北部围墙围网更换工作；完成了“77足球场”的建设和体育馆东篮球场塑胶面层的改造任务。

3. 在加强日常安全与环保管理的基础上，在每次假期前进行安全大检查，在雨季来临之前组织、部署防台防汛工作。通过加强预防和管理，以及两年来改造的雨水管线的投入使用，目前基本实现了大雨过后，主校区2～3个小时道路积水排干的目标，保障了校园的清洁和行人车辆通行的便利。

2007年3月4日，校园突遭50年一遇的罕见风暴袭击，造成300余棵树木损坏或倾覆，部分房屋受损。大风中和灾后，资产处的干部和工作人员始终战斗在抢险第一线，克服困难，不惧艰险，迅速恢复供电供水，组织队伍清理道路和倒伏损坏树木，保证了3月5日开学第一天的供水供电和教学秩序。通过此次抗险救灾，学校的应急能力也经受住了考验。

档案馆·计算中心·图书馆·体育馆

档案馆工作综述

学校档案工作围绕学校的中心工作，为学校教学、科研，为全校师生提供了热情周到的服务。

一、在省教育厅组织的全省高校四年一次的档案工作考核评估中获荣誉称号

档案考核评估工作是对档案工作的全面检查，反映一个学校档案工作的实际水平。辽宁省教育厅2006年9月对全省高校档案工作进行四年一次的考核评估，工作人员认真准备，苦练内功，在档案的基础工作(收集、整理、保管、利用)上狠下功夫，站在本行业的前沿，按目前国内最高标准来要求。节假日大部分时间都在加班工作。经全馆同志努力拼搏，我校档案工作在2007年4月省教育厅召开的考核评估总结表彰大会上获得“省高校档案工作示范学校”的荣誉称号。并被辽宁省人事厅、辽宁省档案局评为2004～2007年度档案工作先进集体，使我校档案工作始终走在全省高校的前列。

二、围绕学校中心工作，主动提供服务

1.认真做好重点档案的收集、指导工作

做好“985”二期重点档案的收集工作，档案馆深入到每一个项目组，面对面指导、落实，做到项目档案工作负责人落实，具体工作人员到位，放置档案的位置地点明确，为项目最终检查打好基础。

2.积极参与恢复高考30周年纪念活动

深入挖掘档案馆馆藏，为纪念活动增光添彩。档案馆主动将77级全部同学的入学照片用数码相机拍摄下来，以方便77级同学通讯录的制作，虽然付出了辛苦，但体现了母校对同学的关心，使通讯录更有纪念意义。为配合学校举办的恢复高考30周年纪念活动，将收集到的全部77级同学集体照，在活动期间于图书馆北侧大厅举办了图片展，展览受到了热烈的欢迎，使广大77级同学更加感受到“回家”的感觉。配合宣传部进行77级毕业生纪念光盘的制作，配合校友会进行大量数字统计工作，接待大连市电视台对恢复高考30年的拍摄工作，扩大了学校对外的影响。积极配合院系撰写院系历史，为同学团聚提供详实的史料和满意的服务。

三、搞好档案编研工作，填补历史空白

1.编写建校以来离退休正高职人员简介

到目前为止，我校还没有一本专门介绍建校以来教师为学校努力工作的书籍，为了弘扬教师在我校建校历史上的作用，发扬他们的好的传统，承上启下，继往开来，档案馆花了近二年的时间编写了我校离退休正高职同志介绍，在有关部门配合下初稿已完成，力争2008年下学期出版，为学校的历史留下一笔宝贵的财富。

2.编辑建校以来全校正高职名录

建校以来我校晋升为正高职人员到底有多少，多年来由于历史上的种种原因，到目前很难说清，档案馆有责任弄清这个问题，为学校的发展，为今后各院系史的编写提供准确信息，我们查阅了建校以来所有提职文件，对部分疑难问题进行了走访、座谈，名录初稿已经编写完成，2008

年下学期可以出版。

3.编写《大连理工大学毕业生名录》

我校到目前培养了多少毕业生，没有准确的统计，同时考虑到建校初期档案馆保存的毕业生名单有些已发黄，有些看不清楚，为了抢救这一宝贵史料，我们从2005年开始编辑《大连理工大学毕业生名录》。2006年已编辑了1951～1980年毕业生名录，目前1981～2007年的毕业生名录正在编辑中，2008年下学期可以完成。这将为保存史料，便于广大教职工的利用，提供方便快捷的服务。

四、认真准备，以优异成绩迎接中组部对我校干部档案工作的检查

中央组织部下发文件要对全国干部人事档案工作进行检查，大连市有二家被检单位：大连市委组织部和我校。此项工作不仅仅是对干部人事档案工作的检查，更重要的是对学校干部工作的检查。20项检查内容面面俱到，三个单项一票否决，学校领导重视，档案馆更感到责任重大。档案馆主动承担全校在职干部3000多份档案的审查工作。员工放弃了假期休息，加班加点，全校副处级以上干部档案审查了4遍。涉及到的部门，如组织部、人事处、审计处、科研处，各院系党组织等部门都热心参与。把找出的问题进行疏理、分门别类打印出来送给有关部门和本人。在此项工作中，努力做到工作主动、严格、细致、耐心。到目前为止，档案材料的收集、补充工作已基本完成，力争以最好的成绩迎接中组部对干部人事档案的检查验收，为学校培养使用干部创造良好的条件。

五、热情服务，解决难题

2007年档案馆接待查询2756人次，为解决上访问题、为离退休待遇工龄连续问题、为子女遗产继承问题、为查询学历真伪问题、为职务晋升，房屋货币补贴问题，申报课题、报奖、重点学科评估、税务检查、司法诉讼等问题提供了可靠的依据，维护了学校的声誉。2007年邮寄师生档案10 546件，做到了及时准确，没出现差错。

六、加强档案的收集、整理及数字化工作

2007年收集档案11 645卷，实物117件，现已基本上完成了档案的整理、装订和部分计算机录入工作。

2006年入馆的档案已完成了数字化工作，部分档案往前进行了5年的数字化工作。

七、努力工作，扩大学校影响

我校档案工作得到了档案界同行及上级领导的认可，先后被选为全国高校档案协会副会长单位，辽宁省高校档案协会常务副理事长单位，大连市高校档案协会理事长单位。在协会工作中，团结兄弟院校，使协会工作有声有色，受到省、市领导的好评。一名同志被评为辽宁省档案工作先进工作者。2007年档案馆有5项编研成果获得辽宁省档案信息资源开发利用成果奖。2007年档案馆在全省高校档案考核评估工作中获得“示范学校”荣誉称号，扩大了学校的影响。

计算中心工作综述

计算中心是我校各类教学、科研和创新人才培养的重要基地。计算中心负责全校计算机公共基础实验教学以及利用计算机为主要实验手段的其它专业的实验教学（如机械类、外语类教学），承担多元化的课外实践活动的组织与实施，实施开放式教学。负责校园计算机网络规划、建设、管理、运行；校园信息化基础设施建设与维护；校园网资源建设与管理维护；是CERNET大连地区网络中心和CNGI-CERNET2大连核心节点。

一、计算中心的组织结构

计算中心下设运行一室、运行二室、网络部、网教部、信息部、计算机基础教研室、办公室七个部门。2008年编制33人,现有实际在岗工作人员29人,聘用合同工人2人。其中,有正高级职称的2人,有副高级职称的3人。

运行一室、运行二室负责所有面向学生开放的微机机房的全部管理工作及设备维修保养。每周7天,每天14小时开放,每年接待各类用户150万人次,年完成机时100万小时以上,全部计算机在楼内组成高速局域网络,学生上机实习可以直接访问中国教育及科研计算机网和其它国内互联网络。集中式文件服务器可提供1.5TB的教学软件存储,快速恢复磁盘文件系统,可提供各种类型和环境的教学上机。

计算机基础教研室负责全校非计算机专业的计算机基础课程教学设置、教师聘任、教学管理、教学改革及教学等工作,探索和研究研究型大学新的教育思想和方法,推进教育教学质量的提高,做好精品课程、校优秀课程的建设工作。教研室采用松散结构、统一管理的组织模式,由学校教务处和计算中心直接领导,教师来自全校各院系,完成本科教学任务。

办公室负责日常接待与管理,机时调度与设备管理,中心人事与财务管理等。每年招聘勤工助学学生参与机房教学上机的管理工作。

网络部承担校园网络及其服务的总体规划;校园网建设项目的施工监督;校园网设备的运行管理;为学校信息化工作提供通信保障和基础网络服务。负责全校网络通信线路维护;负责保障校园网安全可靠、稳定运行。负责管理维护校园网络出口线路;负责管理和运行学生宿舍区域网络及家属区宽带网络。CERNET地区中心的建设和运行管理;CERNET2地区中心建设和运行管理。学校域名管理;电子邮件管理与运行维护;网络安全管理;电源系统管理与维护;服务器与存储备份管理;用户服务与管理等。

信息部负责校园应用信息系统的规划、建设与管理;负责制定全校信息编码标准、信息处理标准和信息传输标准;负责学校主页信息管理平台的建设和开发及运行维护;负责组织院系主页信息管理平台的建设和开发及运行维护;负责组织校级以上重点实验室主页信息管理平台的建设和开发及运行维护;负责指导各单位网站的建设。负责学校办公自动化系统以及其他应用系统的管理维护;负责学校应用信息系统的培训和推广工作;设计开发学校信息化建设相关项目和设计开发本单位信息化建设项目,建设3D虚拟校园展示网站,开发校友信息系统。

网络教学技术支撑部(或简称为"网教部")是学校教学技术支撑部门和学校公共服务体系的重要组成部分;承担学校数字化教学支持环境的规划、运行和管理;承担全校网络教学的技术支持工作以及教育资源的研究与推广工作;开展基于网络教育技术的科学研究。目前负责正在运行维护的系统为"IC卡机时管理系统";本科生教学管理系统;英语教学改革教学平台(三套);维护我校自行开发"网上学习中心"教学平台,经进一步研发后成为全校教师使用的网上学习中心。

二、2007年完成的各项科研任务

1.教改项目"计算机硬件基础课程建设"

完成该项的计算机硬件技术考试系统的研制工作,该系统于今年7月份投入使用,通过了1300多人次的考试,并荣获校教学成果三等奖。该系统是一个完整的考试软件,其具备的功能基本能够完成传统考试的要求。主要功能有:考务管理、试题库管理、学生管理、组卷功能、考试功能、成绩统计、试卷备份。

2.教改项目"大连理工大学网上学习中心建设"

本课题将在中国开放式教育资源共享软件的基础之上,对源代码进行二次加工和修改,参照我校的教学管理规则进行局部调整改动,在此基础之上建立《大连理工大学网上学习中心》的通用平台。并通过《大连理工大学网上学习中心》平台，对全网开放的以“教师＋课程”为分类的教学课件存储的公共平台，提供稳定的课件存储和管理服务。该平台具有详细的课程分类，每门课程具有独立主页，内容包括教学计划、教学课件、训练指导、参考资料等相关的教学信息，学生可以方便快捷地查找课程。与校内LDAP系统结合，实现统一的教师身份认证，进一步与教务处教学信息共享后，实现统一快捷的网上课程建立。

3.《大庆油田有限责任公司生产指挥中心计算机网络检测项目》

该项目是配合大连理工大学振动与强度检测中心有限公司的一个建筑智能化检测项目。项目内容包括对综合布线、光纤线路、计算机网络的全面检测。项目合同金额37 678.06元。

4.改革基金课题“非计算机专业计算机程序设计课程的研究与实践”

力求在教材建设、理论教学内容、课堂教学模式、实践环节，进一步完善课程考核方式和内容等诸多方面进行改革尝试，实施在课程中介绍常用数据结构与算法的内容，重新整合教学内容，努力建立符合社会对创新人才需求的科学、实用的计算机基础课程体系，提高课程的整体教学质量，加快高水平研究型大学的发展和建设。通过调整学时，加强过程管理，完善课程的考核方式，强化学生自主学习的能力，力求达到学生计算机程序设计能力的提高，为后续课程的学习和研究打下基础，努力建设成为校优秀课程。

5.大连理工大学教授主页

2007年计算机中心开发了大连理工大学教授主页系统，该系统为全校所有教授提供了一个个人网址和主页发布平台，并提供了文件下载、公告发布和留言板等功能。

6.大连理工大学校友资源系统

参与规划建设了大连理工大学校友资源系统，拟建立一个全校（含软件学院、城市学院、继续教育学院、MBA）从建校以来的校友相关信息的资源库，方便学校开展各项校友相关工作，增强学校与校友的联系、交流，同时给学校的校友提供一个方便交流的信息平台。

三、计算机基础教研室的工作情况

2007年度教研室开课数据如表1所示。

表1　2007年度教研室开课数据

课程名称	选课人数/人
C语言程序设计	2407
VB程序设计	358
计算机硬件技术基础	1782
计算机软件技术基础	2013
大学计算机基础	3710
数据库技术及应用	235
网络技术与应用	198
多媒体技术	32
合　计	10 735
开课门数	
任选课程（开课数）	11

2007年，组织校内计算机一、二级统一上机考试，考试数据如表2所示。

表2　2007年计算机一、二级统一上机考试数据

项目名称	人数/人
校计算机一级考试	3769
校计算机二级考试	5139

本年度完成了校计算机硬件的教学改革项目；获得学校教学改革立项项目“研究型大学计算机程序设计课程教学的探索与实践”，以及“十一五”教材出版资助。教研室三本教材被批准为国家“十一五”规划教材。

2007年1月寒假期间组织承办了辽宁省教育厅组织并资助、大连理工大学承办的辽宁省计算机基础骨干教师培训工作。集中强化培训23天，有27所学校145位教师参加了培训。

四、校园信息化建设

参照教育部的信息编码标准,补充制定了全校信息编码子集;学校主页信息管理平台的建设和开发及运行维护;校内各院系主页信息管理平台的建设和开发及运行维护;校内校级以上重点实验室主页信息管理平台的建设和开发及运行维护;协调指导各单位网站的建设和负责校内各应用系统的管理维护;负责学校应用信息系统的培训和推广工作;负责学校数据中心(DUT-IDC)近 100 台服务器运行维护;设计开发学校信息化建设相关项目和设计开发本单位信息化建设项目。

于 2006 年 10 月起草《大连理工大学校园网主页建设与维护管理办法》。学校主页建设和维护按照统筹规划、分级负责、分块管理的模式进行。

配合校办完成校友信息系统前期调研和数据库设计;完成了教授主页模板设计。院系主页模板设计还在实验中。

网络视频会议系统和网络视频直播服务:为土木学院、软件学院、人事处、就业办等部门的远程招聘、职称评审提供了 4 次视频会议服务。为人事处、三束国家重点实验室、土建暖通教研室建立了 3 个长期网络视频会议室。组织了 4 次包括新生入学教育、微软报告等校内大型活动的网上直播。协助校办、就业办等部门参加教育部的网络视频会议 5 次。

组织了第四届校园网络文化节,以“共捍网络安全,畅游网络海洋”为主题;以“倡导网络文明,弘扬网络道德,加强网络安全意识,共建和谐绿色网络”为口号。收到作品 442 件,参赛人员达到 795 人次。评出一、二、三等奖 140 项,优秀奖 70 项。比赛共设 210 个奖项,奖金14 580元。

五、校园网建设与运行管理

校园网主要出口:CERNET 2 Gbps,目前 CERNET 同国内其他网络互联较为拥塞,CERNET“211”三期计划将把大连-沈阳之间线路带宽升级到 10 Gbps。

其他出口:网通 50 Mbps+10 Mbps,主要用于国际访问、VPN 服务、ADSL 服务。

宿舍网络开通数据汇总统计如表 3 所示。

表 3　　宿舍网络开通数据汇总统计

月份	当月用户数	当月新开通数	当月注销数	月端口开通率/%	当月报修数	报修率/%	Adsl 报修数量	设备间维护
1	8112	84	194	35.88	54	0.67	83	16
2	7918	0	2	35.02	0	0.00	0	0
3	9379	1463	509	41.49	434	4.63	54	80
4	9221	351	281	40.79	278	3.01	35	38
5	9225	285	208	40.81	166	1.80	46	58
6	9130	113	409	40.39	106	1.16	46	32
7	9508	787	2785	42.06	62	0.65	36	57
8	8713	2006	388	38.54	182	2.09		
9	9419	1094	685	41.66	441	4.68	16	57
10	9544	810	242	42.22	168	1.76	40	46
11	9664	362	425	42.75	136	1.41	58	49
12	9404	165	103	41.60	58	0.62		
合计		7520	6231		2085		414	433

六、计算中心2007年基础设施的改造

2007年中心进行了全面装修改造，对外墙进行了防雨处理和粉刷等改造，改造后的计算中心楼内外焕然一新。

同时又进行了配电、消防、安防设施改造更新：对主机房进行了全面改造，在校园网核心机房内设立两个消防保护区，以适应各种火情处理的需要。安防系统分成两部分，视频监控系统工程和防盗报警系统工程。供电系统由UPS，ATS双电源切换系统和柴油发电机组成，为大楼正常供电提供了保障。改造后的机房设施（除空调系统外）经检测达到了国家AAA级标准，为校园网络稳定运行提供基础保证。

校园网核心设备升级更新：2007年校园网建设主要完成了更新升级校园网核心设备，配置了两台网捷XMR 16000设备，支持IPv6下一代互联网协议。校园网全面开通了IPv4和IPv6协议。

大连理工大学校园网是CNGI-CERNET 2中国下一代互联网25个核心主节点之一，为大连地区提供下一代互联接入服务。

2007年初参加辽宁省实验教学示范中心评估，计算中心被列为建设中单位。

图书馆工作综述

2007年，图书馆各项工作顺利进行并稳步发展，具体如下。

一、加大电子文献信息资源的建设力度

2007年，按照经费预算，顺利完成了各项文献购置费的使用。购进中外文图书30 128种，101 884册。根据电子图书建设计划，购进中外文电子图书169 358种，169 889册，逐步形成印刷型图书和电子图书不同载体间相互补充的图书体系。进一步理清印刷型期刊和电子期刊的对应关系，缩减印刷本期刊的订购规模，购进中文期刊2302种、外文期刊640种，中文期刊比去年减少了221种，外文期刊比去年减少了150种，节省经费约43万元，全部投入到电子期刊的订购中，形成印刷本期刊和电子期刊相互补充的体系。目前，纸质文献与电子文献的比例发生了重大转变。按照学科发展的需要引进了SciFinder Scholar、SIAM、IOP、DII、中国年鉴全文数据库等几个与我校科研教学密切相关的数据库。截止到2007年底，共拥有53个平台、184个各类中外文数据库。加强了对经、管、文、法等学科文献资源建设的力度，为我校向多学科大学发展提供更好的文献信息保障。

二、加强自动化、网络化、数字化软硬件平台建设

对目前国内已在使用的数字整合系统进行了调研；与学校网络中心合作，确定和实施了异地冗灾数据备份方案；为使用户更便捷地使用图书馆的网络资源，完成了图书馆主页改版，新主页3月份开始试运行；继续做好十五期间自建数据库的维护、升级和服务工作（包括西文电子期刊导航数据库、西文期刊目次页数据库、本校研究生学位论文全文数据库、教学参考书全文数据库及教学参考信息数据库、研究生网络学刊、馆藏满铁资料全文数据库、CALIS学科导航数据库等）；开展了学科导航数据库、虚拟参考资源系统、研究制作查新课题数据库等数据库的建设工作；加强CALIS数字图书馆基地的相关建设。

三、深化服务工作的网络化、个性化建设

2007年借还书册次为1 160 934册次，接待读者126万人次，开设读者培训讲座79次，新生入馆教育161次。完成查新课题306个，首次突破300个，最集中的3月份完成135项，创建站以来单月完成最高记录。举办了以“提高信息素质、充分利用图书馆资源”为主题的图书馆第二

届宣传月活动，首次在校内推出了展板，印制了大量宣传材料，收到了良好的宣传效果。

文献传递服务：2007 年全年完成借入申请 1963 笔，满足 1621 笔，借出申请 645 笔，满足 532 笔，总请求量达到 2608 笔，满足 2153 笔，较上一年有了大幅度增长。

为使读者更好地利用电子资源，建设了数据库网上培训系统；以读者培训的课件为基础，建成集讲义、示例、咨询一体化的方案，应用网络向读者进行数据库使用方法的培训；数据库个性化服务功能的研究初步完成，整理出订购主要数据库的个性化功能介绍资料，待修改数据库介绍页面文字同时添加；建立了数字化视听资料管理、发布和点播系统，并在图书馆局域网内开始试运行。通过深化一系列数字化、个性化服务，进一步提高图书馆的服务水平。

四、建设高水平、国际化的人员队伍

通过加强各种形式的国际化交流，提高队伍的国际化理念。派出 3 位具有高级职称的人员分别到加拿大、日本、香港等地的图书馆进修学习，有 44 人次参加了国内举办的图书馆业务工作的各种培训会议。按数字化图书馆建设的需求，进一步完善队伍结构，引进了 1 名研究生和 1 名具有工科背景的本科生。信息资源管理专业硕士点正式开始招生，已经有 1 名研究生正式在读。通过从师资队伍、课程建设、教务管理、教学设施等方面开展硕士点的建设，进一步提升队伍的研究能力。进行了图书馆内部人员岗位考核、重新聘任工作，布置了学校专业技术岗位评聘、专业技术岗位分级聘任、管理人员职员岗位聘任等工作，完善了图书馆的岗位管理系统，以科学化的管理，保证和提高服务质量。

五、继续扩大对外交流与影响

积极参与 CALIS 中国高校文献保障体系各方面的工作，并取得了一定成果，CALIS 重点学科导航数据库力学学科部分获得结题证书，并被评为二等奖。

积极参与全国和省市的文献资源合作建设和共享，与更多的文献信息服务单位建立了馆际互借/文献传递。

通过举办和参与国内外各种会议、讲座等途径加强与国内外的学术交流，举办了日本科学协会第四次中国大学图书馆负责人访日团交流会；参加了在长春举办的 2007 中美图书馆合作与发展国际学术研讨会；组织一线服务馆员到省内兄弟院校学习参观；接待了美国蒙大拿大学副校长、蒙大拿理工学院院长弗兰克·盖尔默夫妇和我校客座教授、西弗吉尼亚理工学院图书馆原馆长杨肇英夫妇的来访；邀请台湾大学图书资讯学系副教授陈书梅女士来我馆做《数字时代的大学图书馆服务》的讲座等。

继续在辽宁省内发挥合作交流的带头作用，并为全国高校图书馆培训业务人员，接待访问学者，为其他图书馆提供资源、智力和管理等方面的支持。

六、正式启动分类法改变及磁条改造工程

从 2007 年 8 月开始正式启动了将图书由《科图法》转变为《中图法》的工程，确定了改造分类法的原则、方式，开展了人员培训、改法的组织和试操作等工作，到年底，共完成 8243 种、19 634册图书的回溯改法工作。

从 7 月 19 日开始，对磁条进行改造，将现有图书内的永久性磁条改为可充销磁条，为新馆建成后实行大流通(即在一个馆舍内只有一个借还书处)，为读者能够更自由地利用图书馆做相应的准备工作。由图书馆负责购买 3 M 磁条，一部分提供给书商，由采购人员与书商协调做好磁条管理和安装的工作，同时，采购人员要做好到馆图书磁条情况的记录；另一方面，请大连三源科技老陶图书馆文化用品部对已有图书进行 3 M 磁条的改造。

七、配合学校顺利完成资产清查工作

按照学校对校资产进行清查的要求，图书馆的资产清查工作包括设备、家具、图书文献三大部分。从 2007 年 3 月起，图书馆在学校组织召开动员会后，就积极做准备，并于 3 月 27 日到东北财经

大学、大连海事大学图书馆调研，确定了本次清点工作的总体方针及实施步骤。27日起，图书馆各部门、各相关人员在馆、部门和办公室的布置下，认真细致地开始了此项工作。4月底，图书馆内的清查工作基本结束，清查结果由办公室汇总后于5月底上报学校，资产清查工作顺利结束。

八、继续开展新馆建设的相关工作

按照学校的工作安排开展新馆调研、设计方案的确定等新馆建设的相关工作。图书馆新馆建设领导小组多次与基建处交流沟通，对新馆的图纸进行反复修改，以期取得最佳方案。

九、其它

5月，学校召开社会治安综合治理工作表彰暨签订2007年社会治安综合治理承包责任状会议。图书馆被评为2006年防火工作先进单位。

6月，图书馆被评为2005～2006年度“三育人”先进集体。

6月，图书馆党支部被评为先进党支部，罗远环、刘斌被评为优秀共产党员。

刘长春体育馆工作综述

2007年，体育馆继续本着“科学管理，高效运行，服务师生，展示学校”的管理理念，在全心全意服务于广大师生的同时，加强馆内软、硬件建设，全力保障学校教学、训练、比赛、大型活动以及业余健身等活动的顺利开展，充分利用场馆职能优势，积极发挥宣传展示学校窗口作用。

一、科学管理　有力保障体育教学、训练工作

2007年，体育馆以其科学化、规范化的管理模式，为我校体育教学和训练提供了良好的场地及器材设施，有力地保障了学校体育教学工作。一年来全校有72%的学生体育课在馆内完成，如游泳、羽毛球、篮球、排球、乒乓球、健美操、舞蹈、散打等课程。体育馆同时为校学生女子篮球队、学生男子篮球队、乒乓球、健美操、教工男子篮球队等训练队提供场地保障，全年共接待学生上课和运动队训练近20万人次，其间从未延误一个课时、未发生过一起安全事故和恶性冲突事件，确保体育教学的顺利进行。

二、精心打造　凸现展示学校窗口平台

体育馆充分发挥场馆职能优势，积极发挥宣传展示学校窗口作用，一年来接待了包括李克强、贺国强等国家、省、市领导及国内外参观团组120余次。此外，体育馆积极利用场馆资源多次开展大型活动的承办工作，其中包括“英菲尼迪之狂欢夜”理查德·克莱德曼——国乐天骄演奏会、大连市高校纪念“一二·九”运动72周年暨表彰大会、“为梦想而来”2007新东方大连高校大学生励志讲座、大连理工大学恢复高考30周年纪念大会以及新生入学教育、东北五校招聘会等30余次大型活动，体育馆为活动的顺利开展提供了优良的活动环境，同时成为展示学校一流育人环境和优良形象的重要窗口和平台。

三、规范运行　有效提升师生健身热情

2007年，体育馆落实学校提出的开展健康工程工作要点，丰富全校师生的业余文化生活，促进全校师生积极参加体育锻炼，提高健康意识。体育馆有效而充分地利用场馆资源，实现优质资源最大化共享，在保证正常体育教学时间的情况下，在课余时间内为学校师生员工及家属提供业余健身服务，全年共接待师生及家属业余健身约325 184人次。体育馆将不断加强管理，努力为全校师生的业余健身提供优质的服务和舒适的环境，吸引更多的师生员工投入到锻炼中来，以提高全校师生的健康水平，为学校健康工程的开展发挥积极的推动作用。

四、增收节支　全方位实施节约型运营

2007年，体育馆在运营中始终恪守管理出效益、创新促发展的原则，在提高服务标准的同时，

严格节约运行成本,开源节流,在保证体育馆安全、优质、高效运行的基础上,实现了支出较2006年相比减少13.51%的突破,大大超出了年初制定的进一步加强节支的科学运行目标。

以科学的管理、务实的作风、周到的服务为学校的体育教学、训练、比赛、大型活动、业余健身提供有力保障,为学校建设国际知名的高水平研究型大学搭建展示平台是刘长春体育馆始终如一坚持的理念。体育馆将秉承和发扬刘长春教授为中华体育事业的发展顽强拼搏、自强不息的奥林匹克精神,全力推动各项工作再上新台阶。

审　计　工　作

一、2007年取得的主要审计成果

2007年，紧紧围绕学校的中心工作，坚持"全面审计、突出重点"的方针，以过程控制、风险防范、责任培训为主导，锐意进取，更新观念，扎实工作，全面推进学校审计工作，探索经常性审计与专项审计相结合的路子。为防范学校经济运行风险、提高学校资金使用效益服务。2007年，将学校财务预算执行与决算审计、直附属单位负责人经济责任审计、西部校区建设工程审计作为重点任务，在保证和提高审计质量的前提下，做好各项常规审计工作。全年共组织完成各类审计及检查等项目597项，其中：预算及财务收支和经济责任等审计或审计调查40项；基建与维修工程竣工结算审计473项；科研项目审签84项。完成审计资金总额19.99亿元，本年统计口径与以往不同，扣除决算中的固定资产及货币资金，审计独立核算单位数据是几年的只按最后一年统计。审计查出有问题资金总额2377万元，比上年减少380万元。其中：查出账务处理不当金额2242万元，比上年增加28万元；损失浪费金额64万元，比上年减少243万元；违纪违规金额71万元，比上年减少165万元。说明学校财经管理更加规范、有序，内部控制更加健全、有效，审计作用显现。已纠正有问题资金总额1980万元，比上年增加1594万元，纠正率83.3%，比上年提高69.3个百分点。其中：已纠正财务处理不当金额1892万元，比上年增加1631万元，损失浪费金额27万元，比上年减少21万元，违纪违规金额61万元，比上年减少16万元，纠正率85.9%，比上年增加53.3个百分点。提出审计建议76条，审计建议被采纳66条，采纳率86.8%，比上年提高30.8个百分点。基建与维修工程审计累计核减额580万元，促进增收节支499万元，上交学校资金61万元，清理往来款项415万元，撤销账户3个。说明审计处理力度加大，重在纠正落实上。参加全校各项招投标144人次，参加对施工企业或供货商资质、供货能力考察27人次，参加设备报废及拍卖7人次。审计成效显著，实现了为学校"防范风险，增加价值"的审计目标。

二、围绕中心、服务大局、依法审计、创造价值

1.加强学校预算执行和决算审计，提高预算资金的使用效益

加强预算执行情况与决算审计，以确保预算的严肃性和预算资金使用的合法与效益，高度重视资金安全问题。完成学校2006年财务预算执行与决算审计、学校基本建设投资2006年预算执行与决算审计2项，完成学校货币资金安全审计1项，按照教育部有关规定认真做好银行对帐单审签工作，关注大额资金使用情况，在大额资金使用上发挥事前控制作用，促进实现预期目标。加强审计结果落实，财务处根据审计意见回收学生学费及宿费和贷学金192万元，清理往来款153万元；图书馆根据审计要求采购中文图书采取招标方式，促进预算资金使用更加公开透明；在对学校货币资金安全审计时，某学院由于异地办学有409万元大额现金支出没有经过适当授权审批，财务处与该学院按审计意见共同补办了审批手续，规避了风险；针对审计提出建议，国资处起草了《大连理工大学固定资产处置暂行办法》，使得学校固定资产处置更加规范。

2.加强基建和修缮项目审计，努力为学校节约建设资金

为进一步提高建设与修缮资金使用效益，审计处及早介入，对工程项目立项、招标、签订合

同、洽商变更、竣工结算等重要环节严格审核把关。2007年,完成基建与修缮项目竣工结算审计473项,比上年减少20项,基建与维修项目报审值1.58亿元,审计核减金额580万元,审计要求万元以上项目必审,平均审减率3.7%,比上年下降2.8个百分点,说明工程管理控制更加有效,审计为学校节约了建设经费。为了发挥事前事中控制的作用,对风洞实验室建设项目采取了过程跟踪审计和效益审计。完成了力学系装修改造工程审计结尾工作,解决了甲乙双方多年遗留的争议问题。审计中注意防范风险:一是加强对施工合同审计,检查招投标文件、评标记录与合同是否相符,优惠条款是否明确,有无施工单位确认;二是审计结果必须有被审计单位或个人书面签字确认,防止事后争议;三是报审的工程结算必须有甲方签字盖章,否则不予接受;四是对工程招标文件及合同条款提出审计要求:招标文件及合同条款中应写明“经学校审计确定造价后,方可结算工程款”、“完工的项目经验收后一个月内报审,否则当年不予审计,不予结算工程款”、“总审减额占报审值超过5%的,超过部分的审计费用由施工单位支付,并在结算款中扣除”等字样。

3.全面推进领导干部经济责任审计,促进增强责任意识

继续坚持“积极稳妥、量力而行、提高质量、防范风险”的原则,逢离必审,加大任中审计力度,充分发挥经济责任审计的效果。2007年完成材料学院院长张兴国、振动中心原经理吴晓媛、住宅办原主任王旭东、就业指导中心主任梁茵、计算中心主任李英壮、档案馆馆长尉洪光、宣传部及新闻中心和蒙太奇影视制作中心主任姜再华等经济责任审计8项,还有5位院长系主任经济责任审计项目在审之中。加强对审计出问题的纠正与处理,如:审计查实并收回住宅办房管员多年积存在手中的散户房租及水电费61万元,堵塞漏洞,为学校避免了损失;指导就业中心制定了经费审批控制办法,帮助建立大宗采购招标制度,健全财务管理手续,设备及物品保管领用制度,建立和谐审计关系,得到该中心大力配合与赞扬;在审计的督促及帮助下,电子与信息学院收回欠收工程硕士学费8万元,清理往来款195万元。进一步完善审计程序,召开审前座谈会:一是向被审人明确经济责任审计的目的、范围、重点、内容,如何配合审计,目的是提醒培训,帮助把好关,目标是一致的,就是加强管理,完善制度,推动工作;二是听取被审计单位对审计工作意见与建议,对提出的问题进行答疑与界定,实现审与被审双向交流与互动,以更好改进和推动审计工作。通过审前座谈会,使得被审者了解到审计是常规工作,不是有问题了才去审,从而打消了疑虑,得到理解与配合,使得审计工作更加顺畅。

4.探索新的校办产业监审模式,促进合法经营与规范管理

审计处积极关注校办企业改制后带来的新变化,在新的企业制度和监管框架下,发挥内部审计的监控作用,依法对企业进行年度财务审计,防止企业财务或经营风险波及学校,发挥审计在校办企业监事会的作用,组织监事会对骨干企业进行年度财务检查。为了贯彻《教育部关于积极发展、规范管理高校科技产业的指导意见》,审计处根据学校安排对后勤集团所属理工建筑公司、劳服公司、工程队、电器设备厂、建材商店、后勤宾馆、汽车驾驶学校、汽车总成修理厂、园艺场9家企业以及蒙太奇公司、化院教学服务公司、科技开发中心3家企业进行了财产清查审计,学校依据财产清查结果正在对这些企业进行改制或清理整顿。审计处牵头组织产业投资公司、设计院、出版社、印刷厂、监理公司、招投标代理公司、模具研究所的监事会开展财务检查7项,对企业2006年度目标实现、财务运营、工资经费、财务预算等情况进行了检查,企业依据检查结果制定2007年经营目标、财务预算,并对经营班子进行考核兑现。对船舶公司、土木公司进行了清算审计,学校依据审计结果对2家公司注销。

5.坚持开展财务收支审计,规范财务行为

财务收支审计属于基础性、传统性的审计类型,也是我们经常开展的项目。2007年,完成了对学校产业投资有限公司、附属高中、附属学校、校医院4项财务收支审计。审计中关注财务管

理和会计信息质量，加强了对问题揭示与处理，维护了国家财经法纪。

6.积极开展审计调查，充分发挥审计职能作用

审计调查是发现问题解决问题的有效途径。2007年，完成学校2002～2007年基本建设项目情况、学校2002～2007年修缮工程项目情况、审计处2007年审签的科研项目经费余额情况、招投标代理公司账外保证金及图纸押金情况4项审计调查，审计处依据调查结果出台了工程项目审计的新规定，科研项目经费方面的审计办法正在起草当中。对招投标代理公司帐外保证金及图纸押金专项审计调查，收取的2251万元保证金及押金没有在法定账目上核算，而是采取记录本和储蓄存折的流水账方式进行，管理混乱，由于时间长、笔数多、多个记录本交叉，审计工作难度极大，连其会计与出纳都感到头疼，然而审计人员一丝不苟，一笔一笔核对，历时3个多月帮被审单位理清了账目，审计将剩余资金收缴到企业账内核算与管理，堵塞了漏洞，防范了风险。

7.积极做好科研经费审签工作，把好科研项目决算关口

2007年，完成科研基金等审签84项，比上年减少24项，审计按要求对上报的项目100%审签。在审签当中一方面把好关口，归纳和总结各项需审签的专项经费管理中存在的问题，及时向学校、管理部门、项目组反馈信息，另一方面指导项目负责人填列好项目结题决算，做好服务工作。

8.积极完成主管部门和学校交办的各项临时审计任务

受教育部指派由审计处副处长担任审计组长，完成武汉理工大学军工项目审计任务；担任教育部东北地区高校审计片长，做好日常的联系与沟通工作；派人参加了学校资产清查工作。

三、采取切实措施提高审计质量和水平

1.领导重视是审计工作取得成效的关键

新到任党委书记张德祥教授在找审计处长谈话时指出："加强审计工作对学校良性发展极其重要，审计要为校领导看好家，要提高经济效益，领导应高度重视、创造条件、支持工作；学校审计工作成绩很显著，审计工作很有思想，与学校发展密切结合，对学校重大的、容易出毛病的事项要抓住，对干部个人是保护，对学校又好又快发展是保障。"这将成为审计处今后的工作指针和努力方向。主管审计的孔宪京副书记经常找审计研究工作并布置任务，如：要求审计对新任的部门或院系一把手谈话，加强经济责任培训；及时批复审计报告；要求审计加强对审计出问题的纠正与落实，被审单位必须逐条提出具体措施落实审计意见与建议。

2.加强审计队伍建设，提高审计工作能力

学校主管人事的领导和人事处非常支持审计工作，今年为审计增加流动编制1个，争取人员在2008年到位，以缓解审计力量不足。对审计人员实行持证上岗。坚持处内定期总结、述职和考评的做法。2007年6月和12月，审计处分别进行上半年和全年审计工作总结考评工作，每个审计人员都完成了自身总结，在处内述职，在此基础上完成审计处总结，使全体审计人员增强了责任感、紧迫感和主动性。加强学习和培训，全面提高审计人员综合素质：认真学习贯彻落实党的十七大精神，努力提高审计人员政治素质和履行审计职责的水平，促进学校审计工作上层次、上水平；为了适应现代审计要求，审计处先后派出20人次参加了7种不同类型的业务培训班，加强了后续教育，及时更新业务知识，全面提升了自身业务素质；有一人在职硕士学习，进一步提高学历层次。作为中国教育审计学会培训委员会主任单位，策划组织了广西和吉林2期培训班，培训教育审计人员240余人，扩大了我校审计影响。

3.加强审计制度化建设，进一步规范审计行为

按照审计处"十一五"发展规划要求，根据新《审计法》和《教育系统内部审计工作规定》，结合学校实际，先后出台了《大连理工大学校办企业经济责任审计工作规定》《大连理工大学建设与修缮项目审计工作规定》《大连理工大学关于禁止"小金库"的规定》3个规定，连同以往制订的

《大连理工大学内部审计工作规定》《大连理工大学审计项目控制办法》《大连理工大学审计外勤工作纪律规定》《大连理工大学产业投资有限公司监事会议事规则》及审计处《办公室管理办法》《计算机及网络管理办法》《审计档案管理办法》《审计工作流程》等规定或办法,形成了较完备的审计制度体系,有力保障和推动了学校审计工作发展。

4.完善审计作业程序,规范审计行为

强化审计项目管理与控制,完善审计作业程序,规范审计行为,是提高审计工作质量的根本保证。对于审计项目,审计处采取了以下主要措施:建立审计立项制度、审计项目主审负责制度、审计项目台账管理制度、审计双向承诺制度、审计工作底稿复核制度、审计报告会签制度、审计报告审定及审批制度、审计结果通报制度、后续审计制度、审计项目立卷归档制度。

5.加强审计研究和业务探讨,努力提高审计业务水平

开展审计研究和业务探讨,探索有效的审计途径和方法,更好地指导审计工作。2007 年,通过争取承担教育部"教育审计促进教育事业和谐发展研究"审计课题 1 项,并获得资助经费 1 万元,该课题将在 2008 年结题;审计处发表审计研究论文 2 篇,即"高校内部审计质量控制体系的构建与实施"、"高校领导干部任期经济责任审计探讨";作为大连高校审计研究会会长单位,定期组织大连高校审计工作交流和业务研讨会,相互交流与沟通,取长补短,推动大连高校审计工作。

6.继续强化计算机辅助审计,提高审计工作效率

学校今年又为审计处购买了 1 台笔记本电脑,加强了计算机硬件建设,在此基础上进一步完善内部局域网审计平台,实现数据、资源共享,不断扩大计算机辅助审计的覆盖面,提高了审计效率。同时加强审计数据安全管理,实行责任制。

7.全面推行审计结果通报制度,促进依法行政和政务公开

审计处在几年试行的基础上全面推行审计结果在被审计单位一定范围、一定层面通报的做法,并实现制度化,以促进学校部门、院系、直附属单位依法行政和政务公开。例如,对材料学院、就业中心、附属学校等单位进行了审计结果通报,反响良好。

8.加强审计环境建设,努力营造良好的审计工作氛围

利用各种形式加强审计宣传,发挥审计网页的功能,作为审计窗口,扩大审计宣传和信息交流,建设好审计软环境。审计处从主楼一楼搬到六楼,办公室面积扩大,学校进行了装修,还安装了电梯,较好地改善了办公条件,也极大地调动了审计人员的积极性。

基 本 建 设

2007年是新一轮基本建设开始启动的一年，在西部校区新征地土地手续办理完毕，校园规划修订完毕的前提下，西部校区新建项目陆续展开。本年度续建项目竣工两项，为西山2、3、27、28、29舍新建及五食堂翻建项目，开发区软件学院学生公寓1#楼项目，决算金额8854万元，交付使用新建建筑面积56 842平方米。新开工建设项目五项，为化工楼、图书信息资源中心、综合实验四号楼、人才公寓三期、红凌路通道桥及人行通道箱涵，累计新开工建筑面积112 158平方米，年度完成新建项目投资金额9271万元。全年共完成基本建设投资金额18 125万元。

一、新建项目的策划工作

大量拟建设项目进入方案策划阶段。基本完成了西山翻建5、6、7舍的设计工作；取得了人才公寓四期的规划设计条件，并委托完成了首轮规划方案；初步开始中国大连高级经理学院、教学服务中心、博士生留学生公寓、生命科学大楼项目的方案设计工作。

二、新校区新征地动迁工作

动迁了庙岭及王家地界上若干处厂房，至2007年底累计完成了新征地界上近90%的动迁工作。

后勤、市内校区及住宅工作

后勤工作综述

2007年，后勤集团(办)以科学发展观统领后勤全局工作，以人为本，创建和谐后勤，全面实施ISO9001质量管理体系标准，努力打造一支适应国际知名高水平研究型大学的后勤队伍，为学校的改革与发展，为学校的中心工作提供强有力的后勤保障。

一、推进新的3P+S的现代管理模式，为后勤的发展扩展新的思路

后勤集团(办)从2006年开始推进“3P+S”(人本管理和科学管理)模式，将“尊重人、依靠人、为了人”的人本化管理理念落到实处。通过制度化、网络化、智能化、学术化的科学管理，实现后勤工作的规范化。在“提高集团核心竞争力”理念的推动下，引进ISO9001质量管理体系成为集团2007年工作重点。通过建立完善严密的管理制度、服务规则和服务标准，定量的经营目标，实现指标核定体系的精细化。在全面实施ISO9001质量管理体系标准的基础上，树立细节决定成败的理念，实现精细化管理。

二、建设一支高素质的干部职工队伍是后勤发展的基础

后勤集团形成了一个讲团结、能创新、会决策、有活力、干事业、能解决实际问题的各级领导班子。各级干部能以身作则、任劳任怨、廉洁奉公、办事公平，带出了一支较过硬的队伍。集团领导班子与各下属部门完成了岗位设置和编制核定工作，确定了各部门的核心岗位。学校领导非常重视后勤干部队伍建设，派出三人出国考察。集团派出了赴西北、西南二路20人到国内院校学习考察，学到了国内外兄弟院校后勤工作的先进管理理念和思路，增长了见识，开拓了视野。

三、全面推进后勤集团文化建设，创建和谐后勤

通过后勤文化建设逐步形成集团精神、集团服务宗旨、集团价值观、集团工作理念、集团工作方针、集团处事信念、集团经营方针、集团工作目标为核心内容的集团文化。通过上半年体育节，下半年文化节，组织文艺表演、体育比赛、理论讲座、座谈会议等多种形式丰富广大后勤职工的文化生活。2007年，创办了具有大工后勤特色的《大工后勤报》，建立了集团文化建设新的宣传阵地。实施了“温暖工程”，设立大连理工大学后勤集团“爱心互助基金”。

四、全面执行ISO9001质量体系标准，树后勤集团形象，推动后勤工作顺利开展

贯彻执行ISO9001质量管理体系标准，给后勤集团提供了一个科学的管理平台，不仅提高了干部的管理水平，全体员工的服务质量又上了一个台阶，为创办让师生满意的后勤，更凝聚着后勤全体干部职工日常工作中为师生员工服务的点点滴滴，在平凡工作中的奉献精神。

(1)饮服中心面对主、副食市场物价涨幅大、持续时间长，给办伙带来相当大的困难和压力的情况下，把办好学生基本伙食作为首要任务和政治任务来抓。进一步加强采购管理，严格保住了

进货关、质量关、价格关。狠抓食品加工量化管理，减少浪费，节能降耗，克服一切困难把学生利益放到第一位。饭菜价格稳定，质量、品种保证，让学生吃得放心、吃得基本满意。全年招聘勤工助学学生 236 名。中心食堂等 5 个食堂被评为 2007 年度大连市卫生 A 级单位，在标准化食堂软硬件建设上投入 100 多万元，为学校稳定做出了贡献。

(2)校园绿化公司干部队伍的年轻化、知识化优势已凸现。在做好校园绿化工作同时，公司领导注重职工队伍专业知识的更新与培养，树立了公司的形象，以品牌效应拉动经济效益增长。

(3)幼教中心做好幼儿教学、科教课题等工作的同时，克服经费不足的压力，采取各种措施，抑制学苗的流失。积极引进骨干教师充实教育一线，提升师资综合素质，在全市幼教系统中，一直保持省示范园的称号。

(4)交通中心按照 ISO9001 质量管理体系标准，抓好班车司机文明服务、遵章守法。全年 11 条市内线路的班车风雨无阻早晚安全接送通勤职工约 27 万人次，为校内外来访客人、学生实习出车 230 多台次。全年无重大交通安全事故的发生。

(5)北山学生区服务中心积极协调鑫园公司，解决学生宿舍维修改造项目、供热不足、弃管的脏、乱、差问题等，为保证学生区安全、卫生及周边环境付出很大努力和辛苦。

(6)爱卫会健全各项管理规定，加强卫生监察工作。确保灭“四害”、垃圾清运和消毒工作准确、安全和及时。对校区脏、乱、差，无人管理的地区进行治理。并对学生宿舍红蚂蚁等进行了统一投饵灭杀，蟑螂基本被消灭，达到了预期目的。

(7)在学校的关怀支持下完成了医院领导班子的建设。以病人为中心，以医疗质量、医疗安全为主线，以管理、服务、费用为重点，以依法行医、依法建设、患者权益，持续改进为要求，完成了医院各项工作和健康工程的实施，取得了社会效益与经济效益双赢。

(8)驾校通过积极落实《大连市机动车驾驶培训管理条例》和交通部《机动车驾驶员培训管理规定》，健全、完善管理制度、服务规则和服务标准，严格执行国家规定的教学计划和教学大纲，成为大连市惟一一所全年无违章教学单位。2007 年末大连市对驾校进行了审核，在 54 所驾校审核评比中排名第十。

(9)劳动服务公司进一步做好待岗职工的工作，有 6 名职工重新上岗，在经营项目上实现并、转。在做好服务的基础上，争取了新的经济增长点，2007 年完成驾校、学生宿舍、三束实验室、交通中心场地等 24 项工程，总造价 430 万元，壮大了自身发展实力。

(10)接待中心严格贯彻 ISO9001 质量管理标准，员工培训合格率达 95%以上；改善宾馆一、二、三部的硬件条件、软件条件，达到了“干净、安静、尊敬、环境”。

(11)生活服务中心负责西山 27 栋学生宿舍和东山博士公寓的管理工作。2007 年暑假期间在 50 天的时间里完成上万人次学生的宿舍调配工作，其工作量相当于过去两年的宿舍调整工作量。在短短的 20 天的时间里完成了毕业生离校后腾出的七栋学生宿舍楼的大修任务，保证了 B 区 06 级学生迁入。积极推进规范化管理，在西山生活区内设置了生活区标识、生活区道路标识、宿舍楼标识、宿舍楼层标识、宿舍楼内各类房间标识，使生活区的室内外环境发生了新的变化。

(12)维修运行服务中心实行全面质量管理，为保证教职工住宅、学生宿舍等室内温度达到 18 度，供暖前做好了充分准备，并制订了用户采暖温度反馈管理办法。在煤炭市场供应紧张及涨价的情况下，严格管理，全年购煤炭为学校节约资金 100 余万元。

(13)财务科开源节流，加强资金的管理，充分发挥了资金的使用效益，进行纳税筹划，引入了现代化管理手段，对各类帐务问题进行了清理，提高了工作效率，当好各级领导的参谋。

(14)集团办公室、监察部是集团领导和集团所属部门上传下达的中枢纽带。出色完成了协调、督办、调研、监察服务的职能，得到了全体职工及校内外来访人员的认可。

市内校区管理工作综述

市内校区管理委员会担负着整个校区的校园建设和管理、服务工作,因此,市管会始终将管理、服务作为市管会的工作宗旨,重在管理,旨在服务。在2007年管理工作中,以邓小平理论和“三个代表”的重要思想为指导,贯彻落实科学发展观,紧紧围绕学校的中心工作,求真务实,开拓创新,以饱满的工作热情,努力构建和谐校园,加速学校的建设与发展,以优异的成绩迎接党的十七大召开。

一、强化管理工作,管理有新水平

市管会全体干部职工在“十一”及党的“十七大”召开期间全力做好市内校区的后勤保障和安全稳定工作。市管会召开干部会议,落实各项措施,保证饮食、工程维修、生活服务、安全保卫等各项管理工作及时到位,保证不出任何差错,保证市内校区不出任何问题。

冬季取暖是市内校区一大重点工作,供暖工作好坏将直接影响各项工作的完成和师生员工的生活质量,为此,加强与市供暖总公司和市热电公司的沟通与合作。经过大量的工作,热电公司出资对东院学生宿舍外线管网进行更新改造,供暖公司对部分区域也进行了大修,再加上秋季对东院一舍的外窗全部加层,使得东院学生宿舍的供暖保暖情况得到了很大的改善。在供暖初期,市管会负责同志到各楼区,尤其是化工楼、化学楼和学生宿舍查看供暖情况,及时反馈到供暖公司。经多方努力,今年供暖情况好于往年,得到各单位师生员工的肯定。

正月十五突发暴风潮,在面临市内校区较大损失的情况下,市管会不等不靠,组织全体干部进行自救,在学校没有额外投入经费的情况下,以最快的速度扶起刮倒的大树,修好打坏的窗户和玻璃,及时修复被大风掀起的房顶及漏雨的屋面,使市内校区各项工作迅速恢复正常。

饮食服务中心在面临巨大困难的情况下,发动干部职工克服各种困难,尽量做好市内校区各食堂的饮食服务工作,使师生员工满意。在五月份开始的肉蛋、油等副食品大幅涨价的情况下,饮服中心克服困难,加强管理,采取措施,降低成本,保证食堂价格不涨,质量不降,品种不少,服务热情,得到服务对象的好评。在下半年开学初伙食价格调整中,饮食服务中心做到主食价格不动,副食价格微调,并与化院学生系统共同做了大量的前期准备工作,使价格调整平稳过渡,就餐师生情绪稳定。

由于市内校区的特殊性,做好市内校区的安全工作成为市管会全年重要的一项任务。全年先后两次对化工学院的1000余名学生进行安全教育,散发安全教育传单200余份,在学校9月15日开展的“提高安全意识,建设和谐校园”的安全活动周中,在东院和南院张挂大型标语和宣传挂图30余份,8幅宣传板报,散发传单300余份。在学校的支持下,我们对南院主楼消防水系统进行了改造,更换全部管网,新安装消火栓51个,烟感报警器121个,手动报警器22个,声光报警器14个,更新东院学生一、二、三舍报警系统,配发灭火器188具,为市内防火安全打下了很好的基础。全年市管会组织了四次安全大检查,对实验楼、学生宿舍、出租房进行认真的检查及整改,收缴违章电器300余件。针对学生宿舍一舍寝室房间门和一楼窗栏杆年久失修经常失窃的情况,年中全部进行了更换。在干部会上,每次都将安全工作列为议事日程,各单位也很重视。由于对安全工作重视,在校安全委员会每次到市内校区的检查当中,都得到表扬,全年没有安全事故发生,没有火灾发生。5月份,还被评为校防火先进单位。在市内校区安全工作任务特别重的情况下,由于市管会的重视和工作到位,为建设安全和谐的市内校区做出了贡献。

针对南院自习室有外来人员自习、学生占座、下课期间走廊有喧哗的现象,市管会张贴公告,张挂大型警示版,与相关单位齐抓共管,并派出专门人员进行巡视、检查,使存在的问题得到纠正,受到学生的称赞。

做好学生宿舍的调整管理工作。针对学生逐年增多，而市内校区学生宿舍不增加的情况，今年校部化院本科生及研究生调到市内住宿的安排工作面临更大的困难。我们多次与化院沟通，召开学生座谈会，采取各种措施，使宿舍调整得以顺利进行，学生稳定、学校稳定、学生基本满意。

二、全力做好服务工作，服务有新气象

市管会承担有饮服、维修、学生宿舍、教室管理、治安综合治理、通信、变电所、收发、卫生保洁、绿化、高层物业、教学调度、体育活动中心等各项工作。在全力以赴做好以上各项服务工作的同时，市管会特别强调做好师生员工饮食服务工作，加强各个食堂的软硬件建设。在饮服中心资金严重不足、职工上调工资都不能兑现的情况下，克服困难，市管会给予大力支持，饮服中心采取各种措施，兑现了职工工资，调动了职工的积极性，稳定了职工队伍，使得食堂的服务质量、服务水平一直得到师生员工的认可。

工程维修中心较好地完成了教学楼、办公楼、试验楼、学生宿舍及家属楼的维修改造工作。五一期间，维修中心在变电所电缆老化、连续出现两次电缆损坏的情况下，加班加点、紧急抢修，更换电缆、保证正常供电。家属楼出现需要维修的情况，他们都是接报后及时地维修到位，受到住户的好评。

由于大连裕景商城夜间施工的噪音，给我校大公街、崇山街住户生活带来很大影响，市内校区管委会对此事非常重视，成立专门工作小组，由专人负责，从5月15日到10月不同时期，与住户代表7次召开座谈会商议解决办法，同住户代表先后十余次与施工方进行交涉，并找相关部门协商解决，包括解决大公街与崇山街1号住户在补偿金额分配当中存在的矛盾。在工作难度相当大的情况下，使住户与施工方、两个小区的矛盾得到顺利解决。市管会还利用少量资金，经过填表登记清理，为崇山街1号家属楼安装了门禁系统。在派出所的支持下，为崇山街各楼层安装了防盗门，较好地理清了大楼住户情况，解决了大楼的安全防盗问题，得到大楼住户的好评。

在市、区人大换届选举工作中，经过几个月的准备工作，由市内校区管委会牵头，联合化工学院等单位，组织做好西岗区十六届人大代表选举工作。经过宣传，选民登记，推选候选人，正式选举等程序，于11月初圆满完成此项工作。经过充分的准备，在选举日分别设立主会场和两个流动投票站，主会场有450多人参加大会，会场隆重热烈，有2800多人投票，一次投票成功，选出正式代表一人，得到区、街道领导的肯定。

为迎接大连“达沃斯”盛会的胜利召开，按照市建委、市城建局等有关部门的要求，配合政府在南北院主楼和化工楼安装轮廓灯。经校领导同意，在时间紧的情况下，组织力量，粉刷了市内南北院主楼及同庆街59号高层立面墙，去掉了北院立面墙原来的各种牌匾，维修了北院残缺的立面墙及玻璃，使得市内这几处中山路临街建筑焕然一新，得到政府相关部门的表扬。

6月9日，原大连一中同学会的115名日本校友返校，东院主楼是原大连一中老校址，市管会为这次活动做了各项准备工作，提前做好楼内外环境卫生清扫，做好会场的布置工作、安全保卫及开会的各项准备工作，校党委书记与会，经过努力，保证了这次活动的圆满成功。

保质保量完成东院主楼消防工程、南院外线电改造、大公街家属楼更换塑钢窗、东院学生宿舍维修改造等各专项工程任务。

市内校区管委会担负着每年火车站新生接待工作，火车站迎新是学校迎新工作的重要组成部分。市管会极为重视，成立接待组，设立接待站，布置迎新现场，接待人员统一着装，佩戴校徽和迎新标志，轮流上岗，冒酷暑、顶大雨，圆满完成火车站迎新工作，受到家长及新生的好评。

组织公安、财务、学办、教务办、党办联合办公，方便毕业生办理派遣手续，顺利完成市内毕业生派遣；请市邮政部门来校办理行李托运；办理车船票订购工作，使毕业生愉快离校。

住宅管理工作

住宅办公室成立于1999年3月,其主要职能是:研究和起草学校住房制度改革政策、房改房出售政策、住宅调配、使用管理及其他与学校住宅有关的政策;负责学校房改房出售、结算和产权证办理工作;负责学校住宅管理、周转房管理、男青年教师公寓管理工作。大连理工物业管理中心是学校独资企业,挂靠在住宅办公室,目前已承接的物业项目有:文萃轩小区、文荟小区、大连理工大学附属高中、附属学校、力学楼、建筑艺术馆、环境楼、北山新新园东区。

2007年住宅办公室工作的指导思想是:以邓小平理论和"三个代表"重要思想为指导,坚持科学发展观,解放思想、把握机遇、求真务实、开拓创新,加快提高物业管理水平和服务质量,提高住宅管理规范化程度,提高教职工满意度,为促进学校的改革与发展服务。

住宅办2007年的主要工作综述如下:

一、住宅管理

1.全力开展住房货币补贴发放工作

(1)公布实施《大连理工大学教职工住房货币补贴方案》

经教代会、教职工住房工作委员会和各代表团团长、各单位工会主席联席会议讨论通过的《大连理工大学教职工住房货币补贴方案》经大连市房改办批准,已于2007年12月17日正式公布实施(大工办发[2007]86号)。

(2)建立75岁以上离退休教职工住房档案

根据教育部《关于编制2008年住房改革支出预算的通知》的精神,完善了离退休教职工住房档案数据库,为2007年离退休人员住房货币补贴发放工作做好准备。

(3)按期发放住房货币补贴款

教职工住房货币补贴第一笔款项2920.8万元按照教育部要求如期发放。

2.切实加强住房管理工作

(1)修订周转房管理办法

《大连理工大学周转房管理办法》于2007年12月7日正式公布实施。2007年全年办理周转房入住77套,目前共入住179套。

(2)加大住房清理力度

2007年配合公安处共清理收回住房20套(次),并为这些空房做好了防寒保暖以及技术停电。

(3)出售现住房14套

(4)完成住房困难教职工情况调查

经调查,目前全校职工居住面积小于35m^2的共有123户,小于40 m^2的共有350户(不含住在校外的职工),已起草制定了《住房困难职工分配办法》。

3.稳步推进产权证办理工作

(1)完成文荟小区和文萃轩小区7栋住宅楼的面积测绘和文萃街2、4、6号及北山A区新新园15栋住宅楼的平面图绘制工作。

(2)办好文萃街2、4、6号和北山A区新新园15栋楼的大产权证及房改批文。

(3)2007年共收到办证材料758份,已办好产权证346本;2007年收回结算房款340余万元,其中北山A区新新园住宅贷款211.4万元。

4.全面规范日常管理工作

(1)建立完善住宅调配程序等制度办法13项。

(2)住宅办网页完成升级改版,定期网上公布相关信息。

(3)实现住宅数据库实时更新,住宅档案逐步完善。

5.其他工作

(1)根据教育部要求和学校资产清查总体部署,完成住宅情况数据核对和微机录入工作。

(2)配合做好教育部教职工住房货币补贴专项审计工作。

二、物业管理

1.开展社区活动,创建和谐社区

大连理工物业管理中心在社区居委会和学校工会的支持下,2007年先后举办了夏季乘凉文艺晚会、灯谜晚会、青少年暑期文艺晚会、文荟小区火柴盒艺术展、业主健康系列讲座等活动。文萃轩小区被初评为大连市“双十佳”物业管理小区,最终结果将在2008年5月揭晓。评审小组对物业管理中心与文萃轩小区业主委员会、派出所、居委会和产权单位大连理工大学建立的联席会议制度给予了高度评价,对物业管理中心与业主委员会的融洽关系给予好评。

2.拓展业务范围,提高经济效益

目前已与北山新新园东区业主委员会签订了物业管理服务合同。按照MSDS标准为英特尔公司大连开发部做开荒保洁。

3.启用维修基金,服务社区居民

经文萃轩小区业主委员会批准,启用维修基金,为文轩小区安装楼宇对讲门,合同安装门体58樘,标的额约36.5万元。办理了2006年文萃轩小区12栋楼、文荟小区3栋楼屋面防水维修金划拨全部手续及2007年维修基金使用的决算工作,完成了2008年维修基金使用的预算编报工作。

4.采用法律手段,加大物业费收缴力度

全年应收物业费44.62万元,实收费39.33万元,收费率86.16%。对一些长期恶意欠费的住户,采取法律手段进行清缴。全年完成收入88.7万元,支出86.9万元,利润1.8万元,上缴利税3.6万元。

5.统筹规划,加强维修养护工作

2007年完成了多项日修工作。其中,外墙面防水工程1580 m²,屋面防水维修工程3000 m²;排水坡维修296 m²;完成零星维修工作票2674张。春、秋季清挖下水井1040座次;维修楼道感应灯215盏;楼道窗镶玻璃475块,维修窗户292扇;草坪绿地养护约16 000 m²;栽种各种花木5336棵;育苗3400余株。

6.人防与技防相结合,加强小区安全防范工作

大连理工物业管理中心坚持“预防为主、防治结合、加强教育、群防群治”的原则,以防止人身伤亡事故为重点,严抓实管,防微杜渐,做好防火、防盗、防台防汛、扫雪等具体工作。

通过提高安全意识,加强安全知识学习和建立健全安全管理机制,制定应急处理预案,实施安全工作领导包片责任制,建立派出所民警、保安员、联防队员、居民的四级防范体系,全面普及防范钻窗入室盗窃的“钉子工程”,安装楼道对讲门禁系统等办法,小区治安防范工作取得了显著成效,小区案发率在周边同类小区中最低,2007年文萃轩小区获得了大连市“平安社区标兵单位”的光荣称号。

大连理工大学住宅情况汇总表

住宅区域	住宅楼栋数	住宅套数	住宅面积/m²
文荟小区	16	655	54 159
杨树北街	5	238	12 033
文萃轩小区	63	1852	126 295
北山A区新新园	15	537	58 703
市内	13	775	46 822
科学家公寓		14	1783.8
松花街住宅		28	698
东山住宅	40	912	41 966
东山小楼、院士楼	12	24	3124

注:统计截至日期为2007年12月31日。

保　卫　工　作

2007年，上报信息40余条，办理出境手续、居民证、结婚、新生入学、毕业生迁户口、教工及家属落户9560余人次。全年接报警380多起(包括市内校区及开发区校区)，立刑事案件24起，查破14起。打击刑事犯罪分子20多人。治安案件立案4起，查处4起。按校规校纪查处案件18起，调解处理打架事件9起。处理火情3起，无大的损失。

一、加大安全防范投入

今年设立专项经费70万元用于学校的视频监控系统建设，监控大厅已初具规模，并将部分原有的监控设备连接起来，对各个门岗实现了实时监控，新增视频探头23个。软件学院投资72.5万元在各交通干道、食堂、学生宿舍等部位安装了196个视频探头。对校内所有院士的住所的报警设备进行了检测，对部分设备进行了更换。更新消防管道消火栓，增配水枪91支，手推车灭火器4台，消防水带32盘，配备灭火器1908具。投资9万元更换了校园巡逻车。

二、加大教育、宣传力度，提高师生防范意识

采取发传单、上校园网、办讲座，利用校广播台、电视台、校报、新闻网等多种方式，开展大学生的安全防范教育，市内化工学院校区的学生受教育率达90%以上。尤其是节、假日之前，都在校园网上以发布通知的方式，要求各部门、单位加强安全管理，整改隐患，提醒师生员工注意交通安全、财产安全。及时在校园网上发布治安情况，提醒师生注意近期防范的重点。组织开展了“321校园安全日”和“居安思危危自小，有备无患患可除”等主题宣传活动，印发5000余份“安全防范小常识”宣传单发放给大学生，在教室、图书馆、食堂张贴警示粘贴，制作巨型宣传板喷绘，悬挂条幅等，并邀请市局内保支队警官为大学生作防盗、防骗及预防意外伤害知识讲座，受到了大学生和学生部门的好评。配合市公安局内保支队公安干警在西山一条街联合举办校园安全大型宣传活动。与人文社会科学学院、电气与应用电子技术系、运载工程与力学学部共同举办大学生安全教育讲座，参与的大学生有近千人。针对大学生经常遇到的网络诈骗案件，与化工学院学生合作，在校报专门作了一期预防诈骗的专题报道。组织机械学院自强社勤工助学学生开展“学生食堂安全小卫士”活动，配合公安处做好治安防范工作，在西山中心食堂、二食堂治安执勤，收到良好效果。举办了6期消防知识讲座，3次演练，发放传单300多份，张贴挂图、标语、横幅等30余幅(个)，出版黑板报8块，有3100多人受到教育。

三、加强校内交通安全管理，完善交通安全设施，加强消防检查力度

重新修订了学校交通管理工作的有关规定。制定了《关于加强校园道路交通安全管理工作的实施方案》，对校园部分路段实行限时封闭管理，保障师生的安全。针对学校车辆不断增多以及部分驾驶员安全意识淡薄等情况，在各院系设立了安全组，加强对驾驶员的安全教育和管理，并经常利用节假日在校园网上提醒司机和师生注意交通安全。邀请沙河口交警大队警官给校内司机和大学生上了3次安全课，反响非常好。根据校园实际情况，在一些视线不好的路口、要道增设了16个警示牌、路障，施划人行横道斑马线。在校内部分路段车辆高峰时定时、定人值班站岗，疏导校园内的车辆，全校未发生责任性交通事故。

配合市消防局对科技园大厦、体育馆进行了消防检测。下达消防隐患《责令限期改正通知书》3 份。

四、强化管理，消除隐患

严格落实各项管理规定，按时、保质地进行要害、重点部位检查。通过经常性的检查，我校 5 个要害部位和其他重点部位没有发生案件，截至目前无事故。

五、开展专项综合治理行动，整治校园周边环境

5 月中旬，我校高级经理学院第一期学员开班，副部级以上国有企业领导人员有 65 人参加学习，大连市委、市政府十分重视，责成市各相关部门对我校校园周边进行了一次大规模的集中整治，效果十分明显。9 月初，高新园区、凌水街道等部门对学校校园周边进行了 1 次集中治理，清理非法载客运营车辆、清除野广告。10 月初，校公安处与后勤集团对校园北山学生生活区进行了 1 次集中整治，清理小商小贩及乱摆摊设点人员，整治周边环境。校综治办还与校"安全管理委员会"于 4 月、7 月、9 月联合对校内各单位进行了 3 次安全检查，对不符合安全要求的单位下发整改通知书，责令限期整改，并对检查结果在校园网上进行通报。

六、坚持以"预防为主，打防结合"的方针，全力维护校园稳定

根据新的校园治安状况和发案特点，在原有 10 人机动车治安巡逻队的基础上，重新规划校园巡逻路线，增加夜间步行巡逻力量，共 6 组 12 人，通过采用步行巡逻与车辆巡逻相结合的方式使巡逻的覆盖面更广，并利用电子巡更系统保证巡逻的时间与地点。还吸收了 15 名学生参与到校园的治安防控体系当中，有针对性地对教室、图书馆、食堂等易发案部位进行控制，这既可以起到警戒作用，还有助于发现、查获违法分子。实践证明，吸收广大师生参与校园治安管理，是做好群防群治工作，维护校园稳定的有效做法。

为打击违法犯罪行为，有针对性地开展蹲坑守候行动，并成功抓获多个在食堂、超市等部位盗窃学生财物的聋哑人团伙，在体育场抓获一名盗窃师生财物的犯罪嫌疑人，破获系列盗窃案件 28 起，有效震慑了违法人员。积极配合公安部门查处在我校发生的刑事、治安案件，维护师生的合法权益。2007 年 5 月下旬，我校周边家属区连续发生多起入室盗窃案件，涉及我校多位院士、教授，此系列案件引起大连市公安局的高度重视，全力侦查，很快将盗窃团伙抓获，并将赃物及时返还，有力地保障了学校教学、科研的顺利进行。保障了校园的安全与稳定。

七、确保学校大型活动的顺利进行

在校运动会、毕业生洽谈会、毕业生离校、中央领导来校视察、中国大连高级经理学院学员开班等大型活动中，在消防、治安、交通等方面精心检查、布置，确保了这些大型活动的顺利进行。

离 退 休 工 作

截至2007年12月31日,学校离退休教职工2862人,其中离休干部213人。

学校贯彻全国老干部“双先”表彰大会精神,进一步推动离退休工作开展。全年分别组织了曾庆红在全国老干部“双先”表彰大会上的讲话、胡锦涛在中央党校的讲话和党的十七大等三个专题学习。

离退休党建工作进一步加强。在“七一”召开表彰“两优一先”暨第七次党员代表大会,离退休党总支顺利换届并更名为离退休分党委,增加一名副书记。表彰离退休先进党支部3个,优秀党员26名。在学校的评比表彰中,离退休党总支被评为校先进党总支,管理学院离退休党支部和土木水利学院离退休党支部被评为校先进党支部,陈洪媛等10位老同志被评为校先进党员,常俐被评为优秀党务工作者。2007年组织三次支部书记及支部委员学习培训,支部开始使用党费留成经费开展活动。

2007年,学校设立离退休人员科研专项基金并公布管理办法。老教授协会整合了东方学院、考研辅导中心资源,加强内部管理,成立了实体管理委员会,草拟了《章程》等管理规定。关工委以各种形式认真开展工作,并组织老同志和大学生到实习基地山区小学送计算机等帮扶活动。

2007年,离退休处网站改版。10月份,以“敬老、助老、办实事”为主题开展第二个尊老敬老宣传月活动。全年组织春游、社会参观、趣味运动会、校园徒步走、集体祝寿和新年联欢会等大型活动9次,3600余人次参加活动。各文体协会组织校内比赛5项,参加社会各种赛事10余项。参加老年大学各班次学习人员310余人次,恢复开办电脑学习班。

组织探视病号161人次;高龄老人(离休80岁以上,退休85岁以上)过生日,登门看望送生日蛋糕136人;处理去世老同志后事并慰问其家属48人。为170多名离休老同志安排体检,先后组织勤工助学学生38人,为14位离退休老同志提供家政服务。

党的干部与组织工作

党的干部与组织工作综述

一、组织工作

1.学校各级党组织坚持标准,保证质量,建立保证党员发展质量的长效机制。严格履行发展程序,坚持"团推优"、"两公开"、"一公示",坚持做好研究生发展党员的导师评议、坚持对新生党员档案材料进行审查并做好衔接工作;坚持做好中青年教师骨干入党工作。

2007年共发展新党员1700名,其中,教工党员24名、学生党员1676名。新发展的学生党员中,有1196名本科生、412名硕士生、68名博士生;新发展的教工党员中,35岁以下的18名,高级职称5名。预备党员转正1478名。

截至2007年12月末,我校全日制本科生党员比例为11.7%、硕士生党员比例为42.5%、博士生党员比例为37.7%,全口径学生(本硕博)党员比例达到22.2%;教工中党员比例为57.9%,其中专任教师中党员占66.9%。全校共有党员9898名,其中教工党员1866名,学生党员6624名(本科生2233名,硕士生3197名,博士生1194名),离退休党员1013名,城市学院党员395名。校党委下设26个二级党组织(分党委12个、党总支9个、直属党支部5个),566个基层党支部(教工党支部205个,学生党支部361个)。

2.为庆祝建党86周年和喜迎十七大,组织召开了2007年基层党建工作交流研讨会。在会上由城市学院分党委、电子与信息工程学院分党委、后勤分党委、土木水利学院分党委、能源与动力学院党总支、离退休党总支等六家单位进行了主题发言,进行了广泛的经验交流,并以无记名投票的方式推选出了学校"先进分党委(党总支)"。会议还集中学习了教育部党组《关于加强普通高等学校基层党组织建设的意见》的文件精神。

3."七一"前夕,以2005～2007年度党内"两优两先"表彰大会为契机,巩固和发展共产党员先进性教育成果,继续抓好《关于党员先进性教育的意见》等四个长效机制文件的落实,进一步加强和改进党的基层组织建设和党员队伍建设。本次表彰大会向3个单位授予了"先进分党委(党总支)"荣誉称号(近十年来的首次),表彰了25个先进党支部、122名优秀共产党员(含11名优秀党务工作者),表彰数量较以往均有所增加。同时编辑印发了《大连理工大学2005～2007年度"两优两先"先进事迹材料汇编》。"一二·九"之际,进行了"2007年度学生党内集中表彰",向44名优秀学生党员、33名优秀学生党支部书记、25个先进学生党支部等共计102个学生党内优秀个人和先进集体授予校级荣誉称号。

4."特色基层组织"创建活动有序进行。2007年9月7日,校党委结合市委高校工委的要求,向全校基层党组织发出《关于开展"特色基层党组织"创建活动的通知》(大工委发[2007]18号),以凝聚人心、推动发展、促进和谐为目标,开展我校"特色基层党组织"创建活动,努力把党组织的作用贯彻于教学、科研、管理和人才培养活动的全过程,有机渗透和融合到各项工作中。各单位积极响应,特色基层党组织活动主题丰富、特色鲜明,可概括为十个方面:1)学习贯彻党的十七大精神系列教育;2)求真务实加强支部建设、凝心聚力促进学科发展;3)迎北京奥运,树文明新风;4)助学帮困,共同成才;5)提升新生党员素质,融入大工精彩生活;6)探索研究型课程教学模式,培养高素质创新人才;7)以科研团队为载体,加强支部战斗力建设;8)走进社区,服务社会;9)发挥毕业班党支部作用,架起企业与学校沟通的桥梁;10)开展感恩教育,回报和谐社会。

5.以党的十七大精神为指导,落实《中共教育部党组关于加强普通高等学校基层党组织建设的意见》(教党[2007]11号),对照检查学校各基层党组织建设情况,扎实有效地推进基层党组织的民主化和制度化建设。检查和督促各院系建立健全党政联席会议制度,院系工作中的重要事项要经过党政联席会议集体研究决定;积极、稳妥地推进院系"民主管理委员会"、"教授会"建设,形成科学、民主、规范的决策和管理体制。

6.党内信息管理系统得到进一步完善。上半年,管理系统进行了两次升级,在此期间,学校组织部与市委组织部和市委高校工委相关同志不断沟通,并向软件开发商提出多项具体的开发建议,得到了市委组织部的表扬。利用该系统向辽宁省高校工委和大连市高校工委上报了党内统计报表,数据产生快速、准确。截至到2007年12月,我校党员信息系统录入量分别为:党员库9898人,入党申请人库13 183人(其中确定积极分子4676人,发展对象993人),人员调出库1268人,是全市高校惟一按照全部要求建立数据库的单位。

7.关心与重视离退休党组织开展工作,单独设立留成党费专用账户。2007年4月,根据中组部《关于进一步加强和改进离退休干部党支部建设工作的意见》(中组发[2006]12号)和大连市委转发的通知要求,组织部在校财务处单独设立了"离退休党员留成党费专用账户",将离退休党员缴纳的党费按50%的比例留成、由离退休分党委具体负责审核与使用,作为离退休党组织开展活动的专项费用、专款专用。到12月份已从学校党费账户中拨付给离退休党员留成党费专用账户19万元。

二、干部工作

1.为进一步加强干部工作的制度化、规范化、民主化,2007年,又制定出台了《院系科以上干部岗位与职数的规定》和《关于确定院系团委书记干部级别的意见》,编制了《干部选任工作简要流程图》,以便于掌握和使用。全年共任免科以上干部120人次,其中提任副处级以上干部33名、科级干部15名。在提任的副处级以上干部中,有30.3%是党外干部,进一步体现了中央关于加强党外干部选拔培养的要求。

2.根据学校的"十一五"发展规划和2007年工作要点提出的"打破现有院系界限,积极进行学科组织与机制创新,组建全新体制的运载工程与力学学部,努力建设船舶、汽车、航空航天和力学学科群",在工程力学系、船舶学院和汽车工程学院基础上,学校于7月22日正式成立运载工程与力学学部及其临时分党委。12月19日,正式选举产生了首届运载工程与力学学部分党委。

3.新成立了汽车工程学院,完成了外国语学院等14个单位的班子换届工作,将物理与光电学院、离退休2个单位的党总支更名为分党委。同时,按照《中华人民共和国公司法》、《教育部、新闻出版总署关于高等学校出版体制改革工作实施方案》的相关规定,完成了出版社有限公司、土木建筑设计院有限公司主要负责人的换届工作。

4.在上年度各单位领导班子领导干部述职述廉与民主测评工作的基础上,按照《大连理工大学内设机构领导班子和领导干部年度考核办法》的规定,启动"民意调查网"和"实绩分析"工作,尝试对学校内设机构领导班子和领导干部进行综合考核评价。进行了16个机关部门的实绩分析和比较,收集了19个教学单位教学、科研、学生教育管理等工作的相关数据资料。2007年12月底,先期完成了校机关科以上干部和机关部门领导班子2007年度考核、年度总结与民主测评工作。

5.在2007年新一轮挂职干部集中推选工作中,新确定9名具有博士学位的院系优秀青年教师到学校机关部门挂职工作,其中具有高级职称5人(含1名教授、博导)、35岁以下6人,他(她)们分别来自6个院系,8月份开始分别在6个机关部门进行为期一年的挂职工作。

6.开展了2007年度学校机关中层以下后备干部推荐工作。各单位(部门)本着实事求是、客观公正、群众公认、注重实绩的原则，按照充分酝酿、民主推荐、会议研究、无记名投票的工作程序，共推荐了102名机关后备干部初步人选，其中副处后备人员44名、科级后备人员58名。初步建立了一支政治素质好、业务能力强、能够适应我校建设高水平研究型大学需要的学校机关中层以下后备干部队伍。

7.按照中共大连市委、辽宁省委的统一部署，完成了党的十七大代表人选的推荐和省党代表会议代表的核查工作，完成对我市出席党的十七大代表候选人的征求意见等各项工作。配合档案馆对副处级以上的干部人事档案进行全面核查，为迎接中组部对学校干部人事档案检查工作做好准备。

8.制定2008年新一轮校机关换届工作实施方案，顺利完成2008年新一届校机关正副处级干部的换届工作(从12月26日启动到2008年1月12日)，新一届校机关处级干部队伍的结构进一步合理、更富有活力和战斗力。在26名新一届机关正处级干部中，有6位是初任正处级领导职务，占23.1%；有5位同志交流到新的正处级岗位，占19.2%。26人中，党外同志4人、女同志4人，正高级职称11人、副高级职称15人，“双肩挑”干部9人、占34.6%，平均年龄为44.3岁(比2005年换届时下降0.8岁)。在42名新一届机关副处级干部中，有11位是初任副处级领导职务，占26.2%，其中有6名是已列入2007年机关副处级后备干部初选库的人员、占初任者的55%；有6位同志交流到新的副处级岗位，占14.3%。42人中，党外同志3人、女同志12人，正高级职称4人、副高级职称22人、中级职称16人；11位来自教学科研第一线、占26.2%；平均年龄为40.2岁(比2005年换届时下降1.3岁)。

三、党校教育培训与研究工作

1.校党校开辟境外干部教育培训的新途径，不断推进与国际知名高水平研究型大学相适应的一流的、高素质的管理干部队伍建设。暑期，党校举办“中层管理干部赴香港高校学习培训班”(24人)，由校党委副书记孔宪京教授带队先后到香港大学、香港科技大学、香港中文大学和香港理工大学四所学校进行为期一周的考察学习。9月初，培训班完成了《香港四所大学学习调研报告》并印发给各单位参考。11月9日，又专门召开了“赴香港高校学习班总结汇报交流座谈会”，机关、直属单位副处级以上干部，院系班子成员，学习培训班全体学员参加了会议。此外，校党校举办机关工作人员及科级干部培训2期(约80人，分为春季和秋季两期开展，并于7月和12月进行了网上考试，如期完成了三年轮训计划)、教工积极分子培训1期(45人)，预备党员培训班2期(共1808人)。各院系分党校采取大院系与小院系结对子的方法联合轮流主办了入党积极分子培训班共10期(1551人)。

2.建设党校干部教育培训的远程学习载体，开辟党员干部继续教育的重要补充渠道。学校授权组织部与国家教育行政学院中国教育干部培训网签署了合作共建协议，双方合作建设“中国教育干部培训网·大连理工大学在线学习中心”。该中心将于2008年7月完成系统升级后开始试运行。

3.完善青年学生的党校教育培训体系，突出针对性、注重实效性。概括来讲，在启蒙教育阶段，主题是“感性的认识”，面向大一新生；在积极分子教育阶段，主题为“理性的思考”，面向大一、大二入党积极分子；在预备党员教育阶段，主题是“无悔的选择”，面向预备党员；在党员再教育阶段，主题是“永远的追求”，面向正式党员。同时，在这四个阶段规定了若干“教育培训专题、核心思考问题、主要参考书目”。

4.党校积极组织哲学社会科学方面的研究力量和党务工作者参与党建研究。2007年10月，委托人文社会科学学院学术委员会受理评审，批准了6项“2007～2008年度大连理工大学党建研究基金课题立项”，申报并获得批准《高校党校的科学化、制度化、规范化建设》等5项首届“2007～2008年度辽宁高校党建研究课题立项”。定期编辑出版《大工组织信息》(第45－51期，共8期，电子版)，并向在连兄弟高校邮寄，同时抄送大连市委组织部。

2007 年党员基本情况统计

党员类型			党员数	总人数	党员比例/%
在职教工	按系列分类	专任教师	1113	1664	66.9
		党政管理	262	322	81.4
		其他(工程技术、实验室、图书管理、卫生技术等)	436	906	48.1
		工人	55	331	16.6
		合计	1866	3223	57.9
	博士生导师		230	348	66.1
	按职称分类	正高级	267	407	65.6
		副高级	507	836	60.7
		中级	657	1208	54.4
		初级及以下	435	772	56.4
		合计	1866	3223	57.9
全日制普通大学生、研究生	03 级本科生+双学位		213	867	24.6
	04 级本科生		1083	4408	24.6
	05 级本科生		557	4472	12.5
	06 级本科生		240	4603	5.2
	07 级本科生		140	4785	2.9
	本科生小计		2233	19135	11.7
	05 级以上硕士生		969	1956	49.5
	06 级硕士生		1138	2714	41.9
	07 级硕士生		1090	2856	38.2
	硕士生小计		3197	7526	42.5
	05 级以上博士生		694	1883	36.9
	06 级博士生		239	630	37.9
	07 级博士生		261	651	40.1
	博士生小计		1194	3164	37.7
	合计		6624	29 825	22.2
离退休人员			1013	2805	36.1
城市学院		教工	155	381	40.7
		学生	240	5653	4.3
		合计	395	6034	6.6
全校党员总数			9898	41 887	23.6

宣传和思想政治工作

宣传和思想政治工作综述

2007年,党委宣传部、新闻中心紧密围绕学校中心工作,主动服务,狠抓落实,力求创新。理论武装工作做到深化,日常新闻宣传活动扎实推进,同时积极营造健康活泼的校园文化氛围,精神文明建设取得成效,对内对外宣传形成声势,为学校建成国际知名的高水平研究型大学提供了重要的思想保证、精神动力和舆论支持。

一、理论宣传和形势政策教育

2007年是理论宣传工作的重要年:3月“两会”召开,6月胡锦涛总书记在中央党校发表重要讲话,10月中国共产党第十七次全国代表大会隆重召开。宣传部根据年初制定的关于学校理论学习和形势政策教育的工作思路与工作计划,一年来紧密围绕党中央、国务院的大政方针和形势发展需要,密切联系学校发展的实际,利用校内各种媒体和宣传阵地,全方位、分层次、多形式推进全校的理论宣传与形势政策教育工作。

1.认真策划,全力推进,掀起学校深入学习贯彻十七大精神的高潮。2007年宣传部重点围绕十七大,展开了一系列有计划、有组织、有创新、有特色的理论宣传和学习工作。对十七大精神的学习,重点强调深入性和创新性两个方面。在党委的统一领导下,组织成立了“贯彻落实十七大精神专题研究组”,旨在把十七大精神贯彻落实到人才培养、科学研究和社会服务等中心工作中,有力推动学校建设国际知名的高水平研究型大学的步伐。

2.抓住主旋律,掌握主阵地,积极推动学校文化建设。拓展大工讲坛的教育功能,改变了由宣传部一家办讲坛的做法,而是与兄弟部门合办,既保证了报告的多样性,又提升了报告的质量和品位。

3.加强舆情信息组织和制度建设,发挥舆论监督和引导作用。2007年为进一步加强学校的舆情信息工作,构建了我校舆情信息网络式上报机制。截止到2007年底,我校共上报省委宣传部179条信息。

4.围绕中心工作,丰富主题和形式,加强理论宣传阵地建设。创新宣传画廊的策划,做到版面图文并茂,内容生动活泼,师生喜闻乐见,2007年一共制作19期。继续完善理论网站,加强理论宣传的网络建设。海燕网被大连市高教工委邀请在大连市思政网站的经验交流会上做管理维护经验的典型发言。

二、新闻宣传工作

2007年,新闻中心积极围绕学校中心工作,统筹校内外媒体开展新闻传播,内创和谐校园,外塑学校形象。2007年共接待国家、省市、地方等各级媒体来校采访200余人次,使学校各个层面的工作都得到较好的宣传展示。据统计,2007年国外、国内、省市及地方的报纸、网络、电视、广播等媒体单位对我校的教学、科研、人才培养、社会服务等方面的报道共计500余篇(不包括被转载的报道)。

严格遵守新闻纪律,为境外媒体做好服务,积极宣传塑造我校国际形象。2007年,日本《读卖新闻》、日本MBS每日放送广播电视台、爱尔兰广播电视台等境外媒体,台湾东森电视台、台湾《天下》杂志、香港凤凰卫视等港澳台媒体,都非常关注我校的发展,就学校有关热点问题给予了宣传报道，增加了学校的国际知名度和美誉度。

2007年，校报紧紧围绕党和国家的大政方针，高度关注并反映学校改革发展的大事，贴近师生、贴近生活、贴近实际，通过“网—报”联动、各有侧重等新形式，发挥了校园内的主流媒体作用。大工电视台实现了由单纯的消息类新闻联播型向新闻与专题相结合型转变，完成向新闻杂志型的过渡。同时，电视台为了配合学校2007年工作要点的实施，以采访主要院系、部处主要负责人谈2007工作思路的形式，摄制了六期《对话2007》栏目。学校广播台以设备硬件改造为契机，加大力度向广大学生传达党和政府的声音、宣传学校的改革成就，较好地发挥广播台为师生服务、为教学服务的功能，并与其他媒体相结合，成为培养创造性人才的实践基地。我校大学生传媒创新教育实践基地设在新闻中心(2003年设立)，传媒创新实践班紧紧围绕学校2007年工作要点和2007年本科教学工作计划，不断完善传媒创新实践班的培养计划，探索我校新闻宣传工作与传媒创新人才培养相结合的人才培养模式和运行机制。2007年主要完成了以下工作：修订传媒创新人才培养方案及实施计划；加强传媒创新人才培养的教学组织机构建设；完善管理制度；重新设计课程体系，完成6门课程教学大纲的编写工作。

2007年新闻媒体对大连理工大学的部分报道一览表

序号	媒体名称	报　道　内　容	日　期
1	中国教育报	校企合作研究院助推经济发展——记大连理工大学为地方服务之路	2007-01-01
2	新华网	2006年全民国防教育先进单位、先进个人名单	2007-01-04
3	大连晚报	她放弃了留英选择支边青海	2007-01-05
4	天健网	大连女孩赵一橙的青海情结	2007-01-05
5	科学时报	聚焦水库安全：加强大坝抗震安全评价方面的科技问题研究	2007-01-08
6	大连日报	理工大学工程训练中心晋升国家级	2007-01-14
7	大连日报	大连市政协委员：大学生就业更要算好“供需账”	2007-01-16
8	中国MBAhome网	大连理工大学2007届MBA学员圆满毕业	2007-01-17
9	大连晚报	捐赠13.8万元助460名学子回家	2007-01-17
10	丹东科技信息网	大连理工大学与丹东市签订全面科技合作协议	2007-01-18
11	IT社区&媒体平台	大连理工大学CIMS中心携手泛微	2007-01-18
12	东北新闻网	王刚义访美受欢迎“洋粉丝”对挑战极限感兴趣	2007-01-19
13	大连日报	度过冰天雪地的485天　南极英雄雷瑞波凯旋	2007-01-22
14	大连晚报	大连理工大学博士雷瑞波凯旋　冰雪中挨冻485天	2007-01-22
15	新浪网	完成南极越冬大工博士归来	2007-01-22
16	天健网	大工学子雷瑞波在南极越冬的日子	2007-01-22
17	大连电视台新闻综合频道	理工大学博士生雷瑞波南极归来	2007-01-22
18	大连日报	大连荣获六项国家科学技术奖	2007-01-24

（续表）

序号	媒体名称	报　道　内　容	日期
19	中国创新网	大连市重大关键领域研发取得突破	2007-01-24
20	华商晨报	大连年轻学子南极“猫冬”	2007-01-25
21	大连晚报	国内顶级专家“把脉”大孤山半岛环境风险	2007-01-25
22	大连电视台新闻综合频道	我市荣获七项国家科学技术奖	2007-01-27
23	大连电视台新闻综合频道	新闻特写：15 载后　程耿东院士再获奖	2007-01-27
24	大连日报	大连理工大学实行开放式教育　在校内上“美国课”	2007-01-29
25	辽宁日报	省国防教育先进单位和个人受国家表彰	2007-01-31
26	大连日报	大连市第四批优秀专家人选公示公告	2007-02-01
27	新华网	雷瑞波：挑战南极的博士生	2007-02-05
28	大连日报	让感动成为一种力量	2007-02-08
29	辽宁日报东北新闻网	天然和谐的环境　大学生雷瑞波的南极科考之旅	2007-02-09
30	北国网	大学生雷瑞波的南极科考之旅	2007-02-09
31	大连日报	大连市领导走访看望驻连部队老领导专家学者	2007-02-13
32	鞍山日报	大学生回母校给学妹学弟“补课”	2007-02-14
33	新商报	大连科技成果获 7 项二等奖	2007-02-28
34	大连日报	国家科技奖大连摘“七星”　数量质量居全省前列	2007-02-28
35	大连晚报	2006 年度国家科技奖励大会在北京隆重举行　大连多项成果喜摘全国大奖	2007-02-28
36	天健网	大连理工两项研究问鼎 2006 年度国家科学技术奖	2007-02-28
37	沈阳日报	辽宁夺得多项国家科学技术奖	2007-02-28
38	徐州日报	大工学子寒假社会实践活动	2007-03-01
39	辽宁日报	大连摘得 7 项国家科技大奖	2007-03-01
40	大连晚报	中科院院士　原大连理工大学校长程耿东：著名科学家居家好男人	2007-03-03
41	东北新闻网	辽宁省将重点支持 150 个企业技术联盟建设	2007-03-03
42	大连日报	鱼与熊掌可兼得——程耿东院士谈工程结构拓扑优化中的奇异最优解研究	2007-03-05
43	中青在线	首届“寻访中国大学生自强之星”活动获奖名单	2007-03-05
44	大连电视台	我市全国人大代表高度评价《政府工作报告》	2007-03-06
45	大连晚报	无意间“调了包”万元现金送他人	2007-03-09
46	新华网	CUBA：大连理工女篮爆冷　清华男篮用胜利庆回归	2007-03-13
47	中华人民共和国教育部网站	教育部公布 2006 年高校学科评估(排名)结果	2007-03-20
48	大连电视台新闻综合频道	献血自愿　我市高校献血不再有指标	2007-03-20
49	大连晚报	滨城大学生排起长队　“抢”着无偿献血	2007-03-21

(续表)

序号	媒体名称	报　道　内　容	日 期
50	大连电视台新闻综合频道	理工大学 2007 春季双选会召开	2007-03-24
51	大连电视台生活频道	理工大学 2007 春季双选会召开	2007-03-24
52	中国网	大连理工大学:毕业生去西部就业可免学贷	2007-03-25
53	大连人民广播电台新闻台	理工大学 2007 春季双选会召开	2007-03-25
54	人民网大连晚报	大连高校毕业生支援西部　助学贷款国家偿	2007-03-26
55	半岛晨报	51 岁“中国冰人”王刚义将不再挑战极限	2007-03-26
56	大连日报	大连理工大学 EMBA 管理讲堂首次开课现场爆满	2007-03-26
57	大连日报	我市科学家李志军 3 次赴极地考察,世界气象日里他应邀作报告——未来几年极地科考尤为重要	2007-03-26
58	大连电视台新闻综合频道	我市将与英特尔合建半导体技术学院	2007-03-27
59	大连人民广播电台新闻台	我市将与英特尔合建半导体技术学院	2007-03-28
60	半岛晨报	英特尔大连投资 3.48 亿元建半导体技术学院	2007-03-28
61	人民日报	英特尔将给大连带来什么	2007-03-28
62	第一财经日报(上海)	大连市市长夏德仁:英特尔不是求来的	2007-03-28
63	人民网	英特尔大连工厂年内动工并建半导体技术学院	2007-03-28
64	新华社	英特尔宣布将与大连联建半导体技术学院	2007-03-28
65	天健网	夏德仁:大连半导体工业从今进入一个新时期	2007-03-28
66	大连日报	总投资 3.48 亿元　英特尔在连合建学院	2007-03-28
67	大连日报	来自大连签约仪式上的声音	2007-03-28
68	中广网	英特尔将与大连联合创建半导体技术学院	2007-03-28
69	大连晚报	好事成双! 英特尔再建学院	2007-03-28
70	中国网大连日报	大连用真诚和效率打动英特尔	2007-03-28
71	中华人民共和国商务部网站	英特尔大连投资 3.48 亿元合建半导体技术学院	2007-03-28
72	新浪网	英特尔在大连建半导体技术学院	2007-03-28
73	新浪网	大连理工大学将建半导体技术学院　校长欧进萍致辞	2007-03-28
74	CNET 中国·ZOL	英特尔与大连将共建半导体技术学院	2007-03-28
75	东方网	十六位中国著名大学的校长与休斯顿百名校友餐叙	2007-03-28
76	半岛晨报	大连出台优惠政策 吸引集成电路人才	2007-03-28
77	第一财经日报	英特尔落户大连　政府效率起关键作用	2007-03-28
78	中国教育新闻网——中国教育报	英特尔大连建半导体技术学院大连理工负责管理	2007-03-28
79	大连电视台	我市将与英特尔合建半导体技术学院	2007-03-28
80	人民网	陈伟锭:努力帮助中国产业从“中国制造”转向“中国创造”	2007-03-28

（续表）

序号	媒体名称	报　道　内　容	日 期
81	经济参考报	[聚焦]英特尔将给大连带来什么	2007-03-29
82	辽宁日报	大连建设半导体技术人才培训基地	2007-03-29
83	光明日报	英特尔投资25亿美元大连建厂	2007-03-29
84	新华网	英特尔大连建厂雇员本地化	2007-03-29
85	大连晚报石油石化物资采购网	大工学子好眼光　不去上海去新疆	2007-03-30
86	天健网	对话大连理工半导体专业学子:我自豪　我期待	2007-03-30
87	新疆天山网	大连理工百余名学子不去上海要来新疆	2007-03-30
88	在线国际商报	英特尔集聚效应掀起外商投资潮25亿美元大连建厂创下迄今跨国公司在华最大一笔投资	2007-03-30
89	中国保险报	英特尔25亿美元在大连建立晶圆工厂	2007-03-30
90	中国经济网	英特尔亚洲首个晶圆工厂选址大连	2007-04-02
91	中国高新技术产业导报	英特尔芯片项目落户大连　将创建半导体学院	2007-04-02
92	大连日报	“愚人节”助人不愚人	2007-04-02
93	大连电视台新闻综合频道	陈震教授受聘担任理工大学长江学者讲座教授	2007-04-02
94	中国工商时报	英特尔芯片落户大连带来千亿商机　将掀投资潮	2007-04-03
95	经济日报	英特尔大连投建半导体技术学院	2007-04-03
96	大连日报	陈震成为2006年度我市惟一长江学者	2007-04-03
97	科学时报	总投资3.48亿元　Intel与大连合建半导体技术学院	2007-04-03
98	千龙网	大连理工大学社团联合会	2007-04-05
99	辽宁日报	英特尔“空降”大连嵌下创新芯片	2007-04-06
100	大连日报	与真理同行——大连市社科理论界、教育界学习方永刚同志先进事迹座谈会发言摘登	2007-04-06
101	大连日报	大学生帮助社区贫困学生	2007-04-06
102	辽宁日报	大连集成电路产业与人才同步成长	2007-04-06
103	大连日报	大连理工大学中心食堂获“中国百佳食堂”称号	2007-04-07
104	大连人民广播电台新闻台	专访:大工唐祯安教授谈半导体学院	2007-04-07
105	大连人民广播电台都市广播	专访:大工唐祯安教授谈半导体学院	2007-04-07
106	大连晚报	挑战冰海勇士拥揽“小金人”	2007-04-08
107	辽宁日报	大连理工跻身首批研究生改革试点	2007-04-09
108	辽宁电视台新闻频道	大连理工大学与英特尔联建半导体学院	2007-04-09
109	金羊网羊城晚报	华夏之光闪烁奥运会　刘长春:中国奥运行第一人	2007-04-10
110	大连电视台新闻综合频道	大连理工大学掀起学习方永刚先进事迹热潮	2007-04-11

(续表)

序号	媒体名称	报　道　内　容	日期
111	大连人民广播电台新闻台	大连理工大学掀起学习方永刚先进事迹热潮	2007-04-12
112	人民网	大连理工大学掀起学习方永刚先进事迹热潮	2007-04-12
113	人民网	大连残疾人艺术团文化义演“爱心校园行”	2007-04-13
114	中国教育电视台	大连理工大学召开思想政治理论课教师学习方永刚同志先进事迹座谈会	2007-04-13
115	中国教育电视台	大连市与大工携手英特尔创建半导体技术学院	2007-04-13
116	大连晚报新浪网	大工 15 位学子冲击 SIFE 世界杯	2007-04-15
117	新商报	汇丰银行等国际名企助大连学子创业	2007-04-16
118	辽宁教育电视台	我省高校开展深入学习方永刚先进事迹活动	2007-04-16
119	辽宁日报	胡锦涛看望方永刚的讲话在我省高校引起强烈反响	2007-04-17
120	新华网	大连理工大学等东北五高校到广州推介毕业生	2007-04-17
121	辽宁日报	拓双拥领域加大双拥力度　大连谱写双拥和谐曲	2007-04-19
122	半岛晨报	企业定制培养 IT 人才　看重哪些	2007-04-19
123	人民网	大连师生热议营造绿色网络环境	2007-04-19
124	天健网	大连理工大学学生募捐为受灾者献爱心	2007-04-19
125	新浪网	微软宣布将在中国扩建两创新中心	2007-04-20
126	人民日报	依法打击网络色情是建设先进文化的有力措施(严打网络淫秽色情)	2007-04-20
127	中国 MBAhome 网综合报道	大连理工-辽河油田 07 项目管理工程硕士开班	2007-04-20
128	教育部网站	教育部 394 位专家享受 06 年政府特殊津贴(名单)	2007-04-20
129	大连日报	大工 EMBA:给你一把通向卓越的金钥匙	2007-04-20
130	大连日报	大工 EMBA——锻造高级管理人才	2007-04-20
131	大连日报	大工实行“大类招生”“一报定专业”成历史	2007-04-20
132	大连日报	做认真工作的普通劳动者——记中国科学院院士程耿东	2007-04-20
133	大连日报	写道歉信也会为企业带来效益	2007-04-25
134	MBAhome	大连理工-美国新泽西州立大学 EMBA 项目将启动	2007-04-25
135	大连日报	大写的“人师”	2007-04-26
136	北京奥组委官方网站	电影《一个人的奥林匹克》编剧感受	2007-04-27
137	新浪娱乐	《一个人的奥林匹克》开机　侯咏拍奥运第一人	2007-04-27
138	新华网	北京奥运会主题电影新闻发布会:刘翔参演成泡影	2007-04-27
139	新浪体育	《一个人的奥林匹克》开机　真实还原中国奥运先驱	2007-04-28
140	新浪娱乐	侯咏新片开机　力求再现中华奥运第一人	2007-04-28
141	北京奥组委官方网站	《一个人的奥林匹克》编剧:有点像荆轲出征	2007-04-28

（续表）

序号	媒体名称	报　道　内　容	日 期
142	新华网	“一个人的奥林匹克”新闻发布会在京举行	2007-04-28
143	北京日报	“中国奥运第一人”手稿被发现　记录参加奥运始末	2007-04-29
144	大连天健网	团市委、市希望办举行迎五四大学生文艺汇演	2007-04-29
145	大连天健网	第一届辽宁省结构设计竞赛今日在大连理工决赛	2007-04-29
146	新华网辽宁频道新商报	大连理工大学20多名大学生当上助理楼长	2007-04-30
147	大连日报 新华网人民网天健网	省大学生结构设计竞赛在连举行	2007-04-30
148	天健网	庆五一表彰先进　大连市首次设立五一特等奖章	2007-04-30
149	雅虎数码	绿色游戏引领网络游戏新概念	2007-04-30
150	半岛晨报	200多名大学生黄金周为游客提供义务导游服务	2007-05-07
151	大连晚报	大工贫困学子假期义务导游	2007-05-07
152	辽宁日报	辽宁全省科技创新取得新突破	2007-05-08
153	中国教育报	大连理工：学生设计“绿色游戏”感受民族精神	2007-05-08
154	人民日报	方永刚先进事迹报告团回大连演讲引起反响	2007-05-09
155	大连晚报	奖学金花色多　情商高也奖励	2007-05-09
156	大连日报	“绿色游戏”防沉迷	2007-05-09
157	央视国际	2007年度“高校精英对抗赛”第一站：大连理工大学	2007-05-10
158	大连晚报	解决不了的事拿到“联席会”	2007-05-15
159	大连日报	全国大学生先进事迹报告会昨日在理工大学举行	2007-05-16
160	大连晚报	我市高校学子聆听大学生事迹报告	2007-05-16
161	人民网	励志青春　闪光传递——大学生先进事迹报告会大连开讲	2007-05-16
162	中国青年报	大连理工大学城市学院开创“典型独立学院”特色样本模式系列之一见证：创新教育的力量	2007-05-18
163	大连晚报	健康住宅要借鉴日本标准	2007-05-19
164	大连天健网	大连理工大学成立省内首个汽车工程学院	2007-05-19
165	中国青年报	大连理工大学城市学院开创“典型独立学院”特色样本模式系列之二学生教育：关爱每一个学生的成长和进步	2007-05-19
166	大连电视台新闻综合频道	大连理工大学成立省内首个汽车工程学院	2007-05-19
167	大连电视台生活频道	大连理工大学成立省内首个汽车工程学院	2007-05-19
168	大连人民广播电台新闻台	大连理工大学成立省内首个汽车工程学院	2007-05-20
169	大连日报	首个国际“路边天文夜”活动日　一起看星星	2007-05-20
170	中国广播网	大连理工大学成立辽宁首家汽车工程学院	2007-05-20
171	大连晚报	大工汽车工程学院成立暨软件捐赠仪式隆重举行	2007-05-20

(续表)

序号	媒体名称	报道内容	日期
172	大连日报	大连理工大学成立辽宁省首家汽车工程学院	2007-05-20
173	人民网	大连理工大学成立汽车工程学院	2007-05-20
174	人民网大连视窗	胡平:肩负使命——为了中国汽车工业的腾飞——大连理工大学汽车工程学院院长访谈	2007-05-20
175	中国青年报	大连理工大学城市学院开创"典型独立学院"特色样本模式系列之三教学改革:"两大教学法宝"全面提升学生能力	2007-05-20
176	中国青年报	大连理工大学城市学院开创"典型独立学院"特色样本模式系列之四又开新河:让学生"一报定终身"成为过去	2007-05-21
177	中国青年报	大连理工大学城市学院开创"典型独立学院"特色样本模式系列之五精彩教育:给"三本学生"一个灿烂的明天	2007-05-22
178	中国日报	2007"星牌"亚洲职业斯诺克台球挑战赛在大连举行	2007-05-22
179	搜狐体育	亚洲职业斯诺克挑战赛　丁俊晖 3∶2 胜新加坡名将	2007-05-22
180	新华网	三大举措解决"三低"　建设专业化高校辅导员队伍	2007-05-23
181	大连日报	今年高考知多少——大连 2007 高考完全手册(应知篇)	2007-05-23
182	天健网	中国大连高级经理学院 2007 年首期班开班	2007-05-24
183	中国广播网	65 位中央企业负责人在大连接受培训	2007-05-24
184	人民网　大连国资网	李荣融:增强企业社会责任推进和谐社会建设	2007-05-24
185	半岛晨报	大连理工联手美国新泽西州立大学打造国际 EMBA	2007-05-24
186	半岛晨报	大连理工 EMBA 学员　获 2007EMBA 精英人物殊荣	2007-05-24
187	半岛晨报	大连理工大学 EMBA 全国评估夺魁	2007-05-24
188	科技日报	大连理工一科研成果提高我国防波堤规范水平	2007-05-24
189	人民网	65 位央企负责人接受企业社会责任专题培训——中国大连高级经理学院 2007 年首期班开班	2007-05-24
190	新华网	洪水实现"管理"　辽河防洪调度方法通过国家鉴定	2007-05-24
191	辽宁电视台卫星频道	65 位央企负责人来连培训	2007-05-24
192	大连电视台新闻综合频道	增强企业社会责任　推进和谐社会建设	2007-05-24
193	辽宁人民广播电台新闻台	65 位央企负责人来连培训	2007-05-25
194	大连人民广播电台新闻台	65 位央企负责人来连培训	2007-05-25
195	辽宁人民广播电台大连分台	65 位央企负责人来连培训	2007-05-25
196	大连电视台新闻综合频道	加快全面振兴　构建和谐辽宁	2007-05-25
197	半岛晨报	65 央企负责人来连培训	2007-05-25
198	大连晚报	"国字号"高级经理学院	2007-05-25
199	东北新闻网	"增强国有企业社会责任推进和谐社会建设"专题研讨班在大连开班	2007-05-25

（续表）

序号	媒体名称	报　道　内　容	日期
200	中华工商时报	央企负责人研讨企业社会责任　推进和谐社会建设	2007-05-25
201	大连晚报	中国大连高级经理学院2007年首期专题研讨班开班	2007-05-25
202	大连日报	中组部、国资委共同在连举办专题研讨班	2007-05-25
203	辽宁日报	“增强国有企业社会责任推进和谐社会建设”专题研讨班在大连开班	2007-05-25
204	光明日报	65位央企负责人走进大连高级经理学院　研讨增强国企社会责任推进和谐社会建设	2007-05-25
205	中国经济网	增强国企社会责任　推进和谐社会建设	2007-05-25
206	天健网	讲责任　促和谐——大连高级经理07首期班结业	2007-05-26
207	新华社	增强国有企业社会责任　中组部、国资委举办专题研讨班	2007-05-26
208	大连日报	李克强在“增强国有企业社会责任推进和谐社会建设”专题研讨班作报告时强调：加快全面振兴构建和谐辽宁　让振兴的成果惠及全省人民	2007-05-26
209	人民日报	65位央企负责人进行专题研讨	2007-05-26
210	辽宁日报	李克强在“增强国有企业社会责任推进和谐社会建设”专题研讨班作报告时强调：加快全面振兴构建和谐辽宁　让振兴的成果惠及全省人民	2007-05-26
211	大连电视台新闻综合频道	中国大连高级经理学院2007首期研讨班结业	2007-05-26
212	大连人民广播电台新闻台	中国大连高级经理学院2007首期研讨班结业	2007-05-27
213	辽宁电视台卫星频道	大连理工大学-IBM软件人才实训基地揭牌	2007-05-27
214	大连电视台新闻综合频道	大连理工大学-IBM软件人才实训基地揭牌	2007-05-27
215	人民网	“增强国有企业社会责任推进和谐社会建设”专题研讨班结业	2007-05-27
216	大连日报	增强国企履行社会责任的使命感	2007-05-27
217	中国广播网	李克强为部分中央企业负责人做专题报告	2007-05-27
218	经济日报	增强国有企业社会责任　推进和谐社会建设　中央组织部、国务院国资委举办专题研讨班	2007-05-27
219	中广网	大连理工大学-IBM软件人才实训基地揭牌	2007-05-28
220	天健网	IBM大工校企牵手搭建“软件人才实训基地”	2007-05-28
221	大连晚报	理工大与IBM联袂打造实训基地	2007-05-28
222	大连日报	大连理工大学-IBM软件人才实训基地揭牌	2007-05-28
223	大连人民广播电台新闻台	大连理工大学-IBM软件人才实训基地揭牌	2007-05-28
224	光明日报	MBA教育：从拿来主义中突围	2007-05-30
225	中国计算机报	在迷你IBM工作	2007-06-05
226	科技日报	瞄准软件外包产业人才缺口　IBM“软件人才实训基地”走进高校	2007-06-05
227	天健网	电影《一个人的奥林匹克》10日在大连理工开机	2007-06-06

(续表)

序号	媒体名称	报　道　内　容	日 期
228	人民网	大连理工大学围绕精英教育实施教改教授领衔申报本科教改重点、专项课题占 78%	2007-06-08
229	天健网	教授领衔申报教改重点大连理工喜现“教改热”	2007-06-09
230	天健网	电影《一个人的奥林匹克》今天在大连理工开机	2007-06-10
231	新华网	奥运影片《一个人的奥林匹克》大连开机	2007-06-10
232	辽宁电视台卫星频道	电影《一个人的奥林匹克》在大连理工开机	2007-06-10
233	大连电视台新闻综合频道	电影《一个人的奥林匹克》在大连理工开机	2007-06-10
234	大连人民广播电台新闻台	电影《一个人的奥林匹克》在大连理工开机	2007-06-11
235	大连电视台新闻综合频道	大连理工大学加盟国家产业技术创新战略联盟	2007-06-11
236	新浪网	《一个人的奥林匹克》开机献礼北京奥运	2007-06-11
237	人民网	中国首部奥运电影《一个人的奥林匹克》在大连开机	2007-06-11
238	光明日报	大学生研发出井下精确定位技术	2007-06-11
239	大连日报	北京奥运电影从大连“起跑”	2007-06-11
240	新华社	《一个人的奥林匹克》在大连开拍	2007-06-11
241	天健网	大连理工大学加盟国家产业技术创新战略联盟	2007-06-11
242	大连日报	大连理工大学加盟国家产业技术创新战略联盟	2007-06-12
243	天健网	全国研究生招生咨询会即将在大连理工大学举行	2007-06-13
244	中国化学工程集团公司	新一代煤(能源)化工产业技术创新战略联盟正式成立	2007-06-13
245	中国经济网	新一代煤(能源)化工产业技术创新战略联盟启动	2007-06-13
246	千龙科技	松下公司资助中国学子留学深造	2007-06-12
247	半岛晨报	研究生招生咨询会 16 日在大连理工主楼广场举行	2007-06-14
248	新商报	全国研究生招生咨询会 16 日举行	2007-06-14
249	大连晚报	全国研究生招生咨询会将举行	2007-06-14
250	北国网	中国首部奥运电影《一个人的奥林匹克》大连开机	2007-06-14
251	辽宁日报	大工加盟国家产业技术创新战略联盟	2007-06-14
252	天健网	大工程耿东院士连任 973 计划专家顾问组	2007-06-14
253	大连晚报	18 位献血人员荣获国家金奖	2007-06-15
254	上海证券报	六部委支持新型煤化工产业发展	2007-06-15
255	光明日报	高校出版体制改革试点积极稳妥推进	2007-06-15
256	人民网	中国大连高级经理学院 2007 年第二期班开班	2007-06-17
257	天健网	中国大连高级经理学院 2007 年第二期班开班	2007-06-17
258	大连电视台新闻综合频道	八集电视专题片:从隆冬开始的春天——纪念恢复高考 30 周年	2007-06-17～2007-06-24

（续表）

序号	媒体名称	报道内容	日期
259	天健网	全国研究生招生校园咨询系列活动16日走进大工	2007-06-18
260	大连晚报	全国研究生招生校园咨询活动启幕	2007-06-18
261	新华网	近百位中外校长齐聚沈阳探讨大学管理创新	2007-06-18
262	大连日报	2007年中国大连高级经理学院第二期研讨班昨开班	2007-06-18
263	辽宁日报	中国大连高级经理学院：为高级经理加油　助中国经济腾飞	2007-06-18
264	辽宁日报	《一个人的奥林匹克》在大连开机	2007-06-20
265	人民日报	高校出版体制改革积极稳妥推进5家试点单位顺利完成转企改制	2007-06-20
266	科技部网站	首批成立的四大产业技术创新战略联盟简介	2007-06-20
267	光明日报	高校出版体制改革试点积极稳妥推进	2007-06-20
268	中国教育报	高级经理学院培训企业人才	2007-06-20
269	天健网	专访夏德仁市长：大连已经不是自己的大连了	2007-06-21
270	半岛晨报	“大连已经不是自己的大连”	2007-06-21
271	教育部网站	两部门通知印发高校出版体制改革工作实施方案	2007-06-21
272	21世纪经济报道	可燃冰民用初露端倪：一半是海水　一半是火	2007-06-21
273	大连日报	大连理工大学国防班　内强素质　外塑形象	2007-06-25
274	大连日报	央视百家讲坛　易中天来大连语出惊人	2007-06-25
275	科技日报　中国青年报 中国财经信息网	沈鼓制造：自主创新铸就“中国心”	2007-06-25
276	大连天健网	大连理工四名学子荣获第三届MBA新锐100大奖	2007-06-27
277	光明日报	努力构建和谐校园	2007-06-27
278	中国教育新闻网 ——中国教育报	大连理工大学试行“大类招生”　明年起全面推行	2007-06-28
279	科技日报	保护环境：我们又有“新武器”	2007-06-28
280	新华网	大连理工近10年向赴艰苦地区就业学生发放奖学金	2007-06-29
281	大连电视台新闻综合频道	大连市各界认真学习胡锦涛总书记重要讲话	2007-06-30
282	大连人民广播电台新闻台	大工举办物理与光电学院07届国防生班先进事迹汇报会	2007-06-30
283	辽宁人民广播电台大连分台	大工举办物理与光电学院07届国防生班先进事迹汇报会	2007-07-01
284	大连日报	大连市各界认真学习胡锦涛总书记重要讲话	2007-07-02
285	天健网	更方便服务百姓　大连消防车“长高”至68米	2007-07-02
286	大连日报	大工走出了个“兄弟班”	2007-07-02
287	天健网	大连理工大学8名国防生100%考取研究生	2007-07-03
288	大连日报	实习单位难找妨碍学生就业理工大“实习生招聘月”化解难题	2007-07-03
289	大连人民广播电台新闻台	大连市各界认真学习胡锦涛总书记重要讲话	2007-07-03

（续表）

序号	媒体名称	报　道　内　容	日期
290	大连人民广播电台新闻台	大工国家奖助学金发放和勤工助学情况	2007-07-03
291	大连电视台新闻综合频道	大工国家奖助学金发放和勤工助学情况	2007-07-04
292	教育部网站	教育部直属高校四大举措力促学风建设	2007-07-04
293	大连晚报	“高校精英对抗赛”将启动　大连理工大学要上台对擂	2007-07-05
294	光明日报	春华秋实　桃李争芳	2007-07-05
295	天健网	第五届表面工程国际会议 7 日～10 日在大连举行	2007-07-09
296	半岛晨报	大连理工大学能源研究院海洋可再生能源研究中心成立	2007-07-11
297	中国教育新闻网——中国教育报	“四个 100%”背后的故事	2007-07-11
298	辽宁教育电视台	大连理工大学就业工作助推大学生成功就业	2007-07-12
299	北京科技报	中国科研速递	2007-07-18
300	新华网	帮就业也帮实习　大连理工帮数百学生找到暑期工	2007-07-19
301	半岛晨报	大工又增助学基金	2007-07-19
302	中国教育电视台	走进大连理工大学	2007-08-07
303	辽宁电视台卫星频道	大连理工大学与旅顺口区联手打造科技城	2007-08-08
304	大连电视台新闻综合频道	大连理工科技城落户旅顺口区	2007-08-08
305	新商报	大型综合科技城 2010 年崛起旅顺	2007-08-09
306	大连日报	旅顺口区政府与大连理工大学全面合作共建大连理工科技城	2007-08-09
307	天健网	大连理工大学科技城落户旅顺口占地面积 42 公顷	2007-08-09
308	人民网大连视窗	大连理工大学与地方联手打造科技城	2007-08-09
309	辽宁人民广播电台新闻台	大连理工大学与旅顺口区联手打造科技城	2007-08-09
310	辽宁人民广播电台大连分台	大连理工大学与旅顺口区联手打造科技城	2007-08-09
311	大连人民广播电台新闻台	大连理工大学与旅顺口区联手打造科技城	2007-08-09
312	辽宁日报	大连校地合作建设科技城	2007-08-15
313	辽宁日报	大连舞动起科技之翼　加速向全面振兴的目标迈进	2007-08-18
314	大连电视台	大连理工科技城落户旅顺口区	2007-08-18
315	大连晚报	大学生走上街头宣传达沃斯	2007-08-19
316	大连电视台新闻综合频道	大工举行恢复高考 30 周年纪念活动	2007-08-19
317	大连人民广播电台新闻台	大工举行恢复高考 30 周年纪念活动	2007-08-20
318	大连晚报	大工西部新校区一期九月份动工	2007-08-20
319	新商报	一二九街化工学院明年搬迁	2007-08-20
320	科学时报	大连理工大学与旅顺联手打造科技城	2007-08-20

（续表）

序号	媒体名称	报　道　内　容	日　期
321	大连日报	大连理工大学举行恢复高考30周年纪念活动	2007-08-21
322	大连天健网	大连学子自发赴北京、泰山宣传新领军者年会	2007-08-22
323	中国高新技术产业导报	投身“五点一线”　勇立碧海潮头（一）大连理工大学积极为辽宁老工业基地全面振兴做贡献纪实	2007-08-13
324	中国高新技术产业导报	投身“五点一线”　勇立碧海潮头（二）大连理工大学积极为辽宁老工业基地全面振兴做贡献纪实	2007-08-22
325	辽宁日报	大连理工与国际公司联手缩短新产品开发周期	2007-08-24
326	大连人民广播电台新闻台	大连理工大学新生今日报到	2007-08-24
327	大连电视台新闻综合频道	大连理工大学新生今日报到	2007-08-24
328	大连晚报	只要有路费就可安心上大学	2007-08-27
329	大连晚报	大学生出游宣传“达沃斯”	2007-08-27
330	新商报	就业指导从入学开始	2007-08-27
331	半岛晨报	大连：贫困学哥领新生走绿色通道	2007-08-27
332	中国新闻网	图：大连高校新生入学报到	2007-08-27
333	新华网	[组图]大连高校新生入学报到	2007-08-27
334	大连日报	国防生参加“红色之旅”暑期实践活动（图）	2007-08-27
335	大连人民广播电台新闻台	大连理工大学绿色通道让贫困生安心入学	2007-08-27
336	大连人民广播电台新闻台	高校新生免费观光大连	2007-08-27
337	天健网	节能减排宣传接力　大连青年志愿者传递绿手帕	2007-08-29
338	中国高新技术产业导报	大连市旅顺口区与大连理工大学共建大学科技城	2007-08-31
339	解放军报	沈阳军区某师国防生干部实战演练担重任	2007-09-03
340	大连日报	“为有源头活水来”建设学习型和创新型城市纪实	2007-09-03
341	辽宁教育电视台	辽宁省教育系统先进人物：曲景平院长	2007-09-03
342	辽宁电视台	贺国强在辽宁省调研	2007-09-04
343	大连电视台新闻综合频道	贺国强在大连考察调研	2007-09-05
344	技术在线	冲数据与大连理工大学合作成立打印机内部热解析和热设计开发研究室	2007-09-05
345	新华网	贺国强：提高干部队伍整体素质	2007-09-05
346	大连日报	贺国强在辽宁大连、江西井冈山调研强调　继承和发扬党的优良传统切实加强各级领导班子建设	2007-09-05
347	大连晚报	美国普洛斯CEO大工激情演讲	2007-09-06
348	大连电视台新闻综合频道	美国普洛斯CEO大工激情演讲	2007-09-06
349	大连电视台新闻综合频道	夏季达沃斯年会　弗里德曼大工讲“科技孵化”	2007-09-06

（续表）

序号	媒体名称	报　道　内　容	日 期
350	半岛晨报	配合夏季达沃斯年会　弗里德曼大工讲“科技孵化”	2007-09-07
351	半岛晨报	大连反腐教育进高校　帮助学子以后工作廉洁自律	2007-09-07
352	搜狐 IT	英特尔贝瑞特获“大连理工大学名誉教授”头衔	2007-09-08
353	人民网	在达沃斯年会上“感受创新”	2007-09-08
354	eNet 硅谷动力	英特尔贝瑞特走访高校　荣膺大连理工名誉教授	2007-09-08
355	教育部网站	全国各地各高校认真抓好“绿色通道”工作　确保家庭经济困难新生顺利入学	2007-09-08
356	天健网	大工学子对话贝瑞特：Intel 总裁为学子提出建议	2007-09-08
357	半岛晨报	105 名小朋友集体捐助两名高中生	2007-09-08
358	CNET 科技资讯网	英特尔大连芯片厂破土动工　贝瑞特出席奠基仪式	2007-09-08
359	大连晚报	英特尔董事会主席大工演讲	2007-09-08
360	大连晚报	三名专家“感受创新”	2007-09-08
361	大连电视台新闻综合频道	英特尔董事长贝瑞特与大工学子对话	2007-09-08
362	大连晚报	英特尔大连芯片厂昨正式奠基	2007-09-10
363	大连日报	英特尔董事会主席贝瑞特受聘大工名誉教授	2007-09-10
364	新京报	亚洲首个 300 毫米晶圆厂奠基	2007-09-10
365	红网	英特尔大连芯片厂奠基　中国 IT 产业开启精尖制造时代	2007-09-10
366	新华网辽宁频道	大连理工大：就业指导让新生“赢在起跑线”	2007-09-11
367	大连晚报	还有多少节能习惯正在远去	2007-09-11
368	天健网	大连创新预制建筑技术发展报告会在大工举行	2007-09-11
369	太平洋电脑网	英特尔联合大连理工合建半导体学院	2007-09-11
370	大连日报	建设与发展中的中国大连高级经理学院	2007-09-11
371	大连晚报	潜下心来育人　大连教育系统践行胡锦涛讲话	2007-09-14
372	中国广播网	中央批准张德祥任大连理工大学党委书记	2007-09-14
373	大连电视台新闻综合频道	中央任命张德祥为大连理工大学党委书记	2007-09-14
374	天健网	中央任命张德祥为大连理工大学党委书记	2007-09-17
375	大连日报	他的大连理工大学情缘——记党的十七大代表、中国大连高级经理学院院长林安西	2007-09-17
376	辽宁日报	张德祥任大连理工大学党委书记	2007-09-17
378	新华网	“职业经理人”参与中共组织的干部培训	2007-09-24
379	大连日报	大连将与挪威加强教育环保合作	2007-09-24
380	新商报	职场感悟“沟通＋倾听”　外企判定考察能力标准	2007-09-24
381	半岛晨报	积极拓展“关系网”　新生刚入学就上“就业课”	2007-09-24

（续表）

序号	媒体名称	报　道　内　容	日期
382	大连日报	李学勇来连调研　大连产学研合作经验值得推介	2007-09-24
383	人民网	中国大连高级经理学院第三期研讨班开班	2007-09-24
384	大连晚报	大工学子王斌　自强不息	2007-09-24
385	天健网	大连高级经理学院今年第三期专题研讨班开班	2007-09-24
386	天健网	王刚义被授爵士称号　成为中国体坛爵士第一人	2007-09-25
387	大连日报	大连理工大学为新生提供千余勤工助学岗位　每小时工资至少8元	2007-09-26
388	人民网	大连理工大学为新生提供千余勤工助学岗位	2007-09-27
389	成都日报	伯乐院士钱令希　90岁还在当学生	2007-09-27
390	大连日报	张成寅夏德仁与中国大连高级经理学院学员座谈	2007-09-27
391	国资委网站	兵工集团与大连理工签署合作协议	2007-09-28
392	天健网	加强统一战线　全省统战理论研讨会在连召开	2007-09-29
393	大连晚报	“校园留守族”冒雨上街清痰迹	2007-10-08
394	北国网-半岛晨报	大连80余名大学生走上街头义务擦痰迹	2007-10-09
395	原载中国教育在线 转自新华网	学子感恩的心　感谢的人——由大连理工大学学子一篇网络日志引发的讨论	2007-10-09
396	北京劳动保障网	大连:新生刚入学就上“就业课”	2007-10-11
397	中国广播网	纳思达携手大连理工国家重点实验室	2007-10-12
398	大连电视台新闻综合频道	大连市领导欢送我市出席党的十七大代表启程	2007-10-12
399	大连日报	大连市领导欢送我市出席党的十七大代表启程	2007-10-15
400	大连日报　大连晚报 东北新闻网	当代中国建筑创作论坛在连举行	2007-10-15
401	大连晚报	建筑专家聚滨城　中国当代建筑创作论坛年会召开	2007-10-15
402	大连电视台新闻综合频道	大连党员群众喜庆十七大胜利召开	2007-10-15
403	大连电视台新闻综合频道	专访党的十七大代表、中国大连高级经理学院院长林安西	2007-10-15
404	大连电视台新闻综合频道	大工教授解读党的十七大报告	2007-10-16
405	天健网	大连理工4位学生赶制出绿色游戏《万里长征》	2007-10-16
406	中国广播网	大连理工学生赶制绿色游戏　向十七大献礼	2007-10-16
407	市场报	职业教育:大学新生第一堂课(人才观察)	2007-10-16
408	人民网	大连党员群众喜庆十七大胜利召开	2007-10-16
409	大连日报	党的十七大代表、中国大连高级经理学院院长林安西:为全面建设小康社会作贡献	2007-10-16
410	辽宁日报	产学研“无缝衔接”　大连引科技“活水”入产业“方塘”	2007-10-17

(续表)

序号	媒体名称	报　道　内　容	日 期
411	新商报	新商报邀请有关专家解读党的十七大报告	2007-10-18
412	大连日报	林安西:老代表新感叹	2007-10-18
413	光明日报	提高自主创新能力　建设创新型国家	2007-10-21
414	天健网	大连高校学生奥运火炬手护跑手选拔在大工举行	2007-10-25
415	大连日报	放歌十七大再跨新征程	2007-10-25
416	CCTV.com	大连:自动采冰实验初获成功　我国海冰淡化进入新阶段	2007-10-25
417	大连晚报	滨城俩大学生成奥运火炬手	2007-10-26
418	大连日报	林安西:一场激动人心的盛会	2007-10-26
419	大连日报	大连理工大学党委书记张德祥列席了党的十七大,他说——深感高等教育任重道远	2007-10-28
420	大连电视台新闻综合频道	林安西为市直机关干部作十七大精神宣讲报告	2007-10-31
421	大连日报	深入学习宣传党的十七大精神市委宣讲团举行宣讲报告会	2007-11-01
422	大连电视台新闻综合频道	航天专家到大工作报告	2007-11-03
423	大连人民广播电台新闻台	航天专家到大工作报告	2007-11-04
424	大连日报	希望大连学子加入航天事业	2007-11-05
425	大连日报	大连明年建筑节能目标三成新建住宅建成品住宅	2007-11-08
426	《中国教育报》	大连理工学生叫板"魔幻英雄"　绿色游戏"万里长征"免费下载	2007-11-08
427	辽宁人民广播电台大连分台	大连理工大学召开2008届毕业生供需见面会	2007-11-11
428	大连电视台新闻综合频道	大连理工大学举行毕业生供需见面会	2007-11-11
429	大连晚报	大工招聘会鼓励学子到西部就业	2007-11-12
430	半岛晨报	毕业盘点:大连理工大学部分专业需供比超过10:1	2007-11-12
431	时代商报	大连理工东方实业奖学金昨首发　101名学生获千元	2007-11-12
432	大连日报	大连成为毕业生首选地	2007-11-12
433	辽宁日报	大工联手企业打造大学生就业基地	2007-11-13
434	大连日报	"大手拉小手"　大学生集体辅导小学生受欢迎	2007-11-14
435	辽宁日报	服务老工业基地振兴　谱写产学研合作新篇章——大连理工大学积极参与辽宁产学研合作扫描	2007-11-14
436	辽宁日报	大连理工大学积极为老工业基地振兴服务:产学研合作平台8年成果喜人	2007-11-14
437	中国青年报	永远跟党走　争做新一代	2007-11-15
438	大连晚报	东北三省博士生齐聚大工论创新	2007-11-19
439	中国青年报	在这里,你可以在"月球"上漫步	2007-11-19
440	中国青年报	创新实践引领学生走出"眼高手低"	2007-11-19

（续表）

序号	媒体名称	报　道　内　容	日期
441	中国青年报	大连理工大学开创大学生科技创新工作新局面	2007-11-20
442	中国教育报	大连理工引企业研发进校园	2007-11-23
443	天健网	天道酬勤　大连理工学子获“全国三好学生”称号	2007-11-23
444	中国教育报	大连理工:为本科生配科研导师并设专项经费	2007-11-23
445	大连电视台新闻综合频道	大工牵手美国明导公司建集成电路设计及集成系统联合实验室	2007-11-23
446	大连人民广播电台新闻台	大工牵手美国明导公司建集成电路设计及集成系统联合实验室	2007-11-24
447	大连晚报	大工牵手美国企业建集成电路设计及集成系统联合实验室	2007-11-26
448	半岛晨报	大工获赠 6000 万美元软件及技术资料	2007-11-26
449	大连日报	大连市信息产业正在向产业链的高端迈进	2007-11-26
450	大连晚报	大工学子雷坤喜获全国三好学生称号　他是我市大学生中惟一获此殊荣的学生	2007-11-26
451	北国网	态度可以改变命运　“穷小子”当选全国三好学生	2007-11-26
452	新商报	大工学子雷坤喜获我市惟一“全国三好学生”称号	2007-11-26
453	大连日报	自强是我人生路上的“舵桨”	2007-11-26
454	大连日报	大工软件学院义工站成立　学生义工总数达 965 人	2007-11-28
455	大连日报	提高创新能力　加强创新人才培养　落实报告精神	2007-11-28
456	光明日报	大连理工大学产学研合作平台 8 年成果喜人	2007-11-30
457	大连电视台新闻综合频道	大连高校纪念“一二九”运动 72 周年	2007-12-06
458	天健网	大连高校纪念“一二九”运动 72 周年	2007-12-07
459	解放军报	8 名国防生组成的国防生班 4 年大学取得 3 个 100％	2007-12-07
460	大连晚报	1977 年恢复高考后在大连　一家五兄弟同年入大学	2007-12-10
461	北国网	爱祖国迎奥运　大连高校校园文化建设年活动启动	2007-12-11
462	大连晚报	大连理工大学等四家出版社联手捐建希望书库	2007-12-14
463	中国教育报	大连理工“外联内合”促就业	2007-12-17
464	大连电视台新闻综合频道	大工校企合作成为振兴经济发动机	2007-12-18
465	大连电视台新闻综合频道	汽车工程学院教授:汽车碰撞后气囊的安全性	2007-12-19
466	大连日报	校企合作成为振兴经济发动机	2007-12-19
467	大连日报	大工今年校企技术合作合同总金额超 7000 万元	2007-12-19
468	大连晚报	大工校企合作年会召开　与 7 家企业签订校企合作协议	2007-12-19
469	人民网	大工八年校企合作共同实施项目 464 个	2007-12-19
470	中国广播网教育频道	大连理工校企技术合作总金额超七千万元	2007-12-20
471	大连日报	畅谈人生理想与奋斗　李明与理工大学学生举行座谈	2007-12-21

（续表）

序号	媒体名称	报　道　内　容	日 期
472	求是新闻网	40 多位院士研讨科技教育与创新人才培养	2007-12-24
473	中国教育报	把反腐倡廉建设放在更加突出位置	2007-12-24
474	大连晚报	克莱德曼大连奏响浪漫琴音	2007-12-27
475	大连晚报	我市一项目获国家 5000 万元支持	2007-12-28
476	大连日报　新商报 人民网/中国网	大连一项目获国家科技支撑计划 5000 万元支持	2007-12-28

统 一 战 线 工 作

一、以加强理论武装为先导，用新世纪新阶段党的统战理论巩固统一战线共同的思想基础

认真学习研讨、深入贯彻落实党的十七大以及全国、省市统战会议精神和文件要求，从党和国家事业发展全局的高度，充分认识做好党的统一战线工作的重大意义，深刻理解新世纪新阶段统一战线的重要地位和作用，增强做好新世纪新阶段统一战线工作的自觉性。

2007 年 4 月，中共中央统战部副部长陈喜庆等来大连调研高校统战工作，并召开座谈会。学校党委以“加强领导，发挥优势不断开创学校统战工作新局面”为题进行了工作汇报，受到与会各级领导的好评。

切实抓好统一战线理论的学习宣传教育工作。把统一战线理论方针政策纳入理论学习中心组；把统一战线理论作为各级党组织宣传工作的重要内容，抓好统一战线重大活动、先进人物和事迹的宣传工作，加大对党外代表人士的宣传力度；把统一战线理论方针政策纳入各院系党校的教学内容，作为培训党政干部的必修课。

积极探索开展统战宣传工作的新途径和新办法，把统战工作与思想教育工作相结合，为公派留学生举办讲座，开展爱国主义教育，讲解中国共产党领导的多党合作和政治协商制度、“一国两制”、民族和宗教政策等。

2007 年，学校党委获得辽宁省委统战部授予的“重视统战工作先进党委”称号。

二、以加强党派组织和党外代表人士队伍建设为重点，巩固统一战线和多党合作的组织基础

1. 注重指导和帮助各民主党派组织加强思想建设

支持党派组织全面加强参政党建设，着眼于提高党派成员的思想政治素质，增强成员的政党意识，更好地发挥参政党职能；深入开展以继承民主党派同中国共产党亲密合作的优良传统，坚持走中国特色社会主义政治发展道路为主题的教育活动，举行多种形式的活动庆祝党的十七大胜利召开；学习贯彻《中共中央关于进一步加强中国共产党领导的多党合作和政治协商制度建设的意见》、《中共中央关于加强人民政协工作的意见》精神，学习《中国政党制度白皮书》等。

通过特别纪念日活动，宣传多党合作制度和政治协商制度，增强坚持中国共产党的领导的自觉性。

“七一”前夕，学校各民主党派组织联合向学校党委庆“七一”暨“两优两先”表彰大会发出贺信，热烈祝贺会议的胜利召开，并向获得优秀党员、优秀党务工作者、先进党支部的个人和集体表示衷心的祝贺。

7 月 25 日，民革大连理工大学支部召开纪念民革大连理工大学基层组织成立二十周年纪念会。

突出党派基层组织的重点工作，做好政治交接主题学习教育活动。学习教育活动激励和引

导了广大党外教师更加坚定地拥护党的领导，坚持走中国特色的政治发展道路，增强开创中国特色社会主义事业新局面的信心。

2.加强民主党派基层组织建设

在校党委统一领导下，协助上级有关部门做好学校民主党派基层组织换届工作。

3月30日，九三学社大工基层委员会召开社员代表大会并进行了换届选举。会议选举产生了第五届基层委员会。新一届委员会由(以姓氏笔划为序)关增伟、张建红、孟长功、赵亚翘、胡文荟、黄明亮、韩敏、董锋、蒋景阳九人组成。经第五届委员会第一次会议选举，韩敏任主任委员、孟长功、张建红任副主任委员。

12月13日，中国民主促进会大连理工大学总支委员会成立大会召开。民进大连理工大学总支委员会由(以姓氏笔划为序)王德伦、刘宪芹、刘新锋、米向锋、洪振学、夏晓梅、韩会民六人组成。其中王德伦任主任委员，刘宪芹、米向锋、夏晓梅任副主任委员，刘新锋任议政委员，韩会民任宣传委员，洪振学任组织委员。

党委建立了党派基层组织换届回访制度。学校统战部代表学校党委，和实现换届后的党派基层组织成员代表分别进行单独谈话，谈话的具体范围包括党派基层组织换届后的现任委员，党派基层组织换届后离任的委员，以及党派基层组织热心组织活动的成员。谈话的具体内容包括，实现换届后的党派基层组织开展工作的情况，以及换届后出现的问题及建议。统战部对谈话的记录整理形成报告，存档备部内查询，并将报告报送校党委和各民主党派市委以及市委统战部党派处。2007年4月至6月，对换届已满一年的致公党支部进行了换届回访。

3.协助各民主党派做好成员发展工作

坚持合理配置政治资源，协助各民主党派积极稳妥地做好组织发展工作，壮大参政党的力量。在实践中，探索出符合学校特点的发展原则:坚持标准、保证质量、优化结构、注重特色、规范程序、把握速度，使党派组织发展工作呈现出良好的态势。

2007年共发展新成员5人，其中民革2人，民盟1人，民建1人，致公党1人。

4.充分调动民主党派的积极性，发挥党派成员的专业优势，为学校、地方中心工作作贡献

通过召开学校党外人士与职能部门负责人的工作协商研讨会等多种形式，充分发挥广大党外知识分子的聪明才智，积极参与学校的民主管理，不断为建设和谐校园做出应有的贡献。

3月29日，组织学校党外代表人士与工会领导召开了工作协商研讨会；4月26日，民主党派负责人和部分成员以及无党派代表人士与校党委组织部部长、副部长举行了工作协商研讨会；5月31日，学校党外人士与人事处召开工作协商研讨会；7月4日，学校党外人士与教务处领导召开工作协商研讨会；12月20日，统战部、离退休分党委联合举办了退休民主党派成员新年座谈会，学校各民主党派的部分退休教师参加了座谈。

2007年各民主党派成员在立足岗位，做好本职工作的同时，发挥组织作用，建言献策，参政议政。各民主党派基层组织在各民主党派市委和校党委的领导与帮助下，开展了卓有成效的工作。民革大连理工大学支部被民革大连市委评为优秀基层组织，九三学社理工大学委员会获得九三学社辽宁省委员会颁发的2006～2007年度先进基层组织称号。一批党派成员分别获得先进个人、优秀工作者等光荣称号。

5.加强党外代表人士队伍建设

学校积极参与2006年至2007年民主党派辽宁省和大连市两级组织进行的换届工作，推荐政治素质好、有广泛代表性、有社会影响力和较强参政议政能力的民主党派教师为换届候选人。在换届后的8个民主党派组织中，学校有市级委员会主任委员2人，副主任委员5人，委员6人；省级委员会副主任委员2人，委员3人。2007

年，有3名党派教师当选为代表，分别参加了农工党和九三学社全国代表大会。

重视党外干部的选拔与培养工作。目前，在学校党外干部队伍中，有副校长1人，正处级干部11人，副处级干部12人，科级干部15人；14个院系有党外干部，其中7个院系的行政一把手为党外人士；共有12名党外教师先后被选送到机关参加挂职锻炼。切实加强党外代表人士后备队伍建设，拓宽视野，坚持标准，重点培养，掌握了不同层次的后备队伍名单。在院系领导班子分工中，党外干部和党员干部一视同仁，有职有权，既有集体领导、又有个人分工负责，做到党内外干部团结协作、配合默契、关系和谐。年度干部测评结果表明，党外干部得到了群众的认可和拥护。

积极通过多种途径，扩大党外教师参与民主管理等工作。校务委员会有党外教师18人，占45%；教代会民主管理委员会有党外教师8人，占23%。党外教师在这些委员会中参与学校的管理与咨询工作，丰富了自身的经历，也使得学校有关部门在选人用人方面开拓了视野。党外教师也通过参与学校的民主管理，提高了思想素质、增强了全局观念和工作能力。

三、人大代表、政协委员队伍建设

做好新一届各级人大代表、政协委员换届的前期准备和后期协调工作。做好甘井子区、西岗区人大代表选举工作，以及开发区选民代表的推选工作。

根据本人业绩与代表性、参政议政能力及新老交替的原则，在组织部和各院系党委、总支的帮助、配合下，主要对我校60多位党外优秀知识分子进行了考察，形成了相关人员的资料，制作了多份报表，向市委统战部及各区委统战部推荐并进行多次协调。

经学校党委推荐，欧进萍当选第十一届全国人大代表；张德祥、褚金奎当选第十一届辽宁省人大代表；杜凤刚、孟长功当选第十四届大连市人大代表；李晓杰当选甘井子区人大代表，王艳华当选西岗区人大代表。

以下教师当选为辽宁省第十届政协委员：于波（常委）、王永学（常委）、宁桂玲（常委）、伍会健、林鸿飞、屈福政。

以下教师当选为大连市十一届政协委员：元文学、王永学（常委）、王学先、王敏杰、王琪、刘黎明、孙桂艺、余虹、吴微、张弘弢、邵龙潭、邹志利（常委）、姜东光、洪晓楠、胡英、黄明亮、彭孝军、董闯（常委）、韩敏。

以下教师当选为各区政协委员：机械学院民进会员王德伦教授为沙河口区政协副主席，化工学院无党派人士胡浩权为沙河口区政协常委；管理学院陈树文为西岗区政协常委；建筑与艺术学院无党派人士范悦教授和人文社会科学学院无党派人士孙阳春为中山区政协委员；管理学院民建会员朱庆华和设计院致公党党员李松为甘井子区政协委员。

经过本次换届选举，我校各级人大代表、政协委员成员构成及分布更加合理。对因年龄等原因不再担任人大代表、政协委员的教师，进行了谈话、解释等较细致的工作。

四、归侨侨眷、留学人员工作

1月10日，大连市归国留学人员联谊会成立。会议进行了机构选举工作并通过了联谊会章程，我校程耿东院士当选为名誉会长，邵龙潭副书记当选为副会长，杜凤刚当选为理事会副秘书长、冯振业当选为理事。

7月，积极参加市委统战部、市归国留学人员联谊会联合举行的第一届“大连市归国留学人员创业英才标兵”和“大连市归国留学人员创业英才”活动。滕斌荣获首届大连市归国留学人员创业英才标兵称号；王伟、曲景平、全燮、刘晓冰、邱天爽、宋永臣、董闯荣获首届大连市归国留学人员创业英才称号。

积极参加大连市首届大专院校侨务理论研讨会。统战部提交的论文《新一代归侨——留学归国人员的统战工作研究》、《当前高校侨务工作面临的主要问题及对策》分获一、二等奖。

组织学校侨联代表参加大连市侨联第七次归侨侨眷代表大会。会议选举产生了大连市侨联第七届委员会和领导班子。我校土木水利学院周晶教授当选为副主席。

五、深入开展统战理论研究和信息工作

发挥学校教师的人才优势和研究优势，深入开展统战理论研究工作。2007 年我校教师获得辽宁省、大连市统战理论研究立项课题 4 项。人文社会科学学院魏晓文教授负责的《构建和谐社会“五大关系”与统一战线对策研究》获得辽宁省统战理论研究立项课题；人文社会科学学院刘宏伟负责的《新社会阶层人士健康成长问题研究》、人文社会科学学院葛丽君负责的《参政党建设中存在的问题及其成因与对策研究》、统战部冯振业负责的《新阶段高校党外知识分子工作创新研究》获得 2007 年度大连市统战理论研究立项课题。上述课题已于 2007 年底结题，并在 2008 年初召开的大连市统战理论研究优秀成果表彰会上获得表彰。

认真进行调查研究，积极做好信息上报工作，反映统战工作的新问题、新情况和新思路等。2007 年统战部荣获辽宁省统战宣传教育先进集体、大连市统战信息工作先进单位称号；杨光被评为“优秀信息员”。

纪 检 监 察 工 作

2007年纪检监察工作在学校党委和行政的正确领导下，认真贯彻中纪委七次全会、全国教育系统纪检监察工作会议精神，落实省、市纪检监察工作部署，坚持标本兼治、综合治理、惩防并举、注重预防的方针，以加强领导干部作风建设为重点，以制度建设为核心，以加强监督为职责，为学校的改革发展提供政治保障。

一、抓教育，增强廉洁意识

1.抓好专题教育

开展“领导干部作风建设”专题教育，向基层党组织推荐有关录像片及学习参考、辅导材料，并规定各级党组织负责人结合专题教育上好廉政党课。纪检监察部门在接待信访举报工作中，也注意从干群矛盾中找出干部作风存在的问题，对有关干部进行提醒。对党员干部的监督，内容、时序上前移。

2.抓好反腐倡廉教育

在警示教育工作中，注重灵活、生动，使教育真正成为构筑反腐倡廉思想防线的有效手段。

(1)省纪委、省监察厅编辑的《雷池》(党纪政纪和法律法规简明知识读本)，提供给科级以上干部进行学习(购书350本)。同时，校纪委与校党委宣传部联合在校内展出了“大连市人民检察院预防处”制作的“预防职务犯罪警示宣传板”。

(2)在全校学习贯彻十七大精神，加强反腐倡廉建设工作中，纪委购置了八集录像片《苏共亡党的历史教训》，组织全校基层党组织认真收看。

二、抓制度，健全保证机制

1.按照教育部的要求，对近三年来贯彻落实《实施纲要》工作情况进行阶段性总结。在推进制度建设方面，学校2005年以来新建制度64项，包括2005年以前制定、至今仍在执行的有关反腐倡廉、规范管理的制度，共计111条进行整理归类，基本上涵盖了学校工作的方方面面。同时，制度建设贯穿于构建惩防体系的全过程，努力形成用制度规范行为，按制度办事，靠制度管人的良性机制。

2.为更好地贯彻执行民主集中制原则，完善党委内部的议事规程和决策机制，保证各级党政领导独立负责地行使职权，强化内部监督制约机制，2007年上半年，制定了《大连理工大学“三重一大”制度规定(试行)》。同时，各学院(系)及直(附)属单位根据学校“三重一大”制度规定，制定出实施细则。为提高党员干部拒腐防变能力，推进党风廉政建设，2007年下半年制定了《健全党员干部谈话制度的暂行办法》。同时各学院(系)成立了“民主管理委员会”，加强内部监督，推进院(系)务公开。

3.教育部、省、市关于廉政文化进校园有关文件下发后，校党委于2007年6月制定了《关于全面开展廉洁教育的工作方案》，建立了党委统一领导，党政齐抓共管，教务部门与学生工作部门、纪检监察部门及其他相关工作部门各负其责、广大干部师生共同参与的工作机制。2007年8月，省纪委副书记刘大民、市纪委书记里景瑞来我校就廉洁教育开展情况进行调研，邵龙潭副书记代表学校作了工作汇报。我校狠抓党员队伍、教师队伍建设，使校园形成健康向上的育人环境和清正廉洁的育人氛围，把握学生的特点，循序渐进，分层施教，有针对性地展开廉洁教育的做法得到省市领导肯定。

三、抓监督，发挥关键作用

学校修订完善了廉政制度，使监督工作逐步纳入制度化、法制化轨道。对领导干部的自我约束、自我监督机制，对权力行使部门特别是涉及人、财、物的重点岗位及工作人员的监督得到加强。纪检监察部门认真履行职责，投入大量精力，对基建工程、大宗物资采购，深入招投标现场，对程序、过程进行监督，并坚持公开公正原则，杜绝违规行为出现。同时，还参与了对投标单位的实地考察，校内干部应聘，人才引进，保送生、艺术特长生、高水平运动员、自主招生的监督工作。

遵照教育部“进一步增强责任意识，全力以赴做好2007年高校招生工作”，“继续推进‘阳光工程’，确保高校招生公平公正”的精神，监察处全程参与高考录取工作。在整个招生过程中，增强责任意识，严格招生程序，较好地完成了监督任务。招生工作结束后，未发现招生工作人员违规，也未接到考生及家长对招生录取工作的上访和举报。

2007年高考期间，我校按照省教育厅的要求，组成两个小组，到营口市第一、第二高中进行高考督察。组织领导有序，人员作风过硬，圆满完成了省教育厅交给的任务。

四、抓查处，推进源头治理

全年共接到群众信访举报14件，查结12件，待查2件。对两名青年教师违反财经纪律和外事纪律的行为，认真进行调查了解，依据事实分别给予行政记过和党内警告处分。

注重开展纪检监察工作理论研究，撰写的论文《认真实践努力探索全方位多层次开展廉洁教育》发表在教育部《教育纪检监察》杂志上；论文《认真履行职责努力提升对党员干部监督管理水平》被评为辽宁省教育纪检监察工作优秀论文，并收入教育部直属高校纪委书记研讨班论文集。

工会与教代会工作

2007年,校工会的工作定位是:在校党委的领导下,围绕学校中心和大局开展工作,为党政补位,为领导分忧,为广大会员服务。在构建和谐校园方面发挥工会的桥梁和纽带作用。

一、以教职工代表大会为载体,充分调动广大教职工参与学校管理的积极性

我校共有教代会代表206名,其中教授代表83名。

一年一度的教职工代表大会制度是校领导和代表们共商学校改革发展大计的有效途径。为了提高教代会例会质量,工会在会前广泛征集代表提案,会议期间,认真收集代表们意见,并及时整理成书面材料,汇报给校领导和有关部门落实。针对代表们提出的公房分配、人事制度改革、教职工住房货币补贴方案等,工会组织代表与有关单位进行面对面的沟通和协调,促进了有关问题的解决。督办落实代表提案44件,每件提案都有答复。

2007年6月5日,工会组织校教代会代表近百人参观西部校区。参观前,举行了西部校区建设通报会。

二、维护教职工的合法权益

为了维护教职工的知情权、参与权和监督权,工会在全国率先实施了教代会提案内容及答复结果网上公示制度。这些工作既增加了教代会的实际效果,增强了代表们的责任感,也推动了职能部门工作。

配合2006年教代会通过的《教职工违规违纪处罚条例》,工会起草了《大连理工大学教职工申诉办法》,使学校管理逐步走向民主化、规范化和法制化。

三、做好各级先进集体及先进人物推荐选拔工作

曲景平教授——获辽宁省教育系统先进人物称号

梁延德教授——获大连市第七届“三育人”标兵

梁延德教授——获大连市职业道德标兵

梁延德教授——获大连市“五一劳动奖章”

贾振元教授——获大连市优秀教师

梁茵副教授——获大连市优秀教育工作者

化工学院获全国教育系统先进集体

我校获辽宁省科教文卫体系统职业道德建设先进单位和大连市“五一奖状”,并获大连市职工合理化建议活动兴起60周年先进集体。

机械学院工程训练中心获大连市第七届“三育人”先进集体。

校工会被评为2007年大连市职工体育工作红旗单位和大连市教育工会工作先进单位。

四、围绕学校中心和大局开展工作,为教师搭建交流平台,用实际工作凝聚人心

针对公共基础课教师课时多、负担重、经费少,压力大等特点,自2006年11月校工会首次启动了公共基础课教师周末交流休养活动以来,2007年工会又先后组织了博士生导师、硕士生导师、女教授、新引进人才和工作在一线的基础课骨干教师5批共400多名教师围绕“加强公共基础课课程建设”、“加强对新生教学过程管理的举

措”、“师资队伍建设及人事工作相关事宜”等专题进行交流研讨。既达到了提高教学水平的目的，也增进了教师之间的了解。

正月十五元宵节，也是我校教职工开学的第二天。校工会、人事处代表学校到教研室、实验室看望和慰问了近年到我校工作的部分引进人才。

三八妇女节期间，工会、校人才引进办公室有关负责人走访慰问了我校引进人才女教师。

五四青年节期间，为了丰富青年教职工业余生活、加强各个部门各个专业领域的学科交流，由我校工会和中科院化物所团委联合举办的青年联谊活动在校工会职工之家举行。来自大连理工大学和大连物化所的100多名青年参加了联谊活动。

与教务处合作，开展了青年教师多媒体课件制作竞赛和青年教师讲课竞赛，与组织部、人事处、校办合作开展机关干部业务培训工作。还专门举办了工会干部业务培训。为提高教职工技能多做工作。

此外，还召开了两年一次“三育人”评选表彰、“庆五一”劳动模范座谈会、庆“教师节”等活动，都在不同层面上起到了凝聚人心的作用。

五、实施温暖工程，用实际工作促进和谐校园建设

整合工会经费、学校福利费和教职工捐款，设立了《大连理工大学温暖工程基金》，并制定了基金管理办法。基金受益面扩大到贫困学生和去世教职工遗属。2007年获得资助的教职工160人次，资助金额28.2万元，同时，还资助了9名下岗困难教职工子女上大学。

春节期间工会代表学校对困难教职工进行走访，下岗职工有困难，工会给予特殊补助。在职教职工去世，工会派人协助料理后事，慰问家属子女。暑假期间，受理146名教职工子女高考、中考报名、成绩登记、咨询、协调，还有升初中，上小学的协调工作。此外，我校有3个校外扶贫点，工会请建筑与艺术学院的老师为他们设计旅游开发规划，捐款捐衣物，承担社会责任。

六、落实学校健康工程计划，为教职工办实事

为了落实学校提出的健康工程计划，提高教职工健康水平，学校决定从2007年开始，每两年免费为全校教职工进行一次体检。校工会、校医院制定了大连理工大学教职工健康体检实施细则。到2007年底，已有13个院系、部处，1800人参加了体检，体检经费约27万元。

在全校普及了大众广播体操，并开展了每天20分钟广播体操活动；开展了健康讲座；成立了教职工心理健康咨询中心；开展了多种形式的健身活动；免费举办了游泳、羽毛球、网球等培训班。

七、开展有益于健康的文体活动，营造和谐校园文化

开展了全校端午节、中秋节健康登山活动。“一二·九”环校徒步走等大型群体活动，每次参加人数都超过1500人。此外，女教工健身健美协会、教工篮球协会、羽毛球协会等20多个教工协会坚持活动。2007年全校有8000多人次参加了各种不同形式的体育活动，活跃了校园氛围。为部分院系和家属区购买健身器材。

同时，校工会积极组织教职工参加大连市总工会、大连市体协等有关单位组织的体育活动。2007年我校共参加了6项市级体育比赛，其中参加大连市“供电杯”职工象棋比赛乙级队获团体第二名；参加大连市教育工会乒乓球比赛获男子团体第三名；参加大连市“工商银行杯”竞技扑克大赛获第二名；参加大连市首届“滚子”电视擂台赛获冠军；参加大连市“海港杯”健美操大赛获第一名。

2007年在山上礼堂为师生安排活动279场。

工会俱乐部常年向教职工和离退休人员免费开放。

八、计划生育工作

2007年4月，召开全校人口与计划生育工作暨签署责任状大会，并与各单位签署了2007～2008年计划生育责任状。为校研究生开具101份婚育证明；开具办理生育手续及办理自愿生育一个孩子申请审批表148份；为51名女教工办理生育、计划生育审核报销金额15.4万元；关心女教授身心健康，组织我校40多名女教授到大连市维特奥体检中心进行体检；组织了全校1200多名女教工体检。

共青团工作与学生会工作

2007年,校团委以中央16号文件精神和十七大精神为指导,全面贯彻落实科学发展观,在学校党委和上级团组织的正确领导下,紧密围绕学校中心工作,以服务青年学生成长成才为目标,紧扣"学习贯彻十七大精神"、"科学发展、共建和谐"、"社会主义核心价值体系"、"大学生骨干培养"、"青年马克思主义者培养工程"等热点,扎实推进各项工作,积极开创我校共青团工作的新局面。

一、加强思想政治教育,引导青年励志成才

加强青年学生的政治理论学习,塑造坚定的理想信念,培养青年马克思主义者,是学校团委的首要任务。目前,我校的大学生课余理论学习形成了校理论研究会、理论研究会院(系)分会、院系"两组"学习小组三个层次的理论学习体系。

2007年,大学生理论学习主要围绕"学习十七大精神、胡锦涛总书记在中央党校重要讲话精神、和谐社会、和谐校园"等学习专题,以理论学习小组讨论为平台,结合各类讲座、参观调查、社会实践等形式,不断提高大学生的理论学习水平。校团委建立健全"两组"学员的考核制度,基础理论学习工作更加扎实有效,学生理论研究会部分院(系)分会仿照校研究会建立讨论组,理论学习体系更加完善。

为深入贯彻胡锦涛总书记关于《青年马克思主义者培养工程》的重要批示和十七大精神。2007年10月,在学校党委的大力支持下,在关工委老师的积极配合下,校团委在现有学生理论研究会的基础上,成立了理论学习提高班(简称提高班)。经过严格选拔,共确定25人作为提高班首期学员,学员具有一定的理论功底且多为我校主要团学干部,提高班每周六上午举行四学时的集中基础理论学习,就《马克思主义三个来源》、《共产党宣言》、《实践论》、《矛盾论》等经典理论展开了学习,同时还邀请到辽宁省团校副校长常家树教授,大连市委党校张德民教授为提高班学员开展专题研讨讲座,经过一学期的学习,学员的理论学习兴趣和理论功底都有了很大提高,并对全校理论学习起到很好的带动和辐射作用。

校团委开展了"科学发展,共建和谐"、"我与十七大"系列活动,通过新生班级诗歌朗诵比赛、征文演讲比赛、主题团建、"旗帜在线"小组资助等活动,抒发广大青年学生的爱党爱国之情,新生入学伊始,组织了大型爱国主义话剧《我的1919》的演出,加强了对青年学生的爱国主义教育。

为了充分发挥讲座在大学生成长成才中的重要作用,校团委专门成立了讲坛部,举办了多场主题励志讲座。包括百家讲坛主讲嘉宾、著名学者易中天教授,美国百人会理事、晓龙基金会董事长曾宪章博士,著名社会学家、中南海特约顾问周孝正教授,微软首任中国区总裁、思科全球副总裁杜家滨先生。2007年8月,举办了纪念恢复高考30周年"人生旅途"校友访谈,一系列高水平的讲座,深受大学生的欢迎和喜爱,开阔了大学生的视野,对引导大学生树立正确的世界观、人生观和价值观,起到了积极的作用。

二、丰富校园文化内涵,推进校园文化建设

校团委一直坚持"思想政治文化是灵魂,道德修养文化是基础,科技学术文化是核心,校园文体文化是关键,学生社团文化是土壤"的校园文化建设思路。过去的一年,我校的校园文化生活日益丰富,校园文化建设不断推进。

校团委以十七大的胜利召开为契机,大力加强道德修养文化建设,开展了"我与十七大"主题系列活动,邀请"大连市文明的感动"获奖人物代

表为同学们做了“感动中体现出的荣辱观”校园访谈，组织了“文明杯”辩论赛，在全校范围内开展爱国主义主题升旗仪式活动，号召同学知荣明耻，自觉践行社会主义荣辱观。

在学校内大力营造“学在大工，创新在大工”的良好氛围，组织开展了第七届“攀登杯”科技竞赛，第二届创新思维大赛。举办了第六届“挑战杯”全国大学生创业计划竞赛校内选拔活动，参加了 SIFE 国际大学生商业挑战赛，并获得东北赛区冠军的优异成绩。11 月，参加了在天津南开大学举行的第十届“挑战杯”大学生课外学术科技作品竞赛，参赛的 6 件作品均获得优异成绩，我校还获得第十届“挑战杯”大学生课外学术科技作品竞赛“高校优秀组织奖”荣誉称号。参加了全国机器人大赛、机械设计大赛、数学建模竞赛等 10 余项国内外赛事，多层次、全方位地丰富了校园科技文化氛围。

2007 年，校团委先后邀请中央歌剧院、大连市京剧团、中国第一位女指挥家郑晓瑛等来我校进行演出、讲座。与此同时，我们坚持“上层次、上水平、创精品”的原则，做好校内各类文艺演出和比赛，举办了 2007 年毕业生晚会、迎新晚会、第十八届英语晚会、科技文化艺术节、第十一届“文明杯”辩论赛、第十届“峰岚杯”文艺大赛等各项文化活动，并成功举办了“传承一二·九，十载峰岚情”纪念一二·九运动七十二周年文艺汇演暨第十届峰岚杯颁奖晚会，邀请了众多优秀的大工学子返回母校，收效良好。

积极开展群体性体育健身活动，与体教部和体育馆联合举办青春健康体育节、大工篮球争霸赛、排球赛、羽毛球赛、乒乓球赛等传统经典赛事，同时还利用学校良好的体育设施举行了游泳比赛、七人制足球比赛等活动，丰富了学生们的生活。

我校目前共有各类学生社团四十多个，注册会员两千余人。通过开展“精品社团和精品活动”评比，举办大学生电影节、“青年文学艺术奖”等活动，加强了艺术指导和学生社团建设。

大学生艺术团是学生社团的重要组成部分，目前已发展成为拥有乐团、舞蹈团、合唱团、话剧团四个团体，四百多人的大学生业余文化团体。2007 年，艺术团成绩突出：舞蹈团举行了“我们的故事”毕业生演出，并赴中央电视台参加了“联合对抗”栏目的演出；乐团举办了“畅想奥运”2008 新年音乐会；合唱团参加了辽宁省“颂歌献给党”合唱比赛，勇夺金奖，并作为大连市惟一的学生代表团参加了“大连市纪念十七大胜利召开”合唱大会。

三、拓展社会实践途径，加大实践育人力度

我校已形成由暑期大学生“科技、文化、卫生”三下乡、寒假“大工学子母校行”和日常“社区挂职锻炼”为载体的社会实践体系。2007 年，大学生社会实践工作开创了“百团大战、千人实践”的良好局面，全校 100 支受资助团队深入军营、企业、厂矿，走进乡村、社区、学校，足迹遍及 26 个省、市和自治区，取得了丰硕的实践成果，校团委于 2007 年 10 月召开了“暑期社会实践总结暨表彰大会”，深入总结社会实践活动项目化管理模式的经验和做法，表彰在“大学生四进社区活动”和“‘三下乡’暑期社会实践活动”中表现出色的团体和个人。更多同学自觉参与社区挂职锻炼，我校与凌水街道等多个街道和社区建立了长期合作关系。

四、积极开展青春促和谐行动，为和谐社会建设贡献力量

大力推进青年志愿者行动。2007 年，校团委在志愿者中间普遍推行注册制度，做好全校志愿者行动的规划和指导工作，推进青年志愿者活动的项目化、规范化建设。2007 年 10 月，我校青年志愿者协会成功申报了团中央青年志愿者工作部组织的“与世界同行，向世界说你好”文明礼仪推广活动，成为全国 11 个特别资助项目之一，所开展的“小红帽”街头擦痰活动受到多方好评，并得到了媒体的关注和报道。

充分发挥红十字会作用。2007 年，校团委组织召开了大连理工大学红十字会第二次全体会议，并开展了系列活动，在 2007 年的义务献血工作中，前期宣传、现场组织调度等工作首次全部由我校红十字会负责组织，此外，红十字会还开

展了模拟急救演练,"遏制艾滋,履行承诺"—艾滋病宣传活动培训。2007 年 11 月,我校红十字会被评为"省级模范红十字会示范学校"。目前,正在申报全国"红十字会先进工作"示范学校。

五、加强团的自身建设,提高共青团组织的吸引力、凝聚力和战斗力

校团委通过多项措施加强团支部建设、团干部队伍建设以及作风建设,制定了《基层团组织换届选举办法》,《院(系)团委书记换届管理办法》,在全校开展了团支部换届直选工作,并规范了基层团委书记的换届选举,通过开展团支部主题建设活动月,增强基层团支部的凝聚力和战斗力。

校团委将"引进来"和"走出去"相结合,进一步加强对团学干部的培训力度。先后选派 6 名专职团干部参加上级团组织举办的团校培训;选派 2 名学生干部参加了团中央组织的全国大学生骨干培养学校;选派 1 名理论学习骨干参加全国优秀青少年中共中央党校党史教育学习班;选派校学生会主席参加了辽宁省首期青年马克思主义者培训班;选派 70 余名学生骨干成立了大连理工大学学生骨干培训班,到大连市委团校青少年培训基地进行了为期两天的素质拓展训练。

同时,校团委还邀请各方面专家,面向全校团学干部开展了春秋两季团校培训,共开设 30 学时的课程,内容涵盖团的基本知识、工作实务、素质拓展、团队训练等,培训人数达 600 余人,提高了团学干部的业务素质。

六、采取多项措施,强化共青团组织的服务育人功能

2007 年,校团委还通过设立奖助学金、精英学子就业推荐等措施,强化共青团组织的服务育人功能,服务青年学生的成长成才。

设立奖助学金。2007 年,校团委积极争取,在优秀大学生中间设立了"芙蓉学子·榜样力量"奖学金、正源贫困大学生助学金、福彩助学子爱心奖金、大连市地产精英助学金,累计发放奖助学金 25 万余元,奖励了百余位优秀大学生。

开展精英学子推介。2007 年,校团委与就业中心联手,开展了精英学子推介工作,积极向用人单位推荐我校优秀的团学干部,加强对学生就业指导的力度。

此外,校团委还积极与其他兄弟部门合作,举办了纪念恢复高考 30 周年庆祝大会,协助招生与就业处开展了文艺特长生的招生工作,举办了春秋两季就业招聘会,在工作中与其他部门相互合作,相互学习,同时也建立了良好的合作关系。

大连理工大学学生社团

序号	协会名称	序号	协会名称	序号	协会名称	序号	协会名称
1	商融社	14	景阳棋社	27	户外运动协会	40	网球协会
2	台球协会	15	法律协会	28	数模协会	41	心理协会
3	动漫协会	16	演讲协会	29	兼职协会	42	瑜伽协会
4	信息技术俱乐部	17	礼仪协会	30	Google camp	43	步步为营
5	天文协会	18	健身健美协会	31	羽毛球协会	44	爱心绿色协会
6	太阳帆诗社	19	游泳协会	32	书法协会	45	疯狂日语协会
7	女子球类协会	20	文学协会	33	猎人社	46	动感韩日社
8	太极拳协会	21	科幻协会	34	网络协会	47	推理社
9	跆拳道协会	22	影视协会	35	轮滑协会	48	星空下协会
10	经管协会	23	长跑协会	36	实习生协会	49	桥牌协会
11	电子竞技协会	24	围棋协会	37	军事爱好者协会		
12	舞蹈协会	25	球迷协会	38	乒乓球协会		
13	摄影协会	26	三农学社	39	汽车协会		

校 友 联 谊 工 作

2007年，在做好日常工作的同时，校友会工作以大连理工大学恢复高考30周年纪念活动为年度主题，组织、策划了多项活动，使校友会工作上了一个新台阶。

一、组织、筹备恢复高考30周年纪念活动

2007年4月13日大连理工大学恢复高考30周年纪念活动筹备工作正式启动，经过四个多月时间的准备，最终确定主题纪念大会、书籍、电视片、“77足球场”、“校友林”、“食堂怀旧午餐”、“77助学金”、“人生旅途”校友访谈、通讯录九大纪念活动，得到了77级校友的大力支持和踊跃参与，本次纪念活动取得了圆满成功，赢得了返校校友和在校师生的高度评价。

1.纪念大会——2007年8月19日上午，大连理工大学恢复高考30周年纪念大会在刘长春体育馆召开，700多名来自全国各地及海外的77级校友和大连市内20多位78级校友代表返回母校参加。纪念大会隆重、热烈、意义非凡，师生团聚一堂，互叙师生情谊，共话学校发展；77级学子刻苦学习、求真务实和勇于奉献的精神更成为当代大学生的学习榜样。

2.“校友林”——2007年8月19日上午，“校友林”揭幕仪式在西部新校区举行。77级校友共捐赠雪松161棵、银杏102棵，总计230 800元。

3.“77足球场”——2007年8月19日上午，校党委书记、当年担任77级数学教师的林安西教授与足球场捐助代表董喜刚校友一道为创新园大厦南侧的“77足球场”启用揭幕。该场地由水利系77级校友出资100万元捐建。

4.怀旧午餐——2007年8月19日午间，700多位校友来到中心食堂，品味怀旧午餐，回忆当年岁月。学校除了仿照当年的伙食准备饭菜外，还专门为校友仿制了当年的饭票和餐具。

5.“人生旅途”校友访谈——2007年8月19日晚间，在主楼一阶举行了“人生旅途”校友访谈，5位77级校友应邀回忆当年的难忘经历，向200多名在校同学诠释了可贵的“77精神”。访谈结束后，学长们与在校同学作了亲切交流。

6.《回眸七七》书籍——77级校友和当年的任课老师还踊跃投稿，出版了一本反映当年在校学习、生活片段和目前生活情况的书籍《回眸七七》。

7.电视片《三十年回眸——追忆1977》——电视片分三部分，主要反映77级校友在校求学、生活和社团活动的经历，77级校友返校期间的主要活动和学校的发展建设情况。

8.“77助学金”——77级校友为资助品学兼优的贫困生专门成立了“77助学金”，收到捐款人民币60 900元，美元7500元，折合人民币总计116 775.41元。

9.《通讯录》——77级校友自筹资金12万元，用于《通讯录》印制。《通讯录》采用彩色印刷，B5纸大小。

10.其他

筹备组还专门为此次纪念活动定制了纪念品——纪念怀表。怀表正面为大连理工大学校徽，背面刻有77级校友姓名和学号，怀表为机械芯。共收到42个班级大会活动费用共计134 090元和两位校友为大会捐款1万元人民币。

二、校友资源采集工作

为做好学校60周年校庆筹备工作，推动校友工作跃上新台阶，决定建立校友资源数据库，完成较全面的校友数据收集和录入工作，构建校友信息门户系统，实现校友资源的信息化、网络化管理。计算中心协助此项工作，数据平台已初步搭建完成。

三、筹备60周年校庆工作

参与大连理工大学60周年校庆筹备方案建

议的编纂工作。参与大连理工大学校史丛书《关东工专建校60周年校史回忆文集》的编辑和出版工作,并完成对工专校友的分发工作。

四、与院系校友会一起组织返校校友工作

做好毕业十年、二十年校友返校工作,此项工作已成为学校节假日期间的校园盛事,并带动了其他各届校友的返校热情。除77级校友外,2007年还组织接待了22批1500余名校友。

五、加强对院系和各地校友会的指导工作

校友会就加强校友工作,召开了部分部处、院系负责人的座谈会,并走访了管理学院、化工学院等各院系,广泛听取了院系领导对校友会工作的意见和建议。

2007年10月7日厦门校友会换届大会召开、11月10日北京校友会第四届理事会成立大会召开。上海校友会出版了第19期《连友》报纸,主要宣传报道了屈伯川老院长鞠躬尽瘁、振兴高教的事迹,弘扬了大工的优良传统和良好学风。

六、继续做好基础性和日常性服务工作

做好基础性和日常性工作,一直是校友会长期努力的方向。与各地校友会联络、校友网站维护、定期向部分校友邮寄校报,接待校友来访、来信、来电,为校友们查询老师和同学的联系方式,解答校友疑问等。

2007 年学校文件一览

2007 年委发文件目录

文件编号	文件标题	发文日期
大工委发[2007]1 号	中共大连理工大学委员会关于外国语学院党总支换届选举结果的批复	2007-01-19
大工委发[2007]2 号	中共大连理工大学委员会关于许智同志任职的决定	2007-01-19
大工委发[2007]3 号	中共大连理工大学委员会关于印发《大连理工大学 2007 年工作要点》的通知	2007-03-14
大工委发[2007]4 号	中共大连理工大学委员会关于物理与光电学院党员代表大会选举结果的批复	2007-04-02
大工委发[2007]5 号	中共大连理工大学委员会关于管理学院分党委换届选举结果的批复	2007-04-04
大工委发[2007]6 号	中共大连理工大学委员会关于开展向方永刚同志学习活动的决定	2007-04-06
大工委发[2007]7 号	中共大连理工大学委员会关于学习胡锦涛总书记在中纪委七次全会上重要讲话的通知	2007-04-14
大工委发[2007]8 号	中共大连理工大学委员会关于贯彻《中共中央关于巩固和壮大新世纪新阶段统一战线的意见》的实施意见	2007-05-14
大工委发[2007]9 号	关于印发《大连理工大学“三重一大”制度规定(试行)》的通知	2007-06-04
大工委发[2007]10 号	中共大连理工大学委员会关于转发《中共教育部党组关于加强普通高等学校基层党组织建设的意见》的通知	2007-06-08
大工委发[2007]11 号	中共大连理工大学委员会关于宁桂玲任职的通知	2007-06-18
大工委发[2007]12 号	中共大连理工大学委员会关于表彰 2005～2007 年度先进分党委(党总支)先进党支部优秀共产党员优秀党务工作者的决定	2007-06-27
大工委发[2007]13 号	中共大连理工大学委员会关于认真学习胡锦涛总书记在中央党校重要讲话精神的决定	2007-07-03
大工委发[2007]14 号	中共大连理工大学委员会关于离退休党员代表大会选举结果的批复	2007-07-04
大工委发[2007]15 号	中共大连理工大学委员会关于张程江同志任职的决定	2007-07-09
大工委发[2007]16 号	中共大连理工大学委员会关于成立运载工程与力学学部临时分党委的决定	2007-07-21
大工委发[2007]17 号	中共大连理工大学委员会关于批准姜再华同志自愿辞职的决定	2007-08-27
大工委发[2007]18 号	中共大连理工大学委员会关于开展“特色基层党组织”创建活动的通知	2007-09-06
大工委发[2007]19 号	中共大连理工大学委员会关于学习贯彻胡锦涛总书记在全国优秀教师代表座谈会上重要讲话精神的通知	2007-09-14
大工委发[2007]20 号	中共大连理工大学委员会关于郭金明同志职务任免的决定	2007-09-30
大工委发[2007]21 号	中共大连理工大学委员会关于胡安妮等职务任免的决定	2007-10-09
大工委发[2007]22 号	中共大连理工大学委员会关于认真学习贯彻党的十七大精神的决定	2007-11-02
大工委发[2007]23 号	中共大连理工大学委员会关于创新实验学院党员大会选举结果的批复	2007-11-22

（续表）

文 件 编 号	文 件 标 题	发文日期
大工委发[2007]24 号	中共大连理工大学委员会关于电子与信息学院分党委换届选举结果的批复	2007-12-10
大工委发[2007]25 号	中共大连理工大学委员会关于印发《中共大连理工大学委员会进一步健全党员干部谈话制度的暂行办法》的通知	2007-12-24
大工委发[2007]26 号	中共大连理工大学委员会关于姚山同志任职的决定	2007-12-26
大工委发[2007]27 号	中共大连理工大学委员会关于印发《大连理工大学 2008 年校机关换届工作方案》的通知	2007-12-26

2007 年校发文件目录

文 件 编 号	文 件 标 题	发文日期
大工校发[2007]1 号	大连理工大学关于调整第八届学位评定委员会人员的通知	2007-01-05
大工校发[2007]2 号	关于印发《大连理工大学学生考试违纪处理程序》的通知	2007-01-16
大工校发[2007]3 号	大连理工大学关于教学实验室调整及实验室主任聘任的通知	2007-01-20
大工校发[2007]4 号	大连理工大学关于转发《财政部关于印发〈中央国家机关和事业单位差旅费管理办法〉的通知》等通知的通知	2007-03-06
大工校发[2007]5 号	关于印发《大连理工大学 2007 年本科生招生计划》的通知	2007-03-13
大工校发[2007]6 号	大连理工大学关于给予耿勇行政记过处分的决定	2007-03-22
大工校发[2007]7 号	大连理工大学关于给予朱庆华行政警告处分的决定	2007-03-22
大工校发[2007]8 号	大连理工大学关于成立深海工程研究中心的决定	2007-03-22
大工校发[2007]9 号	大连理工大学关于成立能源研究院的决定	2007-03-23
大工校发[2007]10 号	大连理工大学关于公布 2007 年度新增特殊评审博士生指导教师的通知	2007-04-05
大工校发[2007]11 号	关于大连理工大学科技开发中心增加注册资本的通知	2007-04-06
大工校发[2007]12 号	关于印发《大连理工大学外事接待管理办法》的通知	2007-04-17
大工校发[2007]13 号	关于印发《大连理工大学社会治安综合治理承包责任制实施方案》的通知	2007-04-20
大工校发[2007]14 号	关于印发《大连理工大学网络教育学院学士学位授予工作实施办法》的通知	2007-04-25
大工校发[2007]15 号	大连理工大学关于从 2007 年起停止函授教育招生的通知	2007-05-10
大工校发[2007]16 号	大连理工大学关于授权大连理工大学投资有限公司作为无形资产出资人再向大连船舶制造国家工程研究中心投资的通知	2007-05-17
大工校发[2007]17 号	大连理工大学关于成立汽车工程学院及其干部聘任的决定	2007-05-18
大工校发[2007]18 号	大连理工大学关于高科技研究院下设研究所的决定	2007-06-19
大工校发[2007]19 号	大连理工大学关于修订《大连理工大学学士学位授予工作实施办法》第三条第 4 款内容的通知	2007-06-25
大工校发[2007]20 号	大连理工大学关于公布 2007 年度新增自行审定博士生指导教师名单的通知	2007-07-11
大工校发[2007]21 号	大连理工大学关于土木建筑设计研究院有限公司董事、监事人选派出建议	2007-07-16

（续表）

文件编号	文件标题	发文日期
大工校发[2007]22号	大连理工大学关于撤销大连理工大学船舶设计技术开发公司的决定	2007-07-16
大工校发[2007]23号	大连理工大学关于撤销大连理工大学土木工程技术开发公司的决定	2007-07-16
大工校发[2007]24号	大连理工大学关于成立运载工程与力学学部及行政干部聘任的决定	2007-07-21
大工校发[2007]25号	大连理工大学关于投资建设航天运载工具适配器模具项目的决定	2007-08-15
大工校发[2007]26号	大连理工大学关于成立招生与就业中心及其干部聘任的决定	2007-08-24
大工校发[2007]27号	关于印发《大连理工大学大学生学籍管理规定》等八个规章制度的通知	2007-08-29
大工校发[2007]28号	关于印发《大连理工大学职员职级聘任实施办法（试行）》等四个规章制度的通知	2007-08-29
大工校发[2007]29号	大连理工大学关于给予许永胜全校通报批评处分的决定	2007-09-10
大工校发[2007]30号	大连理工大学关于批准核销资产损失和同意对资产盘盈补建账的决定	2007-09-27
大工校发[2007]31号	大连理工大学关于大学生创新院更名为创新实验学院及干部聘任的决定	2007-10-10
大工校发[2007]32号	大连理工大学关于征集校史文物、文献档案的通知	2007-12-25

2007年校任文件目录

文件编号	文件标题	发文日期
大工校任[2007]1号	大连理工大学关于孙长森任职的决定	2007-01-19
大工校任[2007]2号	大连理工大学关于赵明山等职务任免的决定	2007-01-31
大工校任[2007]3号	大连理工大学关于刘晓梅等职务任免的决定	2007-02-05
大工校任[2007]4号	大连理工大学关于董大海等职务聘任的决定	2007-03-20
大工校任[2007]5号	大连理工大学关于外国语学院行政干部任免的决定	2007-03-30
大工校任[2007]6号	大连理工大学关于王金城等职务任免的决定	2007-03-30
大工校任[2007]7号	大连理工大学关于张巍职务任免的决定	2007-04-17
大工校任[2007]8号	大连理工大学关于郭禾等职务任免的决定	2007-04-20
大工校任[2007]9号	大连理工大学关于王旭东职务任免的决定	2007-05-10
大工校任[2007]10号	大连理工大学关于李延喜同志职务任命的决定	2007-07-10
大工校任[2007]11号	大连理工大学关于李志义等职务任免的决定	2007-07-17
大工校任[2007]12号	大连理工大学关于贾晓津职务任免的决定	2007-09-30
大工校任[2007]13号	大连理工大学关于李刚等职务任免的决定	2007-09-30
大工校任[2007]14号	大连理工大学关于李维仲等职务任免的决定	2007-10-10
大工校任[2007]15号	大连理工大学关于软件学院行政班子副职任免的决定	2007-10-11
大工校任[2007]16号	大连理工大学关于经济系行政干部任免的决定	2007-11-14
大工校任[2007]17号	大连理工大学关于丛明等职务任免的决定	2007-11-14
大工校任[2007]18号	大连理工大学关于姚伟岸等职务任免的决定	2007-11-14
大工校任[2007]19号	大连理工大学关于周杰等职务任免的决定	2007-11-16
大工校任[2007]20号	大连理工大学关于张强忠任职的决定	2007-12-13
大工校任[2007]21号	大连理工大学关于体育教学部行政干部任免的决定	2007-12-13

2007年办发文件目录

文件编号	文件标题	发文日期
大工办发[2007]1号	学校办公室关于调整校安全管理委员会的通知	2007-01-05
大工办发[2007]2号	学校办公室关于成立GJB9001A-2001质量管理体系认证领导小组的通知	2007-01-11
大工办发[2007]3号	学校办公室关于调整校关心下一代工作委员会成员的通知	2007-01-12
大工办发[2007]4号	学校办公室关于成立国防科技质量管理办公室的通知	2007-01-12
大工办发[2007]5号	学校办公室关于校第二届教学名师奖评选结果的通报	2007-01-16
大工办发[2007]6号	学校办公室关于召开大连理工大学第八届教职工代表大会第三次会议的通知	2007-01-16
大工办发[2007]7号	学校办公室关于成立大学英语教学改革领导小组的通知	2007-01-20
大工办发[2007]8号	学校办公室关于成立2007年校公民无偿献血领导小组的通知	2007-03-07
大工办发[2007]9号	学校办公室关于调整校保密委员会成员的通知	2007-03-09
大工办发[2007]10号	学校办公室关于大连理工大学专利中心法人代表变更的通知	2007-03-22
大工办发[2007]11号	学校办公室关于大连理工大学科技开发中心总经理变更的通知	2007-03-22
大工办发[2007]12号	学校办公室关于成立资产清查工作领导小组的通知	2007-04-02
大工办发[2007]13号	学校办公室关于编纂《大连理工大学年鉴(2007)》的通知	2007-04-12
大工办发[2007]14号	学校办公室关于评选2005～2006年度“三育人”先进个人(标兵)和先进集体的通知	2007-04-12
大工办发[2007]15号	学校办公室关于2007年五一放假的通知	2007-04-13
大工办发[2007]16号	学校办公室关于成立60周年校庆筹备工作组的通知	2007-04-24
大工办发[2007]17号	学校办公室关于成立微电子学院和微电子实验基地建设领导小组的通知	2007-04-24
大工办发[2007]18号	学校办公室关于印发《大连理工大学教职工健康工程实施方案》的通知	2007-04-25
大工办发[2007]19号	学校办公室关于MPA大连理工大学教育中心人员任职的通知	2007-05-11
大工办发[2007]20号	学校办公室关于成立大连理工大学大学生创新性试验计划组织协调委员会的通知	2007-05-10
大工办发[2007]21号	学校办公室关于2007年校田径运动会的通知	2007-05-14
大工办发[2007]22号	学校办公室关于调整继续教育学院学位评定分委员会成员的通知	2007-05-16
大工办发[2007]23号	学校办公室关于调整学士学位评定委员会的通知	2007-05-17
大工办发[2007]24号	学校办公室关于2007届毕业生派遣及2007级新生入学日程安排的通知	2007-05-28
大工办发[2007]25号	学校办公室关于成立武器装备科研生产许可认证领导小组的通知	2007-05-19
大工办发[2007]26号	学校办公室关于启用“大连理工大学汽车工程学院”印章的通知	2007-05-29
大工办发[2007]27号	学校办公室关于调整国防教育学院副院长的通知	2007-05-30
大工办发[2007]28号	学校办公室关于公布2005～2006年度“三育人”先进集体和先进个人(标兵)评选结果的通知	2007-05-31
大工办发[2007]29号	学校办公室关于进一步规范学校网站和论坛管理的通知	2007-06-08
大工办发[2007]30号	学校办公室关于印发《中共大连理工大学委员会关于全面开展廉洁教育工作方案》的通知	2007-06-08

（续表）

文 件 编 号	文 件 标 题	发文日期
大工办发[2007]31号	学校办公室关于2007届毕业生派遣工作安排的通知	2007-06-19
大工办发[2007]32号	学校办公室关于填报2006～2007学年实验室信息统计数据的通知	2007-06-25
大工办发[2007]33号	学校办公室关于印发《大连理工大学2007年度防台防汛应急预案》的通知	2007-06-29
大工办发[2007]34号	学校办公室关于举行2007届毕业典礼的通知	2007-06-29
大工办发[2007]35号	学校办公室关于2007年暑假安排的通知	2007-07-04
大工办发[2007]36号	学校办公室关于成立2008年国家重点实验室评估工作领导小组的通知	2007-07-06
大工办发[2007]37号	学校办公室关于开展建军80周年纪念活动工作安排的通知	2007-07-22
大工办发[2007]38号	学校办公室关于启用"大连理工大学运载工程与力学学部"印章的通知	2007-08-18
大工办发[2007]39号	学校办公室关于做好2007年迎新工作的通知	2007-08-20
大工办发[2007]40号	学校办公室关于印发《大连理工大学大学生创新性实验计划实施办法(试行)》的通知	2007-08-23
大工办发[2007]41号	学校办公室关于印发《大连理工大学研究生创新基金管理细则》的通知	2007-08-23
大工办发[2007]42号	学校办公室关于调整学校党政领导班子成员分工的通知	2007-08-24
大工办发[2007]43号	学校办公室关于庆祝2007年教师节有关工作的通知	2007-08-28
大工办发[2007]44号	学校办公室关于第十四次本科教育教学研讨会筹备工作的通知	2007-08-31
大工办发[2007]45号	学校办公室关于印发《大连理工大学研究生培养机制改革实施细则》的通知	2007-09-11
大工办发[2007]46号	学校办公室关于本科生参加学生体质健康测试的通知	2007-09-06
大工办发[2007]47号	学校办公室关于印发《大连理工大学博士研究生出国参加学术会议资助办法》的通知	2007-09-07
大工办发[2007]48号	学校办公室关于启用"中国共产党大连理工大学离退休教职工委员会"印章的通知	2007-09-10
大工办发[2007]49号	学校办公室关于2007年国庆节放假的通知	2007-09-17
大工办发[2007]50号	学校办公室关于印发《大连理工大学研究生导师创新基金管理条例》的通知	2007-09-19
大工办发[2007]51号	学校办公室转发组织部关于《关于开展2007年度推荐学校机关中层以下后备干部的通知》的通知	2007-09-19
大工办发[2007]52号	学校办公室关于调整推荐优秀本科毕业生免试攻读硕士学位研究生工作领导小组的通知	2007-09-16
大工办发[2007]53号	学校办公室关于严禁举办考研辅导班的通知	2007-09-27
大工办发[2007]54号	学校办公室关于调整校改革与发展领导小组等十个领导小组成员的通知	2007-09-30
大工办发[2007]55号	学校办公室关于开展尊老敬老宣传月活动的通知	2007-09-30
大工办发[2007]56号	学校办公室关于印发《大连理工大学学科研究基金管理办法》的通知	2007-10-07
大工办发[2007]57号	学校办公室调整校务委员会成员的通知	2007-10-11
大工办发[2007]58号	学校办公室关于印发《大连理工大学岗位设置管理指导意见(2007)》等四个文件的通知	2007-10-11
大工办发[2007]59号	学校办公室关于成立续编20年校史撰写小组的通知	2007-10-12
大工办发[2007]60号	学校办公室关于组建学校心理健康教育与咨询中心的通知	2007-10-12
大工办发[2007]61号	学校办公室关于成立风险管理研究中心的通知	2007-10-13

(续表)

文件编号	文件标题	发文日期
大工办发[2007]62号	学校办公室关于启用“大连理工大学基础力学试验中心”印章的通知	2007-10-16
大工办发[2007]63号	学校办公室关于2006年保密工作先进集体和个人的通报	2007-10-17
大工办发[2007]64号	学校办公室关于成立创新与发展研究中心的通知	2007-10-18
大工办发[2007]65号	学校办公室关于在本科学生中征集新兵的通知	2007-10-22
大工办发[2007]66号	学校办公室关于启用“大连理工大学创新试验学院”印章的通知	2007-10-23
大工办发[2007]67号	学校办公室关于印发《大连理工大学本科生招生工作条例》等三个规章制度的通知	2007-11-01
大工办发[2007]68号	学校办公室关于印发《大连理工大学优秀博士研究生学位论文资助基金试行办法》的通知	2007-11-07
大工办发[2007]69号	学校办公室关于印发《大连理工大学关于禁止“小金库”的规定》的通知	2007-11-14
大工办发[2007]70号	学校办公室关于增补丛明为大连理工大学技术转移中心副主任的通知	2007-11-15
大工办发[2007]71号	学校办公室关于成立国家公派出国研究生项目工作委员会的通知	2007-11-19
大工办发[2007]72号	学校办公室关于做好2008年国家公派研究生选派工作的通知	2007-11-20
大工办发[2007]73号	学校办公室关于调整校知识产权管理委员会成员的通知	2007-11-22
大工办发[2007]74号	学校办公室关于成立学生专项出国管理委员会的通知	2007-11-27
大工办发[2007]75号	学校办公室关于印发《大连理工大学教职工健康体检实施细则》的通知	2007-11-28
大工办发[2007]76号	学校办公室关于成立教职工住房补贴工作领导小组的通知	2007-12-05
大工办发[2007]77号	学校办公室关于印发《大连理工大学离退休人员科研专项基金管理办法(试行)》的通知	2007-12-05
大工办发[2007]78号	学校办公室关于印发《大连理工大学博士研究生招生管理规定》等七个规章制度的通知	2007-12-04
大工办发[2007]79号	学校办公室关于成立计算力学软件研究所的通知	2007-12-05
大工办发[2007]80号	学校办公室关于印发《大连理工大学本科生招生考试保密工作实施细则(试行)》的通知	2007-12-06
大工办发[2007]81号	学校办公室关于印发《大连理工大学周转房管理办法》的通知	2007-12-07
大工办发[2007]82号	学校办公室关于印发《大连理工大学校办企业经济责任审计工作规定》等两个规章制度的通知	2007-12-10
大工办发[2007]83号	学校办公室关于启用“大连理工大学创新试验学院直属支部委员会”印章的通知	2007-12-10
大工办发[2007]84号	学校办公室关于印发《大连理工大学硕士和博士学位授予工作细则》的通知	2007-12-11
大工办发[2007]85号	学校办公室关于启用“大连理工大学技术转移中心”印章的通知	2007-12-12
大工办发[2007]86号	学校办公室关于印发《大连理工大学教职工住房货币补贴方案》的通知	2007-12-17
大工办发[2007]87号	学校办公室关于2008年元旦及寒假放假的通知	2007-12-18
大工办发[2007]88号	学校办公室关于印发《大连理工大学关于促进技术转移的实施细则》的通知	2007-12-26
大工办发[2007]89号	学校办公室关于印发《大连理工大学知识产权保护管理规定》的通知	2007-12-26
大工办发[2007]90号	学校办公室关于印发《大连理工大学固定资产处置暂行办法》的通知	2007-12-28
大工办发[2007]91号	学校办公室关于印发《大连理工大学研究生学籍管理细则》等三个规章制度的通知	2007-12-29

表 彰 与 奖 励

先进集体

单　位	获奖名称	授奖单位	授奖时间
工会	2005～2007年度大连市职工体育工作先进单位	大连市总工会、大连市体育局	2007-01
机械学院微机电系统与精密工程研究所	“东北地区老工业基地振兴杯”劳动竞赛，优胜班组奖	全国总工会，国务院振兴东北地区等老工业基地领导小组办公室	2007-02
统战部	统战信息工作二等奖	大连市委统战部	2007-02
大工附校团委	大连市先进团委	共青团大连市委员会	2007-04
档案馆	辽宁省高校档案工作示范学校	辽宁省教育厅	2007-04
工会	大连市五一劳动奖状	大连市总工会	2007-04
机械学院工程训练中心	大连市第七届“三育人”先进集体	大连市教育工会	2007-05
化工学院	全国教育系统先进集体	全国科教文卫体工会	2007-06
大连理工大学	省科教文卫体系统职业道德建设先进单位	辽宁省科教文卫体工会	2007-09
化工学院	全国教育系统先进集体	中华人民共和国人事部、教育部	2007-09-10
大连理工大学	大连市职工合理化建议先进单位	大连市总工会	2007-11
统战部	2007年度信息工作先进单位	辽宁省委统战部	2007-12
民革大连理工大学支部	优秀基层组织	民革大连市委	2007-12
九三学社理工大学委员会	2006～2007年度先进基层组织	九三学社辽宁省委员会	2007-12
学生会	2007年大连市优秀学生会	团市委、大连市学联	2007-12

先进个人

姓名	单位	获奖名称	授奖单位	授奖时间
胡祥培	管理学院系统工程研究所	大连市优秀专家	大连市人民政府	2007-02
刘志礼 刘洁 魏晓文	人文社会科学学院	全市统战理论研究优秀成果一等奖	大连市委统战部	2007-02
朱琳琳 魏晓文 葛丽君 屈宏	人文社会科学学院	全市统战理论研究优秀成果一等奖	大连市委统战部	2007-02
杨光	统战部	优秀信息员	大连市委统战部	2007-02
王延章	管理学院信息与决策技术研究所	大连市荣誉优秀专家	中共大连市委、大连市人民政府	2007-03
齐民	研究生院(材料学院)	大连市优秀专家(第四批)	中共大连市委,大连市人民政府	2007-03
魏晓文 丁堃 葛丽君	人文社会科学学院	全国统战理论研究优秀成果二等奖	中央统战部	2007-03
张冰	档案馆	辽宁省高等学校档案考评工作先进个人	辽宁省教育厅	2007-04
杨建华	电信学院	大连市优秀专家	大连市政府	2007-04
朱庆华	管理学院	2006年度民建大连市委参政议政工作先进个人	民建大连市委员会	2007-04
陈家晶	党委宣传部	辽宁省舆情信息工作先进个人	辽宁省委	2007-04
梁延德	机械学院工程训练中心	大连市第七届“三育人”先进标兵	大连市教育工会	2007-05
张言军	校团委	大连市优秀学生工作领导干部	大连市高校工委、大连市教育局	2007-07
陆凯	校团委	大连市优秀学生工作领导干部	大连市高校工委、大连市教育局	2007-07
侯庆敏	校团委	大连市大中学生“三下乡”社会实践先进个人	市委宣传部、团市委、大连市教育局	2007-08
宋玉洁	电信学院	辽宁省优秀辅导员	辽宁省高校工委	2007-09
顾伟利	大工附校	大连市优秀教师	大连市教育局	2007-09
程耿东	运载与力学学部	大连市五一劳动奖章	大连市总工会	2007-09
贾振元	机械学院	大连市优秀教育工作者	大连市教育局	2007-09
梁茵	招生就业处	大连市优秀教育工作者	大连市教育局	2007-09
梁延德	机械学院工程训练中心	大连市职业道德建设标兵	大连市教育工会	2007-09

（续表）

姓名	单位	获奖名称	授奖单位	授奖时间
曲景平	化工学院	辽宁省教育系统先进人物	辽宁省教育厅	2007-09
姚青	研究生院	2007年辽宁省国家重点学科建设工作先进个人	辽宁省教育厅	2007-09
唐志宏	城市学院	辽宁省优秀教育工作者	辽宁省教育厅	2007-09
常俐	离退休工作处	中国老年协会理论工作突出贡献奖	中国老年协会	2007-10
曲景平	化工学院	辽宁省学科建设工作先进个人	辽宁省教育厅	2007-10
杨斌	城市学院	大连市优秀学生工作领导干部	大连市高校工委、大连市教育局	2007-11
刘丽娟	城市学院	大连市优秀学生思想政治教育工作者	大连市高校工委、大连市教育局	2007-11
赵宇	城市学院	大连市优秀学生思想政治教育工作者	大连市高校工委、大连市教育局	2007-11
朱金玉	城市学院	大连市优秀学生思想政治教育工作者	大连市高校工委、大连市教育局	2007-11
金泰来	城市学院	大连市优秀学生思想政治教育工作者	大连市高校工委、大连市教育局	2007-11
赵宁	城市学院	大连市优秀学生思想政治教育工作者	大连市高校工委、大连市教育局	2007-11
宋丽英	城市学院	大连市优秀学生思想政治教育工作者	大连市高校工委、大连市教育局	2007-11
迟海鹰	大工附校	大连市优秀班主任	大连市教育局	2007-11
赵霞	大工附校	大连市优秀班主任	大连市教育局	2007-11
郭崇慧	管理学院系统工程研究所	辽宁省“百千万人才工程”千人层次	辽宁省人事厅	2007-11
程春田	土木水利学院	辽宁省第四批百千万人才百人层次	辽宁省人事厅、教育厅等	2007-11
柳淑学	土木水利学院	辽宁省第四批百千万人才百人层次	辽宁省人事厅、教育厅等	2007-11
梁书秀	土木水利学院	辽宁省第四批百千万人才千人层次	辽宁省人事厅、教育厅等	2007-11
赵艳华	土木水利学院	辽宁省第四批百千万人才千人层次	辽宁省人事厅、教育厅等	2007-11
邱文亮	土木水利学院	辽宁省第四批百千万人才千人层次	辽宁省人事厅、教育厅等	2007-11
董国海	土木水利学院	大连市优秀专家	中共大连市委、大连市政府	2007-11
孔宪京	土木水利学院	大连市优秀专家	中共大连市委、大连市政府	2007-11
李宏男	土木水利学院	大连市优秀专家	中共大连市委、大连市政府	2007-11
李志军	土木水利学院	大连市优秀专家	中共大连市委、大连市政府	2007-11
栾茂田	土木水利学院	大连市优秀专家	中共大连市委、大连市政府	2007-11

（续表）

姓名	单位	获奖名称	授奖单位	授奖时间
沈永明	土木水利学院	大连市优秀专家	中共大连市委、大连市政府	2007-11
宋玉普	土木水利学院	大连市优秀专家	中共大连市委、大连市政府	2007-11
王永学	土木水利学院	大连市优秀专家	中共大连市委、大连市政府	2007-11
许士国	土木水利学院	大连市优秀专家	中共大连市委、大连市政府	2007-11
滕　斌	土木水利学院	大连市优秀专家	中共大连市委、大连市政府	2007-11
张　哲	土木水利学院	大连市优秀专家	中共大连市委、大连市政府	2007-11
周　晶	土木水利学院	大连市优秀专家	中共大连市委、大连市政府	2007-11
周惠成	土木水利学院	大连市优秀专家	中共大连市委、大连市政府	2007-11
尉洪光	档案馆	辽宁省优秀档案工作者	辽宁省档案局	2007-12
孙海英	电信学院	大连市优秀学生思想政治教育工作者	大连市高校工委	2007-12
孟　华	电信学院	大连市优秀学生思想政治教育工作者	大连市高校工委	2007-12
周秀华	工会	大连市优秀工会工作者	大连市教育工会	2007-12
刘兆征	工会	大连市优秀工会工作者	大连市教育工会	2007-12
吕小兵	化工学院	第十届中国青年科技奖	中组部　人事部　科协	2007-12
杨　光	统战部	2007年度优秀信息员	辽宁省委统战部	2007-12
金宝玉	体教部	优秀党务工作者	民革大连市委	2007-12
刘　军	电子与信息学院	优秀党员	民革大连市委	2007-12
伍会健	环境与生命学院	优秀党员	民革大连市委	2007-12
李晓杰	力学系	优秀党务工作者	农工党辽宁省委	2007-12
刘凤伟	计算中心	优秀党员	农工党辽宁省委	2007-12
丛家瑞	离退休处	优秀社务工作者	九三学社大连市委员会	2007-12
韩　敏	电子与信息学院	优秀社员	九三学社大连市委员会	2007-12
张建红	研究生院	优秀社员	九三学社大连市委员会	2007-12
齐东海	离退休处	优秀社员	九三学社大连市委员会	2007-12
董　锋	人文社会科学学院	优秀社员	九三学社大连市委员会	2007-12
刘凤朝	人文社会科学学院	优秀社员	九三学社大连市委员会	2007-12
张醒洲	管理学院	优秀社员	九三学社大连市委员会	2007-12

（续表）

姓名	单　位	获奖名称	授奖单位	授奖时间
郭子坚	土木水利学院	优秀社员	九三学社大连市委员会	2007-12
丛家瑞	离退休处	2006～2007 年度辽宁省优秀社员	九三学社辽宁省委员会	2007-12
韩　敏	电子与信息学院	2006～2007 年度辽宁省优秀社务工作者	九三学社辽宁省委员会	2007-12
齐东海	离退休处	全国教育系统关心下一代工作先进个人	全国教育系统关心下一代工作委员会	2007-12
陈廷国	土木水利学院	辽宁省教学名师	辽宁省教育厅	2007
于惟惟	土木水利研究生办公室	大连市“优秀思想政治工作者”	大连市教育局	2007-12
郭　驰	研究生院	辽宁省就业工作优秀工作者	辽宁省教育厅	2007-12
郭　驰	研究生院	大连市优秀学生思想政治工作者	大连市委高校工委	2007-12
王晓东	研究生院	大连市优秀学生思想政治工作者	大连市委高校工委	2007-12
臧晓红	研究生院	大连市优秀学生思想政治工作者	大连市委高校工委	2007-12
宋　丹	研究生院	大连市优秀学生思想政治工作者	大连市委高校工委	2007-12

毕　业　生　名　单

大连理工大学第八届学位评定委员会第5次会议授予硕士、博士学位名单(2007-01-07)

博士学位(85人)

[1] 工学(74人)

物理与光电学院(1人)

光学工程

乌　旭

工程力学系(1人)

工程力学

张　昭

机械学院(12人)

机械制造及自动化

刘彩燕　江连会　魏晓鸣　苏建修

机械设计及理论

侯建华　于万波

机械电子工程

王　宁　任全民　赵　纯　赵国勇　李立伟

丁富华

材料科学与工程学院(6人)

材料学

李　锋

材料加工工程

宋　刚　高亚丽

材料物理与化学

刘志文

材料表面工程

杨　涛　董　斌

土木水利学院(20人)

水力学及河流动力学

刘亚坤　顾峰峰

结构工程

高淑玲　李趁趁　张建玲　张玉梅　刘骥夫

董香军　徐　波　商怀帅

水利水电工程

杨晓明　赵凤遥

水工结构工程

钟燕辉　杜荣强　王建全

水文学及水资源

郭　瑜　武新宇

防灾减灾及防护工程

焦　莉　伊廷华

岩土工程

赵　杰

化工学院(19人)

应用化学

王　俊　牛金海　侯　军　王海平　鲍利红

李　露　吐　松　孙岩峰　李　斐　于春睿

杨玉川

化学工艺

祝　刚　张小勇　夏良志　朱玉东　魏立纲

化学工程

扈显琦

工业催化

王亚男　周锦霞

船舶学院(2人)

船舶与海洋结构物设计制造

范小宁　朱秀莉

电子与信息学院(6人)

计算机应用技术

谢景新　岳　训　于　红

信号与信息处理

赵玲玲

控制理论与控制工程

张立权　陈余庆

能源与动力学院(1人)

动力机械及工程

曾　文

管理学院(2人)

管理科学与工程

单世民　姜韶华

环境与生命学院(3人)

环境工程

贾保军　孟志国

生物化工

刘　晶

[2]理学(8人)

应用数学系(8人)

计算数学

张华军　邵红梅　孟兆良　王丽敏　刘志军

运筹学与控制论

金　丽　袁学海　沈　洁

[3]管理学(3人)

管理学院(3人)

冯丹龙　李明斐　孙　岩

硕士(1520人)

[1]工学(813人)

物理与光电学院(3人)

光学工程

马　明

微电子学与固体电子学

张睿君

生物医学工程

胡孝朋

工程力学系(11人)

固体力学

高忠鹏　张孝卫　陈巨斌　周柏华　袁艳丽

工程力学

李泽成　曲　娟　刘大辉　廖敬波　吉桂秀

计算力学

王海江

机械学院(174人)

机械制造及其自动化

张东海　王彩玲　李焕丽　丛高伟　张国义
张　旭　王化楠　王艳辉　韦秋宁　余国权
沈洪源　邢　晋　刘海龙　刘海军　邱扬英
吴海洋　于文波　鲍伟鸽　亢　潘　张　磊
左保胥　潘名军　陈　永　孟庆涛　汪　崇
乔　飞　辛宏彦　佟艳娇　姚　强　宋文庆
黎　振　王劲松　陈栋良　刘　朋　张海军
黄燕华　王　勇　陈世江　刘　波　杨晓倩
李文丽　黎良田

机械电子工程

王　科　王志勇　徐　敏　王竹卿　姚弘铁
王　炜　李岳峰　罗汝林　赵林毅　柴　欣
曹运涛　焦　通　王玉龙　唐　淳　杜　宇
刘喜平　辛志东　杨登峰　陈　玮　赵与越
邓　蕊　秦　江　夏　天　崔健超　尉元杰
孙　毅　刘利兵　李　建　赵文龙　李　祥
沈宝宏　孟晶晶　王丽丹　魏玉新　许　良
侯素礼　张明辉　孔　兴　蔡福海　阳美文
张林燕　李相涛　贾　特　刘传刚　邢念水
鲍永杰　王海洋　余尚春　刘景珍　丁书斌
刘　铁　李艳军　杜汉平　邓　睿　徐继涛
刘晓杰　曹学凤　马　锐　王　斌　马汝彩
王　远　刘弟新　刘世兴　单　婷　张　娜
王　芳　蒋　巍　李　琳　张一鸣　冯晓光
翟　怡

机械设计及理论

何建凯　刘洪伟　罗琰峰　金立刚　郭春华
汲丛平　王　力　常义冬　侯永强　侯　侠
孙　爽　张维镇　张　俊　王昌荣　殷复振
荆鹏飞　王永辉　李国超　高晓平　张国平
郭扬立　廖祖平　刘大维　王淑坤　郑金勇
林延君　孙　江　崔文静　孙　纲　石颂红

微机电工程

李　楠　刘　亮　尹　东　吕　岩　梁晓成
张　强　赵　帅

工业工程

张　亮　宋立涛　杨　婧　郝东升　张　涛
张　雄　郭晓霞　仲继超　齐　亮　马　璐
阎晓明　张素芳

精密仪器与机械

肖云聪　贾乾忠　孟　宇　陈　涛　郭艳灵
孟庆祎　贾　艳　康　凯　杨明净

模式识别与智能系统

于振波　陈　珊　白　玉

材料科学与工程学院(45人)

材料物理与化学

王丽阁　郭　鹏　柴　展　都　健　迟丽娜
徐晓明　姜　楠　南　歌(Nigel)

材料学

朱振华　韩晓光　曹保胜　苟　伟　倪　军

王威娜　李守华　宁韶斌　李继承　张　昕
聂　颖　邢　丽　杜景永　贵海芬

材料加工工程

王　祯　张　大　王生希　叶国萍　李全育
杨尚玉　张　婷　王廷利　陈东风　崔晓冬
陈晓东　詹慧英　张环月　高学鹏　吴亚萍
张保庭　叶昌科

材料表面工程

张　智　钟　彬　杜纪柱　赵建强　常晓亮

生物医学工程

王昌明

土木水利学院(64 人)

结构工程

孙宏伟　李大永　张明媛　刘　磊　马晓华
邱　晖　翟　雪　尹机会　唯常雄　孙维才
张纯玉　康　晶　李　龙　赵海波　卜　丹
时冬冬　王　堃

材料学

张文平　伍君勇　王安成　李慧芝

市政工程

李　胜　牟　达　赵东晖　崔　丛

供热、供燃气、通风及空调工程

金　余　杨文秀　薛　静　陈翠英　蒋　爽

防灾减灾工程及防护工程

周睿博　解中辉　段鸿杰　刘海兵　方炫强
张跃红

土木工程管理

苗毓海　纪晓宏　周　华　常金鹏　李荣星
宫晓强　录慧丽　林祥金　崔旖娜　王建东
刘祥瞻

水文学及水资源

孙万光

水力学及河流动力学

任　妮

水工结构工程

赵　娟　尹祥平　杜　好　胡春红　沈　慧
吴家耀

港口、海岸及近海工程

李　巍　王达川　唐　臣　房　卓　唐琰林
孙金丽　赵刘群　朱立岩　张　鹏

化工学院(31 人)

化学工程

刘　芸　吕雪飞

化学工艺

杨国辉　孟秀英　吴德民

应用化学

秦　鹏　王彦娟　郭　方

化工过程机械

古海波　迟　祥　田家宝　张　燕　柳　智
钱卫强

工业催化

王　丽

膜科学与技术

石宝强

水科学与技术

付红苹　李笑岚　王　迪　刘忠强　安　鹏
张凤娟　丁会请　代文臣　丁　华

安全技术及工程

祝传钰　杨少丽　丛成龙　蔡　涛　邢英杰
杨宁祥

船舶学院(47 人)

船舶与海洋结构物设计制造

韩晓双　王蒙蒙　史　光　俞　锐　田本涛
陈忠华　高冬冬　居桦桦　李　妍　孙盈盈
李志强　孙　宇　单豪琳　潘作为　张成舜
任大朋　于得会　孙明赞　赵　锐　张玲玲
耿元伟　王　克　谢东维　孙丽娜　廖忠凯
郁卫东　厦伟君　刘　磊　邱海荣　刘　志
王龙冠　郝　清　杨　帆　王　博　唐　亮
常会青　厦益美　杨永胜　汪　鸿　刘连海
张　敏　徐利霞　刘　磊　鲁　肃

水声工程

吴　芳　刘　姝

轮机工程

李作志

电子与信息学院(299 人)

计算机软件与理论

谢全朝　刘　超　杨德来　扎　那　谢　骏
方建平　姜　锋　毛婷婷　李新光　苏会珍
张应利　张　峰　何钦来　王春梅　齐俊艳
邓成瑞　张朝解　王杜娟

测试计量技术及仪器

周丽玲　明　名　张云霞　娄　敏　孙晓辉
王海波　邵春玉　许成才　顾　铭　钟连学

物理电子学

张　赫　崔　恒　李鹤楠　徐　健　孙代平

范佳林　石伟韬　卢晓光　李　伟　刘　敏
钱胜斌

电路与系统

王　超　孙宝龙　付树东　刘　洋　苏再焘
丁小燕　党　杰　张献梅　张　鹏　刘一玮
包化成　卢永红　程燕飞

通信与信息系统

赵　曦　高　旭　陈晓卉　曹晓磊　马品宏
于　锟　韩金侠　张　倩　李　红　张亚周
邹德莉　盛　楠　宗献波　甄　真　李晓雷
彭世荣　苗晓伟　刘金龙　贾金锋　乌云达来
董　杰　齐　欢　袁　英　李　明　常玉保
朱　明　陶　锐　朱　彬　王书诏　孔令波
孙璐璐　梁忠杰　朱延武　刘保卫　吴　斌
吴　蓓　于　健　王　涛　许　凤　袁崇涛
刘明贺　林　辉　钱诚慎　王呈昊　周　坤
姜　莹　刘　瑾　马　辉　于大雷　安丙辰
武　建　刘在英　刘小宇　姚　莹　胡婷婷
耿红敏　邓　姿　李志欣　陈　力　王忠军
张艳丽　全伟伟　刘　娜　杨春晖　代金良
陈瑞清　刘　宇

控制理论与控制工程

藤少龙　杨志康　张明霞　赵　丰　刘新航
刘万胜　郭　峰　贾润达　张冬冬　夏相春
刘庆刚　曹　娟　刘　喆　陈水德　王伏秋
李　健　范明明　逄　勃　王志强　史志鹏
张　黎　祝文军　让思婧　赵松龄　刘君祖
俞志英　刘淑波　郭双城　赵　姣　亢俊红
姚义平　崔艳艳　庞延庆　色艳妮　赵　剑
秦晓丽　张莲莲　潘　伟　张彦召　琚　伟
兰俊杰　程美珍　杨　琛　祁建广　闫　菲
韩　嵘　于　芳　李　斌　吕凌欧　杨　帆
孙　越　谢　琦　俞瑞富　穆云峰　彭忠芳
王　妍

检测技术与自动化装置

罗丽丽　彭　军　刘　涛　于伟庆　孙　健
高　岚　王雪苗　杨文涛　王慧娟　庞古风
戚兴才　乌江津　杨　畅　朱廷峰　张铁锋
马馥婷　鲁辛凯　王　娜

模式识别与智能系统

史伟君　高　磊　郭　帅　陈生昱　王妍梅
关　力　马　艳　杨　菁　朱志学　李跃华
甄翠平　王　宏　金　杰

计算机系统结构

杨昊霖　付易鹏　赵　童　王　伟　张　欣

计算机应用技术

刘　军　刘志轩　倪晓颖　闫帅岭　查　峰
涂鸿雁　肖侯亮　杨云杞　李晓飞　张晓莉
李栋梁　胡晓伟　王甲纲　张建华　孙玉成
杨云柯　张　旭　徐瑞国　柴春胜　左书涛
李亦柯　赵佳鹤　王　勇　刘　庚　张　雷
唐　闯　刘亚欣　于浚涛　闫俊杰　刘海峰
孙世昶　郭震宇　葛午未　赵永生　马丽丽
张俊良　李晓娜　赵殿奎　金运通　于晓光
甘小方　于雪晶　秦　峰　朱小锋　王海涛
朱　娜　董　静　王发智　宋　磊　宋文静
王　波　徐玉霞　孙天凯　韩　东　杨秀金
熊才刚　郭冬卿　孟新红　金　涛　刘伟强
梁　辉　吴春红　张航黎　赵水昌　史　超
贾　斌　肖永平　侯典荟　范成涛　王守彦
马　松　孟庆海　李文成　刘　屹　刘艳博
李　寒　张　静　李嘉琳　郭定明　张　明
张树林　吴　琼　何光伟　佟　宁　王莹莹

生物医学工程

谭贵霖　原　军

测试计量技术与仪器

来庆宇

能源与动力学院(45 人)

车辆工程

米梦冬　刘学静　陈玲玲　李启迪

工程热物理

潘洪亮　孙志君　薛莹莹

热能工程

刘志杰　周吉利　董建华　赵家军　孟凡威
朱　杰　孟晓萍　王金香　张淑荣　祝　芳
吴祯祥

动力机械及工程

金　娜　王晓宇　陈　雷　宋　勇　孙永茂
宋　鹏　苏　新　周海涛　孙连科　陈　曦
刘　刚　孙有根　任艳芳　马晓文　廖春明
王　龙　王永高　于　淼　周子筠　李　刚
介红恩

流体机械及工程

李　芳

制冷与低温工程

田　帅　仲　岩　艾宏伟　夏梦心　李永辉

管理学院(7 人)

系统工程

付　裕　王玉影　曾爱民　孙丽君　刘安佐　张　新

管理科学与工程

邓晓梅

建筑与艺术学院(11 人)

建筑设计及其理论

于　江　孙志敏　韩朝炜　苗　琦　陈　喆　穆　清

城市规划与设计

霍海鹰　陈　亮　陈　雷　景　晨　赵晓凡

环境与生命学院(51 人)

生物化工

刘　欣　汪　卓　孙　宇　刘　丹　刘　岚　张　娟　李建勋　梁海泳　鲁诗锋　徐　磊　曾勇峰　郑旭龙　蒋冰飞

环境科学

门苗苗　宋　晨　王宜成

环境工程

董　涛　马佳彬　崔燕军　牟冠文　马　磊　张晓梅　陈晓慧　曾宏德　朱　悦　罗华霖　黄虎宁　李晓丽　张　鹏　刘　强　白俊跃　张　扬　柳玉肖　刘　琴　徐　兰　夏丽萍　郑攀峰　曹　锋　耿长君　宋晓锐　黄冬琳　李承禹　于晓菲　付　宁　侯　莉　魏奇锋

生物医学工程

田媛媛　戴明舒　毛玉荣　陈书博

膜科学

王珊珊

软件学院(25 人)

软件工程

师晨曦　姜新娜　务志坤　岳　峰　刘　磊　赵雨濛　吴松华　邓　云　林　兰　毕　玲　姚红艳　杨　松　耿晶石　任春屹　费学术　付　静　刘　瑜　刘芳芳　姜增虎　杨　洋　赵　辉　丁达志　杨　彬　王智慧　陈茂华

[2]理学(30 人)

应用数学系(2 人)

计算数学

魏传安

运筹学与控制论

谢震乔

物理与光电学院(18 人)

理论物理

李　帅　徐赛轶　闫　芬　张均锋　靳　静　高文斌

等离子体物理

王晓东　周大鹏　张　健　胡远荣　姜　克　孙成伟

凝聚态物理

王永亮

光学

杨艳芳　马业万　姜宇驰　郭建成

生物物理学

李珊珊

化工学院(6 人)

物理化学

张圣涛　张　宏　邓少亮　段海宝

无机化学

胡　展　谷白云

管理学院(3 人)

系统分析与集成

熊　英　单　元　于　越

环境与生命学院(1 人)

生物化学与分子生物学

侯英敏

[3]管理学(28 人)

管理学院(26 人)

管理科学与工程

张　毅　张天达　翟希东　郭晨星　张　磊　李　伟　魏崇金　张　璐　戴文琦　刘　驰　王雪杰　郭瑞东　方　艳　沈剑峰　郭建文

企业管理

徐　及　范文晋　林　伟　沈湘筠

技术经济及管理

李　博

行政管理

刘英爽　王艳耘　张彦聪　李大海　孙　晶　慕善明

人文社会科学学院(2 人)

科学学与科技管理

董惠玲　张兵兵

[4]哲学

人文社会科学学院(2 人)

科学技术哲学

吴　获

马克思主义哲学

王莉丽

[5]农学(3人)

环境与生命学院(3人)

作物遗传育种

王国坤 王 亮 关永贺

[6]文学(46人)

人文社会科学学院(19人)

传播学

于 洋 朱 钢 李 华 王 彬 谢忠波
杨国轶 付寒松 吴振华 赵书泉 李文林
邵海峰 李日伟 张轶群 刘先政 吴作江
王 旭 周文杰 姚化成 李 响

外国语学院(27人)

外国语言学及应用语言学

赵红霞 单 丽 颜景义 李 群 庞 佳
佟 玲 石 巍 肖 颖 黄文澜 冯秋香
由志慎 张 睿 高 杲 杨 蕾 闫 丽
朱宝峰 童 娟 李欣歌 陆 洋 李 薇
李 俊 郭鸣宇 韩兰灵 王玉翠

英语语言学

李 雪 于 丽 周 喆

[7]经济学

经济系(2人)

产业经济学

杜晓琳 赵晓莉

[8]同等学历(38人)

材料科学与工程学院(1人)

材料加工工程

赵 红

土木水利学院(4人)

结构工程

蔡景思 项连清 宋春红

材料学

谭晓倩

化工学院(9人)

工业催化

高玉兰 孙素华 王丽君 张淑梅 乔 凯
王少军 韩照明 奇慧敏 徐友朋

电子与信息学院(2人)

计算机应用技术

张剑猛 郑志丹

能源与动力学院(2人)

动力机械及工程

幺立新

流体机械及工程

王 巍

管理学院(10人)

技术经济及管理

陈桂妍 缈向辉 杨文彦

管理科学与工程

赵亚彤 李 芳 尚鸿雁

企业管理

李雅娟 崔 嵩 孟繁慧 黄玉波

人文社会科学学院(1人)

管理科学与工程

黄彩英

外国语学院(2人)

外国语言学及应用语言学

张宁光 王 倩

建筑与艺术学院(1人)

城市规划与设计

李 欣

环境与生命学院(6人)

生物化工

邓惠玲 郑 维 孟凡红 张华微 杜丽娟

环境工程

王丽玲

[9]EMBA(18人)

贾德国 王笑萌 董 英 宋广喜 崔 维
褚宝玉 范国权 李 云 刘 青 刘明江
张海锋 李 军 吕雪峰 王晓华 谭延伟
阎复华 许 强 李红辉

[10]秋季MBA(82人)

曾 一 王海川 阎善华 谢礼苏 张 辉
张 军 李效轶 栾凤君 刘丽艳 秦广琦
林海涛 张晓兵 尚成斌 郑大宁 金 照
盖 宇 曹 治 赵国军 曹秉才 马鹰慧
于家新 邵小林 史成伟 马慧莲 谢 璐
孙大为 郑琳琳 刘贵传 刘锦梅 马世韬
李宏伟 尹文忠 丛 明 安宏飞 朱云东
尤鸿锋 朱 红 王德举 吴晓旭 马萃颖
栗 岩 肖艳丽 赵 平 孙德红 汪德晟
权 明 王 海 丁 琳 于 岚 刘敬新

张 旭 李 逊 董月娇 马 俊 张 丽
裴亚涛 梁昌龙 徐景森 宋良霞 赵忠泽
宋春喜 周 霓 张艳军 王 涛 仲昭明
宋新宇 王梦蓉 章 穗 郭 风 张玉波
刘一南 宋洪青 张 宁 刘向东 孙 毅
臧 楠 朱宇翔 许 宁 党玉静 王 珍
韩念超 崔 鹏

[11]春季 MBA(21 人)

吕卫东 史振玺 刘高鹏 戚 阳 宋 平
史首民 李振岳 杨金成 张钧胜 徐 平
王雪梅 常 宏 吴治国 丁连成 王 水
王玉环 孟彦侠 赵砚青 董同福 宋 辉
牟国柱

[12]高校教师(16 人)

物理与光电学院(2 人)

光学工程

迟建卫

理论物理

丁晓东

机械学院(11 人)

机械电子工程

孙 锐 刘亚梅 于志新 王 晖 郭晓兰
田 彦 杨慧香 马国瀚 张琳琳 李会杰
宋 新

土木水利学院(3 人)

结构工程

赵 婷 丁可轩 王淑红

[13]工程硕士(421 人)

机械学院(37 人)

机械工程

刘文萍 付君彪 孟永顺 王大鹏 董继国
李海明 姜官斌 李志顺 钟广明 李宝金
曹德飞 赵国志 高 放 王国栋 周 俭
张树胜 姜延奇 于咏静 谢广辉 鄂立军
苏 杰 张永帅 李军昌 刘志可 郝玉燊
刘亦军 王 威 陈道军 应自刚 郭玉伟
尹志刚 李晓明 邵俊荣 任红军 郭 旭
王冠明 吴春宇

土木水利学院(17 人)

建筑与土木工程

张胜利 邸 军 阎 萍 李恩钊 陶 钦
侯春凯 王伯霖 王立春 刘 宇 刘海勇
林学玮 刘 健 杨小峰 卢 刚 郝东辉

项目管理

赵 萍

水利工程

靳光辉

化工学院(12 人)

化学工程

孙大志 赵孝伟 秦墅君 于丽颖

化学工程(化工机械)

林 然 杨国强 陈 旭 钟 山 陶大勇
赵继文 丁海宽 闫 洁

电子与信息学院(98 人)

计算机技术

张 海 林 斌 陈治玮 刘笃韶 孙彩萍
王自明 杨 杨 佟 巍 于 阁 葛日波
李婷婷 原慧臻 王玉章 佟 铁 李 琴
马 强 王晓芳 张建威 王 鹏 庞铁力
吕大穷 张国祥 杨宏元 房金枢 李嘉桓
阮 静 金 龙 陈光瑞 刘 刚 黄永兴
张文广 陈 利 董震斌 杨生震 于金龙
卢冠华 祝 海 王 军 曹丽莉 马江峰
王 臻 王 业 毛志瑞 胡珊娜 赵 揩
蒋新革 林 琳 郭翠琴 史小鹏

电子与通信工程

王 琦 王天虎 金 明 权 维 程 巍
宋司兵 韩颖煜 王吉彪 张艳丽 袁湘晖
刘 伟 金兆杰 褚永刚 陆元敏 杜敏安
周 荣 刘秋辉 杜小威 尹 航 高 强
沈立涛 丛纪伟 王 兵 李秋生 都 洋
林振宇 李 非 闫金凤 栾振涛 王凤勇
张葆刚 闫 路 任立清 张 铭 张炬国
阿斯哈 杨鸿雁 李 杰 丁雪梅 张俊杰
张利强

控制工程

李云鹏 陈 斌 陈柏宁 姜立柱 钱 军
孟宪勇 王 强 张浩宇

管理学院(3 人)

控制工程

刘 爽 毕 旭 程继革

软件学院(251 人)

软件工程

韩 冰 王铭钢 杨艳国 孙敬华 裴宇飞

彭　钢　车　颖　王　勃　侯　蕾　陈敬义
秦　力　林英彬　王续庆　王　颖　黄　河
李　宁　王　昕　王　铁　刘重星　陈媛芳
周　妍　王　磊　赵　弘　齐剑峰　宁　波
周云鹏　于永康　穆怀宇　陈　鹏　马　玲
裴乃鹏　付长浩　丛　琳　乞大永　曲宗巍
张　英　刘　蕾　孙　波　王广弘　刘　玥
马俊强　车馨瑞　郝志娟　迟　俊　方　彦
张恩昊　刘义军　柳婷婷　王雁飞　解　亮
王铭旭　王　威　熊　驰　閆宏伟　尹　杰
吴　丹　马　进　朱　哲　杨　亮　王元毅
路　遥　史　楠　赵元源　王晓宁　王　磊
刘新宇　高　亮　史　博　李　洋　夏炳俐
姜　敏　李　鹏　董国巍　周秋丹　李　凤
张继宏　牟晓霞　吕　盈　陈雁鸣　王佳凡
车亨燮　楚丽洁　杨晓娜　付子昱　刘春艳
张家爱　姜春风　常淑华　刘　宇　王丽辉
国　鹏　王海波　朱宏伟　王丽芬　马明涛
李春艳　李玉华　任宪梅　刘宝军　孟范立
陈殿伟　鞠　剑　关金贵　李海霞　戎　成
李　璐　夏国辉　周剑波　须　磊　卢雪峰
景秀眉　江　锐　桑世庆　刘国兵　夏盛尔
陈　亮　沈音乐　谢　川　潘承恩　陈华鹏
颜慧佳　陈卫平　范华龙　季　定　章　俊
丁　军　许惠恒　黄　围　杨江鹏　钟家春
朱　捷　史建成　王德松　陆文萍　孙　磊
黄　懃　刘玉平　印　昊　朱　彤　陈世民
潘自强　陈　颖　茅佳乐　陶天明　张志强
李丹霞　王　欣　姚国强　吴韶平　张　亮
李　雨　钱　炜　俞晓妮　李　黎　周明君
康士臣　王　涛　毕　军　董凤服　雍　洁
宋天洪　何大伟　宿绍臣　陈　君　王春阳
黄以文　栾　青　马玉华　郝成喜　任宝福
张煜韬　董　立　徐建强　王永生　俞红东
朱凤亭　朱　文　宋洪志　朱朝伟　张连怀
赵传林　付运兴　郭　颖　孙　然　李　锐
刁立延　宋祝军　周新宇　周　海　王俐丽
韩国华　关沛丰　曾胜祖　李　行　王英君
陆　续　包良勇　温崇宁　唐国斌　冯　伟
王　涛　刘　君　孙　波　陈宁一　潘　勇
王　鹏　周　晖　郑爱华　孟　林　胡　博
李　峰　周　军　张善勇　蒋　新　孙传章
王宏珺　祖凤武　龚世雄　索洪巍　刘　微
杨志家　陈久仁　刘修山　马嘉虹　于宏霞
孙凤艳　李文汇　刘欣梅　董志刚　梁彦华
孙文宝　宋家庆　李成铸　田中安　孙国芳
石　全　刘春光　李凤喜　齐凤河　宫洪岩
董圣慧　任春祥　薛　梅　陈　军　王茂波
张洪滔　郭　春　刘庆军　孙　璐　杨　超
曲晓莹

环境与生命学院(3人)

环境工程

赵　彬　张　敬　张红星

复审(75人)

[1]工学(45人)

工程力学系(2人)

固体力学

韩　雷

工程力学

鞠翠荣

机械学院(7人)

机械制造及其自动化

林　玮

机械电子工程

王红日　赵怀皓　冯志强

机械设计及理论

豆　征

微机电工程

王　敏

生物医学工程

许　涛

材料科学与工程学院(2人)

材料学

马洪列　王建辉

土木水利学院(4人)

材料学

俞正浩

结构工程

曹　旭

市政工程

赵利明

供热、供燃气、通风及空调工程

徐　楠

化工学院(4 人)

化工过程机械

张令品

应用化学

马荣华

膜科学与技术

閆　澍

水科学与技术

吴广华

船舶学院(2 人)

船舶与海洋结构物设计制造

李　可　邓　波

电子与信息学院(15 人)

计算机应用技术

叶南荣　孙　昱　苏庆福　王月娟　林　刚　何兆祥

电路与系统

王用涛

通信与信息系统

邱志坚　韩满江

信号与信息处理

刘飞歧　段长春

控制理论与控制工程

庞　伟　孙晓奇　任学淳

能源与动力学院(3 人)

制冷与低温工程

达　拉

车辆工程

贺小勇

热能工程

李　蕾

环境与生命学院(4 人)

生物化工

张俊钦　蒋彩平

环境工程

孙　巍　王方铮

软件学院(1 人)

软件工程

杨思佳

[2]文学

人文社会科学学院(1 人)

传播学

袁缙村

[3]哲学

人文社会科学学院(1 人)

科学技术哲学

陈　娟

[4]工程硕士(28 人)

机械学院(3 人)

机械工程

王大勇　燕　君　孙德英

土木水利学院(1 人)

建筑与土木工程

马　兵

化工学院(1 人)

化学工程(化工机械)

张天宇

电子与信息学院(4 人)

计算机技术

曲卫波　刘继峰

电子通信工程

肖　刚

控制工程

宋文峰

环境与生命学院(1 人)

环境工程

孟祥键

软件学院(17 人)

软件工程

张俊宁　何　一　李　程　樊　亮　张乃恒　赵　剑　李瑞达　杨　硕　范方琦　陈永锋　王立峰　戴　庶　李红光　王　岩　孙晓明　王　跃　李　涛

[5]同等学历

化工学院(2 人)

物理化学

米卫红

工业催化

赵乐平

大连理工大学第八届学位评定委员会第6次会议授予硕士、博士学位名单(2007-04-07)

博士学位(74人)

[1]工学(65人)

工程力学系(10人)

固体力学

楚锡华　李荣涛　王　刚　刘　圆　韩　治

李伟东　高　强

工程力学

谢兴华　张越举

岩土力学与环境工程

王悦东

机械学院(7人)

机械设计及理论

张　宝　张利萍

机械制造及自动化

张　浩　赵丹阳

机械电子工程

张　宏　苑　宇　刘　巍

材料科学与工程学院(4人)

材料加工工程

连　峰

材料表面工程

陈　涛

材料学

原思宇

材料物理与化学

李名润

土木水利学院(15人)

岩土工程

范庆来

防灾减灾及防护工程

李　钢

水工结构

闫　滨

材料学

郑芳宇　迟耀辉　史　非

桥梁与隧道工程

李生勇　王会利　黄海新　藤启杰

结构工程

任庆新　王怀亮　张　众　张秀芳

水文学及水资源

李丽琴

化工学院(12人)

化学工程

何广利　刘红晶

应用化学

崔爱军　徐勇前　邢国秀　刘　深　乐传俊

时　磊　高　岩

化学工艺

张　兵

工业催化

严　佳

船舶学院(3人)

船舶与海洋结构物设计制造

周　平　汪　骥　胡日强

电子与信息学院(1人)

微电子学与固体电子学

黄正兴

能源与动力学院(4人)

动力机械及工程

蒋　坚　魏立东　杨洛鹏　孔　峰

管理学院(3人)

管理科学与工程

席运江　许　文　王　征

环境与生命学院(6人)

环境工程

靳承铀　张劲松　吴　丹　王敬贤　王　梅

孟凡刚

[2]理学

物理与光电学院(1人)

等离子体物理

孙晓霞

[3]管理学(8人)

管理学院(5人)

技术经济及管理

曲　刚　于成学　朱方伟　杨　毅

管理科学与工程

宋　丹

人文社会科学学院(2人)

管理科学与工程

李作学　贺　旻

经济系(1人)

管理科学与工程

丁永健

大连理工大学第八届学位评定委员会第7次会议授予硕士、博士学位名单(2007-07-02)

博士学位(137人)

[1]工学(107人)

物理与光电学院(18人)

理论物理

张乐波　王　玮　邵　颖　常葆荣　崔海涛　于长水　曹海静　陈　菁　张成武

原子与分子物理

元凯军　张志红

等离子体物理

毛　明　徐　翔　刘艳红　张禹涛　王正汹　段　萍

光学工程

刘维峰

工程力学系(14人)

工程力学

曹先凡　王　博　于　骁　马国军　廖爱华　王　辉　杨智荣

固体力学

吴　振　姚　征　马　源　顾　金　张维祥　韩先洪

岩土与环境力学

唐洪祥

机械学院(5人)

精密仪器及机械

马骊群

机械设计及理论

唐旭晟　魏鸿磊

机械电子工程

王敏锐　裴　伟

材料科学与工程学院(7人)

材料学

张兆栋　黄莹莹

材料加工工程

张全忠　郭庆涛　张　琦

材料物理与化学

高　鹏

材料表面工程

王　旭

土木水利学院(20人)

结构工程

陈凤山　尚作庆　杜建国　姜　睿　洪　雷

水工结构工程

袁永博　李　静　王忠昶　李　波

水文学及水资源

彭　勇

防灾减灾及防护工程

宋志宇　李　钢

岩土工程

樊　成　何　杨　齐剑锋　崔春义　朱训国　叶祥记

港口海岸及近海工程

赵云鹏　程永舟

化工学院(13人)

应用化学

宋　辉　朱金丽　武素丽　蒋　施　李英玲　李小松　吴国鹏　吴云扣　王娇炳

化学工程

周兴东

工业催化

赵晓波

材料学

魏　菊　刘志勇

船舶学院(3人)

船舶与海洋结构物设计制造

李玉刚　张光发　孙　波

电子与信息学院(12人)

计算机应用技术

仲崇权　高　红　王红军　单菊林

信号与信息处理

王冬梅　刘文红　郭文强　张　旭

控制理论与控制工程

刘　艳　覃一宁

微电子学与固体电子学

申　爽　张凤田

管理学院(4人)

管理科学与工程

覃毅延　马晖男　杨　红　刘建国

环境与生命学院(11人)

环境工程

田　颖　孙义鹏　陈晓旸　王　耕

生物化工

姜爱丽　金赞敏　牟　英　张　杰　刘海军

李永红　王　严

[2]理学(24人)

应用数学系(24人)

基础数学

李红霞　邵红梅

计算数学

刘红梅　孙树林　王　欣　李玉双　吴　军

刘　娜　乌云高娃　贾藏芝　张渊渊　智红燕

黄定江　郑　莹　袁春欣　朗丰贡　吴金明

运筹学与控制论

张茂军　董玉林　王昌龙　郭雨珍　刘自新

吴自凯　铁　军

[3]管理学(6人)

管理学院(5人)

曹景山　赵一平　杨建华　姚　宏　曲　英

人文社会科学学院(1人)

王昭翮

硕士学位(1595人)

[1]工学(497人)

工程力学系(35人)

固体力学

张延卓　刘天旭　于长泳　包震宇　郭迎新

刘小惠

一般力学与力学基础

李　永

流体力学

林延溥　王恭义

工程力学

于　谨　王懿翎　李道中　宁红超　胡洞民

李　征　王汉兵　姜　力　脱朝智　陈　曦

孙　贞　刘　鹏　王先云　王　娜　王丰芝

聂臆瞩　李佳佳　徐克生　杨春峰　毕金英

计算力学

胡永明　索　强　别　俊

岩土与环境力学

李云龙　赵静毅

生物医学工程

杨慧青

机械学院(22人)

机械制造及其自动化

杜占辉　郭庆义　刘国松　邬闪龙　尹颂扬

邓宗庆　李　灿

机械电子工程

邝圆晖　李景辉　刘海龙　李德建　于　虎

机械设计及理论

李金澎　郭　瑜　杨旭日　吴金来　苏　磊

孟庆琳

微机电工程

朱　浩

工业工程

姚夏莉

精密仪器与机械

张俊杰　吕　艳

材料科学与工程学院(20人)

材料学

陈学伟　虞红燕　刘圆圆　胡　冰　于远飞

潘进兵　刘伟伟　陈　凡　石昌仑　朱德才

材料加工工程

柳绪静　赵玉兰　侯忠霖　冯　炜　邬丹丹

谭锦红　李伟平

材料表面工程

刘欣杰　于忠锋　朱旭光

土木水利学院(103人)

结构工程

韩　超　陈　军　曹　丹　梁耀龙　董　成

苏江锋　任清波　宋　伟　刘志鑫　陈生年

张　宁　徐士弢　杨成蛟　崔文涛

岩土工程

张小玲　陈　晨　初　巍　宋晓晨　徐晓艳

于　卉　孙　岳　栾心国　刘　枫　刘　嘉
杨　钢　申群璨　张文峰　李　靖

材料学

董延安　霍　星

市政工程

罗　驰　王亚成　刘佳音

供热、供燃气、通风及空调工程

郑晓琴

防灾减灾及防护工程

白宗琨　洪天华　任月明　金　刚　苗　苗
梦凡伟　杜勇刚　高　博　李兆明　赵　真
田子坤　吕淑杰　王卫争　张　栋　倪向雷
周广东

桥梁与隧道工程

王培晓　赵维贺　刘　涛　姜　涛　沈　璐
郭　聪　孙宝生　陈　君　荆友璋　吴成智
方国强　安丽勇　吴宏业

土木工程管理

孙　毅　李光红　阮宏博

水文学及水资源

李占英　张丽娜　刘盈斐　张　真　孔　猛
董　霞　徐瑞华

水力学及河流动力学

靳大雪　王领元　王建超

水工结构工程

孙德胜　赵　磊　王变革　范武强　郭建业
黄盛铨　史永霞　李　敏

水利水电工程

张国强　吴玉龙　晋兴伟　刘建峰　马开彬
曹　伟　邹磊堂

港口、海岸及近海工程

王　昕　徐兆全　田　丹　刘　娇　王　进
沈　丹　胡忠璜　肖　杰　胡雪明　王　岩
刘丽娜　刘　娜

化工学院(182 人)

材料学

李超群　赵　婵　任春晓　钮振强　田　婧
曾凡君　王丽姝　卢彦斌　张素文　郑仰才
胡百九　吴　迪　冯大磊　吕婵婷　邱　芳
唐立敏　刘　洪

流体机械及工程

丁美霞　李　宇

化工过程机械

高彦宁　王　欣　付　勇　王　剑　高晓丹
白巨娟　任雅宁　肖　敏　姚常亮　刘金英
张亚宁　李　莹　许晓飞　魏茂强　薄纯智
王　琨

化学工程

陆　凯　陈顺杭　汲大朋　姜秀美　张　婕
高忠凯　朱　琳　钱思成　霍素斌　吕　东
张大为　丁来福　杨振坤　刘　坤　李　国
韩冬冬　高志辉　刘金亮　阚松柏　郭承忠
常晓仆　庞晶晶　胡亮平　张海霞　李艳峰
马晶晶　宋瑞国　王玲利　刘铭彦　王仁芳

化学工艺

王秀月　李兰婷　陈　庆　孙　博　黄世平
蔡红丽　罗　超　管凤宝　王　冲　逯云玲
康宏敏　常利峰　游在鑫　关　威　潘琦琨
仝慧娟　余桂红　胡树勋　武明华　孟春美
谭瑞淀　张　艳　闫小星　王　斐　袁光辉
颜　竞　王　静　赵晓媛　李贤辉

应用化学

高志刚　张　朋　孙　婷　田月宏　尹　荃
夏　鸣　柳　伟　于　锐　赵彩霞　张　丹
于　泽　杜文强　毕晨光　闻罗汉　张　路
王　洋　刘　珺　回　闯　高秀娟　张　纲
彭雪明　朱明月　樊爱丽　王桂云　刘付军
高古朝　王富强　霍宁波　吴志鹏　刘欣颖
陈　欣　窦海建　邱春芳　李超砚　韩　凤
王红萍　周　伟　崔　建　李　楠　段乐乐
郭修晗　卢春亮

工业催化

汪　波　毛璟博　杨　浩　朱晓茹　权文吉
刘慧敏　赵丽霞　温广明　李福芬　肖仕华
孙德伟　杨翠广　方　磊　宋庆锋　张志国
石义平　赵志西　臧甲忠　王记莲

膜科学与技术

王志鹏　郑　鑫　方华东　呼立红　徐　航
李凤延　王　珺　邓文雅　张耀霞　张　源
陶　凯　王磊磊　沈　琳　孙雪雁

水科学与技术

林文莲　吴丽丽　徐云侠

安全技术及工程

陈　鹏　郁　丽　王洪雨　张智超　魏彤彤
王丽欣　徐琴琴

生物医学工程

赵国强　陈一曲　潘广生

电子与信息学院(38人)

计算机软件与理论

李晓红　侯伯薇　刘晓东

通信与信息系统

郝　飞　李博阳　侯文辉　高书贵　李宁娣
许久良　刘振宁　李新华　易苏军　李华英
刘　楠　邓江军　李伟君

控制理论与控制工程

孙　哲

检测技术与自动化装置

张忠贤

模式识别与智能系统

张　雷　徐福荣

计算机系统结构

崔　健

计算机应用技术

李　璞　宫　月　崔英刚　魏亿涛　闫英杰
林海涛　刘光远　邬彩霞　程文树　申和平
肖海燕　刘　博　安亚楠　赵殿奎　王　森

信号与信息处理

曾啸天

生物医学工程

宋植官

能源与动力学院(9人)

工程热力学

赵宏国　宋会玲　王　宇

车辆工程

于海峰　曲荣利　郭晓建

热能工程

朱　红

动力机械及工程

宋宝国　李茂永

管理学院(4人)

系统工程

刘芳莉　金　婷　马　乐　王大鹏

电气与应用电子技术系(36人)

电机与电器

姚　志　李　彪　魏　东　毛书勤　熊慧文
邹　喜　于英男　于忠前　张　浩　庄　伟
赵巍巍　刘二利　许丽娜　丁　辉

电力系统及其自动化

张春鹏　宋　丹　陶　力　母华东　马覃峰
接晓霞　王　洋　杨　晨　叶立兆

电工理论与新技术

关国辉　李红飞　高　琰　韩向明　于　洋
宋成璞　孙　钦　李军伟　高　东　安　屹
谢秀镯　曹彦云　王海林

建筑与艺术学院(18人)

建筑设计及其理论

陆毓晗　赵　宁　杨　雪　刘　亮　冯维民
陈敬思　张　剑　杨婷婷　王　鹏　裴　宇
李　越　赵　琰　王　雪　汪杨子　张小岗
汪海鸥　谢　威

城市规划与设计

金东来

环境与生命学院(30人)

生物化工

刘　莹　赵　宇　陈令伟　林　贝　雷娟娟
窦　佳　徐　芹　杨源源　侯蓓蓓　曲传阳
崔晓光　佟大维

生物化学与分子生物学

张　斌　何　杨　王　艺

环境科学

陈　越　宋国军　孙世刚　李　杏　李智冬
李雯婧

环境工程

方连峰　郭为军　黄鹏飞　温丽霞　陈琼端
赵桂芳　何俊锋　万　莹

生物医学工程

张秋艳

[2]理学(147人)

应用数学系(70人)

计算数学

邓　威　罗良峰　林　木　陈俐羽　于文龙
李　桃　刘阳阳　陈　东　王　霞　吴连军
曹　欢　代恩华　张广伟　亢喜岱　卢　欣
衣绍庚　孟少奇　黄　瑜　桑伯男　寇　晶
丁小帅

应用数学

李洪静　汪挺松　王　楠　徐迎田　王　丹
孙卫卫　康喜强　李玉星　傅东海　张延凤
孔翠翠　贾以霞　杜美华　亓振修　高　宇

基础数学

王洪波　秦小二　单聪聪　邓俐伶　刘晓波
马军伟　孙碧清　谭海军　张伟伟　郭洪飞
刘明辉

运筹学与控制论

陈　迪　刘子阳　娄　钰　霍罕妮　张　丹
张　杰　董彦诚　牟晓丹　杨文涛　郭松梅
覃华勤　林苗珊　郭静梅　辛　超　王志勇
袁艳红

概率论与数理统计

方　正　范　哲　徐艳辉　苗　苗　于柄林
耿　丹　史云亮

物理与光电学院(43人)

理论物理

王　磊　张　雪　孟令新　张　霞　罗　峰

等离子体物理

尹利勇　郑　维　赵　飞　陈祝爽　苗书一
孙景超　王颖鑫　许　媛　王叶安　孙文飞
毛松涛　赵晓云

凝聚态物理

王　昊　郝永鹏　吴　博　王艳艳　葛　梅

光学

林　琳　祝　雷　王　旗　张仁群　马枫茹
赵　晔　李　鑫

生物物理学

董　峰

光学工程

韩微微　孙昱星　周松强　李林科　纪文丽

微电子学与固体电子学

赵子文　刘华锋　陈　波　徐　峰　吴翠婷
罗慧晶　孙晓娟

生物医学工程

王　爽

化工学院(33人)

物理化学(化学物理)

张　静　吕福功　张世鑫　尹　兵　董海涛
刘　佳　梁　静　于　青　吴庆浩　林　洁
杨二霞　王　勇　杨宏亮　刘素花

无机化学

周琳琳　张　焕　韩立娟　苗欢欢　韦林森

有机化学

沙明杰　曹　敚　邵建勇　王安钢　昝　帅
尹淑美　王晓欢　魏　微　张延芳　张同斌
王继璋

高分子化学与物理

陈蓉蓉　崔冠峰　梁　爵

管理学院(1人)

系统分析与集成

程　俏

[3]管理学(143人)

管理学院(113人)

管理科学与工程

王红蕾　马　甜　赵　骞　刘绵俊　王久铱
张书超　邢攸达　孙　勇　郭弘强　张　漪

项目管理

豆俊瑞　金　林　许应花　陈国森　冯　超

环境管理

穆丽佳　姜艳玲　陈　超　朱　虹

企业管理

齐丽云　王明娟　陈凯波　孙少杰　杜鸿雁
孙娅楠　宁　宁　戚　虹　周　舜　韩文静
丛　亮　杨　洋　于晓庆　杨　光　王志强
马　扩　李　丹　史红娜　袁钦华　赵　静
王　钰　张银涛　董雪磊　王　蛟　夏白燕
陆英贤　张　桐　吴　蕊　庞雪荣　韩　冰

技术经济及管理

宋砚秋　王晓娜　刘建宇　王会芹　邢　蕊
缪瑛艳　刘玉翠　黄雪莉　唐　璐　于秀霞
张　克　徐　彬　张　宁　李　卫

行政管理

胡海涛　夏镜航　候　云　李　宁　高毓英
刘　湃　杨玉凤　王檀林　李晓倩　郭　莹
崔　霞　杨晓强　严　伟　戴加才　李昕杨

社会保障

刘常姝　盛潇萌　张维娜　张建斌　张　怡
孙　颖　宋燕波　李婵娟

会计学

程显敏　毕丽娟　张晶晶　许　华　牛书亮
夏　璇　周桂萍　于　超　赵　红　王婷婷
戴红军　曹　雨　张　梅　杨　磊　蒋　杰
孙燕妮　陈　瑶　巴雪冰

电子商务与物流管理

廉　莲　牛　君

知识管理

王晓欢

信息管理与电子商务

许广林　张旭娟　乌丽娟　李春雁　张　翼

郭　强

人文社会科学学院(30人)

行政管理

王晓东　张　悦　董元媛　李彦瑾　曲　迪

赵爱燕　鲁圣福　梁丽华　刘亚娟　李诺娃

耿晓丹　李焕然　刘雅静　蔡艳红　袁　勇

宋加玉　徐军田　代　芳　赵　欣　宁英晨

科学学与科技管理

张　雷　张凤丽　杜　娟　孙　瑜　王红军

梁若愚　张燕华　于　冬　杨　名　王贤文

[4]哲学(22人)

人文社会科学学院(22人)

科学技术哲学

潘　黎　王　升　郑天天　曲丹阳　侯春媛

宋　爽　杨　勇　赵灵芝　周　丹　郑丽果

姜慧智　李　丹

马克思主义哲学

陈　妍　刘　爽　李　想　高迎明　韩淑辉

孙姗姗　何　丹　赵世龙　卢婧一　王　琳

[5]教育学(22人)

人文社会科学学院(19人)

高等教育学

毕源红　李　萌　芦新宇　史静波　杨旭敏

张　静　宁晓昕　毕　晔　尹　华　王　进

贾　玥　李琴涛　张海燕　单　琳　东晓明

姜晓明　张萍萍　刘冠华　张　培

体教部(3人)

运动人体科学

窦正毅　崔会敏　郝欣莉

[6]法学(29人)

人文社会科学学院(29人)

民商法学

郭晨阳　徐俊杰　唐翔宇　李　龙　黄木子

曲迎春　陈　堃　康　何　刘　颖　郭宏英

王纪玮　王丽丽　于海霞　张军立　杨　超

高晓妮

马克思主义理论与思想政治教育

高　杨　关丽丽　张　瑶　赵　智　张婷婷

郑　丽　刘　聪　刘　芳　殷佳美　张欢欢

刘倩倩　张玉冰　张　峰

[7]农学(1人)

环境与生命学院(1人)

作物遗传育种

冯　璐

[8]文学(18人)

人文社会科学学院(15人)

传播学

许明明　杜　畅　梁　微　傅　磊　李　砚

盛　辉　赵祎璠　贺潇潇　刘　晗　杨　宇

张　强　杨理光　顾　涛　陈美玲　杨　晶

建筑与艺术学院(3人)

美术学

耿阳苏　严旭丹　李慧莉

[9]历史学(4人)

人文社会科学学院(4人)

中国近现代史

甄艳萍　梁　俊　李俊颖　张之敏

[10]经济学(4人)

人文社会科学学院(4人)

区域经济学

阎忠吉　徐　楠　孙　毅　韦丽秋

[11]同等学历(23人)

土木水利学院(7人)

结构工程

包　晗

供热、供燃气、通风及空调工程

郭　明　杨　辑　李　林　戚小君　张雅茗

徐　宁

化工学院(7人)

材料学

刘建新

应用化学

夏永涛　李　宇

工业催化

李秀洁　李志军　祁兴维　王英杰

电子与信息学院(4人)

计算机应用技术

赵志鹏　李树文　任佳莉　田少鹏

管理学院(3 人)

技术经济及管理

曲长生

会计学

李明晖

企业管理

刘　鸥

环境与生命学院(2 人)

生物化工

刘　博

环境工程

顾敬梓

[12]EMBA(50 人)

李　瑞　石振东　李　军　武　军　戴成武
曲振京　关英杰　陈毓复　姜贵全　张长青
陈　革　吴玉波　李印斗　荣长远　吴　刚
宋　杰　薄　涛　马淑江　周建树　王　涛
盛俊泰　郑珍修　郑袭修　傅广照　毕粗林
李玉新　王广云　区日亮　袁　静　葛　瑛
刘新君　闫伦杰　高国栋　邵　新　李双为
宋文旭　姜　华　吴　平　张　震　刘兆华
刘洪伟　樊　晖　王　蕾　朱昆峰　刘　涛
郇昌英　韩俊勇　姜　凝　王亭柯　张　敏

[13]秋季 MBA(64 人)

于英波　秦茉莉　燕　青　毛杰飞　郭　伟
崔桐嘉　曲宏伟　张　赫　刘振龙　高冬艳
闫　娜　崔忠余　徐冬洋　秦　焱　景　刚
吕蔚然　吴　建　修　颖　张晓慧　孙　颖
初　春　孔凡阳　高笑语　张　巍　王　洋
周国华　吴贤乐　孙秀利　孙　沛　闫　昊
刘　焱　刘　涛　刘　薇　张　晶　马　晔
董国欣　张　洋　李盛国　贾　震　姜杰勇
高　飞　郭　为　王晓利　关　欣　王慧飞
张　婧　谢　明　赵发锐　徐慧颖　李建龙
史　华　马丽佳　孙彦红　佟宇宁　王晓天
崔大鹏　王　晓　朱春杰　张宝来　赵　斌
刘佩波　魏　勇　马宏鸣　王长宇

[14]春季 MBA(30 人)

王晓倩　姚永科　周卫东　程海兵　胥　磊
林　勇　陆　琮　周　敏　白克非　成兴琦
张明魁　李永梅　沙玉峰　李　彪　袁一杰
王传富　曲利斌　宋艳丽　李　平　黄振东
鲍永军　陈树钢　李海涛　林治权　赵　岩
毕远新　黄卫国　王明江　张立敏　孙　雷

[15]高校教师(44 人)

机械学院(24 人)

机械电子工程

谷礼新　贾　磊　张　凯　李广明　张淑霞
陶晓巍　刘大力　陈延伟　张立敏　任立柱
王　昕　李　明　李　赫　宋昌平　乔美娥
邹显圣　杜中一　郑贤嬴　田春霞　殷建国
孟祥忠　唐淑玲　荆　丹　张　延

土木水利学院(5 人)

结构工程

谭建领　刑广彦　刑广君　薛建荣　周志琦

化工学院(1 人)

化学工艺

梁　鹏

电子与信息学院(14 人)

计算机应用技术

孙　静　王德广　林　坤　关雪梅　张君枫
栾　阳　刘　爽　毕丛娣　王　颖　孙　庚
赵　伟　孙守梅　于瀛军

信号与信息处理

刘剑英

[16]工程硕士(497 人)

机械学院(15 人)

机械工程

郭　宏　韩鹏飞　刘锡泉　谭　竑　李晓慧
郎贤明　于庆安　王　洋　许　嫱　刘振民
于　瑜　赵　欣　邹　滢　崔　健

机械电子工程

梁　兵

材料学院(4 人)

材料工程

付　玉　夏　威　杨毅德　陈志强

土木水利学院(34 人)

建筑与土木工程

孙善江　才　浩　王丕国　陈　震　刘青青
魏昌理　韩德志　姜拥军　邵沛劼　胡　伟
张秉旭　吴朝阳　屈　国　韩丽娜　田　野
刘志宇　马　俊　罗利华　曹新明　程世明
赵永军　张广滔　李伟强　陈　瑶　朱　永
张朝旭　李晓明

项目管理

张　蕾

水利工程

苗立峰 韩 悦 梦 吉 赵 鹏 叶 青
吴 兵

化工学院(4 人)

化学工程

魏东军 柳广厦 卢守卫 王永永

电子与信息学院(131 人)

计算机技术

高 昱 丁建军 张小凡 吴同军 于爱军
尹作林 石玉芳 杨 敏 周彦玲 陆文逊
李万强 张晋宁 闫 峰 张秋菊 王庆华
尹海波 张 弛 闫 刚 路 军 崔 航
李德成 王述国 林 杨 孙晓霞 薛晓颖
姜 娜 王向东 王丽娜 于宗良 宋 新
战 琪 宋佐强 韩 光 朱 旭 刘 娜
孙建光 苏中斌 单宝卫 王 坚 韩 冰
张 智 王燕青 林明杰 李 英 吴 霞
李 勇 柳海峰

电子与通信工程

曾凡华 李成军 刘传强 刘龙凤 杨 威
贾利春 赵 晖 付 佳 王治学 刘 毅
郭洪宣 闫 军 郑治国 张 岩 余 华
韩 鹏 姜旭东 李伟成 张金生 张 岩
郭兴旺 王铁民 刘文刚 安红敏 边建伟
高 雷 高汉宝 王 耀 冷志加 朱晓明
丁树宝 何海江 吴喜峰 刘 庆 王树旺
马 闯 姜 维 孙 雷 聂 刚 杨立波
王 研 刘大伟 李大勇 初洪伟 王宏刚
张新林 王文春 袁殿国 王洪举 王百元
孙廷军 张天宇 姜 韬 李炳军 金 锋
韩 勇 李 岩 郝雪存 杨志刚 刘 鹏
刑林丽 徐 健 姜雁凌 肖伟增 颜廷国
赵 玥 韩振宇 刘 涛 陶 然 艾国友

控制工程

王 越 刘作辉 闫锡忠 张琳智 何秀梅
刘娇伟 刑世杰 赵艳涛 初乃茂 马妍骅
王茂君 姜 波 田 华 赵学艳

能源与动力学院(8 人)

动力工程

吴宏艳 李 郁 宫国玺 纪安文 丛 林
潘玉峰 李百艳 孙晓艳

管理学院(45 人)

项目管理

徐仙奇 孟 萍 王 隽 穆凌云 杨志宏
吕冬红 刘 传 刘 东 赵海波 赵成治
李安戈 刘明晶 王春苗 李 莹 张 宏
史英伟 刘 兵 高 侃 胡兴龙 李新海
张秋全 王丽萍 宁心瑜 于 航 张延国
范卫东 臧红九 王壮丽 董雅虹 李先梅
任中庆 张万泉 吕 刚 宋少君 胡 凯
陈志堂 鞠 迅 于长军 张连文 区 慧

控制工程

叶景岩 王明伟 王 勇 邵立凤 周尔逊

环境与生命学院(15 人)

环境工程

杨丽芸 许 涛 王玲玲 刘 森 胡月红
常艳君 李 璇 陶 平 车宏宇 李 川
齐振宇 王 彤 方 力 乔 卓 邢 峰

软件学院(241 人)

软件工程

黄玉海 祝果迅 李 伟 于德水 董 权
李枝炘 石 林 张 智 杨 健 陈 帅
李海明 曲 伟 郑 直 李 明 罗敬坡
高 斌 孙 铀 耿 昭 车广毅 姜鹏飞
戴均进 王 阳 姜元盛 宋正欣 赵大伟
曹 扬 张 献 张良友 王新礼 黄南南
刘圣强 王卫峰 林 燕 蒋胜山 刘 敏
朱 晖 肖 栋 徐连弈 曹 桢 杨 海
刘 洋 曲雪莲 宋明龙 刘 晓 李朝海
朱玉瑰 宋 光 王卫东 赵向辉 李 敏
潘树龙 徐 斐 于志君 高云虎 李长英
肖汉武 周述亮 张志宏 林 酒 怀 宇
成 星 郭欣阳 孟凡军 周利华 苏光明
徐晓星 李文军 张学刚 孙 健 王春梅
郭丹鹤 赵 璘 李秋泽 王 博 祝 明
郑 欣 潘 亮 许 磊 许振伟 赵 彬
潘 明 贺 亮 姜 铄 孟 宇 尹 昊
高大伟 刘 奇 杨 宁 张冬岩 徐文博
曲朴舒 李宇鹏 朱晓明 林 强 石 楠
黄 勇 郭 锐 付 博 赵华丹 孙之谦
燕 紫 芦守泉 孙 明 刘晓东 吴海山
张 荣 王振宇 林 海 丁 宁 陆 明
范玲楠 冷 松 包 昕 门 厦 杨 成

齐东海　唐　辉　杨　凯　陆　路　刘晓宇
梅　风　臧碧朗　邱绍为　王福栋　陈魁志
林　伟　李　晶　姜　川　李　萍　李　锋
王颖辉　王　琢　刘　欣　於德利　娄雅芳
宋延军　张　丽　张　拓　王云鹏　许洪强
张明宇　吴凤楠　于鹏佳　冯金凤　张　楠
王建勋　杨　晨　张俊鹏　李　敏　支　强
姚　笛　庄宇强　王　磊　段宏为　金　可
张　喆　王　婷　陈　曦　董　林　裴　陪
何　江　张一驰　姜蓬涛　刘夫军　耿金波
邓炳奎　关洪军　赵爱武　刘永新　陈俊霞
张　勇　马　岩　田　梦　刘学东　李　冰
苗　云　孙晓雅　李　妍　李　烜　张力伟
曹　鲁　李恩川　王广鹏　蔡　寅　陈　刚
曹爱高　赵　鹏　孙　军　单义飞　李春雷
郑加利　王　茹　叶　宾　卜令杰　张秀玲
蔡洪涛　王　嵩　黄红兵　王兆麟　杨志刚
慈国兴　赵永升　陈　梅　吴　杰　王伟庆
宋朝骏　李宇龙　范建民　方向明　徐　阳
孙晖力　梁　栋　曹海涛　李文集　孙　陶
赵炜峰　付　强　韩保义　石云峰　王力岩
陈　双　方旭东　徐　彪　孙杨杨　张继娟
刘　娟　王志亮　王　跃　赵方胜　宋兆庆
阿布都热合曼.卡的尔　邹吉生　李伟民
张国军　郭　丽　国书昌　任春雪　金京哲
陈忠义　王　雷　郭维义

复审(97人)

[1]工学(44人)

工程力学系(4人)

固体力学

张晴雯

工程力学

王子堂　张小雨

计算力学

李　楠

机械学院(1人)

机械设计及理论

陆鹏飞

材料科学与工程学院(2人)

材料物理与化学

王伟佳　迟成宇

土木水利学院(5人)

岩土工程

马太雷

结构工程

张宏强

市政工程

左　志

水文学与水资源

杨春霞

水工结构工程

陈业松

化工学院(19人)

化工过程机械

董永强　窦兴华

无机化学

王　强

有机化学

吕　涛

物理化学

龙海涛

化学工程

金　帅　王丽娟　周　岳

化学工艺

干一雄　薛俊斌　连玉环　王金辉

应用化学

刘　宇　邹艳华　蹇海鸥

工业催化

李　怡　刘冠锋

膜科学与技术

王　姣

材料学

冯　锐

电子与信息学院(3人)

计算机应用技术

林茂长　马学斌

通信与信息系统

杜剑锋

能源与动力学院(1人)

热能工程

刘晓丹

电气与应用电子技术系(3人)

电机与电器

姜海松

电工理论与新技术

李继堂

环境工程

刘　淼

建筑与艺术学院(2人)

建筑设计及其理论

李鹏飞　葛少恩

环境与生命学院(2人)

生物化工

李　娜

环境工程

刘　淼

软件学院(2人)

软件工程

陈　青　张　楠

[2]理学(8人)

应用数学系(8人)

基础数学

谭惠轩

计算数学

乔万顺　霍明光

概率论与数理统计

张　睿

应用数学

王玉政

运筹学与控制论

张新明　孙丹丹　许璐璐

[3]文学(2人)

人文社会科学学院(2人)

传播学

王　然　王雪莹

[4]哲学(2人)

人文社会科学学院(2人)

马克思主义哲学

陈　洁

科学技术哲学

赵　博

[5]经济学(1人)

人文社会科学学院(1人)

区域经济学

丁明磊

[6]法学(4人)

人文社会科学学院(4人)

民商法学

苏　航　杨　姝

马克思主义理论与思想政治教育

孙　苓　车恩利

[7]教育学(3人)

人文社会科学学院(2人)

高等教育学

王　莹　冯倩倩

体教部(1人)

运动人体科学

赵德宝

[8]历史学(1人)

人文社会科学学院(1人)

中国近现代史

刘子锦

[9]管理学(3人)

人文社会科学学院(3人)

行政管理

于聪聪　由冬梅

科学学与科技管理

高　超

[10]美术学(1人)

建筑与艺术学院(1人)

美术学

任　红

[11]工程硕士(25人)

机械学院(1人)

机械工程

台金刚

土木水利学院(1人)

建筑与土木工程

吴　卓

化工学院(1人)

化学工程

卢圣茂

电子与信息学院(7人)

计算机技术

方小冬　董宇立　关国徐

电子与通信工程

徐　岩　孙宝忠　金轩正

控制工程

吴丙成

能源与动力学院(1 人)

动力工程

房　璐

环境与生命学院(1 人)

环境工程

孙　颖

软件学院(13 人)

软件工程

苏　颖　杨　俐　袁　暘　张　伟　徐镝鸣　李海峰　马　麟　孙　豪　洪　斌　赵　旭　任　强　邢　红　周　炜

[12]同等学历(1 人)

化工学院(1 人)

工业催化

李桂华

[13]高校教师(2 人)

机械学院(1 人)

机械电子工程

田　野

土木水利学院(1 人)

结构工程

李永丽

大连理工大学第八届学位评定委员会第 8 次会议授予硕士、博士学位名单(2007-10-19)

博士学位(99 人)

[1]工学(73 人)

物理与光电学院(1 人)

生物医学工程

王江宁

运载工程与力学学部(6 人)

工程力学

闫　军　赵　峥　戴新进

生物医学工程

张　军

固体力学

段庆林

船舶与海洋结构设计制造

马延德

机械学院(9 人)

机械制造及其自动化

曾好平　王　辉　孙永利　薛冬娟　庄　俭　田业冰　王晓臣

机械设计及理论

郭明恩

机械电子工程

范兴明

材料科学与工程学院(5 人)

材料学

王明伟

材料加工工程

吕　成　杨书延

材料物理与化学

邹建新

材料表面工程

董志宏

土木水利学院(11 人)

结构工程

胡安妮　朱　江　冀晓东　王　丰

水文学及水资源

刘建卫　李文义

防灾减灾及防护工程

崔　迪

岩土工程

汪东林　邓学晶

港口海岸及近海工程

刘　勇　卢　鹏

化工学院(21 人)

应用化学

崔志华　王卫国　聂龙辉　于宏伟　王东平　高伟明　张东方　石奇勋

化学工艺

邵国林　邱汉迅　卢春兰

化学工程

刘　洋　高　国

工业催化

王坤院　鲁墨弘

材料学

王明晶　常　军　富海涛

高分子材料

徐　亮　梁勇芳

水科学与技术

王慧娟

电子与信息学院(7人)

计算机应用技术

郑文萍　赵承业　李志浩　李建明

控制理论与控制工程

刘艳军　王　磊　孙燕楠

能源与动力学院(3人)

动力机械及工程

贾宝山　赵治国　史俊瑞

管理学院(2人)

管理科学与工程

宋明秋　刘　丹

环境与生命学院(8人)

环境工程

王德高　孙　红　商克峰　郑春莉　肖　敏

王　震

生物化工

刑荣莲　夏艳秋

[2]理学(13人)

应用数学系(10人)

基础数学

张明星　张　屹　王晓霞

计算数学

南　东　赵雪芹　刘成明　陈丽娟　李　峰

运筹学与控制论

孙少燕　孙雪莲

物理与光电学院(3人)

等离子体物理

齐　冰　丁万昱　郑　姝

[3]管理学(12人)

管理学院(7人)

谭成旭　张世军　张　旭　葛清俊　唐丽艳

商　华　易　军

人文社会科学学院(4人)

宋　黎　杨中楷　杨春平　潘雄锋

经济系(1人)

温　韬

[4]哲学(1人)

人文社会科学学院(1人)

科学技术哲学

王国豫

硕士(1人)

电子与信息学院(1人)

信号与信息处理

郭　屿

2007届本科毕业生名单

2007届本科毕业生为3826人，本科结业生为85人，专科毕业生为46人，专科结业生为26人。以上共3983人。具体名单如下：

化工学院

应用化学专业(56人)

安　瑾　蒋　猛　祁闪闪　熊　利　张　皓

陈留坡　李经伟　邱　宇　徐　畅　张津瀚

陈　鹏　李　鑫　石　森　许占威　张　力

陈　鑫　刘　杰　石肇武　杨　朔　张　良

崔　捷　刘清灵　孙　政　英君伍　张　骞

邓　集　刘少旭　汪晨霞　游　浪　张　潇

符显鹏　刘潇彧　王崇学　于兴毫　张　怡

高　飞　刘亚庆　王家聪　于亚群　张　悦

杭　瑜　刘益材　王　磊　于　一　赵小晶

贺志强　马迪卓　王晓雨　袁　青　郑　涛

胡晓月　马　腾　王振宇　张朝迪　钟千里

姜　雪

应用化学专业(精细化工,57人)

白　晨　郭　静　刘　莹　王　嵩　尹　明

蔡　琳　黄薇薇　鲁　卉　王新波　于海坤

曹　翠　蒋　健　吕公鑫　魏　东　袁　谞

陈　林　李博涵　马竞遥　吴丽娟　张芳芳

迟丽娜　李　皓　庞瑾瑜　吴　威　张　莉

戴　彬　李　青　彭懿东　吴文婷　张　宁

刁子强　李　司　宋文博　肖可风　张一欢

丁　宁　李文刚　苏伟怡　徐　娜　张　昀

杜南洋　李文杰　隋世琦　严　炜　章剑丽

樊文昊　李子澍　汪净如　阎克俊　赵虹娟
冯维国　梁　栋　王　琳　杨晓明　朱　锐
高　建　刘　畅

化学工程与工艺专业(199人)

艾莹莹　雷红星　彭孝凤　杨　波　谭洁静
白　超　李　闯　齐文明　杨惠改　王　雪
白　荣　李光福　森　建　杨　林　肖海涛
才震宇　李晖丹　石　权　杨　鸣　邢茂伟
蔡子达　李　骏　宋　微　杨　亭　于　鹏
曹荣广　李玲玲　宋伟斌　杨智峰　张　晨
常　虹　李淼舟　苏德玺　叶　芳　张恩毓
常仁杰　李明浩　苏君来　尹福斌　张珂旭
陈冰冰　李维刚　孙　鹏　于　杨　张　睿
陈　戈　李征宇　孙　涛　袁海朋　张　笑
陈　巾　李志芳　唐　超　张从庆　赵世俊
陈俊英　梁开慧　田　璐　张党辉　管再鸿
陈　亮　林　凯　王宝君　张海燕　黄锦鹏
迟青爽　林延杰　王保华　张华烽　纪怀玺
褚　勇　凌明明　王　琛　张　军　姜　潇
崔国庆　刘　椿　王丹阳　张茗然　刘家旭
董英英　刘恒宇　王　飞　张人瀚　倪丽娟
富　强　刘家庆　王　昆　张　威　彭　畅
高鹏程　刘琳琳　王树森　张　文　施金亮
高卓然　刘明悦　王爽米　张英博　王　婧
龚晓婷　刘　湃　王晓斌　张玉森　易颜辉
谷兴磊　刘　微　王晓宇　张之达　尹建波
广家旭　刘晓军　王英旭　赵鹏程　苑兴洲
国　川　刘　鑫　王　影　赵人杰　张　琦
韩天哲　刘　学　王子元　赵　云　高程程
郝婷婷　刘　烨　文　剑　赵　智　胡惠英
郝晓燕　刘乙力　吴　迪　郑赛玉　吴秀娟
何　平　刘　钊　吴庆权　钟　杰　袁红艳
何宗保　刘　征　吴绍林　周俊梅　杜春国
侯春燕　刘宗旭　项　明　周　莉　高远超
侯　亮　卢　山　肖永禄　周　亮　郭　健
胡　敏　罗　婷　辛文宇　陈　浩　贾　洋
胡　明　马　斌　邢达尊　杜景源　齐　媛
黄辉明　马欣成　邢强强　冯　智　司云飞
贾　宁　孟　醒　徐鹏飞　焦　扬　孙　民
姜玉美　牛　聪　徐　强　金　皓　唐世杰
蒋柯楠　潘建东　徐贻成　刘　晨　王　博
焦中奇　彭本利　许正武　刘春明　杨　琴
金　鑫　彭　浩　薛　笠　刘桂云　赵永明
景炜杰　彭文磊　薛　明　盛东昫

化学工程与工艺专业(英语强化,45人)

安　伟　金廷仲　马　超　孙文强　杨　超
白　玉　李方彬　孟　伟　孙振超　杨凯尧
陈　申　李　光　孟　彦　孙仲伯　姚灵玉
谷　强　李晓宁　朴金龙　陶　谦　于　谦
韩世锋　李秀峰　乔彦玲　王爱丽　袁　坷
郝彦飞　梁　健　施　柳　王佳凝　张雅珊
纪　亮　刘　硕　苏　雄　王　鑫　赵冠鸿
姜文东　刘钰祺　孙庆松　王元骅　周付军
蒋云华　吕晓燕　孙文娟　谢林阳　邹　军

高分子材料与工程专业(53人)

陈继威　姜　娜　刘　强　田忠友　张法忠
陈士伟　兰　天　卢攀峰　王占彬　张　函
程　远　李华东　吕文毅　韦仕朝　张志明
崔岳松　李　娟　骆贤明　肖帮禹　张志伟
丁庆鑫　李　明　缪　锋　许红忠　章　霞
董　玉　李　明　齐　文　薛　红　赵　庆
方园园　李秀平　齐晓溪　严　巍　赵晓琳
贯　佳　李　卓　商运生　于福来　周小瑜
郭海滨　梁晓斌　尚琳琳　曾圣达　朱厚鑫
何　鑫　刘　诚　宋亚男　张宝禄　朱李继
贾怀斌　刘　东　孙运实

无机非金属材料工程专业(21人)

陈思婷　李　娜　欧阳杰　王艳君　乌品正
陈媛媛　李　涛　任　行　王意博　徐　伟
邓海兵　柳　月　孙　利　王永涛　尹　辉
丁建华　吕　派　王成超　王　禹　张双双
后　续

过程装备与控制工程专业(108人)

毕崇信　胡春晖　龙　霏　王　聪　姚世琪
毕菲菲　纪　光　卢艳峰　王季军　于　森
常悦鑫　金爱路　吕　航　王　杰　余　毅
陈恩军　靳　亮　马　纯　王　雷　袁心亿
陈明月　井　治　满小花　王琳赟　张长鹤
陈　新　阚　明　欧阳徕　王若宇　张朝能
陈　莹　康晓聪　钱正纬　王晓芳　张　弛
程思扬　赖友明　秦启超　王永丰　张江东
池　胜　李　超　秦　瑜　王　玉　张　婷
戴杨洋　李成健　邱世杰　温建文　张伟东
单　珊　李慧艳　邱威颖　吴　冰　张晓蕾
董　硕　李　晶　曲　鹏　吴博慧　张　雁
杜　刚　李　栎　任碧诗　吴　刚　张洋乐

方佳浩　李　琼　任慧颖　吴建忠　张　勇
高　弘　李喜洋　任婧杰　吴学彬　张玉伟
高荣英　李毓林　史志龙　武小杰　张哲源
龚春雷　刘海昌　孙　毅　夏　微　赵　阳
管红亮　刘汉斌　陶　凯　邢　伟　郑旭东
郭　飞　刘建新　涂志强　徐　亮　周　建
郭力博　刘　琳　王保君　杨晓野　周　麟
国翔宇　刘亚坤　王　超　杨　铮　周　娜
侯嘉庆　刘　毅　王成伟

制药工程专业(25 人)

程淑梅　季　颖　李文军　钱　宇　袁　静
崔建宇　竭　友　李　智　王　玲　曾　薇
董　钺　金晓雯　李子敬　吴　为　张先鹏
宫珊珊　李　玫　梁晓静　吴宜翰　张　欣
郝佳佳　李　梅　刘　洋　肖　晶　邹　亮

环境与生命学院

环境工程专业(52 人)

蔡　楠　纪任雄　梁　威　孙　琳　王　翔
陈　琳　纪仲光　林　倩　孙斯涵　王雪清
陈　婷　金英文　刘佳亮　孙　肖　王　哲
程红波　雷天鸣　刘　军　孙艳波　王震福
丛润滋　李昌乐　刘敏洁　唐小兰　于　羿
崔　杰　李大洪　刘祥瑞　万利远　张鹏辉
范丽丽　李敬美　裴和瑛　王东旭　张文爽
顾　毅　李　亮　全　翠　王诗博　赵　淼
郭　昊　李婉静　苏　洲　王双林　周海涵
郭景晨　李　燕　孙　斌　王文俊　韩　啸
李　忠　斯尔格林

生物工程专业(59 人)

陈　玫　冯雪松　李玉龙　任　红　徐文学
陈宗昊　付建勇　廖　玮　孙嘉怡　杨玉江
仇长鹏　高　金　刘鸿涛　王福鑫　于令芹
初　晓　高　强　刘　京　王　佳　张　彬
崔文举　高善文　刘文栋　王丽平　张　晨
邓子木　过倩萍　刘　燕　王秋硕　张　欣
董　莎　姜海南　刘　莹　王雪涵　张　旭
杜明明　鞠　颖　刘云峰　王亚俊　赵　健
段一民　孔繁俊　鲁钱达　王　雨　郑培源
樊黎黎　雷宇佳　苗　楠　韦忠波　仲　晗
范　时　李佳妮　牟晓佳　吴振宁　周　愿
冯　婷　李　倩　南　翔　吴竹春

应用数学系

数学与应用数学专业(86 人)

艾　琦　李　芳　马红梅　王　涛　张　琳
常满想　李　近　马兴喆　王晓东　张　茜
陈达杰　李　萌　孟春阳　王云龙　张　阳
陈芳芳　李　强　齐冬浩　魏国强　张　瑜
陈兴根　李永刚　钱世超　魏艳州　张　媛
陈旭杰　林　孟　邵　帅　吴　玮　赵林林
陈　旋　林思达　盛　赞　吴　绪　赵　帅
丁建飞　刘殿坤　孙　磊　吴照明　赵　莹
丁晓旭　刘旭华　孙　烈　吴肇宣　赵　颖
高新衍　刘旭明　孙　姝　夏明阳　赵玉芹
郭邦石　刘医耽　汤洞海　徐　雷　郑　雷
郭启龙　刘　营　唐程辉　杨安宁　郑　重
郭　赛　刘昱廷　王德刚　杨小雨　钟关村
韩　旭　刘云霞　王佳赫　杨　月　朱津毅
姜　涛　吕晋杰　王乃晨　于卿冬　朱李明
矫丰聪　吕　娜　王　琦　臧　勇　邹德军
解凌云　吕　雪　王　坦　战　捷　邹燕清
李　丹

信息与计算数学专业(86 人)

白茹斌　贺俊之　刘璐璐　王霏霏　姚尚辰
陈　超　姜希旺　刘日升　王　葛　于　林
陈　婧　李　滨　刘天哲　王良平　于小龙
陈　露　李　岑　刘微微　王　亮　张春全
陈　阳　李拉娜　刘晓亮　王胜法　张经博
陈　宇　李　伟　罗　春　王世飞　张晶晶
丛　阳　李　阳　宁喜泉　王亦凡　张　亮
董波霞　梁　鹏　潘　莉　王永超　张　路
董振宇　梁庆忠　邱家堃　王志强　张文彬
高　飞　林　娟　曲衍鹏　吴高宇　张晓华
高　星　林　树　孙　茜　徐江玲　张晓艳
高　洋　林祥明　孙　雪　徐　磊　张余乐
葛　青　刘　策　孙　赢　徐　巍　张誉铎
郭军平　刘长风　唐　通　颜秉亮　张媛媛
郭庆杰　刘　昊　唐艳华　燕　翔　赵江山
韩睿婧　刘佳奇　田寿祥　杨达坤　赵游华
郝志强　刘　浏　佟　洋　杨大维　周　睿
何哲鑫

物理与光电学院

应用物理学专业(58 人)

常大磊　康　乐　刘新蕊　孙永亮　杨德正

陈建宾	孔德峰	刘　阳	田　贺	杨芷萱
陈庆贵	李宝良	刘正堂	王　超	张　姜
陈睿姝	李　林	吕勇兴	王成伟	张　兴
陈硕海	李　欣	栾田宝	王法政	张　勇
陈　云	李　铮	孟　昕	王　丰	张运新
耿旭辉	李志成	潘润荣	谢碧波	赵德强
韩姝颖	梁姗姗	钱沐杨	徐思维	赵鹏巍
韩　哲	林伟伟	桑超峰	徐　昕	赵献民
胡宇航	刘　超	孙　斌	严远览	赵媛媛
金家森	刘佳男	孙　亮	阎天民	祝　超
金建勋	刘　秦	孙英岚		

光信息科学与技术专业(61 人)

艾　果	李海星	罗灵杰	孙仁东	徐才懿
保红波	李　军	毛傲华	谭彦楠	徐晨彪
陈乐华	李仙红	毛海峰	檀　磊	许　剑
陈　宇	李　尧	宁吉丰	王　俊	杨宝立
都基柱	刘典龙	宁世杰	王雷贺	于瀚文
段倩倩	刘　鹏	彭　程	王　乔	于经龙
高　飞	刘　舒	彭含烨	王天任	于学勤
韩　旭	刘　爽	曲盛薇	王　洋	袁伟栋
何玲南	刘贤明	冉　洋	王　岳	张　薇
胡　墅	刘　祥	沈　童	魏鸿雁	赵津绪
胡毅庆	刘晓航	史宏宇	吴永宽	周　阳
江　慧	刘治松	孙冠楠	武　创	祝　铭
姜玉峰				

电子科学与技术专业(26 人)

鲍善永	刘名芳	宋力君	滕庆宇	杨　博
冯常顺	刘燕飞	宋中正	王德伟	杨　臣
高峻峰	吕拓夫	苏千臻	王佳璐	于　博
花婷婷	穆俊燚	孙开通	王　雪	赵佳明
姜中皎	潘　鑫	陶煜庭	许育波	赵　亮
李洪昊				

机械学院

测控技术与仪器专业(29 人)

陈良伟	孔业智	刘成林	王国章	张晓笛
高言亮	李嘉善	刘世东	王洪青	张　媛
郭　健	李　娜	刘　毅	王治宏	赵　宽
韩　憬	李　帅	吕　宁	吴双青	周　磊
姜宝杰	李晓孺	孟　晓	谢　承	周　莹
孔令华	李　洋	童博识	杨小乐	

机械设计制造及其自动化专业(281 人)

艾长城	黄苹苹	刘　帅	陶　冶	杨元英
安海亮	黄世军	刘　硕	田炳龙	杨　政
白光旭	黄　涛	刘晓伟	田芳馨	杨志昊
鲍　鑫	黄　煜	刘兴天	周　源	姚春牧
毕　胜	吉国欢	刘学正	汪启亮	羿　峰
曹保忠	纪　鑫	刘　阳	王冠麟	殷　俊
曹　磊	季德民	刘　阳	王宏亮	攸兴佳
曹　如	贾培源	刘震川	王怀宾	于　兵
曹　哲	贾云龙	龙安木	王佳峰	于嘉龙
陈宏海	金成伯	卢焕波	王娟娟	于　琳
陈　佳	金　越	卢正君	王康弘	于晓宇
陈俊同	金　钊	芦现明	王　浪	于　燕
陈康宁	靳宝峰	鲁　卡	王　雷	袁小星
陈　爽	郎庆阳	吕　东	王　龙	岳立喜
陈晓阳	李博鹏	吕世增	王　锐	岳　曾
程　康	李岱宗	马　昊	王绍鹏	曾庆贺
程　雪	李　刚	马寓峰	王　双	曾小宁
迟书巍	李海阳	毛文昕	王铁军	张安琪
仇广钒	李　恒	孟　磊	王　旭	张海涛
仇志华	李继鹏	孟庆平	王勋奇	张　浩
初正辉	李继忠	孟星臣	王意童	张　玖
代兆全	李静辉	孟　雪	王玉明	张玲瑄
戴文斌	李　磊	弭　君	王　毓	张　明
戴智武	李蒙蒙	闵玉龙	王振国	张　朋
邓翔宇	李　铭	穆　森	王仲华	张鹏飞
丁　倩	李仕骞	欧阳泰	魏　力	张　然
董　旭	李　松	潘振刚	魏文光	张斯佳
冯　蕊	李晓锋	任小涛	巫　越	张　伟
冯占辉	李　秀	尚　琦	吴光柱	张卫鑫
付春楠	李　岩	沈小刚	吴　广	张　扬
付　雷	李　岩	施　铭	吴小亮	张余升
富　田	李一书	石　磊	吴晓光	张　倬
高　创	李玉军	石　禹	夏　天	赵冬梅
高　磊	李煜昆	史新旸	肖　逍	赵　钢
高立程	李兆进	宋　策	邢　研	赵国凯
高清宇	李政远	宋　翀	熊清海	赵　军
高义方	李　治	宋书杰	徐　磊	赵　磊
高云龙	梁　超	宋宜成	徐　亮	赵　亮
勾哲华	梁居正	宋永伟	徐　一	赵萌飞
关　昂	林大海	苏　林	徐振兴	赵明远
郭迪甬	林建立	宿振楠	许俊领	赵　宁
郭　宇	林　耀	孙海宁	许丕承	赵琴英
韩立岩	凌华胜	孙海涛	玄　律	赵　通

韩忠田 刘博宇 孙宏伟 薛　吉 赵文斌
何　聪 刘　畅 孙焕丽 闫　石 赵振兴
何福本 刘　超 孙　建 闫泽红 郑德利
何　远 刘　成 孙鹏翔 杨洪齐 郑海波
何　真 刘成建 孙少鹏 杨　洁 郑苏榕
侯月光 刘登成 孙绍琳 杨金龙 郑　玉
侯　悦 刘　冬 孙　涛 杨　鹏 钟翠华
胡国珍 刘吉华 孙僮笛 杨庆研 周　丹
胡宏耀 刘　健 孙　伟 杨胜奇 周弘涛
胡　明 刘　健 孙文波 杨　鑫 周世成
黄芳军 刘　默 孙　逊 杨秀峰 周兴华
黄璟楠 刘　鹏 谭广峰 杨　燕 周　游
黄敬博 刘　琪 汤文珊 杨　洋 图力古日
哈马尔亚·布哈尔汗

工业设计专业(16 人)

柴　智 卢　岩 苗　翠 王欣欣 张道祥
季　楠 马晓波 史东阳 武　岳 张君梁
蒋智明 孟　盟 王　超 阎　程 张晓龙
林　昆

材料科学与工程学院

材料成型及控制工程专业(54 人)

白　云 李　骞 石　磊 魏　鑫 张　丹
蔡少武 李　鑫 石　婷 吴桂永 张　恒
曹运明 李宗徽 时　全 席树雄 张宏亮
迟明超 刘　明 苏万钧 徐金翠 张士厚
邸　莹 刘　宁 孙　迪 严德君 赵宸浩
丁哲强 刘　贤 田　辉 姚景文 赵　飞
韩彦博 卢向宇 王大伟 于　冰 赵鹏宇
郎云龙 罗　威 王俊昌 于彩霞 赵　倩
李佳男 马正伟 王有道 于传洋 郑宇锋
李　军 孟令刚 王云波 俞莉莉 周春明
李　楠 南　哲 王振东 张炳辉

材料物理专业(56 人)

常　远 李　茂 刘　钊 王　强 闫子龙
陈　东 李　璞 马建立 王晓辉 杨平宇
陈　刚 李圣仁 宁海青 王兆松 殷东岳
陈麒先 李　婷 卿湘勇 王　喆 张　聪
崔益鹏 李　旭 宋希强 王志斌 张福顺
范象泉 李元杰 隋　里 吴　迪 张　洁
方园园 林彦伯 孙　昊 吴旭男 张仟如
耿黎明 刘　济 孙世海 肖　恒 张志军
何　军 刘　星 唐　毅 邢　磊 赵福国
黄丝璐 刘许龙 王洁飞 幸　江 郑泽花
姜元涛 刘　勇 王明娥 徐博文 庄期凯
康　健

金属材料工程专业(55 人)

敖宏都 李国洋 龙巍巍 王　建 杨　芬
柏鉴倪 李　贺 吕子鹏 王剑飞 杨俊杰
陈光宇 李　爽 宁　妮 王培元 于　丽
陈　华 李　颖 潘　波 王　赛 詹俊杰
单　楠 梁民忞 乔海燕 王　鑫 张　芳
范泽渊 刘安平 司超阳 王　雪 张洪波
范正锋 刘博志 宋晓杰 王　洋 张云鹏
高　勇 刘德华 苏盟友 王乙舒 张志军
顾晓春 刘少华 唐光星 吴　航 郑德虎
关沂山 刘艳娇 汪建威 许菁菁 朱兴华
韩小军 刘　阳 王宏宇 闫士彩 格桑群培

能源与动力学院

热能与动力工程专业(141 人)

敖　龙 韩光磊 刘子衿 王　健 殷　硕
白克非 何志伟 吕清志 王江涛 尹燕平
曹海艳 黄　磊 马凤才 王　峻 有志伟
陈　笛 黄　亮 马露露 王　炜 于长猛
陈久国 黄　鑫 马信元 王　岩 于传政
陈　雷 金美花 马永明 王　燕 于盛林
陈炜丰 寇一鸣 苗江涛 王　毅 于桐瑶
陈宣挺 李　彬 牟兴森 王云飞 玉达泳
陈　颖 李　超 潘　昭 王振伟 张　波
崔　宝 李春义 邱金辉 王　智 张栋俊
崔　亨 李洪岩 沙招根 王作忠 张贵阳
崔　琦 李　江 宋　煜 韦云龙 张健桀
崔文政 李　进 宋振宇 魏世有 张　盟
崔　野 李明林 苏嘉庆 肖　磊 张　鹏
代　勇 李　帅 隋永旭 徐　康 张骞泽
单玉姣 李新华 孙晨峰 徐茂楠 张善军
丁光星 李英女 孙　巍 徐享南 张　伟
杜安群 李　勇 孙　妍 徐　智 张文豪
杜　宇 李　勇 唐　克 许家琪 张晓翔
范苏月 李志卓 唐　璐 许家毅 张义飞
范伟鹏 梁思超 唐真和 闫　森 张智为
方新刚 梁益凡 田　宁 严丽娣 赵霏阳
方玉新 刘佳妮 田青云 杨宝红 赵凯岚

房　芳　刘　鹏　田云龙　杨　欢　赵世群
冯华勇　刘　旭　汪　博　杨　辉　钟　庆
高光宇　刘　岩　汪志凯　杨秀义　周　磊
高　琳　刘振宇　王　博　姚洪国　周文宁
谷堃鹏　刘　震　王怀龙　姚　蕾　朱宁军
阿巴斯·吐尔洪

机械设计制造及其自动化专业(32 人)

曹殿廷　丁世稳　李文泽　潘姝月　叶天行
车艳秋　高荣博　林如鑫　任　洁　于　龙
陈　冰　贺　庆　林　霄　孙作奎　赵　辉
陈　风　扈跃萌　刘海波　邢子敬　赵金龙
陈培风　黄　磊　马　瑛　杨　军　周红喜
陈　颖　李　冬　闵晓春　杨　嵩　周加福
代斐然　李　瑞

运载工程与力学学部

工程力学专业(78 人)

蔡园武　李德权　倪长也　王立备　张　楠
陈　聃　李广利　牛　飞　王庆国　张　腾
陈金龙　李　凯　任　爽　王文伟　张　伟
段鹏飞　李述涛　尚　晋　王　植　张　雪
高　亮　李振虎　邵　瑾　吴金星　张耀乾
高孝良　梁海志　施善立　吴勇强　张英超
果　然　梁　稷　宋三灵　徐敏义　张　喆
郝　喆　刘诗源　宋学舟　徐　爽　赵博雅
贺延鹏　刘守信　孙弘原　杨　川　赵　健
洪智华　刘　通　孙继安　杨平生　郑杰馨
胡　波　刘伟杰　孙　民　叶海宾　朱丹阳
胡世武　刘　岩　孙　维　喻晓溪　朱　峰
贾菁辉　刘颖卓　孙文杰　张　斌　朱　民
江　山　满永超　王　斌　张　程　朱也夫
江燕燕　毛楠楠　王　博　张广路　卓　轶
鞠　鹏　莫　非　王　冬

船舶与海洋工程专业(78 人)

蔡宣本　黄丽娜　刘贺芳　王春明　幸耀庭
陈　超　黄荣纲　栾　剑　王德旭　徐　恒
陈孝璋　姜文英　马　欣　王　冬　杨丽荣
陈昱希　蒋祥林　毛程亮　王　健　杨世峰
陈志强　雷　坤　祁　瑶　王　平　袁　野
成　亮　李　波　曲健冰　王　晴　张炳夫
邓　良　李　桦　沈光武　王天宇　张家齐
杜　婧　李　琳　侍红南　王　威　张　捷
付殿福　李　鹏　宋文德　王英凯　张　亮
高　兴　李文贺　苏英明　韦俊凯　张　驽
耿　彬　李　阳　孙东昊　吴　晶　赵　博
龚　慧　李章锐　孙　露　吴　炜　赵春雷
顾子明　李　卓　孙　明　武　凯　赵　凯
桂姗姗　梁玉龙　田　波　夏华波　周巍伟
郝威巍　刘　海　田厚昌　夏　军　周　伟
胡世南　田　野　廖子王宣

土木水利学院

土木工程专业(65 人)

白海涛　景俊德　刘晓升　覃宏业　徐　壮
白玉磊　康　帅　刘　洋　田　磊　闫　飞
陈　翕　孔令然　马　奔　佟文博　姚冬生
陈孝舜　雷鸣遥　马荣伟　王　浩　叶　尖
成红双　李嘉祥　聂　尧　王　赫　伊福洋
刁进东　李　罗　潘　祺　王　威　于　博
房召亮　李森扬　彭亚东　王　新　于海宾
高淑腾　李晓姣　周立阳　王学强　原　昊
耿鸣山　李秀岩　祁英新　尉文婷　张　建
龚永庆　李志鹏　冉　维　翁　康　张永茂
姜伯宵　梁建刚　史继心　吴晓方　张子夏
蒋方新　林　乾　孙吉鹏　谢宝仪　赵　帅
荆　柳　刘　楠　孙家刚　徐俊杰　平措多吉

工程管理专业(58 人)

艾立国　胡靖宇　李艳丽　孙浩森　杨　幸
曹胤卓　黄俊强　李智芸　王凤鸣　姚　迪
陈洪娟　黄　祥　梁　妹　王天罡　陈　姝
蒋玉飞　刘虹艺　王伟明　张依墨　陈思思
解　宁　刘文科　王晓军　张怿蓝　陈为多
金　昂　刘　欣　吴振洲　张跃威　陈轶群
金晓健　吕　晖　徐　盼　张云翔　付宏蕊
金　颖　聂永超　杨　芳　赵小玲　付　婧
鞠凤华　祁　迪　杨婧怡　赵　旭　宫炳睿
李　光　隋　娇　杨　娟　赵永峰　关恩志
李　双　王　娜　张　晓　周文中　侯庆薇
苏比娜·海热提　艾克拉木·依米提
阿布都维力·吐尔逊

建筑环境与设备工程专业(33 人)

白振华　姜瑞莲　马文超　王本进　姚清龙
卞素贞　李静杰　庞国佳　王　奕　张福刚
崔冰冰　李　蕊　曲世丹　夏　钒　张　贺

付磊磊 刘丹 任庆元 徐毅威 张剑
巩皓华 刘国胜 孙亚峰 徐哲 张颖
郭敏 刘锐 唐建华 姚君 赵威
姜杰 刘子扬 田家乐

水利水电工程专业(59人)

常旭 何萍 林潇 仁青 徐哲
陈哲 黄磊 刘国强 芮立龙 薛燕妮
陈治学 黄伟 刘书丽 史秋波 杨伟峰
成功 黄阳 刘文斌 宋颖玲 姚艳杰
程飞 贾璐 娄红岩 苏涛 张巧玲
邓方芳 金鑫 陆必京 唐振华 张正松
邓涛 李建兵 栾强 王森 赵洁
邓塝 李琳 罗毅 王伟 赵作成
董文安 李万隆 毛子首 旺久 钟灿文
都兴洋 李夏 孟丽玮 谢伦振 周雪玲
范厚阳 李玉水 彭晓宇 邢晓彬 朱姜
范哲 李岳 蒲大鹏 索朗卓玛

港口航道与海岸工程专业(56人)

曹玮楚 姜胜超 毛剑峰 王然 张敖
陈伟平 蒋国栋 毛利 王毅 张静
程洪剑 孔军 宁振凯 韦林广 张涛
程书恒 梁维 彭远续 吴桐 张晓峰
崔成 廖明 綦峰 徐武周 张岩
董永福 刘乾烈 秦飞 徐翔 张宇
付超 刘思阳 邵宗惠 徐晓航 张悦新
郭春玲 刘伟 宋绍品 薛瑞龙 章祝君
郭青澍 刘兴木 孙孟杞 杨录 赵忠会
郭生强 刘宇 王广锦 杨沛霖 郑玉河
贺祺彦 柳成林 王浩 杨威 朱蕾
嵇廷

建筑与艺术学院

建筑学专业(64人)

边波 李国鹏 孟航旭 王琳璐 张莞钧
柴启明 李佳莹 裴培 王艳斌 张亚晓岚
陈述 李蕾萌 彭曙 王雁鹏 张岩峥
陈峥言 李琳 齐欣欣 王园 张杨
邓晓舜 李文子 曲悦 武诗然 张元
都成 林松 任振华 谢琛 赵冰飞
杜阳泽 刘军燕 盛冬青 谢培 赵东方
高迪 刘磊 盛玲玲 徐鹏 郑敏
高静 刘祺 宋丹 徐燕宁 周焕
高原 吕罡 孙超君 薛兆明 周密
何泉汇 吕佳兴 孙华煜 于海泳 周腾
黄佚鸣 伦济昀 孙亮 于宁 朱斌
李东辉 马雪 汪涵 张浩

工业设计专业(16人)

柴智 卢岩 苗翠 王欣欣 张道祥
季楠 马晓波 史东阳 武岳 张君梁
蒋智明 孟盟 王超 阎程 张晓龙
林昆

艺术设计专业(32人)

张晓曦 王聪 孙海国 陈梅 王卓栋
刘晓冲 王静雯 王艺花 徐墨菊 朱芹
张薇 张博 于镔 刘阅 邵丹
赵瑾 唐路开 徐婷婷 符焕 安硕
王小叶 李鹏 贾子男 李婷婷 魏旭
陈硕婷 胡智馨 王少洁 王琳 刘旭
马玉婧 王璐琛

电子与信息学院

自动化专业(176人)

白晶 李驰 毛鹏飞 王鹤 于永成
曹巍 李传杰 牛振华 王辉 於勇
陈炳旭 李德威 朴海音 王莲英 詹生伟
陈辰 李国辉 齐琳 王伟 张俊杰
陈锋 李晗 秦硕 王伟华 张磊
陈天旭 李进明 任俊霞 王伟强 张利强
丛雨 李奎星 荣耀 王文斌 张楠
崔金柱 李坤 阮芳芳 王秀辉 张仁达
崔钟声 李敏 邵辉君 王亚楠 张伟
邓定勇 李楠 申军锋 王艳红 张伟
董艳 李太斌 沈德峰 王野 张文祥
董艳华 李为 沈海峰 王艺 张晓煜
杜嘉璐 李晓雷 盛庆轩 王哲 张鑫
范剑超 李昕欣 石振鹏 王子石 张焰焰
付本贺 李雪峰 石作锋 魏斌 赵波
高宇 梁天赋 史舵 温嘉彬 赵传霖
宫少奇 梁延民 史宏伟 文奥 赵歌
谷洋 林永俐 宋恩明 邬静东 赵红宇
关爽 凌纪来 宋明旭 吴文昊 赵普
关焱鑫 刘洪涛 孙秉乾 吴小亮 赵善强
郭君健 刘洁 孙辉 吴元清 赵伟
果翔 刘可心 孙辉 夏博 赵晓光

韩　宇　刘　磊　孙　抗　项义河　赵　兴
何　能　刘世宇　孙　朋　徐嘉晨　赵　阳
侯光楠　刘　悦　孙荣泽　徐明亮　赵　耀
侯　佳　刘正帅　孙　逊　徐　文　支鹏鹏
黄哲男　卢　佳　台建哲　徐耀洋　钟　威
姜力文　卢　伟　唐雪松　薛　旭　种　健
姜明旭　陆　庆　滕征宇　闫琨炜　周超群
姜维亮　陆一平　田华东　杨春雷　周　冲
姜文波　吕　波　童剑雄　杨洛力　周　亮
金　鑫　吕恒毅　童　青　殷继万　周少林
金雪梅　吕　赟　屠　彬　殷　章　朱家骅
郎正文　罗国东　王　斌　于　浩　朱　磊
李　冰　马　祥　王法辉　于雪松　朱延朋
吾拉尔别克·哈力木

测控技术与仪器专业(30 人)

邓　强　李洪亮　栾　岚　孙　青　王文重
都俊楠　李泽宇　倪焕哲　孙庆华　夏敏杰
郭　斌　刘　敏　商小川　王佳林　于　飞
何雨桐　刘珠宝　尚飞雨　王鸣皓　于晓晨
季茂林　陆　军　沈　韩　王苹苹　张德锋
贾洪雪　吕敬伟　隋　阳　王　琦　朱　钒

电子信息工程专业(174 人)

安小宁　李海宁　马　乐　王　猛　阎　健
白卓夫　李洪志　马　璐　王　姝　杨大川
曹宇鹏　李明世　马妍妍　王　爽　杨德超
陈　杰　李　爽　马昭一　王苏舒　杨井旭
陈　亮　李天骄　毛　旭　王　童　杨九水
陈　鹏　李文勇　聂鑫淼　王晓东　杨　明
陈怡儒　李文宗　钮泽敏　王晓光　杨巍巍
程　韬　李　贤　潘　靓　王雪飞　杨先桃
崔建兴　李　岩　彭　翔　王亚楠　姚　丹
崔　晓　李叶舟　秦可嘉　王　洋　尹书扬
杜　黎　李渊渊　秦仕伟　王　莹　于牧秋
杜林涛　连大伟　任传刚　王玉涛　于佩冉
段继康　梁　靖　桑伟松　王允升　翟　冲
方　婷　梁倬骞　申　宁　魏　玮　张　超
符　星　廖先凤　申晓晨　乌日罕　张福男
付凌云　刘　达　宋钧剑　吴　磊　张凯程
高春燕　刘　放　宋俊逸　吴连火　张　雷
高　嵩　刘　刚　宋楠楠　吴　双　张　孟
葛　然　刘桂林　苏振强　吴小明　张　楠
韩　芳　刘　丽　孙　珈　吴玉宝　张　宛
韩振伟　刘庆辉　孙　亮　伍　慧　张　巍
何　苗　刘　爽　孙旻可　武　迪　张笑非
洪　亮　刘婷婷　孙　尚　席光庆　张　展
侯雪涧　刘巍巍　孙晓航　夏　川　张志乐
胡丹丹　刘文旭　孙洋洋　肖　燃　赵　亮
胡晓赟　刘晓宇　谭海成　谢义燊　赵　璐
胡　渊　刘　阳　谭振邦　谢宗辙　赵英俊
黄　海　刘　垚　唐安柱　徐盛阳　仲海泉
黄志清　刘　宇　唐金勇　徐逍飞　周　晟
纪　文　刘志强　唐文涛　徐晓艳　朱晏辰
姜　涛　卢春雨　滕长祥　许春生　朱运虎
姜　旭　卢玉玲　王　辉　许高斌　祝　颖
金红花　陆东辉　王吉乙　薛　巍　邹　铁
金中悦　陆　平　王　珺　闫剑平　邹　圆
李　宾　路　兴　王克猛　闫　伟

电子信息工程专业(英语强化 44 人)

白日蒸　金泳成　苗新鹏　王旭东　张欣扬
曹齐旭　李建华　曲容立　吴昊霖　赵鹏飞
初晓昱　李思谊　沙　岚　杨永明　赵　杨
付　亮　李　云　邵智峰　杨政伟　郑　伟
关星悦　刘文杰　石　倩　于华伟　钟晓玲
郭方策　刘文莉　滕海燕　于诗彦　周　贺
郭一平　刘雯洁　佟祉谏　张　森　周佳怡
郝　丽　卢传玺　王　朝　张莎莎　祝　宇
姜　珏　梅　巍　王　禄　张天鑫

计算机科学与技术专业(150 人)

安奕星　郭　巍　刘鹏飞　孙博远　邢　斌
白子年　郭伟伟　刘天明　孙兢鑫　徐　博
蔡　琼　郭媛媛　刘向明　孙晓峰　徐军舰
蔡银山　韩秀锋　刘彦飞　孙晓玲　徐　鹏
藏　奇　杭小兵　刘　洋　孙永胜　徐晓明
陈安云　郝立伟　刘迎州　谭　虔　薛慧男
陈建钰　华承平　龙　珠　田德超　闫　鹏
陈　娟　姜　松　隆　伟　田锋涛　严铁成
陈平贵　孔德瀚　陆昆朋　田培良　杨　超
陈　杨　李爱波　吕　京　佟　强　杨明明
程　欢　李春伟　吕艳艳　汪宇宙　杨雄伟
丛　强　李华易　罗清华　王　达　杨徐喆
党　明　李　季　马　理　王　虎　杨远熙
邓　超　李金宝　马棵龙　王晖昱　殷润梅
丁　能　李　楠　潘凤鸣　王　磊　于　高
丁卫平　李　鹏　彭克善　王历著　于瑞魁

董　伟　李　想　彭　林　王凌云　余海明
董智超　李　鑫　彭正军　王学刚　臧克峰
方　超　李亚鹏　齐义斌　王学强　张　闯
丰肖霞　李一鸥　曲星霖　王有为　张德栋
付永利　廖春科　屈小莉　王宇轩　张维亮
傅　佳　林敏泓　任志强　王子铭　张文娟
高方琚　林　声　申锦爱　吴可嘉　张志波
高健翔　林　熠　施宏俊　吴　挺　张作阳
宫　贺　刘　冬　史慧敏　吴晓宇　赵东瑾
宫学生　刘　飞　舒尊明　席　楠　赵　亮
龚巡伟　刘　衡　宋克庆　夏海峰　周　陈
古乐乐　刘建宇　苏启兴　夏　旭　周俊东
谷二营　刘健男　苏绥绥　谢海潮　周庆华
郭　倩　刘令超　苏晓曦　谢小武　朱克楠

电气工程与应用电子技术系

电气工程及其自动化专业(123 人)

安　亮　胡天翔　罗　枫　吴　昊　张　波
毕树雷　胡远博　罗凯婧　吴　疆　张恩辉
才　斌　扈焕江　罗全磊　伍史艺　张根晓
蔡冬日　黄　超　马驰峰　夏　川　张海剑
蔡克卫　纪天波　马云飞　向婷婷　张建锋
曹小平　焦志成　孟凡敏　谢红月　张连勇
常　凯　李会哲　潘文辉　谢　俊　张明志
陈　睿　李　磊　彭树朋　邢佩鹏　张铁柱
陈　曦　李立早　宋　杨　徐　轲　张　旭
陈玉其　李　鹏　唐文强　许宏珂　张严明
程远伍　李　蕊　田焕雨　杨冬波　张　曜
崔　麟　李圣明　王眈眈　杨　帆　张依超
单恩忠　李　葳　王芳菲　杨　璐　张　榆
刁智海　李晓书　王国军　杨　伦　张宇浩
杜增昕　李学山　王金博　姚长原　张　珍
费惠佳　李志坚　王　磊　姚　冬　赵　磊
冯　吉　李智宇　王　黎　殷云燕　赵颖兵
冯振华　刘　犇　王　琳　于春艳　郑德超
高　璐　刘博强　王　伟　于　淼　钟　夏
高　宇　刘春磊　王小虎　余征宇　周锴锋
宫云鹏　刘佳鑫　王新喆　於晓龙　周　强
韩海亮　刘庆鑫　王　雄　郁文钊　周志巍
韩　宇　刘　音　王　莹　原　野　朱　锋
侯宏翔　刘　云　王宗敏　詹　磊　朱科武
吴晨霞　库都斯・亚库夫　热扎古丽・吾拉孜拜克

经济系

国际经济与贸易专业(英语强化,57 人)

白　茜　韩　丹　孔　祥　吕晓庆　杨　毅
毕　川　韩文明　李达伟　牛志佳　杨　志
边霁峰　杭国庆　李留军　潘沉洁　于冰心
陈　耕　郝　旸　李鹏峰　秦广明　于　巍
陈　磊　何建斐　李晓川　宋　洁　詹　骁
陈曲明　何晓禾　凌　园　孙世宇　张　峰
陈　昱　贺艳艳　刘　超　王静泽　张　翯
程　珂　洪　伟　刘芾江　王袁丽　张　珩
崔艳红　贾　骁　刘　莹　徐晓华　张双玲
杜琳琪　蒋　曼　刘莹莹　杨　乾　赵　倩
鄂连军　金　娜　吕虓喆　杨　松　周洪朋
高中华　鞠　坤

金融学专业(28 人)

艾迪生　李丽丽　刘　硕　唐丽娜　杨　闳
褚扬迪　李　琪　牟　洁　王广凯　尹　莉
邓柳琴　李　婷　曲越民　王海春　游　闽
郭大略　李婷婷　任晓慧　王雅妮　赵　磊
侯晓林　李月丹　史晓芳　吴松誉　赵　齐
瞿　静　刘世奇　孙　拓

管理学院

公共事业管理专业(33 人)

单　珊　李　路　孟玉玲　王　楠　杨　莲
顾晓辉　李清月　苗　宇　王秋实　杨瑞泽
姜凌艳　李溯洄　聂　磊　魏宇光　殷　乐
姜明睿　李雪梦　裴　旸　吴亚龙　赵　柳
金建生　刘金鑫　彭　玲　伍　毅　赵文佳
匡晓菲　刘　楠　唐　鹏　武慧硕　赵兴旭
雷晶晶　刘　宇　万振寰

信息管理与信息系统专业(63 人)

丁　磊　金震宇　罗　嫔　孙　珂　徐　睿
高　娜　开四方　罗志成　孙珊珊　徐　尧
高　鹏　康　巍　马元峰　孙世伟　于　阳
高　嵩　赖艳萍　苗春宇　陶　昆　于　洋
郭　素　李平安　莫佳卉　王宏伟　翟青云
韩　璐　李　伟　齐立强　王　佳　翟　胜
何向鹏　李晓明　任　龙　王　林　张　丹
贺可莹　李亚红　戎　皓　王小萍　张　硕

黄巫琳　李扬俊　邵　宇　王　勇　张　莹
季　莹　梁　旭　司玉博　吴星星　张　宇
姜　海　林贵泉　宋　峰　吴　英　郑子光
蒋远询　刘　鑫　宋晓会　夏　静　周秋卉
解冰然　路清杰　孙德富

物流管理专业(32人)

陈杨熠　胡晨钢　刘云福　王文杰　于小迪
戴在林　黄丽娜　吕显秋　吴晶晶　张　楠
丁盛玲　黄启焕　马　欢　伍荣华　张　朋
杜晓楠　李允登　马明亮　徐剑锋　张　羿
方一方　李宗阳　彭　俊　杨士义　张振虎
关智勇　廖正坤　石　卓　尹明亮　赵燕波
韩秀明　刘　宁

外国语学院

日语专业(30人)

陈鹏飞　高玉娟　李　莉　马　帅　张连鑫
程帅博　郭思言　李　铭　盛　洁　张婉婉
褚明飞　韩香淑　刘　尉　王　珏　张　洋
崔　磊　胡爱辉　刘　野　王明鸣　张　悦
崔香淑　胡奂臻　卢　君　于　鑫　周静文
付　瑶　姜娅卓　路在权　张　乐
美克莱·吾甫尔

英语专业(72人)

柏　楠　宫程程　李棹楠　佟　蕊　杨立强
包　辉　宫美慧　刘本英　汪文倩　姚徐燕
查吉安　郭　丽　刘冬影　王　禄　易　兰
陈　琪　胡芳芳　刘晓雪　王　梅　于志远
程汉君　黄春丽　刘志娟　王　茜　原晓亮
崔璟岚　霍微微　马　明　王婷婷　翟艳玲
崔　鑫　姜　山　米冬然　王　伟　张　宾
单文静　康潇丹　明禹杉　吴丹枫　张立国
丁　岩　康英英　穆　彦　吴　穹　张　琳
丁兆宏　雷　遥　倪春子　武　恒　张　硕
董会艳　李浩颖　屈天鹏　杨　波　张　欣
杜　雯　李　慧　史进韡　杨　程　赵丽娜
付月男　李　维　陶伟昌　杨建刚　赵晓华
高国娟　李　霞　陶　媛　杨洁清　周　雪
葛天爽　古拉依木·阿克木

人文社会科学学院

汉语言文学专业(31人)

毕　亮　李善婧　宋　平　辛海玲　张菲霏
陈　博　刘　兴　王　畅　许宝丹　张　威
戴德超　路茜男　王亚男　薛婧婧　张　烨
邓鸿艳　罗德旭　王远志　尹秋鸽　赵　倩
丁玉娜　牛晓莲　吴佳娣　于　丹　赵　婉
李　迪　宋丽华　夏　冰　于　飞　朱崇开
李　黎

法学专业(58人)

巴靖宇　韩婧郡　潘罗冬　王翠翠　张　馥
常秀娇　和榕榕　曲丹阳　王　俊　张武杰
陈文君　赫　铭　饶敬伟　王晓宁　张　颖
陈新林　姜　瀛　沈东瑜　王玉洁　张宇楠
杜　娟　蒋呈剑　石长城　吴曈琦　赵百莲
杜彦晖　李良玉　史　彦　郄艳猛　赵克勤
段中卫　李思明　宋济宇　徐　春　种雯静
范聪聪　李晓辉　宋　扬　徐杉杉　周　宏
房孝臣　李欣航　孙　喃　杨　明　周　莉
付　微　李亚敬　王　博　殷　健　周　旭
关　月　林　江　王从余　于　颖　朱　琳
郭　鑫　刘平平　刘洋靖雯

广播电视新闻学专业(64人)

包　玲　李佳飞　马玉国　王　玮　杨　洋
陈丽阳　李　晶　牛　静　王小晓　姚舜禹
陈　旭　李　攀　潘　洋　王新月　应　晶
陈　哲　李荣鑫　宋　鸽　王　雪　于海洋
代　琎　李婷婷　宋晓旭　吴绪颖　于　君
段晶晶　李炜良　孙　超　吴艳丽　于立芳
冯　峰　刘存卷　孙振田　线　晨　岳英迪
冯双影　刘　季　唐利荣　许艺夏　曾　晖
海　迪　卢斌涛　田莹莹　阎　晴　张　进
韩　宁　陆景婷　佟　庆　杨　婧　张娟娟
何　畔　吕　宁　王　婧　杨晓佩　张　锐
黄　博　吕媛媛　王路瑶　杨　雪　张伟强
李海艇　罗晓娜　王　璐　乃妮曼艾则孜

公共事业管理专业(51人)

包晓巍　黄业雷　刘　袁　唐志伟　于　淼
邴　娜　来庆妮　吕　芳　王　健　袁晓杰
曹承辉　李丹妮　马　红　王　倩　张凤华
陈　彬　林　松　牛鹭鹭　王晓明　张　坤
陈　琳　刘蓓蓓　齐永浩　吴姝雯　张亮杰
迟　桥　刘　畅　曲　斌　夏得彬　张少颖
单开宇　刘　巍　曲　妍　杨利美　张升琳
段　培　刘　洋　石明明　杨旭辉　张　永

葛蓉 刘盈 苏燕妮 姚如妍 张哲敏
关丹 刘玉辉 孙绪智 叶木 周悦诚
怀明伟

软件学院

软件工程专业(331人)

安冰 胡子木 刘振中 佟旋乾 许勇
卞恺 华景煜 刘志东 涂晓翔 许卓
蔡娜 黄林平 刘志杰 万兴杰 玄跻峰
曹明飞 黄明星 柳惠 汪汇川 闫金来
常涛 黄文杰 娄松 汪宇 闫婧
陈德庆 黄笑宜 芦洋 王长磊 严伟平
陈会翔 黄雪峰 路奎龙 王长茂 颜廷宇
陈瑞峰 黄子涛 吕军 王聪 杨航
陈少帅 姬宇航 吕亚泽 王东洋 杨明雷
陈思喆 纪英豪 栾宇 王凤华 杨涛
陈涛 江传德 罗广宇 王海霞 杨洋
陈威 姜超 罗竞佳 王晗 姚佳立
陈曦 姜鹏举 罗毅 王皓 尹延伟
陈旭 蒋尚旭 马伯骁 王凯 尹育
陈智鹰 蒋云飞 马铂元 王坤 尹忠华
陈忠英 金大鑫 马继翱 王敏 于晨昕
程名扬 金光华 马列 王楠 于海龙
程显坤 金晓慧 马庆超 王鹏 于明浩
迟宗正 靳彦奎 马野 王鹏举 于涛
初晓琪 康涛 马月 王秋石 于昕健
丛鹏飞 蒯天宇 孟维刚 王士霞 于鑫阳
崔成超 来冰洁 牟弘 王天一 于忠义
崔新烨 郎兆麟 倪岳 王微 余辉
单世裕 乐俊颖 牛孝铭 王伟 俞化成
邓鲁耀 李博 潘金培 王伟 袁方
丁寒阳 李大鹏 裴星鑫 王文信 袁朋
丁思予 李栋楠 祁翼鹏 王文龙 袁勤昌
丁鑫锋 李海东 乔磊 王文竹 曾博
董大见 李建伟 乔旭 王小栋 张宝坤
董洪增 李健 邱杨 王晓航 张犇
董仕超 李娇 曲鹏 王晓敏 张超
窦伟明 李敬文 曲杨 王晓旭 张晨
杜睿 李凯斌 任强 王欣辉 张函
樊伟 李轲广 任志磊 王修阳 张浩
范庆娜 李昆东 荣翠芳 王雪明 张佶
费继楠 李鹏 商振东 王延祺 张金亮
冯健 李鹏 邵军营 王轶男 张旌
富丽 李思聪 邵壮 王尤慧 张军
盖子成 李婷 沈小宾 王哲 张丽娟
高福亮 李洋 沈阳 王震 张鹭
高也 李赟 石奇峰 王治国 张凝
高宇 李昀煦 石玥 王子剑 张茜茜
耿慧娟 李振栋 时光 王梓旭 张伊娜
耿晓亮 李卓 宋辉 魏子茗 赵才隆
龚舰名 梁俊祥 宋洋 温祖杰 赵虎
郭长铭 梁美蓉 孙晨 吴昊 赵来平
郭九思 蔺璐兵 孙传兴 吴铭明 赵灵犀
郭旻桢 刘畅 孙佳妮 吴师 赵茂佳
郭思瑞 刘红阳 孙健 吴天航 赵少良
郭文超 刘金鑫 孙丽 西方 赵晓楠
哈恺 刘炯 孙亮 夏陆宇 赵修伟
韩博 刘琳琳 孙喜浩 项爱华 赵炎
韩冬 刘凌宇 孙一男 谢欣达 赵阳
韩家申 刘盼盼 孙毅 熊戈 赵永明
韩猛猛 刘佩 孙志峰 熊曼呈 赵云
郝浩 刘天昊 谭军 徐海峰 郑策
何光辉 刘铁男 谭修光 徐洪涛 郑筱夏
何涛 刘亚穹 汤华梦 徐圣铭 周荣誉
洪颖霞 刘延明 陶冶 徐盛南 周绍君
侯克冰 刘银广 田司禹 徐秀婷 周勋建
侯思宇 刘元康 田伟 许宝亮 朱诚诚
侯莹 刘泽宏 田业 许雷 朱晓宇
胡晶 刘振华 佟晓宇 张乂天 朱云龙
胡敏 刘振龙 魏宝 张宇菲 邹理博
胡容海 史冬冬 魏国 张赵磊 邹鸣
李忠林 宋国庆 魏银霞 张正园 邹世祥
白斯古楞

软件工程专业(日语强化,46人)

白伟 金宏哲 柳春芳 王康 张荣斌
陈静静 金钊 宁鹤阳 王守国 张添天
高函 李博 潘潇 王婷婷 张馨
高文梁 李守维 朴起焕 吴洋 赵冰
高小磊 李昕 宋俊 武卓岑 赵圣爱
高原 李雪 孙望舒 许梅钰 赵杨
关煜亮 李杨 田野 张洪嘉 赵懿恒
郭鑫明 刘国锋 王冠 张华剑 赵跃
郭尧 刘佳 王佳希 张锴 周通
金海鑫

管理学院市场营销专业（第二学士学位,38人）

方伟华	黄昆仑	秦 溥	王 戎	张薇薇
高 阳	黄升平	邵 婧	王永合	张元馨
高 玥	惠 昕	申 森	魏 韡	赵 彬
郭 衡	贾小伟	孙成凯	吴孟君	赵 晋
郭庆伟	孔 军	谭 龙	徐绍伟	赵瑞宇
韩冬笑	李 骞	谭 颖	严景明	赵伟程
韩 霄	刘幸欣	王 辉	杨子文	郑 玮
何 斌	刘 洋	王 佳		

本科结业

阿迪力	顾建海	李 野	王晓彧	尹镇城
爱 登	关中军	李禹衡	王 源	张春静
卜岸波	韩叔宇	李紫麟	王中伟	张 丹
常 峰	何 鑫	厉宣涌	王子薇	张鸿鹏
陈 刚	侯 郁	厉 岩	魏学旭	张建国
陈 威	胡的子	刘 博	文贤国	张 雷
陈银民	黄 鹏	刘 轲	吴 丹	张文立
陈月明	黄瑞芝	刘鹿鸣	吴焱明	张 鑫
程谋栋	姜红超	马万三	徐 拓	张雪丰
董 鹏	姜红伟	马涌涛	闫 韬	张忠武
樊立鹏	金素燕	朴成林	闫铁成	赵 嵩
方子明	金耀东	邱 波	杨 帆	赵延凯
房高峰	柯全来	孙国庆	杨武德	赵养琨
高科广	雷 建	孙伟轩	杨延枝	职银波
高亮亮	李冬亮	王 歌	杨 勇	钟 诚
葛人慧	李明鹤	王冠英	银 洋	朱宏涛
古文斌	李艳春	王建奎		

吾斯曼江·阿不都热合曼　尼加提·阿不力米提

专科毕业

阿其塔	何 璇	李文孚	欧 珠	王晓磊
蔡元哲	胡 力	刘博峰	朴源清	晏希宏
陈韬文	黄晓楠	刘春雷	宋静娴	杨 睿
程 果	焦振华	刘 林	宋少博	杨 洋
程 赢	缴 鹏	刘意达	孙鸣浩	远 峰
崔献广	康 凯	吕伟涛	孙允巍	战宪壮
董 斌	孔德高	吕序隆	王继星	张 春
董岩峰	李邦明	马风君	王 宁	张 晓
范丽华	李 军	毛泽伟	王瞳瞳	赵东升
傅继阳				

专科结业

翁一杰	张晓光	刘 彬	崔伟国	郭成虎
王成彬	白 悦	王 帅	李瑞源	范旭冉
吴哲春	王吉峰	骆子健	王 峰	刘 湍
苏美琦	张 亮	田 浩	林卓识	乔天佑
孟凡春	陈烁旻	张书华	牛祺慧	周 斌
徐世琛				

2007年 大 事 记

1月 为大力推进辽宁高等学校实施人才强校战略,加快吸引、选拔和培养高等学校优秀青年骨干教师,不断提高青年教师的教育教学能力、科研能力、学术水平,辽宁省教育厅开展了"辽宁省普通高等学校优秀青年骨干教师遴选工作"。我校共有35名教师被确定为辽宁省高校优秀青年骨干教师。

1月 2006年高校科学技术奖我校共有6项成果获奖,其中获4项一等奖,2项二等奖。由我校独立完成的、土木水利学院徐世烺教授等人申报的"混凝土裂缝扩展的断裂理论与分析方法"、沈永明教授等人申报的"水环境中物质输运模型研究"分别获得本年度自然科学奖一等奖;由郭东明教授等人申报的"硬脆材料复杂曲面天线罩精密修磨技术与设备"、土木水利学院李宏男教授等人申报的"多高层建筑多维抗震分析与振动控制—理论及工程应用"分别获得科技进步一等奖;由土木水利学院程春田教授等人申报的"洪水预报调度的智能化理论方法及决策支持"获得自然科学二等奖,由董国海教授等人申报的"深水重力式网箱水动力特性研究"获得科技进步二等奖;此外由我校参与完成的两个项目获得本年度科技进步一等奖。2000年至今,我校共获得高校科学技术奖33项,其中一等奖15项,本年度是我校历年获奖最佳的年份。

1月15日 学校在伯川图书馆多功能厅举行后勤集团贯彻ISO9001国际质量管理标准颁布大会。大会宣布了内审员名单并颁发证书,同时向各单位颁发《质量管理手册》和《程序文件汇编》。大会的召开,标志着后勤集团进入了科学化的管理轨道,并为通过权威机构的外审和正式通过认证打下坚实的基础。

1月24日 历时14个月南极科考,第22次南极科考队伍中惟一一名在读研究生——大工学子雷瑞波,圆满完成了对南极海冰进行观测的科考任务,于2007年1月20日回到学校。我校李志军教授曾参加了第19次南极科学考察及第二次北极科考,董西路同学先后登上了北极南极,搜集了大量极地研究数据,获得两项专利技术,为此赢得国内外同行的广泛认可。

1月31日 辽宁省高校生物工程重点实验室学术委员会年会在我校召开。会议成立了新一届学术委员会,听取了2006年重点实验室的工作情况,并对生物质能源研究进行了专题研讨。南京工业大学校长欧阳平凯院士被聘为新一届学术委员会主任,中科院过程工程研究所生化工程国家重点实验室主任苏志国研究员、我校安利佳教授被聘为学术委员会副主任。此次年会有来自清华大学、浙江大学、中粮集团等多家科研院所和企业参加。

2月7日 由大连日报社举办的"2005·2006非常感动人物评选活动颁奖典礼"在报业大厦举行。经过15万名读者的积极参与,我校中国科学院院士、著名力学家、教育家钱令希先生当选为"非常感动人物";我校已故青年力学专家、全国先进工作者顾元宪教授,获得"2005·2006非常感动"人物评选特别奖。这次评选活动,在全市范围内引起了强烈关注,有15万人通过网络投票、邮寄选票等方式参与评选。我校为全市惟一一个有两位候选人的单位。

2月7日 国务院学位办下发了学位办[2007]7号文件,公布了对全国三十所EMBA培养院校的评估结果。我校在这次EMBA教育质量评估中成绩优异:在21项评估指标中有16项指标成绩优秀,优秀率达到76%,特别是招生管理、师资队伍建设、教育环境三方面的指标获全优成绩。优秀率在全国并列第一，在东北地区独占鳌头。

2月27日 中共中央、国务院在人民大会堂隆重举行国家科学技术奖励大会，党和国家领导人胡锦涛、温家宝、曾庆红、李长春出席大会并为获奖代表颁奖。我校在今年的奖励中再获丰收，程耿东院士、彭孝军教授作为获奖代表出席会议领奖。今年我校获奖的项目是：由程耿东院士为第一完成人的《结构拓扑优化中奇异最优解的研究》，获得国家自然科学奖二等奖，并在27个二等奖获奖项目中位列第一；由彭孝军教授为第一完成人的《大幅面数码喷墨染料及其应用》，获得国家技术发明二等奖；我校为第二完成单位的《公安交通紧急事件快速反应系统》，获得国家科技进步二等奖；我校为第四完成单位的《基于智能计算的产品概念设计与虚拟样机技术研究及应用》，获得国家科技进步二等奖。

3月 我校电子与信息学院06级研究生周舒阳、管理学院04级本科生曲强在管理学院裘江南老师的指导下，获得第二届JavaCup全国大学生信息技术大奖赛二等奖。参赛作品为ButterFlyer-NetbeansPlugIn。

3月 新世纪优秀人才支持计划2006年度入选团队以及2006年度入选人员名单已经确定，我校贾振元教授率领的“精密/特种加工与微制造”科研团队入选教育部创新团队，贺高红教授等15名教师入选教育部新世纪优秀人才支持计划。资助期限为2007年至2009年。至此，我校已有3个教育部创新团队，39名教师入选教育部新世纪优秀人才支持计划。

3月 在大连市委高校工委公布的《2007年度大连市大学生思想政治教育研究课题立项项目》中，我校组织学生工作系统、人文社会科学学院、学校办公室、创新院等部门申报的36项课题中有27项通过了审核，获得立项。这次研究课题是大连市首次设立的针对大学生思想政治教育开展的课题研究，我校获重点课题7项，占重点课题总数的五分之三；一般课题10项，占一般课题总数的近二分之一；其余参考课题5项，辅助课题5项。我校获得立项的课题无论从数量还是质量上在大连高校中都占据领先地位，成绩喜人。

3月9日 我校副校长郭东明与高新张铜股份有限公司总裁郭照相在三束材料改性国家重点实验室共同揭开了联合实验室的牌匾，标志着双方将开展密切的校企合作。高新张铜作为中国高新投资集团公司控股的中央企业，是全国最大的铜及铜合金管材加工和出口基地，也是国家重点高新技术企业，具有较强的技术力量优势、现场设备优势和市场导向优势。我校三束材料改性国家重点实验室作为一个国家级的材料研究基地，具有强大的前沿理论优势、科研人才优势和先进研发设备优势。双方强强联合，产学研相结合，资源优势互补，必将为科技迅速转化成生产力提供很高的平台，为铜加工行业的飞速发展注入强大的新动力。

3月24日 我校2007届毕业生春季大型双选会在刘长春体育馆顺利举行。本次双选会参会单位236家，参会代表412人。其中，大连市单位60余家，外地单位170余家。这是继2006年秋季双选会后，面向我校07届毕业生的第二场大型双选会。

3月26日 我校与中国广东核电集团有限公司（以下简称“中广核集团”）核电人才联合培养合作协议签字仪式在伯川图书馆多功能厅举行。我校与中广核集团商定将在苏州热工研究院（中广核集团有限公司全资企业）设立“中广核集团核电学院”，作为联合培养核电专业人才的基地。这是我校为了适应国家对核电建设专业人才的需要，与中央企业合作办学，促进产学研结合的新探索。

3月27日 我校在香格里拉大酒店三楼会议大厅与大连市、英特尔公司签署了联合创建半导体技术学院协议。根据该协议，英特尔公司将无偿向我校捐赠一条价值3600万美元的8英寸集成电路芯片生产线设备，这是英特尔公司迄今为止在全球第一个大规模参与投资建设的半导体技术人才培训基地。该学院的创建，将使我校成为全球与先进集成电路产业技术距离最近的大学，并成为我国集成电路产业技术最先进的人才培训基地。

3 月 28 日 我校精细化工国家重点实验室举办了中-瑞双边分子催化与功能材料学术研讨会。来自瑞典斯德哥尔摩大学、中科院大连化学物理研究所和我校的有关教授、专家、学者在会上进行了学术交流。

4 月 教育部高等教育司下发《关于公布北京第二外国语学院等 37 所普通高等学校英语专业本科教学工作评估结论的通知》(教高司函[2007]40 号),我校英语专业本科教学工作的评估结论为优秀。

4 月 大连市委、大连市人民政府发布文件,命名表彰大连市第四批优秀专家。经市优秀专家初审小组、市优秀专家评审委员会分别以无记名投票方式对参评人员进行初审和终审,我校于波、孔宪京、王友年等 50 名教师获此殊荣。

4 月 我校教师王刚义于近日荣获"2006CCTV 体坛年度十大风云人物",作为一名冬泳爱好者,王刚义曾成功挑战南极、北极、麦哲伦海峡等低温海域。

4 月 经过大连市社会科学进步奖评审委员会组织学科评审组进行初评和全体评委终评,大连市第十二届社会科学进步奖评选结果揭晓,我校共有 13 项成果获奖,其中一等奖 2 项,二等奖 4 项,三等奖 7 项,在各个等级的各个类别均有所斩获。

4 月 6 日 我校 2007 年公共管理硕士(MPA)开学典礼暨辽宁省公务员培训基地揭牌仪式在伯川图书馆多功能厅举行。辽宁省人事厅培训教育处处长李福成宣读了省人事厅的批复,并与校党委副书记邵龙潭共同为我校"辽宁省公务员培训基地"揭牌。

4 月 15 日 为了推动我国信息产业发展,培养高层次集成电路人才,我校申报了国家"集成电路人才培养基地"。以浙江大学严晓浪为组长的教育部专家组来我校听取了申请汇报并进行了实地考察。

4 月 20 日 第四届中国高校人文社会科学研究优秀成果奖颁奖大会在北京人民大会堂举行。国务委员陈至立出席并讲话。按照《中国高校人文社会科学研究优秀成果奖励暂行办法》,经组织专家评审、面向社会公示和奖励委员会审核通过,我校人文社会科学学院王前教授专著《中国技术思想史论》获得了著作类三等奖。

4 月 25 日 继 4 月 24 日人文社会科学学院与中国社会科学院哲学研究所签订合作协议后,25 日,人文社会科学学院哲学系正式成立,成为学院发展史上的重要篇章。同时,会上还聘请中国社会科学院哲学研究所研究员、《哲学研究》常务副主编、博士生导师朱葆伟教授为学校兼职教授。

4 月 27 日 辽宁省高等学校专业实验室评估专家一行六人对我校生物与环境实验室(环境与生命学院)、信息技术中心实验室(电子与信息学院)进行了评估,我校参评的两个专业实验室均顺利通过合格评估。

4 月 27 日 在中国人民大学召开的中国开放教育资源共享协会(CORE)三周年庆典会上,我校与 Hewlett 基金会、麻省理工学院、清华大学、四川大学 5 个单位被授予"教育资源共享贡献奖"。刘志广教授等 10 名教师因在"开放教育翻译"等工作中表现突出,被授予"优秀教师"称号。

4 月 28 日~29 日 国家自然科学基金委员会近期正式批准的重大研究计划"重大工程的动力灾变"第一次工作会议暨启动工作会议在大连召开,该计划资助经费 1.5 亿元。我校欧进萍院士担任专家组组长,北京工业大学杜修力教授担任副组长,专家组成员还有同济大学项海帆院士、中国科学院力学研究所白以龙院士等。

5 月 16 日 "2007 山东产学研展洽会暨(山东)国际装备制造业博览会"在济南国际会展中心开幕。本次展会是由山东省政府、中国机械工业联合会主办,山东省经贸委等 8 个部门承办,150 多家高校、科研单位、16 家金融机构参会。在本次产、学、研重大项目签约活动上,我校与福田雷沃重工签定了 1000 吨履带起重机合作开发项目,校长助理李俊杰教授代表我校出席了签约仪式。此次福田雷沃重工与我校签订了 1000 吨履带起重机合作开发项目,标志着我校在履带起重机研发领域居于国内领先地位。

5月19日 大连理工大学汽车工程学院成立暨软件捐赠仪式在国际会议中心隆重举行。校党委书记林安西与大连市经委主任刘岩共同为汽车工程学院揭牌,校长欧进萍院士发表了热情洋溢的讲话。辽宁省内首家汽车工程学院宣告诞生。

5月17日～20日 由副校长郭东明带队,我校化工学院、材料学院教授和科技处一行7人参加由江苏张家港市政府主办、科技局承办的张家港首届科技节暨企业科技创新推进年活动。在科技节上郭东明副校长代表我校与张家港市政府签订全面合作协议。同时在科技节上我校科技处作了化工专场项目发布会,会后与飞翔化工、国泰荣华(锂电池液)、瓦克化学、普惠印染等企业进行了对接,化工学院吕连海教授与张家港国泰荣华化工新材料有限公司达成开发新型锂电池电解液项目协议,材料学院的李廷举教授与高新张铜签订了《稀土处理紫杂铜直接生产高性能铜合金管材及产业化项目》的合同。

5月21日～25日 第7届世界结构与多学科优化会议(WCSMO7)在韩国首尔市召开。我校以程耿东院士为团长,成员包括力学系6位教师和6位博士生、博士后的代表团全程参加了此次结构优化界的学术盛会。本次会议共有来自38个国家的352名代表参加。结构优化界的多位著名学者包括Rozvany、Pederson、Olhoff、Bendsoe、Choi等教授都参加了本次会议并作了精彩演讲,本次会议选举了国际结构与多学科优化学会的新一届执行委员会成员,程耿东院士再次顺利当选为国际结构与多学科优化学会执委。

5月24日 中国大连高级经理学院2007年首期专题研讨班在我校开班。国务院国有资产监督管理委员会主任、党委书记李荣融,辽宁省委书记、省人大常委会主任李克强,省委副书记、省长张文岳,省委常委、大连市委书记张成寅,省委常委、省委组织部部长苏树林,副省长刘国强,中央组织部干部教育局局长李培元,中央组织部干部五局局长周新建,大连市委常委、秘书长肖盛峰,市委常委、组织部长宋善云,以及中央组织部、国务院、国资委、省委省政府、市委市政府的有关领导出席开班仪式,开班仪式由校党委书记兼中国大连高级经理学院院长林安西主持。在本期研讨班中,65家中央企业和中央管理金融机构的党组(党委)书记将围绕"增强国有企业社会责任,推进和谐社会建设"的主题,进行3天学习研讨。国务院国资委主任李荣融、辽宁省委书记李克强以及商务部、国家环保总局有关领导应邀出席讲座。

5月25日～26日 我校分别与中国第一汽车集团公司等9家中央管理的国有重要骨干企业签署了战略合作协议。中组部干部教育局局长李培元,中组部干部五局局长周新建,中组部干部教育局副局长张福根,中国第一汽车集团公司党委书记、副总经理赵方宽等央企负责人,我校党委书记林安西、校长欧进萍、副校长郭东明出席签字仪式。

5月27日 大连理工大学-IBM软件人才实训基地和大连软件人才(大工)实训基地揭牌仪式在大连理工大学软件学院体育馆隆重举行。大连市副市长戴玉林,市长助理、市发展和改革委员会主任曲晓飞,我校校长欧进萍院士,副校长李志义,软件学院院长沈宏书,国家教育部理工处副处长兼国家示范性软件学院建设工作办公室吴爱华,IBM大中国区大学合作部总经理郭维德,IBM大中国区全球企业咨询服务部政府与公共事业部总经理梅昕等领导出席了揭牌仪式。欧进萍和郭维德为大连理工大学-IBM软件人才实训基地揭牌,欧进萍和戴玉林为大连软件人才(大工)实训基地揭牌。

6月 我校收到教育部下发《关于公布国家重点学科考核评估结果的通知》(教研司[2007]7号)文件,我校的9个国家重点学科全部以优秀成绩通过考核评估。

6月 辽宁省教育厅下发《关于公布辽宁省第三届普通高等学校教学名师奖评审结果的通知》(辽教发[2007]047号),确定第三届省级教学名师奖获奖教师50名,其中,本科学校44名;高职高专院校6名。我校陈廷国、李廷举、郑斯宁三位教授榜上有名。

6月 辽宁省教育厅下发《关于公布2007年度辽宁省普通高等学校精品课程(本科)名单的通知》(辽教发[2007]065号),确定2007年度辽宁省普通高等学校精品课程(本科)100门。我校画法几何及工程制图、工程力学、生物化学、大学体育、经济学原理、马克思主义哲学原理等六门课程及城市学院数字电路与系统课程入选。

6月 第八届"挑战杯"辽宁省大学生课外学术科技作品竞赛于2007年6月上旬圆满结束,我校以2180分的总成绩名列全省高校团体总分第一,并有6项作品将参加今年10月在南开大学举行的第十届"挑战杯"全国大学生课外学术科技作品竞赛。我校还荣获了竞赛优秀组织奖。

6月3日 为期两天的"东软杯"ACM/ICPC中国·东北地区首届大学生程序设计竞赛在哈尔滨工程大学启航活动中心剧场落下帷幕,我校软件学院的"谜"和"六月警告"两支代表队获得一等奖,电子与信息学院、化工学院、电气与应用电子技术系、管理学院的"散列门"和"忧郁之城"两支代表队获得二等奖。

6月5日 我校与世界500强企业加拿大铝业集团(Alcan公司)技术合作签字仪式在市内校区化工学院举行。化工学院副院长邱介山教授和Alcan公司技术部经理Horst Adams博士分别在协议书上签字。化工学院、科技处有关人员参加了签字仪式。

6月10日 电影《一个人的奥林匹克》在伯川图书馆报告厅举行开机仪式。北京奥组委开闭幕式部部长、北京市政协副主席张和平,北京市委宣传部常务副部长陈启刚,全国政协委员、致公党中央秘书长曹鸿鸣,大连市政协主席林庆民,大连市委常委、宣传部长魏小鹏,校党委书记林安西,党委副书记兼副校长姜德学等相关领导和刘长春教授之子刘鸿图及影片主创人员、师生代表出席开机仪式。电影《一个人的奥林匹克》讲述1932年刘长春拒绝代表伪满洲国参加第十届洛杉矶奥运会,并克服层层险阻,单刀赴会,第一次代表中国踏上奥运跑道的感人故事。影片是专门为2008年北京奥运会制作的献礼影片。

6月10日 国家四大产业技术创新战略联盟在北京签约成立,我校参与的新一代煤(能源)化工产业技术创新战略联盟,与钢铁可循环流程技术创新战略联盟、煤炭开发利用技术创新战略联盟和农业装备产业技术创新战略联盟共同组成国家四大产业技术创新战略联盟。校长欧进萍院士出席了战略联盟签约暨试点启动会议。这次成立的四个联盟所在的钢铁、煤炭、化工和农业装备领域是我国国民经济的重要基础产业。四个联盟集中了26家龙头企业、18所一流大学和9家骨干科研机构,构建了科研、设计、工程、生产和市场紧密衔接的完整技术创新链条。

6月14日 国家重点基础研究发展计划(973计划)第四届专家顾问组在北京成立,我校中国科学院院士程耿东连任专家顾问组成员,我校能源与动力学院名誉院长、中国工程院院士岑可法入选新一届专家顾问组成员。

6月14日 校党委副书记孔宪京在伯川图书馆贵宾厅会见了全国政协委员、全国总工会原副主席方嘉德先生。我校王众托院士、国际航运中心研究院院长赵胜川教授会见时在座。

6月14日～15日 我校的生物与环境实验室、计算中心、基础力学实验中心、工程水力学实验室、信息技术中心实验室等五个实验室(中心)接受了辽宁省实验教学示范中心专家组的评审。由北京大学实验室与设备管理部部长王兴邦教授、辽宁大学副校长马凤才教授等7人组成的专家组到校进行现场评审。通过实地考察,专家对我校申报的五个实验室(中心)给予了较高的评价,并对今后的发展建设提出了宝贵的建议。

6月16日 我校和日本东北大学在伯川图书馆多功能厅签署校际协议。校长欧进萍院士和日本东北大学总长井上明久先生分别在协议书上签字。校长助理宁桂玲,材料工程学院、国际合作与交流处负责人,日本东北大学相关人员,我校师生代表参加了签约仪式。

6月21日 在2007年全国大学生英语竞赛决赛中,我校12名学生经过激烈角逐,夏至尚、刘硕、魏冰、蓝欣怡、赵阳、李丽、耿平7名学生获得特等奖,刘传奇、孙鉴文、陈广明、付强、刘琪等5名同学获得一等奖。同时,郭梅等12位教师获优秀指导教师奖，我校教务处获竞赛优秀组织单位奖，于迎昕、尹平凡两位教师获竞赛优秀组织个人奖。至此，我校在辽宁省已连续5年保持获得特等奖人数第一。

6月22日 教育部办公厅下发《关于批准天津大学等三所高校筹建国家集成电路人才培养基地的通知》(教高厅函[2007]43号)，批准天津大学、大连理工大学、福州大学3所高校筹建国家集成电路人才培养基地。我校长期以来一直致力于集成电路及其相关学科的发展。特别是近三年来，配合英特尔公司在大连建立12英寸晶圆厂项目，“国家集成电路人才培养基地”的建设成为学校的一件大事。此前，英特尔公司—大连市—大连理工大学已经签署合作协议，将更有力实现辽宁省集成电路产业的跳跃式发展，并成为辐射东北地区乃至全国的集成电路研究基地。

6月26日～30日 第19届国际极区港口与海洋工程学术会议，即(POAC’07)在我校国际会议中心成功召开。来自美国、加拿大、日本等寒区国家的65名国外代表，和来自天津大学、国家海洋环境预报中心等国内研究院校的12名国内代表参加了此次学术会议。此次POAC’07学术会议主题为寒区近海工程新进展。我校岳前进教授将继续担任该学会的国际委员会委员，我校李志军教授将继续担任POAC学会的技术委员会委员。

7月 学校根据人事部、教育部有关文件精神，启动实施了人事制度改革，制定了《大连理工大学编制核定(2007)》、《大连理工大学人员补充暂行办法》、《大连理工大学职员职级聘任实施办法(试行)》、《大连理工大学教职工退休、返聘管理暂行规定》四个规章制度。

7月1日～11日 2007年第十一届机器人世界杯在美国亚特兰大举行，来自全世界39个国家和地区的321支队伍，约2000名学者和学生参加了此次比赛。我国包括清华、北大、浙大、中科大、大连理工等9所高校在内的多支队伍代表我国参加了其中的7类赛事。我校大学生创新院组织的梦之翼队(英文名：Fantasia)代表我校参加了3D仿真组的比赛，并以4胜3平2负的战绩在本届机器人世界杯3D组参赛的24支队伍中名列第4名(进入半决赛)，在去年德国机器人世界杯进入16强的基础上又有大幅提高。

7月5日 电子与信息学院在创新园大厦12楼中厅举行了生物医学工程系挂牌揭幕仪式。副校长郭东明教授，大连大学附属中山医学院院长赵德伟教授，院长助理王卫明教授出席了仪式。电子与信息学院部分教师和学生参加了仪式。

7月12日 教育部科技司组织专家组对“精密与特种加工教育部重点实验室”建设项目进行了验收。我校校长欧进萍院士、教育部科技司副司长武贵龙，教育部科技司基础处副处长明炬等出席会议。专家组成员包括哈尔滨工业大学蔡鹤皋院士、山东大学杰出青年基金获得者黄传真教授、北京理工大学校长助理庞思勤教授、大连交通大学关天民副校长、浙江大学国家重点实验室主任傅新教授、上海交通大学胡德金教授以及西安交通大学梅雪松教授。专家组听取了实验室的建设工作总结报告，实地考察了实验室并与实验室人员进行了交流。验收专家组认为实验室已全面完成了建设计划任务，同意通过验收。

7月22日 我校运载工程与力学学部的正式成立，标志着我校学科组织与机制创新翻开了新的一页。校领导林安西、欧进萍、孔宪京、李志义，中国科学院院士钟万勰出席运载工程与力学学部成立暨揭牌仪式。运载工程与力学学部是将我校联系较为紧密的工程力学系、船舶工程系、汽车工程学院整合而组建的，是学校成立的第一个学部，是一种新的学科组织模式。拥有2个国家重点学科、1个国家重点实验室、1个国家工程技术研究中心和2个博士后流动站，有3名中国科学院院士、1名长江学者、2名国家杰出青年基金获得者和一批优秀中青年教师。

7月20日～22日 环通认证中心国家高级审核员王德好等外审专家组对我校后勤集团自2007年1月1日正式实施的ISO9001质量管理体系运行情况进行了监督审核。经过现场观察、细致地询问和全面地查看记录等方式，专家组一致认为集团的质量管理体系文件符合标准要求。

后勤集团通过ISO9001质量管理体系认证，标志着集团在规范内部管理、提高服务质量方面又迈上一个新台阶。在高校后勤系统中推行质量管理体系认证工作，使我校走在了东北三省各高校的前列。

7月21日～22日 2007第三届“博创杯”全国大学生嵌入式系统应用设计优秀作品评选活动在北京航空航天大学举行。我校由电子与信息学院学生刘军卫、朱俊超和指导教师马洪连、丁男组成的参赛队代表学校参加了此次比赛，并再次荣获“博创杯”全国一等奖的好成绩，连续两年为我校赢得了荣誉。

8月 按照党中央的统一部署，党的十七大代表选举工作已经顺利完成。作为辽宁省62名代表之一，我校党委书记林安西同志光荣当选为十七大代表。林安西同志是党的十五大和十六大代表，历任八届市委委员、八届省委委员、九届省委候补委员，现任十届省委委员、省九届政协常委，曾获国家教育研究成果一等奖，曾获“辽宁省先进教育工作者”和“大连市劳动模范”称号。

8月 以校党委副书记孔宪京为团长，以机关(含院系等)副处级以上管理干部为主体的我校暑期管理干部赴港高校学习调研培训班一行24人，顺利完成赴港各项任务。在港期间，代表团一行访问了香港大学、香港科技大学、香港中文大学、香港理工大学等高校和研究机构，听取了有关人员的校情校史及学校发展介绍，参观了有关研究机构、重点实验室、大型仪器设备、图书馆和高校校园。与香港高校的校长、教务长及有关人员就香港高等教育国际化与长远规划，科技管理与科研创新机制，本科生、研究生培养与管理模式和毕业去向，教学科研保障体系建设等问题进行了交流。校党委副书记孔宪京还在学习培训之余亲切会见了在香港工作的部分校友。

8月8日 在富丽华大酒店举行大连市旅顺口区人民政府与我校全面合作协议签约仪式、与大连理工大学技术转移中心有限公司携手共建大连乃至东北地区最具规模和技术实力的大连理工科技城签约仪式，大连市委副书记怀忠民、副市长戴玉林、市科技局局长刘晓英、旅顺口区区委书记张荣杰、旅顺口区区长熊博力，我校党委书记林安西、校长欧进萍，校长助理李俊杰等领导及嘉宾出席了签约仪式。大连理工科技城规划设于旅顺科技创新园西北侧，位于旅顺口区铁山镇。西邻旅顺经济开发区，东接旅顺城区，拥有便利的交通条件和优良的配套设施。占地面积42公顷，总建筑面积56.69万平方米。科技城将建设三个功能区，主要涵盖信息技术产业园、智能材料与控制园、绿色生态示范园、机电一体化装备园等8个园区。

8月15日 学校举行受聘仪式，授予意大利国家科学院院士，意大利帕多瓦大学结构工程教授史莱弗勒为我校名誉教授。校长欧进萍院士为B. A. Schrefler教授颁发聘书、佩戴学校校徽。B. A. Schrefler教授发表了400多篇论文，出版了多部著作，在18个国际学术杂志任编委。他的专著“The Finite Element Method in the Static and Dynamic Deformation and Consolidation of Porous Media”一书在国际上被公认为是一本体现最新科学技术发展水平的著作。他曾获国际计算力学学会计算力学奖、国际计算力学学会国际计算力学奖。

8月19日 我校在刘长春体育馆隆重召开恢复高考30周年纪念大会。700多名来自全国各地及海外的77级校友和大连市内的20多位78级校友代表，重返母校，师生团聚、互叙友谊，共话学校发展。纪念大会结束后，校友们和学校领导来到西部校区，举行了“校友林”揭幕仪式，表达了他们对学校的关爱和留恋之情。随后，在创新园大厦南侧举行了“77足球场”启用仪式，为学校建设，他们贡献了一份力量。午间，校友们来到中心食堂，举行了“怀旧午餐”活动，重温大学时光，缅怀难忘岁月。

8月21日 学校在伯川图书馆普罗名特厅举行受聘仪式，授予Ferdi Schüth博士为大连理工大学名誉教授。并与马普煤化学所签署合作协议。副校长宁桂玲教授，化工学院、国际合作与交流处负责人及相关师生参加了仪式。Schüth教授将于2007年9月正式上任德国学术研究会副主席，主管德国与亚洲国家，特别是中国的合作事宜。

8月23日 我校收到教育部下发《教育部关于公布国家重点学科名单的通知》(教研函[2007]4号)文件,我校共有4个一级学科国家重点学科和6个二级学科国家重点学科通过评审,被新认定为国家重点学科。

8月24日 张家港市-大连理工大学科技对接会在伯川图书馆普罗名特一厅举行。参加对接会的有副校长郭东明、校长助理李俊杰,张家港市副市长单玉珍、副秘书长虞维君、科技局及张家港市部分企业负责人,以及我校科技处相关人员。本次技术对接,张家港市华昌药业、港星建材、高新张铜、圣汇气体、金冠集团、中亚特种变压器、五洲变压器以及永大重机等企业将与我校化工学院、机械学院、材料科学与工程学院、船舶学院、电气与应用电子技术系等学院(系)进行项目洽谈。

8月26日 由教育部主办的"飞思卡尔"杯第二届全国智能车竞赛全国总决赛在上海交通大学体育馆举行,我校两支队伍"创新一队"和"创新二队"取得了全国一等奖的好成绩,总成绩在全国参赛高校中位居第四名。

8月28日 我校土木水利学院海岸及近海工程国家重点实验室的李志军教授、王永学教授将启程参加国际海冰物理和生态科学考察。此次考察主要探究2007年9～10月南极洲海冰和调查海冰物理环境与南大洋生态结构之间的关系。该次科学考察由来自8个国家的科学家组成,每位科学家专心一个特别项目来帮助揭开南极海冰的神秘面纱。我校李志军教授、王永学教授和泉州师范大学戴聪杰教授作为中国科学家代表参加此次科学考察,承担冰内部组构、冰面风速剖面和海冰生物多样性任务。

8月29日 学校举行开学典礼,出席开学典礼的有校党政领导林安西、欧进萍、孔宪京、邵龙潭、薛光、郭东明、邹积岩、卢中昌、李志义、宁桂玲,校长助理李俊杰,中国科学院院士钟万勰、王立鼎、林皋,各院(系)、部处负责人也应邀出席。典礼结束后,校领导与广大师生共同观看了《和谐大工、绽放青春》大型文艺演出。

9月 近日,经全国博士后管委会专家组评审,人事部、全国博士后管委会下发文件,我校的化学、仪器科学与技术、电子科学与技术、生物医学工程4个学科名列其中。至此,我校已经拥有20个博士后科研流动站。

9月6日 作为达沃斯年会重要组成部分的"感受创新——科技孵化与创新"国际科技论坛在我校国际会议中心报告厅正式启幕,校领导欧进萍、孔宪京、郭东明、卢中昌、宁桂玲,校长助理李俊杰,大连市政府有关部门领导,各区、市(县)分管科技工作领导,高等院校、研究所的领导、专家、教授,科技企业孵化器、高新技术企业的负责人以及科技人员代表出席论坛。托马斯·弗里德曼先生、王众托院士、丹尼斯·福瑞德·西蒙分别围绕国际科技发展动向、中国科技的管理与创新、创新思想和理念作了精彩演讲。

9月7日 学校在国际会议中心学术报告厅授予英特尔公司董事会主席克瑞格·贝瑞特博士为大连理工大学名誉教授。校领导欧进萍、郭东明、宁桂玲,校长助理李俊杰出席授予仪式。校长欧进萍院士为克瑞格·贝瑞特博士颁发聘书并佩戴校徽。

9月14日 学校在国际会议中心召开全校干部大会,宣布中共中央决定,任命张德祥同志为大连理工大学党委书记(副部长级),免去林安西同志大连理工大学党委书记职务。教育部党组书记、部长周济,中央组织部干部三局巡视员、副局长夏崇源,教育部人事司司长吴德刚,辽宁省委副书记骆琳,省委常委、大连市委书记张成寅等领导出席大会,会议由校长欧进萍主持。

9月22日 国家科技部党组书记、副部长李学勇一行就产学研合作、技术转移及孵化器建设等来我校进行专题调研,对我校在推动产学研结合、致力服务地方经济发展等方面取得的成绩给予高度评价。科技部政体司司长梅永红、计划司司长王晓方、农村司司长杜占元、高技术中心主任赵玉海,辽宁省政府副秘书长马述君、省科技厅厅长赵明鹏、大连市副市长戴玉林、我校党委书记张德祥、校长欧进萍、中国工程院院士王众托、校长助理李俊杰等陪同调研。

9 月 23 日～24 日 全国高等学校城市规划专业第二届指导委员会第三次全国会议在重庆大学召开。会议期间组织了全国城市规划专业本科生“社会调查”作业竞赛，由我校建筑与艺术学院梁江、孙晖、田野（外聘）老师指导，邱晨曦、王晓君、胡颖妮、刘伟四位同学共同完成的“都市碎片——毗邻商业中心的历史街区蜕变”获得一等奖，另外两项一等奖分别为同济大学和北京大学获得。

9 月 27 日 德国多特蒙德大学 Eberhard Becker 校长一行来访我校，校长欧进萍在国际会议中心贵宾厅会见了 Becker 校长一行。国际合作与交流处、经济系负责人参加了会见。

9 月 28 日 由德国美因茨约翰内斯古藤堡大学、大连理工大学和微楷化学（大连）有限公司三方合作组建的微化工技术研究中心在伯川图书馆多功能厅揭牌。德国美因茨约翰内斯古藤堡大学有机化学系 Holger Loewe 教授、副校长宁桂玲教授等相关负责人出席了会议。在随后举行的 Holger Loewe 教授为我校客座教授聘任仪式上，宁桂玲为 Holger Loewe 教授颁发授聘证书并佩戴校徽。仪式结束后，Holger Loewe 教授作了专题学术报告。

10 月 近日，教育部正式下达了教技函[2007]68 号和教技函[2007]70 号批准通知，“长江学者和创新团队发展计划”2007 年度入选团队及新世纪优秀人才支持计划 2007 年度入选人员名单已经确定，我校张淑芬教授率领的“光转化功能分子设计合成及应用”科研团队入选教育部创新团队，张捍民、杨青、温斌、王艳华、王同敏、石川、任冰、潘景喜、梁长海、李克秋、贾凌云、胡祥培、洪晓楠、陈飙松等 14 名教师入选教育部新世纪优秀人才支持计划。至此，我校已有 4 个教育部创新团队，53 名教师入选教育部新世纪优秀人才支持计划。

10 月 按照《教育部社会科学司关于组织征集、评选高校思想政治理论课“精彩一课”的通知》（教社科司函[2007]106 号）有关要求，经过教育部社会科学司组织全国高校部分专家学者对参选教学光盘的评审，我校魏晓文教授主讲的“毛泽东思想、邓小平理论和‘三个代表’重要思想概论”第十二章入选教育部首批高校思想政治理论课“精彩一课”。

10 月 11 日 校长欧进萍院士、校党委副书记孔宪京教授在伯川图书馆贵宾厅会见了来访我校的日本东京大学工学部国际交流委员长六川修一教授一行，同时签署了我校与东京大学工学部的合作协议，更新并续签了我校与东京大学生产技术研究所的合作协议。

10 月 12 日 党的十七大代表、中国大连高级经理学院院长林安西同志赴北京，出席于 10 月 15 日在北京举行的中国共产党第十七次全国代表大会。校党委书记张德祥同志也已于日前启程赴京，列席党的十七大。

10 月 16 日 副校长宁桂玲教授在伯川图书馆贵宾厅会见了来访我校的美国明尼苏达大学副校长 Meredith McQuade 教授一行，双方签署了校际合作协议。

10 月 24 日～25 日 校长欧进萍院士参加了在美国首都华盛顿举行的“2007 第三届乔治·布什中美关系研讨会”。研讨会的主题是“能源、发展和安全”。外交部原部长李肇星、美国前总统乔治·布什参加了招待晚宴并发表演讲。另外，来自中国九所大学、美国十所大学的校长参加了 24 日举行的中美高等教育论坛，论坛的主题为“21 世纪的全球性大学：挑战与机遇”。欧进萍参加了论坛讨论并就学术及研究合作议题发表了讲话。

10 月 26 日～28 日 2007“银泉杯”中国机器人大赛暨 RoboCup 中国公开赛在山东济南举行。我校创新实验学院组织的梦之翼队（英文名：Fantasia）代表我校参加了 RoboCup3D 仿真组比赛和 RoboCup 小型组比赛，最终获得 3D 仿真组比赛一等奖，小型组比赛季军的佳绩。

11 月 辽宁省教育厅公布了 2007 年普通高等学校省级教学团队名单，确定 2007 年度辽宁省普通高等学校省级教学团队（本科）50 个。我校化学系列课程教学团队（带头人高占先）、信息与计算科学专业教学团队（带头人王仁宏）和环境工程专业教学团队（带头人全燮）等 3 个团队入选。城市学院电子技术教研室(带头人唐志宏)同时入选。

11月 辽宁省教育厅公布了辽宁省普通高等学校第三批示范性专业名单。在获批入选的40个本科示范性专业中,我校建筑学(建筑与艺术学院)、环境工程(环境与生命学院)和应用化学(化工学院)3个专业名列其中。

11月 在第十届"挑战杯"飞利浦全国大学生课外学术科技作品竞赛中,我校参赛的六件作品分获五个二等奖和一个三等奖,我校获得了第十届"挑战杯"飞利浦全国大学生课外学术科技作品竞赛"高校优秀组织奖"的荣誉称号。

11月 教育部、国务院学位委员会发文公布2007年全国优秀博士学位论文评选结果。我校推荐的李永峰(指导教师为邱介山教授)的学位论文;候璐璟(指导教师为王友年教授)、赵忠奎(指导教师为程侣柏教授、李宗石教授)的学位论文被评为2007年全国优秀博士学位论文。

11月7日 大连市中小企业局召开民营经济工作会议和小企业创业基地及中小企业公共服务平台建设工作现场会。大连理工大学科技园有限公司被认定为"大连理工小企业创业基地"。大连理工大学科技园有限公司被授予大连市首批小企业创业基地后,将进一步为科技型企业、学校师生创办的中小企业及社会中小企业提供科技产业孵化平台。

11月9日 德国大众汽车集团执行副总裁兼大众汽车集团中国区总裁 Winfried Vahland 博士及夫人,大众中国执行副总裁张绥新博士一行来访我校,副校长邹积岩在伯川图书馆贵宾厅会见了 Vahland 博士一行。大连经济技术开发区管委会副主任张亚东,大连经济技术开发区经济贸易局副局长陈玉光及相关负责人参加了会见。会见结束后,Vahland 博士在伯川图书馆报告厅为我校师生作了题为"Turn Around of Volkswagen Group China"的演讲。

11月10日 我校与东方实业集团合作协议签署仪式、东方实业奖学金颁奖仪式暨校园宣讲会在图书馆报告厅举行。校长欧进萍、副校长卢中昌、丹东市副市长于怀乐、东方实业集团董事长包良清出席大会。校长欧进萍与东方实业集团签署了全面合作框架协议。根据协议,东方实业集团在学校设立额度为每年10万元人民币的东方实业奖学金,并在条件允许情况下提供实习基地指导学生实习;学校将为企业提供相关的技术支持和智力支持。协议期限为三年。

11月11日 东北五校协作体大连理工大学2008届毕业生秋季大型双选会在刘长春体育馆盛装启动。此次双选会是东北五校毕业生就业工作协作体第7次采用联合发函、统一邀请、四地联动的方式举办的,有400家用人单位、代表近700人参加,提供岗位近万个。来自包括我校在内的大连市14所高校的毕业生2万余人进场应聘。

11月15日 在北京召开的"中国科技论文统计结果发布会"上,中国科技信息研究所公布了2006年度中国科技论文统计数据。我校 SCI、EI、ISTP 三大检索数据库收录的科技论文数量排名仍保持在全国高校前20名,论文数量较上年有所增加,SCI 收录文献总篇数918篇,专指 article ,review,letter 三类论文889篇,排名第17,比上年度增加了129篇,增长率为17%;EI 1166篇,排名第9,比上年度增加了143篇,增长率为14%;ISTP 495篇,排名第14,比上年度增加了55篇,增长率为12.5%。我校作者连镇营、韩国城、孔宪京发表在《岩土工程学报》(2001,23(4):407)的论文"强度折减有限元法研究开挖边坡的稳定性"被中国科学技术信息研究所在本次大会上评为第一届"中国百篇最具影响优秀国内学术论文"奖。

11月19日 第13届国际生物技术大会(IBS-2008)学术委员会委员、联合国南美洲应用微生物与生物技术中心主任 Sineriz 教授一行来访我校,副校长宁桂玲在伯川图书馆贵宾厅会见了 Sineriz 教授一行。第13届国际生物技术大会暨展览会(IBS2008)(http://www.ibs2008.org/),将由中国科学院、中国工程院、国家教育部、科技部、发改委联合主办,由中国科学院大连化学物理研究所、大连理工大学和华东理工大学承办,将于2008年10月12日~17日在大连举办，规模约 1500～1800 人。

11 月 23 日 我校与美国明导科技公司联建的“集成电路设计与集成系统联合实验室”揭牌仪式在创新园大厦举行。校长欧进萍院士与明导科技公司美国总部副总裁 Jen Gao 先生共同为联合实验室揭牌。省市领导及产业界的代表出席揭牌仪式。

11 月 23 日 第八届国际聚变核工程会议(ISFNT-8)大会主席 Mohamed Abdou 教授，第九届国际聚变核工程会议(ISFNT-9)大会主席 Satoru Tanaka 教授，中国核工业总公司西南物理研究院院长潘传红一行来访我校。校长欧进萍院士在伯川图书馆贵宾厅会见了来访客人，国际合作与交流处、物理与光电学院负责人及相关教授参加了会见。

11 月 26 日 副校长郭东明率土木水利学院、能源与动力学院、工程力学系、船舶工程系等相关院系的负责人和教师参加了海洋石油工程股份有限公司校企战略合作协议签约仪式。双方在协议中确定：将围绕海洋动力学、海洋工程与装备、新型清洁能源等领域，发挥各自的优势与特色，建立产学研创新合作的新机制，以国家项目和企业需求为导向，开展合作研究和联合攻关；同时在信息交流、人才培养、培训、设立学生实训基地等方面进行合作。

12 月 在 2007 年高教社杯全国大学生数学建模竞赛中，我校学生再创佳绩，共获 3 个全国一等奖、7 个全国二等奖；获奖数量在辽宁省名列第一。

12 月 5 日 中美计算力学进展研讨会在我校伯川图书馆多功能厅召开。美国科学基金委员会访问团团长、密歇根大学化学工程教授 Sharon Glotzer，普渡大学化学工程学院杰出讲席教授、美国工程院院士 Sangtae Kim，加利福尼亚大学伯克利分校化学系教授 Martin Head-Gordon，美国国家科学基金委员会项目主管、化学工程研究院院士 Phillip Westmoreland 等专家出席会议。我校副校长宁桂玲，中科院院士钟万勰、程耿东，运载工程与力学学部、科技处、国际合作与交流处负责人，相关专业师生参加研讨会。

12 月 14 日 国家科学技术奖励办公室主任陈传宏一行在省科技厅副厅长巩黎明、市科技局副局长赵人楠等人的陪同下来我校调研，校长欧进萍、副校长郭东明在图书馆贵宾厅会见了来宾。郭东明对我校近期的科技工作进展作了介绍。陈传宏介绍了国家奖励办近期出台的政策以及调整情况。对我校今后的科技奖励工作将起到指导作用。

12 月 17 日 舒兰市市长赵守信、副市长李士进率舒兰市政府有关部门和舒兰市相关企业负责人来访我校，副校长宁桂玲接待了来访嘉宾，并代表学校与赵守信市长签订科技合作协议。双方在机械加工、精细化工、煤化工、环境工程和人才培养等方面建立合作关系，开展多种形式、多层次的交流与合作。

12 月 28 日 中国青年科技奖 20 周年暨第十届中国青年科技奖颁奖大会在北京人民大会堂隆重举行。我校化工学院吕小兵教授、材料科学与工程学学院刘黎明教授喜获殊荣。此前，我校马震岳、吴承伟、董闯三位教师曾获得该项荣誉。